U0765737

# 兴城年鉴

（2018）

兴城市年鉴编纂委员会　编

方志出版社
Publishing House of Local Records

**图书在版编目（CIP）数据**
兴城年鉴．2018 / 兴城市年鉴编纂委员会编
——北京：方志出版社，2020.4
ISBN 978-7 -5144-4150-5
Ⅰ.①兴… Ⅱ.①兴… Ⅲ.①兴城-2018-年鉴
Ⅳ.① Z523.14
中国版本图书馆 CIP 数据核字（2020）第 051887 号

## 兴城年鉴(2018)

**编　　者**:兴城市年鉴编纂委员会
**责任编辑**:黄　彦

**出版人**:冀祥德
**出版者**:方志出版社
地址　北京市朝阳区潘家园东里 9 号(国家方志馆 4 层)
邮编　100021
网址　http://www.fzph.org
**发　行**:方志出版社图书经销中心
电话　(010)67110500
**经　销**:各地新华书店
**印　刷**:葫芦岛健宁彩色印刷有限公司

**开　本**:889×1194　1/16
**印　张**:22.5
**字　数**:403 千字
**版　次**:2020 年 4 月第 1 版　2020 年 4 月第 1 次印刷
**印　数**:0001~1000 册

ISBN　978-7-5144-4150-5　**定价**:270.00 元

·版权所有　翻印必究·

# 兴城市年鉴编纂委员会

主　　任：袁国相

副主任：刘晓军　王月娟　张旭辉

委　　员：李　冶　李贵民　苏文波　张守利
韩　祎　张晓坤　任学林　徐铁军
韩铁征　李以君　王维达　宋　平
高　峰

# 《兴城年鉴》编辑部

主　　编：张旭辉

副主编：王天月　赵宏宇　董晓雪　雷云霞

编　　辑：李海霞　蒋丽娜　吴忠博　武海波
田宝凤　张　钊

摄　　影：韩文民　李　龙　李吉明

美术编辑：张　阳

2017 年 12 月 6 日，兴城市第八届人民代表大会第一次会议

2017 年 12 月 5 日，政协兴城市第八届委员会第一次会议

2017 年 4 月 25 日，学习习近平总书记参加辽宁代表团审议时重要讲话精神报告会

2017 年 12 月 18 日，学习党的十九大精神坚定走中国特色社会主义道路宣讲报告会

2016 年度“最美兴城人”

2017 年 1 月 12 日至 15 日，中国·兴城世界花式艺术台球锦标赛

“九球天后”潘晓婷与参赛选手交流球艺

53 岁阿根廷老将夺冠

2017 年 1 月 21 日，兴城市 2017 年春节联欢晚会

2017 年 2 月 11 日，古城元宵灯会

2017 年 2 月 20 日，兴城市被授予首批“辽宁省体育产业示范基地”称号

2017 年 4 月 21 日，兴城市第八届读书节开幕式

2017年5月25日，兴城市"辽宁省第31届、32届青少年科技创新大赛"表彰大会高家岭小学科技教育现场会

2017年5月26日，兴城市青年星火带头人电商创业专项培训班

2017年6月2日，弘扬社会主义核心价值观少儿组歌演唱会

2017年7月8日，第三届觉华岛菩提文化旅游节

2017 年 7 月 4 日，兴城之夏文化广场演出开幕式

2017 年 8 月 13 日，2017 海上丝绸之路（中国·觉华岛）横渡挑战赛

2017年8月16日，中国（葫芦岛·兴城）国际沙滩·泳装文化博览会开幕

2017年8月16日，中国（葫芦岛·兴城）国际沙滩·泳装文化博览会

2017 年 9 月 18 日，徐大堡核电展厅“全国科普日”启动仪式

2017 年 9 月 23 日，在“中国流动科技馆”有奖征文比赛中获奖的师生及学生家长参观省科技馆

2017 年 10 月 26 日，中国葫芦岛·兴城海参节开幕

古城亮化工程

觉华岛码头

夜幕下的海河大桥

拉斯维加斯小镇（汤上温泉小镇）水上乐园

2017年8月12日，《巨浪》雕塑揭幕

比基尼广场

城市绿化美化

城市交通

风力发电

风电塔架生产

春和门外景

温泉漾碧

春日首山

菊花女塑像

兴城河

首山湖

远眺觉华岛

红海滩栈道

兴城市妇幼保健院一角

2017 年 11 月 10 日，华联商厦开业

乡村采摘

农村养殖

# 编辑说明

一、《兴城年鉴》是辽宁省兴城市人民政府主办、兴城市档案局承办的大型综合性地方资料工具书，创刊于1987年，国内外公开发行。

二、《兴城年鉴》以马克思主义、毛泽东思想、邓小平理论、“三个代表”重要思想、科学发展观、习近平新时代中国特色社会主义思想为指导，坚持辩证唯物主义和历史唯物主义的立场、观点和方法，全面、系统、准确地载录2017年度兴城地区自然、政治、经济、文化、社会等方面基本面貌和发展状况，汇集较为全面的信息资料，具有鲜明的时代特征，是社会各界了解兴城、认识兴城、走进兴城的权威性资料文献。

三、本年鉴采用分类编辑法，分设类目、分目（部分分目设子目）、条目，以条目作为记述的主要形式，全书条目标题统一用黑体加【 】表示。开篇单独设置特载。正文设兴城概貌、政治、群众团体和民主党派、军事、法治、旅游、经济管理与监督、农村经济、工业、城建·环保、交通、电力、信息产业、财政·税务、金融、商贸流通、科技、教育·体育、文化、卫生、社会生活、乡·镇·街道类目。

四、本年鉴载录的兴城市各部门领导名单为当年实际变动情况。

五、本年鉴“统计资料”由市统计局提供。由于统计口径等原因造成各部类条目中数据不一致时，以统计局公布的数据为准。

六、本年鉴配有双重检索系统，书前刊有详细目录，书后备有主题索引。

七、本年鉴所刊载的内容由全市各有关部门负责撰稿，年鉴编辑部进行编辑整理，撰稿单位再次审核，年鉴编纂委员会终审定稿后付梓印刷。

# 目 录

## 群众团体与民主党派

## 军　事



## 法　治

## 旅 游



## 经济管理与监督

## 交 通



## 电 力



## 信息产业

## 商贸流通

## 科　技



## 教育·体育

## 文　化



## 卫　生

## 索　引

# 特　载

## 立足新时代　开启新征程<br>在党的十九大精神指引下奋勇前进

——在市委七届八次全委（扩大）会议上的报告

中共兴城市委书记　赵家鹏

（2017 年 11 月 21 日）

这次市委全会的主要任务是，认真学习宣传贯彻党的十九大精神，总结年初以来工作，研究确定 2018 年工作总体思路、任务目标，进一步动员全市广大党员干部和人民群众，立足新时代，开启新征程，在党的十九大精神指引下，向全面建成小康社会奋勇前进。下面，受市委常委会委托，向全会报告工作。

### 一、年初以来主要工作回顾

年初以来，在省、市委的坚强领导下，市委紧紧依靠和团结带领全市人民，坚持新发展理念，牢牢把握稳中求进总基调，大力实施“五项战略”，加快建设“五个兴城”，全市经济、政治、文化、社会、生态文明和党的建设都取得了新进展，呈现出经济发展、民生改善、社会和谐稳定的良好局面。

预计全年，地区生产总值实现 111.8 亿元，增长 4.1%；固定资产投资总额实现 52 亿元，增长 15.3%；社会消费品零售总额实现 88.6 亿元，增长 5.8%；农村居民人均可支配收入实现 12099 元，增长 7%；一般公共财政预算收入实现 10.7 亿元，增长 15.8%。各项经济指标均实现大幅增长，特别是衡量一个地区经济社会发展水平的公共财政预算收入，前三季度总量在全省 41 个县（市）排名第六位，实现历史性突破，标志着兴城市经济发展站在一个新的起点上。

第一，党的十九大精神学习贯彻扎实深入。坚持把学习好、宣传好、落实好党的十九大精神作为当前和今后一个时期的首要政治任务，与推进“两学一做”学习教育常态化制度化紧密结合，精心组织各项学习活动，认真开展宣传教育，迅速在全市掀起了学习贯彻落实党的十九大精神热潮。

第二，项目建设稳步推进。滨海经济区发展态势良好，工业项目达到76个，总投资110亿元。积极推进泳装产业园建设，泳装产业集群不断壮大，销售额逐年攀升。积极推进“个转企”“小升规”“大做强”，规上企业达到77个。聚焦京津冀、瞄准长三角、珠三角等地区，高密度开展招商引资活动，润泽农业、弘发食品等项目当年签约、当年投产。

第三，农业农村发展成果丰硕。认真落实“五个围绕”要求，农业产业结构调整稳步推进，天逸山庄、宝玉观光园、隆裕果蔬产业园等一大批农业项目相继开工建设。认养农业、订单农业、精品农业蓬勃发展，农业生产效益显著提升。积极推进美丽乡村建设，努力打造特色乡镇，高家岭被评为省级特色小镇，徐大堡进入培育名单。

第四，服务业取得新突破。支持传统服务业发展，汤上温泉、华联商厦、万象市场相继营业，富都·欢乐龙湾、泉海·御龙湾建设进展顺利。大力实施“互联网＋”行动计划，电商产业继续壮大，积极拓展电商海外市场，农村淘宝产品上行能力稳步提升。全力推进旅游产业发展，加大“城泉山海岛河滩”七大景观保护利用力度，成立投资集团积极吸引社会资金参与旅游产业开发，成功举办第三届觉华岛菩提文化旅游节。全年接待国内外游客800万人次，旅游综合收入实现43.9亿元。

第五，城市建设扎实推进。持续加快“东移北上南拓”步伐。积极融入“三城同盛”发展战略，滨海温泉新城成为社会关注的投资开发热点。河东路大桥开工建设，红海滩区域规划日趋完善，城市南拓大幕正式开启。房地产业健康发展，兴宫·首山湖、和润德养老地产等一批产城融合项目扎实推进。全面加强城市管理，基础设施更加完善，城市支撑能力明显提升，发展后劲显著增强。

第六，人民生活水平持续改善。深入贯彻以人民为中心的发展理念，多项惠民举措落地实施。就业率保持平稳，就业状况持续改善。实施农村校舍改造工程，农村教育水平日益提高。扎实推进医药体制改革，人民健康和医疗卫生水平大幅提升。实施老旧小区和棚户区改造工程，人居环境持续优化。环境保护工作取得新进展，顺利通过中央环保督察组、国家海洋督察组督导检查。

第七，脱贫攻坚取得重大进展。深入实施“33466”工程，创建五种可复制、可推广的“党支部＋”扶贫模式，培育脱贫攻坚项目87个，扶贫经验被中央主流媒体报道。大力发展村集体经济，转化“空壳村”93个，超过预定目标近两倍。

第八，社会大局保持和谐稳定。持续推进“平安兴城”建设，社会治安防控能力不断提高，全市维稳格局进一步优化。不断加强安全稳定形势研判和风险预警，扎实推进社会矛盾纠纷排查化解和信访矛盾“清仓起底”工作，顺利通过省安全生产督查组检查。圆满完成党的十九大期间维稳安保工作，全市社会大局平稳有序。

第九，党的建设成效显著。严格履行全面从严治党责任，组织生活不断规范，政治生态持续优化。扎实做好意识形态工作，强化新闻宣传和网络舆论监管，积极培育和践行社会主义核心价值观，大力弘扬社会正能量。着力抓好基层党组织建设，18个软弱涣散党组织全部转化升级，非公党组织党统覆盖率大幅提高。坚持正确选人用人导向，高标准、高质量完成乡镇人大、政府换届工作。坚持把纪律挺在前面，保持惩治腐败高压态势，成立巡察组织，发挥利剑作用，完成首轮巡察工作。年初以来，全市共查办案件164件，党纪政纪处分党员干部168人。

回顾成绩的同时，也要清醒地认识到工作中存在的问题。一是经济总量仍然偏小，实体经济发展动力不足，招商引资还没有大的突破，财政收支矛盾依然突出；二是信访总量居高不下，社会不和谐、不稳定的因素仍然存在；三是少数干部缺少干事激情和实干精神，抓发展的能力不足；四是全面从严治党还有薄弱环节，少数基层党组织缺乏凝聚力、战斗力。这些问题我们要在今后工作中认真加以解决。

## 二、2018年主要任务

2018年是全面贯彻落实党的十九大精神的开局之年，是全面建成小康社会的关键之年，做好明年的各项工作至关重要。虽然全市经济下行压力依然很大，但是只要同心协力、苦干实干，始终保持永不懈怠的精神状态和一往无前的奋斗姿态，就一定能够实现各项任务目标。

2018年全市工作的总体要求：坚持以毛泽东思想、邓小平理论、“三个代表”重要思想、科学发展观、习近平新时代中国特色社会主义思想为指导，全面学习宣传贯彻党的十九大精神，协调推进“四个全面”战略布局，牢固树立五大发展理念，坚持稳中求进工作总基调，主动适应经济发展新常态，积极融入新一轮东北振兴、沿海开发开放、京津冀协同发展和“一带一路”建设，深入实施“五项战略”，加快建设“五个兴城”，坚定不移全面从严治党，不断满足人民对美好生活的需要，为全面建成小康社会打下坚实基础。

2018年重点工作：一是全面学习宣传贯彻党的十九大精神，推动党的十九大精神深入人心、落实见效。二是紧盯县域经济和沿海经济带发展战略任务目标，科学合理制定各项经济指标，既确保一定增速，又确保质量效益，做实经济数据。三是扎实推进滨海经济区体制机制改革，做大园区经济。四是积极融入“三城同盛”，全力推进滨海温泉新城建设，加快城市发展。五是大力实施乡村振兴发展战略，加快农业农村发展。六是加大环境保护力度，全力守护绿水青山，建设美丽兴城。七是扎实深入开展脱贫攻坚工作，保质保量完成脱贫任务。八是全力做好社会综合治理和信访维稳工作，促进社会大局和谐稳定。九是全面加强党的建设，提高党建科学化水平。

2018年全市经济社会发展的主要预期目标：地区生产总值增长7%，一般公共财政预算收入增长10%，固定资产投资总额增长13%，社会消费品零售总额增长7%，规模以上工业增加值增长11%，农村居民人均可支配收入增长7%。

实现明年的各项任务目标，在具体工作中，要坚持“六字”精神。

一是突出“干”字。要发扬实干精神，坚持贵在经常、重在认真、要在细节的原则，真抓实干、埋头苦干，决不能纸上谈兵。

二是突出“民”字。必须坚持以人民为中心的发展思想，把群众满意度作为衡量工作成效的标准，真心实意地为群众办实事、解难题、做好事。

三是突出“实”字。要积极践行“一线工作法”，领导要在一线指挥，问题要在一线解决，沉下心、弯下腰、心中有数、事不过夜，做到工作务实、作风扎实。

四是突出“争”字。要有拼搏精神，保持激情，在综合评比中争第一，在项目建设中争最优，在争取上级资金上争最多，始终保持积极进取、勇于争先的工作劲头。

五是突出“担”字。要坚决克服等靠思想，切实提高解决问题的能力，敢于担当、敢为人先，主动作为、主动求为，凡事定了就干，干就干好。

六是突出“严”字。要坚持严的标准、严的措施、严的纪律，把“严”字贯穿到各项工作当中，切实加强监督管理，坚决防止主体责任缺失、监督责任缺位。

## 三、扎实做好党的十九大精神学习宣传贯彻工作

党的十九大是在全面建成小康社会决胜阶段、中国特色社会主义进入新时代的关键时期，召开的十分重要的大会。要把学习宣传贯彻党的十九大精神，作为当前和今后一个时期首要政治任务。

认真抓好学习。坚持把集体学和自主学有机结合，重点学习党的十九大报告、新修订后的党章，既要把握整体、全面系统，又要突出重点、抓住关键，切实把党的十九大思想精髓、核心要义，学深悟透、融会贯通。

认真抓好宣传。充分利用各级各类宣传文化阵地资源，丰富创新形式和手段，集中力量抓好宣传宣讲，推动党的十九大精神和习近平新时代中国特色社会主义思想进企业、进农村、进机关、进校园、进社区，形成声势，掀起热潮。

认真抓好落实。坚持以党的十九大精神为指引，统筹抓好各项工作实践，加强战略谋划，持续用力促发展，尽心竭力惠民生，全力以赴保稳定，凝心聚力抓党建，推动党的十九大精神在兴城落地生根、开花结果。

## 四、贯彻落实新发展理念，全面推动振兴发展

要全面落实新发展理念，牢牢抓住发

展这个第一要务不放松，努力形成多点支撑、多元发展、联动互补的经济社会发展新格局。

（一）全面推动县域经济发展。

要紧紧抓住经济建设这条主线，聚焦重点、靶向发力、精准施策，积极适应经济发展新常态。

全力抓好重点项目建设。持续推进滨海经济区发展，明晰产业定位，提升承载能力，吸引更多项目落地投产。支持传统产业优化升级，扶持小微企业发展壮大，抓存量挖潜增效，抓增量积蓄后劲，实现企业规模效益和质量效益双增长。积极推进企业创新发展，以企业为主体，坚持市场导向，促进科技成果转化。

全力抓好服务业发展。以打造区域性服务业中心为目标，推动传统服务业升级发展，满足城乡居民日益增长的消费需求。以泳装产业集群为支撑，加快电子商务、商贸物流发展步伐，带动实体经济发展。以服务本地为基础，承接京津冀、辐射环渤海，积极发展"医养"结合、智慧养老等新模式、新业态，抢占康养服务产业市场。

全力抓好农业农村工作。大力实施乡村振兴战略，积极发展设施农业，继续壮大认养农业、订单农业、精品农业规模，推动产业集群化、产品品牌化。继续推进农业产业结构调整，发展多种形式适度规模经营，力争在抓龙头企业、专业合作社发展方面取得新突破，实现农业增产、农民增收。全力抓好美丽乡村建设，加快促进农村一、二、三产融合发展，支持和鼓励农民就业创业，不断改善农村生产生活条件。

全力抓好旅游产业发展。深入实施"六个一"工程，充分利用投资集团平台，与有实力的企业合作，加快整合全域旅游资源，提升旅游产品、打造旅游精品，让更多的游客走进兴城。加强觉华岛基础设施和景区景点建设，继续举办觉华岛菩提文化旅游节。深度挖掘兴城市旅游文化内涵，积极培育发展"旅游+"新产业新业态，叫响兴城品牌。

全力抓好招商引资。要提高招商能力，拓宽招商视野，丰富信息来源和渠道，加快对接京津冀、长三角、珠三角等地区步伐，主动承接产业、资本、技术转移，力争引进一批产业带动力强、科技含量高的大项目、好项目。

全力优化营商环境。深入落实《辽宁省优化营商环境条例》，学习借鉴先进地区经验，加快转变政府职能，持续推进"放管服"改革，全面优化行政审批制度，提升政府服务便利化水平，打造优质高效的营商环境，让企业家安身、安心、安业。

（二）保障和改善民生，提高人民群众幸福感。

要把保障和改善民生，作为一切工作的出发点和落脚点，本着尽力而为、量力而行的原则，坚持从老百姓最关心的利益问题入手，一件事情接着一件事情办，一年接着一年干，定下的事情就要一抓到底，做到让群众满意。

全面做好社会保障工作。坚持就业优先战略和积极就业政策，发挥创业带动就业的倍增效应，实现更高质量和更充分就业。完善社会保障体系，巩固城乡居民基本医疗保险和大病保险覆盖率，切实保障人民群众权益。加快构建社会救助体系，为扶贫兜底奠定基础。

全面抓好城市建设。持续推进“东移北上南拓”战略，积极融入“三城同盛”，明晰城市定位，坚持多规合一，科学合理规划，统筹建设风格，精雕细琢，精益求精，为城市未来发展留下更大的空间。坚持以城促产、以产促城、产城融合发展理念，遵循市场规律，提高房地产业质量，提升城市品位，增强广大居民幸福感和认同感，实现资源配置容量和效益“双赢”。

全面发展社会各项事业。要全力抓好民生工程，必须兑现每个承诺。要把教育事业放在优先位置，加大农村教育投入力度，推进城乡教育均衡发展。要深入推进医药卫生体制改革，提升基本公共卫生服务能力。要积极发展体育事业，以全民健身带动全民健康。要进一步巩固双拥共建成果，携手创建和谐家园。

全面做好扶贫开发工作。坚持“六个精准”原则，继续实施“33466”工程，重点攻克深度贫困人口脱贫任务，坚决做到脱真贫、真脱贫。围绕“一乡一产业”“一村一品”目标，深入实施项目到户扶贫和产业化扶贫，提高扶贫项目覆盖率。加大“党支部+”扶贫模式复制推广力度，支持村级集体经济合理发展，坚决防止出现债务风险，力争全面完成“空壳村”转化工作。加强扶贫资金监管，确保扶贫资金使用的安全性、有效性、规范性。

全面促进生态文明建设。按照节约优先、保护优先、自然恢复为主的原则，坚持“绿水青山就是金山银山”理念，扎实推进绿色、和谐、持续发展，绝不能吃祖宗饭、断子孙路。持续巩固环保督察和海洋督察整改成果，扎实做好全国卫生城市创建工作，加强水污染和大气污染防控，切实修复海洋生态，打造美丽兴城。

（三）坚持依法治市，维护社会大局和谐稳定。

要坚持依法治市原则，将维护社会大局和谐稳定作为一项重要的政治任务抓实抓好，从严从实从细落实好保稳定、护安全、促和谐的各项措施。

全面推进法治兴城建设。要坚决厉行法治，深入落实司法责任制，加快构建法治兴城，努力让人民群众感受到公平正义。要推进“平安兴城”建设，构建“四位一体”社会治理新模式，严厉打击违法犯罪，切实担负起促一方发展、保一方平安的政治责任。

全面提升信访维稳工作水平。要提高政治站位，守土有责、守土负责、守土尽责，完善社会矛盾纠纷和群体性事件的预防化解机制，密切关注影响社会大局和谐稳定的突出问题，提高风险防控能力。严格落实领导包案化解制度，提升解决信访问题能力，切实维护人民群众合法利益。

全面加强安全生产工作。牢固树立安

全发展理念，严格落实“党政同责、一岗双责”责任，弘扬生命至上、安全第一的思想，完善安全生产责任制，加强安全稳定形势研判和风险预警，深入开展安全生产隐患大排查活动，坚决防止重特大安全生产事故发生。

## 五、认真落实从严治党要求，全面加强党的建设

要坚决把新时代党的建设总要求落到实处，全面加强基层党组织建设，深入推进反腐败斗争，不断增强党的凝聚力、战斗力。

严格落实全面从严治党责任。要严格履行党委主体责任，不断压实各级党组织书记管党治党“第一责任人”职责，努力营造良好的政治生态。要落实纪委监督责任，全面深化“三转”，聚焦主业主责，切实增强自我净化能力。要持续推进“两学一做”学习教育常态化制度化，认真开展“不忘初心、牢记使命”主题教育，推动党要管党、从严治党向基层延伸。

全面加强意识形态工作。深入学习习近平新时代中国特色社会主义思想，把握正确舆论导向，凝聚社会共识，汇集社会力量。广泛开展理想信念教育，加强理论武装，把社会主义核心价值观转化为广大党员干部群众的情感认同和行为习惯。推动文化事业和文化产业发展，积极发展公益性文化事业，为群众提供丰富精神食粮。强化精神文明建设，加快创建全国文明城市，提升社会文明程度。

加强民主政治建设。加强市委对人大、政协工作的领导，支持和保证人大及其常委会依法充分行使职权，增强人大对“一府两院”监督的有效性，支持政协开展多种形式协商活动，促进协商成果转化落实。要扎实做好市人大、政府和政协换届工作，深刻汲取辽宁拉票贿选案惨痛教训，确保换届工作风清气正。要高度重视统一战线工作，支持各民主党派、工商联、无党派人士和工会、共青团、妇联、科协、侨联、残联、红十字会等群团组织创造性地开展工作。

建设高素质专业化干部队伍。坚持党管干部原则，按照“信念坚定、为民服务、勤政务实、敢于担当、清正廉洁”20字好干部标准，注重在工作一线发现培养干部、选拔使用干部。完善干部考核评价机制，建立激励机制和容错纠错机制，充分调动和保护干部干事创业的积极性、主动性、创造性。要大力培养优秀年轻干部、女干部、非党干部，做到人尽其才。要做好老干部工作。

加强基层组织建设。要把抓基层打基础作为固本之举，坚持强功能、补短板，推动基层党的建设全面进步、全面过硬。坚持“三会一课”制度，创新活动方式，进一步规范组织生活。加大培训力度，切实增强基层党组织带头人“双带”能力。努力扩大“两新”组织的党组织覆盖和工作覆盖，切实发挥党建促发展的政治引领作用。

持之以恒正风肃纪。巩固拓展落实中央八项规定精神成果，继续整治“四风”问题，使党员干部知敬畏、存戒惧、守底线，习惯在受监督和约束的环境中工作生活。充分运用监督执纪“四种形态”，抓早抓小、防微杜渐，拉起纪律和规矩的“警戒线”。

筑牢防腐拒变防线。始终保持惩治腐败的高压态势，坚持重遏制、强高压、常震慑，努力构建干部清正、政府清廉的良好政治生态。要认真做好监察委员会组建工作，完善巡察体制机制，积极开展巡察工作，充分发挥巡察利剑作用。

做好明年的工作，任务艰巨，使命光荣，紧密团结在以习近平为核心的党中央周围，在党的十九大精神指引下，在省、市委的坚强领导下，立足新时代，开启新征程，全力加快“五个兴城”建设，为决胜全面建成小康社会，实现人民对美好生

# 兴城市人民政府工作报告

——在兴城市第八届人民代表大会第一次会议上

兴城市人民政府市长　**袁国相**

（2017年12月6日）

## 一、过去五年和2017年工作回顾

市七届人大一次会议以来，在市委的坚强领导下，在市人大依法监督和市政协民主监督下，市政府带领全市人民，深入实施“五项战略”[1]，真抓实干，开拓进取，圆满完成了市七届人大历次会议确定的各项目标任务。

——经济实力不断壮大，产业结构持续优化。坚决顶住下行压力，经济实现稳中有进、稳中向好，一般公共预算收入排名全省41个县（市）前列。重大项目建设进展顺利，徐大堡核电项目前期工作就绪，青山水库建设完成，兴建高速建成通车。农业现代化进程不断加快，省级现代农业综合示范区建设成效显著。工业经济实力稳步提升，滨海经济区跻身省级经济开发区，泳装产业集群被评为“中国纺织行业创新示范集群”。服务业繁荣发展，旅游、电子商务、商贸流通发展迅速，我市进入国家首批全域旅游示范区创建名单，被评为全国电子商务进农村综合示范县。

——基础设施不断完善，城乡面貌焕然一新。修建城乡道路730公里，铺设给排水管线150公里，完成水利骨干工程212项，新建改造电力线路413公里。城市“东移北上南拓”战略深入实施，滨海

温泉新城建设初见成效，兴城河两岸建设步伐加快，南河大桥改造完成，海河大桥建成通车，污水处理厂二期、净水厂相继竣工，城市综合承载力进一步增强。

——生态环境不断改善，城市品位明显提升。植树造林45万亩，城市建成区绿化覆盖率达到45.6%，宜居乡村建设取得明显成效。古城东南广场、比基尼广场投入使用,海河公园建成开放,“城、泉、山、海、岛、河、滩”七大景观成为城市靓丽名片。我市被评为省级森林城市，通过省级生态市验收，荣获“全国十佳宜居小城”称号。觉华岛被评为“中国十大美丽海岛”。

——改革攻坚不断深入，发展活力明显增强。加快农村土地“三权分置”[2]改革，实施公立医院改革，完成集体林权制度和公务用车制度改革。推进行政审批制度和商事制度改革，成立不动产登记中心、公共资源交易中心、营商环境建设监督局。五年来，新增各类市场主体1.4万个，年均增速超过10%；引进项目55个，实际到位省外内资307亿元。

——社会事业不断进步，民生保障全面加强。举全市之力扶贫攻坚，2.8万人成功脱贫。教育、医疗、文化、体育取得新进步，荣获“国家义务教育均衡发展县”称号，被评为省级文明城市，顺利进入全国文明城市提名市行列。五年来，民生总支出达122亿元，一批供水、供暖、供电、住房改造等民生工程顺利完成，保障体系不断健全，群众生活条件明显改善。

过去的五年，是兴城发展史上极不平凡的五年。五年来，全市上下团结奋进，顽强拼搏，艰苦创业，城乡面貌发生了翻天覆地的变化，取得了令人瞩目的成绩，用辛勤和汗水谱写了中国梦精彩的兴城篇章！

2017年是本届政府任期的最后一年，也是我市经济社会发展取得突破性进展的一年。预计全市地区生产总值实现112.7亿元，比上年增长4.8%；全社会固定资产投资总额实现54亿元，比上年增长19.7%；一般公共预算收入实现10.7亿元，比上年增长15.8%；社会消费品零售总额实现88.4亿元，比上年增长5.7%；农村居民人均可支配收入实现12099元，比上年增长7%。

（一）“三农”工作不断进步

农业种植结构持续优化。新增设施农业面积4000亩，新栽名优果树105万株。激发农业经营主体活力，新增农民专业合作社81个、家庭农场34个，隆裕果蔬产业园、大伟嘉生猪产业园等项目进展顺利。我市通过国家级粮油绿色高产高效示范县验收。

农业生产条件明显改善。实施节水灌溉1.6万亩，治理水土流失11.5万亩。植树造林6.1万亩。实施耕地轮作休耕5万亩、深松整地13.5万亩、千亿斤粮食田间工程1.2万亩。

宜居乡村建设步伐加快。完成农村公路大中修87公里,改造电力线路198公里。修建“一事一议”村内道路121公里，安装路灯350基，创建省级美丽乡村示范村

10个。

（二）工业实力持续增强

滨海经济区加快发展。农产品加工集聚区初具规模，入驻企业达17家，润泽农业、弘发食品等项目当年签约、当年投产。招商引资工作力度加大，15个项目成功落户，经济区累计签约工业项目76个，总投资110亿元。

泳装产业集群不断壮大。预计全年销售额实现140亿元，比上年增长8%，顺利通过省知名品牌创建示范区验收。承办第六届中国·国际泳装展，举办首届京东·兴城泳装节。

工业企业运行良好。实施技术改造项目15个，海洲药业乳酸菌素3S基地、菊花女海产品深加工等项目竣工投产。新增规上工业企业9家，新增发明专利6个、省名牌产品5个。预计引进省外内资35亿元。

（三）服务业充满活力

传统服务业不断繁荣。大红门商贸物流城二期、华联商厦、万象市场投入运营，浩博创业广场建设完成，新增限上服务业企业16家。馨予农产品、玄宇食用菌两家企业被评为省级农产品冷链物流区域示范企业。房地产业持续向好，成功举办第四届房地产交易会，预计全年商品房销售面积达70万平方米，销售额实现30亿元。

现代服务业不断壮大。全市网店网商达到4万家，A型保税仓建设完成，17个海外仓投入运营，跨境电商发展加快。金融服务作用明显，存贷款余额分别实现295亿元和203亿元，均创历史新高。

文化旅游业不断发展。深入实施“六个一”工程[3]，编制全域旅游规划，修编海滨风景名胜区规划，实施首山、古城、觉华岛亮化工程，红海滩生态观光廊道、民俗博物馆对外开放，高家岭温泉水乐园投入运营，富都·欢乐龙湾、丽汤·加勒比海盗项目加快建设。举办觉华岛菩提文化节。

（四）城乡建设卓有成效

推进滨海温泉新城建设，兴宫·首山湖、和润德·尊者小镇等重点项目加快实施，融入“三城同盛”[4]全面提速。兴城西客站站房主体完工，一高中迁建工作顺利推进，河东路大桥加快建设，兴城河南岸开发开始启动。

城乡面貌不断改善。修建城市道路6公里，改造街巷道路9条，安装路灯300基，新增绿化面积6公顷。深入开展国家卫生城市创建工作，实施老城区道路畅通工程，划定停车位3000余个，规范农贸市场7处，20万平方米老旧弃管住宅小区改造工程顺利实施。高家岭、徐大堡入选省特色乡镇培育名单。

生态环境持续优化。全力配合做好中央环保督察、国家海洋督察工作。完成基本农田和生态红线划定[5]工作。开展大气污染治理攻坚行动，拆除燃煤小锅炉128台，取缔黄标车、老旧车辆703台，全力做好秸秆禁烧工作。红崖子垃圾填埋场、病死动物无害化处理中心加快建设，城市污水处理厂提标改造完成。

（五）财源建设成果显著

税收征管水平进一步提高。在“营改增”[6]全面实施的大背景下，深入挖掘税源潜力，预计全年全口径税收收入达12亿元，比上年增长9.3%。

财政管理更加科学。加强财政审核，严格经费管理，充分发挥财政资金的使用效益。预计全年民生支出达31.6亿元，占财政总支出的83.3%，比上年增长12.9%。

积极争取政策资金。认真储备包装项目，加强对接，主动沟通，预计全年争取各类资金24亿元，有力支持了各项事业发展。

（六）民生和社会事业全面进步

脱贫攻坚全力推进。推广碱厂村“泳装产业+党支部+贫困户”等脱贫新模式，积极开展教育扶贫、健康扶贫、移民扶贫、金融扶贫，建设脱贫产业示范基地10个，实施脱贫项目87个，全市1.3万人脱贫，5个贫困村摘帽。

保障能力持续增强。新增城镇实名制就业2032人，转移农村劳动力就业7.4万人，为农村妇女免费开展“两癌”筛查2万余人次。在葫芦岛市率先完成700户城市棚户区改造任务，改造城市供水管网4088户、农村危房784户，为410户城镇低保无住房居民发放住房租赁补贴，城乡居民生活居住条件持续改善。

社会事业不断进步。实施薄弱学校改造，新建学校3所，维修改造学校24所，职教中心实训基地开工建设。启动县域医联体建设，完成结核病防治所迁建，中医院、妇女儿童医院新址投入使用。市委党校、文化馆、图书馆建设完成。举办各类文化活动46场、体育赛事15项，承办中国首届世界花式艺术台球锦标赛、海上丝绸之路中国·觉华岛横渡挑战赛，荣获“全国群众体育先进单位”称号。

社会大局总体稳定。加强“七五”普法，依法治市工作积极推进。做好省安全生产巡查反馈问题整改工作，安全生产形势持续稳定。深入开展信访积案化解攻坚行动，办结率达到100%。推进“平安兴城”建设，社会治安防控能力不断增强，圆满完成党的十九大维稳安保任务。

（七）政府自身建设得到加强

定期向市委报告工作。接受市人大依法监督和市政协民主监督，办理人大代表建议52件、政协提案126件，办复率100%。

优化营商环境，深化“放管服”改革[7]，行政职权事项调整117项、取消42项，行政许可事项缩减到170项。推进“无收费园区”建设，精简项目审批流程，压缩审批时限50%。国企国资改革步伐加快，组建市投资集团。国有旅游景区改革完成。

推进“两学一做”学习教育常态化制度化，政府系统党的建设不断加强，全面从严治党主体责任和党风廉政建设“一岗双责”有效落实。坚持督考合一，加强工作调度，提高行政效能，政府工作作风进一步转变。

统计、物价、审计、粮食、供销、人防、法制、档案、红十字、民族宗教等工作取得了新成绩，气象、路政、铁路、邮政、石油、烟草等单位为地方发展作出新贡献。

即将过去的一年，在市委的坚强领导下，在市人大、市政协的监督支持下，在全市广大干部群众的共同努力下，较好完成全年各项工作任务。在此，代表市政府，向全市人民、人大代表和政协委员，向各民主党派、工商联、人民团体、无党派人士和驻兴各单位，向人民解放军、武警官兵和各界朋友，致以崇高的敬意和衷心的感谢！

在总结成绩的同时，也要清醒地认识到，全市经济社会发展还面临一些困难和问题。主要表现在：一是经济发展不平衡、不充分，总量仍然偏小；二是产业结构不够合理，工业转型升级步伐不快；三是财政收支矛盾较为突出，城乡发展和民生领域还有不少短板；四是改革任务依然繁重，一些制约发展的体制机制问题还有待于解决；五是少数干部不担当、不作为，政府行政效能还需进一步提高，等等。这些问题，必须着力加以解决。

## 二、今后五年目标任务和2018年工作安排

今后五年政府工作的总体思路是：坚持以毛泽东思想、邓小平理论、“三个代表”重要思想、科学发展观、习近平新时代中国特色社会主义思想为指导，全面学习宣传贯彻党的十九大精神，统筹推进“五位一体”[8]总体布局，协调推进“四个全面”[9]战略布局，坚持稳中求进工作总基调，认真落实新发展理念[10]和“四个着力”[11]、“三个推进”[12]要求，积极融入新一轮东北振兴[13]、沿海开发开放[14]、京津冀协同发展[15]和“一带一路”[16]建设，深入实施“五项战略”，加快建设“五个兴城”[17]，不断满足人民对美好生活的需要，确保如期全面建成小康社会，奋力开创振兴发展新局面。

总体目标是：到2022年，经济总量翻一番，居民收入大幅增长，产业结构更加合理，城乡发展更加和谐，生态环境更加美好，人民生活更加幸福，城市综合实力在全省41个县（市）中位次稳定在第一梯队。

——工业经济实现新跨越。深入推进工业供给侧结构性改革，大力发展实体经济，推进工业基础跨越式提升。以滨海经济区为依托，充分利用辽宁自贸区协作区政策，发展高新技术产业、农产品精深加工业、装备制造业。以泳装产业为基础，发展体育服装、休闲服装，延长产业链条，打造全国泳装研发基地、生产基地、销售基地。以徐大堡核电为牵动，推进抽水蓄能项目建设，合理发展风电、光伏产业，打造清洁能源基地。

——服务业实现新突破。建设滨海服务业新业态集聚区[18]，大力发展商业会展、休闲度假、医养结合等产业。建设国家全域旅游示范区和区域性旅游康养目的地，古城、觉华岛、红海滩开发要取得实质性进展，温泉乐园、海洋乐园项目实现

突破，打造国内一流的旅游品牌。壮大电商产业，加大进出口力度，打造区域性商品集散地、北方电商新高地。

——农村经济实现新进步。深化农村土地制度改革、集体产权制度改革，壮大合作经济、集体经济，发展多种形式规模经营，培植新型经营主体，培育农村经济新动能。面向京津冀市场，加强品牌建设，打造现代农业基地，重点建设“一带六区”：“一带”即海产品养殖带；“六区”即果业生产区、优质花生区、设施农业区、畜牧绿色养殖区、高效农业生产区、食用菌产业区。

——城乡发展开创新局面。实施乡村振兴战略，促进农村一、二、三产业融合发展，推进农业农村现代化，建设产业兴旺、生态宜居、乡风文明、治理有效、生活富裕的社会主义新农村。加快新型城镇化建设，推进城市“东移北上南拓”，落实“三城同盛”战略，实现连接兴城的目标，与葫芦岛市主城区全面对接，兴城河南岸开发建设取得新进展。

——生态环境呈现新面貌。践行“绿水青山就是金山银山”的发展理念，坚持节约资源、保护环境和生态建设并重，坚定走生产发展、生活富裕、生态良好的文明发展道路，不断巩固兴城良好的资源环境优势。大力发展绿色经济 [19]、循环经济 [20]、低碳经济 [21]，主要污染物排放总量和万元 GDP 能耗 [22] 持续下降，建设资源节约型 [23]、环境友好型 [24] 城市。

——民生保障取得新业绩。坚持以人民为中心，在发展中补齐民生短板、促进社会公平正义，在幼有所育、学有所教、劳有所得、病有所医、老有所养、住有所居、弱有所扶上不断取得新进展。到 2020 年，全市所有贫困村、建档立卡贫困人口全部脱贫销号，打赢脱贫攻坚战。实施教育优先战略，做好就业工作，统筹医疗、文化、体育等公共服务设施建设，推进基本公共服务均等化 [25]，让老百姓享有更多获得感、幸福感。

2018 年是深入贯彻党的十九大精神的第一年，也是新一届政府工作的开局之年。总体目标是，主要经济指标增速不低于葫芦岛市平均水平，地区生产总值增长 7%，一般公共预算收入增长 12%，全社会固定资产投资总额增长 14%，规模以上工业增加值增长 15%，社会消费品零售总额增长 7%，农村居民人均可支配收入增长 7%。

重点做好以下八个方面工作：

（一）加强项目建设，集聚发展动能

不断优化营商环境。持续推进“放管服”改革，精简优化审批流程，实施在线并联审批，推进政务服务提质提效，积极构建“亲”“清”新型政商关系，让兴城成为亲商重商安商的投资热土。

切实抓好招商引资。突出重点区域和重点行业，锁定京津冀，瞄准长三角、珠三角、东北亚、东南亚，以高新技术、农产品精深加工、装备制造、泳装产业、旅游产业为重点，全力引进项目。进一步强化招商措施，推行飞地招商、小分队招商、常态化招商、以商招商，形成良好的招商氛围。

强力推进重点项目。坚持把项目作为经济发展的生命线，坚定不移抓项目。加快实施安迈汽车刹车毂、思科赛斯高铁配件等装备制造项目，海威水产品、旻源水产品等水产品深加工项目，富都·欢乐龙湾、丽汤·加勒比海盗等文化旅游项目，兴宫·首山湖、和润德·尊者小镇等康养项目。完善领导包扶、协调调度、拉练检查、督查考核机制，做到一个项目、一名领导、一套班子、一抓到底，确保引进项目尽快落地，新建项目尽快开工，在建项目尽快投产。

（二）调整农业结构，发展现代农业

坚持农业农村优先发展，把“高端精品、高效特色、高产生态”作为主攻方向，推进农民持续增收、农业提质增效、农村繁荣稳定。

大力发展高效农业。扩大设施农业面积，新栽名优果树

100 万株，更新改造果园 1.4 万亩，新建标准化养殖小区 10 个。积极发展认养农业、订单农业、精品农业，开展“三品一标”[26] 产品认证，加强农产品质量安全监管。壮大农产品深加工业，农产品加工集聚区达到省级标准。

改善农业生产条件。实施中小河流综合整治和水系连通工程，治理水土流失 10 万亩，实施节水灌溉 1.1 万亩、千亿斤粮食田间工程 1 万亩。开展农业生产社会化服务 14 万亩，实施耕地轮作休耕 5 万亩、深松土地 8 万亩，完成国家果菜茶有机肥替代化肥项目 2 万亩。

壮大新型农业经营主体。新增市级以上农事龙头企业 4 个、农民专业合作社 50 个、家庭农场 10 个，不断提高农业生产组织化、专业化水平。完成全市土地确权登记颁证工作。加强职业能力培训，打造一支懂农业、爱农村、爱农民的“三农”工作队伍。

（三）加快转型升级，提升工业实力

推进滨海经济区建设。落实省沿海经济带三年攻坚计划，创新体制机制，加快去行政化步伐，推进扁平化管理、公司化运营。继续完善基础设施，推进新能源汽车、外挂电梯等重点项目建设。抓好原有企业运行和分类指导，激活僵尸企业，提高土地利用率，增强工业园区活力。

壮大泳装产业集群。加快泳装产业园建设，促进泳装企业规模化、规范化发展。实施泳装产业提升工程，强化品牌建设，拉长产业链条，支持企业自主创新，推进设计研发标准化、高端化，不断提高产品附加值和产业竞争力。

抓好工业企业运行。实施技术改造项目 8 个，完成科技成果转化项目 5 个，新增省名牌产品 2 个、市名牌产品 3 个。鼓励创新创业，推动个转企 [27]、小升规 [28]、大做强，年内升规入库企业 4 家，新增高新技术企业 2 家。

（四）丰富商业业态，推动服务业发展

升级传统服务业。进一步繁荣兴隆大家庭、银象宁远城、华联商厦等商业圈，

促进商贸流通业发展。加大培育力度，新增限上服务业企业10家以上。继续举办房地产交易会，促进房地产业平稳健康发展。

壮大新兴服务业。继续发展电商产业，以跨境电商打通进出口商品贸易通道，以农村电商打通工业产品下行和农特产品上行通道，进一步巩固电商产业在全省的领先地位。以滨海服务业新业态集聚区为依托，积极培育金融会展、文化创意、医养结合、健康服务等新模式新业态。

加快发展旅游业。大力实施景区提升工程，加强古城保护，丰富古城旅游业态，推进觉华岛开发，完善海滨配套功能，打造红海滩生态景区。加快药王天逸山庄、南大休闲观光园等乡村游项目建设，力争尽早投入运营。持续推进“厕所革命”[29]，提高旅游配套服务能力。开展旅游宣传和城市形象宣传，构建大旅游格局，创建国家级全域旅游示范区。

（五）坚持建管并重，推动城乡协调发展

城乡规划水平要有新提升。坚持多规合一[30]，高起点、高标准修编城市总体规划，完善各类专项规划，不断优化城乡空间布局，促进城乡科学有序发展。

滨海温泉新城建设要有新突破。坚持产城互动[31]、以产兴城，加快实施天诚泳业·比基尼博览中心、泉海·御龙湾等项目，促进项目集聚、创业集聚、居住集聚，全面融入“三城同盛”。继续完善基础设施，实施滨海公路改造工程，加快与葫芦岛市主城区的全面对接。

美丽乡村建设要有新进展。实施“一事一议”村内道路121公里，创建省级美丽乡村示范村9个。新建农村公路70公里，维修国省道42公里、农村公路83公里。推进觉华岛亮化，铺设村屯给水管线23公里、污水管线13公里，扩建陆岛交通码头。改造农村危房800户。加快高家岭、徐大堡特色乡镇建设。

宜居城市建设要有新成效。实施古城亮化、消防工程，完成兴建高速公路连接线绿化亮化，建设兴城西客站广场等配套工程。加快兴城河南岸开发步伐，河东路大桥建成通车，全力打造生态宜居新城区。持续开展城市环境综合整治，推进交通管理指挥体系建设，全面提升城市管理水平，突出兴城特色，擦亮城市品牌，让我们的城市更加亮丽，让市民的生活更加美好！

（六）坚持绿色发展理念，推动生态文明建设

实施青山工程。人工造林1万亩，封山育林1.5万亩，修复退化林1万亩，生态治理闭坑矿40亩。

实施蓝天工程。持续开展大气污染防治行动，巩固燃煤锅炉整治成果，加速淘汰黄标车和老旧车辆，做好秸秆禁烧工作，坚决打赢蓝天保卫战。

实施碧水工程。认真落实“河长制”，严格水源地管理保护，开展沿海岸线综合治理，进一步修复海洋生态环境。建成启用病死动物无害化处理中心。

实行最严格的生态环境保护制度，加

和重点行业企业、重点污染源、重点区域范围的环境监管和执法力度，严厉打击环境违法行为，坚决守住生态红线，努力实现蓝天常在、绿水长流、永续发展！

（七）持续改善民生，推动社会和谐稳定

深入推进脱贫攻坚。坚持精准扶贫、精准脱贫，继续实施“33466”工程[32]，构建专项扶贫、行业扶贫和社会扶贫“三位一体”大扶贫格局。实施到户扶贫项目10个，建设扶贫基地10个，实现7000名贫困人口、5个贫困村脱贫销号。

加强社会保障工作。推动高校毕业生、农民工等重点群体就业，加大职业培训力度，城镇登记失业率控制在4.2%以内，保持零就业家庭动态为零。做好企业职工和城乡居民社会养老保险工作，提高城镇居民医疗保险和新农合补贴标准。加强城乡低保动态管理，做好弱势群体生活保障，切实兜住民生底线。

大力发展社会事业。积极创建全国文明城市和国家卫生城市，加强社区治理，推进城乡教育均衡发展，建立分级诊疗体系，新建改造乡镇卫生院5家。丰富群众性文化活动，广泛开展全民健身活动，承办省级以上体育赛事6项，举办第七届全民运动会。

切实办好民生实事。一是实施教育提升工程，新建一高中，建成职教中心实训基地，改造南一小学，新建农村学校2所。二是实施棚户区改造工程，改造古城周边棚户区1500户。三是实施交通畅通工程，修建古城环城路、兴顺大街西延等城市道路9公里，修建兴城西客站连接公路12公里，打开交通瓶颈。四是实施城市治理提升工程，启动数字化城市[33]和智慧社区[34]建设工作。五是实施老旧小区改造工程，改造老旧弃管小区20万平方米。六是实施乡村环境提升工程，推进全覆盖拉网式农村环境综合整治，加快秸秆综合利用和畜禽养殖废弃物资源化利用。七是实施文化体育惠民工程，建设滨海温泉新城中心公园，启动兴城河南岸带状公园建设，维修改造宁远广场，建设体育公园1处。八是实施饮水安全工程，改造城市供水管网3000户。九是实施电力保障工程，改造城乡电力线路118公里。十是实施就业促进工程，新增城镇实名制就业1000人，转移农村劳动力就业7万人。

全力维护社会稳定。畅通和拓宽信访渠道，着力解决信访突出问题，有效化解各类社会矛盾。树立安全发展理念，落实安全生产责任制，坚决遏制各类生产安全事故。加强食品安全监管，切实保障“舌尖上的安全”。加强平安小区、平安校园建设，创新社会治理，完善社会治安防控体系[35]，确保人民安居乐业、社会安定有序。扎实做好双拥共建工作，推动军地军民融合发展。

（八）提高执政能力，推动政府自身建设

坚持从严治党。加强政府系统党的建设，把政治建设摆在首位，牢固树立“四个意识”[36]，严守政治纪律和政治规矩。

严肃党内政治生活，推进管党治党从“宽松软”走向“严紧硬”，营造风清气正的良好政治生态。

坚持依法行政。坚决服从市委领导，接受人大依法监督和政协民主监督，认真办理人大代表建议和政协提案。规范行政权力运行，深化政务公开，加快建设法治政府。

坚持高效勤政。发扬雷厉风行、真抓实干的工作作风，以上率下，团结协作，将政府系统打造成敢于冲锋、能够战斗的工作整体。严格督查考核，坚决整治为官不为、懒政怠政行为，切实提高行政效能。

坚持廉洁从政。认真履行党风廉政建设主体责任，全面落实“一岗双责”，坚持不懈正风肃纪。深入贯彻中央八项规定《实施细则》，强化行政监察、财政监督和审计监督，全力建设廉洁政府。

进入新时代，踏上新征程，使命光荣、重任在肩。高举中国特色社会主义伟大旗帜，更加紧密地团结在以习近平为核心的党中央周围，在市委的坚强领导下，不忘初心，牢记使命，拼搏进取，真抓实干，加快建设“五个兴城”，为全面建成小康社会、实现人民对美好生活的向往而努力奋斗！

## 名词解释

[1]“五项战略”：创新驱动、城乡统筹、生态立市、文旅兴市、民生优先。

[2]“三权分置”：农村土地所有权、承包权、经营权分置。

[3]“六个一”工程：建设一个大型景点、一个温泉度假区、一个民办公助博物馆、一个特色小镇、一个标准“农家乐”，打造一个特色旅游纪念品。

[4]“三城同盛”：《葫芦岛市连接兴城工作实施方案》（葫政办发〔2017〕39号）提出，改造老城，提升新城，连接兴城，实现“三城同盛”。

[5]生态红线划定：2017年2月，中共中央办公厅、国务院办公厅下发《关于划定并严守生态保护红线的若干意见》，明确要求各地区各部门以改善生态环境质量为核心，以保障和维护生态功能为主线，按照山水林田湖系统保护的要求，划定并严守生态保护红线，实现一条红线管控重要生态空间，确保生态功能不降低、面积不减少、性质不改变，维护国家生态安全，促进经济社会可持续发展。

[6]“营改增”：即营业税改增值税，是指该政策实施以前缴纳营业税的应税项目改成缴纳增值税。经国务院批准，自2016年5月1日起，在全国范围内全面推开营业税改征增值税试点。

[7]“放管服”改革：是推进政府管理改革的重要内容，是推动经济社会持续健康发展的战略举措。“放”即简政放权，降低市场准入门槛；“管”即放管结合，促进市场公平竞争；“服”即优化服务，营造便利环境。

[8]“五位一体”：即经济建设、政治建设、文化建设、社会建设、生态文明建设五位一体。

[9]“四个全面”:即全面建成小康社会、全面深化改革、全面推进依法治国、全面从严治党。

[10] 新发展理念:即创新、协调、绿色、开放、共享。

[11]“四个着力”:即着力完善体制机制、着力推进结构调整、着力鼓励创新创业、着力保障和改善民生。

[12]“三个推进”:2017 年 3 月 7 日，习近平总书记在参加十二届全国人大五次会议辽宁代表团审议时发表重要讲话，针对辽宁实际提出“三个推进”，推进供给侧结构性改革，推进国有企业改革发展，推进干部作风转变，为辽宁振兴发展指明了方向。

[13] 新一轮东北振兴：2016 年 2 月 6 日，中共中央国务院下发《关于全面振兴东北地区等老工业基地的若干意见》(中发〔2016〕7 号)，提出到 2030 年左右，东北地区实现全面振兴，走进全国现代化建设前列，成为全国重要的经济支撑带，具有国际竞争力的先进装备制造业基地和重大技术装备战略基地，国家新型原材料基地、现代农业生产基地和重要技术创新与研发基地。

[14] 沿海开发开放：2009 年 7 月 1 日，《辽宁沿海经济带发展规划》获得国务院批准，辽宁沿海作为整体开发区域被纳入国家战略。

[15] 京津冀协同发展：2015 年 4 月 30 日，中共中央政治局会议审议通过《京津冀协同发展规划纲要》。纲要指出，推动京津冀协同发展是一个重大国家战略，核心是有序疏解北京非首都功能，要在京津冀交通一体化、生态环境保护、产业升级转移等重点领域率先取得突破。

[16]“一带一路”:是“丝绸之路经济带”和“21 世纪海上丝绸之路”的简称，旨在借用古代丝绸之路的历史符号，高举和平发展的旗帜，充分依靠中国与有关国家既有的双多边机制，借助既有的、行之有效的区域合作平台，积极发展与沿线国家的经济合作伙伴关系，共同打造政治互信、经济融合、文化包容的利益共同体、命运共同体和责任共同体。

[17]“五个兴城”：即创业兴城、宜居兴城、文化兴城、活力兴城、幸福兴城。

[18] 滨海服务业新业态集聚区：总规划面积 11 平方公里，区域范围北起龙回头，南至兴海北街，东至海滨，西至龙兴路，以文化旅游、电子商务、商业会展、休闲度假、宜居养老等产业为特色，是葫芦岛市“三城同盛”战略的重要支撑。

[19] 绿色经济：即以市场为导向、以传统产业经济为基础、以经济与环境的和谐为目的而发展起来的一种新的经济形式，是产业经济为适应人类环保与健康需要而产生并表现出来的一种发展状态。

[20] 循环经济：是指在人、自然资源和科学技术的大系统内，在资源投入、企业生产、产品消费及其废弃的全过程中，把传统的依赖资源消耗的线形增长的经济，转变为依靠生态型资源循环来发展的经济。

[21] 低碳经济：即在可持续发展理念指导下，通过技术创新、制度创新、产业转型、新能源开发等多种手段，尽可能地减少煤炭、石油等高碳能源消耗，减少温室气体排放，达到经济社会发展与生态环境保护双赢的一种经济发展形态。

[22] 万元 GDP 能耗：是指一定时期内一个地区每生产一万元地区生产总值所消耗的能源。

[23] 资源节约型：即通过对资源的合理配置、高效和循环利用、有效保护和替代，使经济社会发展与资源环境承载能力相适应，使污染物产生量最小化并使废弃物得到无害化处理，构建人与自然和谐共处的社会。

[24] 环境友好型：是一种人与自然和谐共生的社会形态，其核心内涵是人类的生产和消费活动与自然生态系统协调可持续发展。

[25] 基本公共服务均等化：即政府要为社会成员提供基本的、与经济社会发展水平相适应的、能够体现公平正义原则的大致均等的公共产品和服务，是人们生存和发展最基本的条件的均等。

[26]“三品一标”：即无公害农产品、绿色食品、有机农产品和农产品地理标志的统称。

[27] 个转企：即个体工商户由原来的个体工商户组织形式转企升级为各种企业类型，如公司制、合伙制等。

[28] 小升规：即推动规模以下小微企业转型升级为规模以上企业。

[29] 厕所革命：是指对发展中国家的厕所进行改造的一项举措，最早由联合国儿童基金会提出。2017 年 11 月，习近平总书记就旅游系统推进“厕所革命”工作取得的成效作出重要指示。倡导推进“厕所革命”，体现了习近平总书记对百姓民生、城乡文明的高度关切，彰显了从小处着眼、从实处入手的务实作风，为新时代推动旅游业大发展、实施乡村振兴战略注入了强大动力。

[30] 多规合一：是指将国民经济和社会发展规划、城乡规划、土地利用规划、生态环境保护规划等多个规划融合到一个区域上，实现一个市县一本规划、一张蓝图，解决现有各类规划自成体系、内容冲突、缺乏衔接等问题。

[31] 产城互动：即发展产业与城市建设协同发展、互相促进。

[32]“33466”工程：一是制定 3 个实施办法，即《兴城市脱贫攻坚责任制实施办法》《兴城市行业扶贫考核办法》《兴城市驻村工作队考核办法》；二是实施 3 项示范工程，即扶贫开发示范乡村建设工程、党组织精准脱贫示范工程、人才保障示范工程；三是创新 4 项工作，即电商扶贫、金融扶贫、教育和医疗扶贫、企业互助扶贫；四是建立 6 个扶贫产业基地，即花生和经济作物示范基地、优质水果示范基地、出口菊花示范基地、农产品加工示范基地、泳装加工示范基地、乡村旅游示范基地；五是做好 6 项重点工作，即做好项目到户扶贫、移民扶贫、培训扶贫、社会帮扶、

行业扶贫、扶贫宣传。

[33] 数字化城市：是指综合利用现代数字信息技术，以数字地图和单元网格划分为基础，创建城市管理和市民服务综合指挥系统，通过多部门信息共享、协同工作，构建起沟通快捷、责任到位、处置及时、运转高效的城市管理、公共服务的监督和处置新机制，全面提高城市管理和政府公共服务水平。

[34] 智慧社区：是指充分利用物联网、云计算、移动互联网等新一代信息技术的集成应用，为社区居民提供一个安全、舒适、便利的现代化、智慧化生活环境。

[35] 社会治安防控体系：即从维护社会稳定需要出发，运用各种手段科学整合现有警力和社会资源，把打击、防范、管理、控制、建设等多种措施有机结合，实现统一指挥、快速反应、整体联动，对社会治安实施全方位动态防控的一项系统工程。

[36] “四个意识”：即政治意识、大局意识、核心意识、看齐意识。

# 兴城市人民代表大会常务委员会工作报告

——在兴城市第八届人民代表大会第一次会议上

兴城市人民代表大会常务委员会主任　**张学军**

（2017 年 12 月 7 日）

## 过去五年的主要工作

市七届人大常委会任期的五年，是兴城市经济社会新常态下持续健康发展的五年，也是兴城市民主法治建设全面推进的五年。五年来，在市委的正确领导下，常委会坚持以邓小平理论、“三个代表”重要思想、科学发展观为指导，全面贯彻党的十八大和十八届三中、四中、五中、六中全会精神，深入贯彻习近平总书记系列重要讲话精神，围绕全市工作大局，依法行使职权，为加快“五个兴城”建设作出了积极贡献。五年来，共召开常委会会议 49 次、主任会议 68 次，听取审议“一府两院”专项工作报告 69 个，作出决议、决定 77 项，发出审议意见 18 件、视察纪要 17 件，任免地方国家机关工作人员 431 人次，圆满完成本届人大的各项工作任务。

一、加强党的领导，紧紧围绕全市工作大局，着力推动经济社会发展

五年来，常委会坚决按照市委的决策部署，精准把握工作方向，坚定不移地助

力推进兴城市经济社会建设健康发展。

高度重视重大事项。坚持从宏观层面分析和把握经济形势，严格审查批准国民经济和社会发展计划指标、财政预决算等报告，着力强化经济运行调节和预决算管理。严格审查审议土地收购储备中心贷款项目、社保资金使用情况等报告，规范经济运行，防范财政风险。连续五年将全市重点项目作为调研课题，组织各级人大代表开展视察，先后提出建设性建议20余条。多次组织调研滨海温泉新城建设进程，推动确立了新城的宜居特色和持续发展理念。重点关注泳装产业集群建设情况，积极助推兴城市成为跨境电子商务出口试点城市。

始终紧盯农业发展。先后就兴城市农业产业化建设、标准化果园建设、干果园建设、畜牧业发展和农民合作社建立及运行情况，连续开展调研视察，提出意见建议30余条，并配合上级人大开展兴城市农业产业结构调整和服务业集聚区建设情况的调研。年内又以馨予农业项目为重点，再次对兴城市特色农业产业进行视察，并针对农村土地流转、农田水利基础设施建设情况分别进行了视察，努力促进兴城市农村经济可持续发展，提高产业集群的区域经济竞争力。

着力推进旅游产业。在对兴城市旅游工作整体情况进行全面视察的基础上，重点就兴城市滨海公路沿线旅游产业的开发建设、河口湿地红海滩等旅游项目建设情况进行调研，并与市政协等单位联合考察外县（市）温泉、海滨等旅游资源的开发情况，形成翔实的考察报告，为市委、市政府决策提供可靠参考。积极配合上级人大开展了关于旅游提质升级工作的调查、贯彻实施旅游法及旅游条例情况的执法检查，着力构建兴城市大旅游格局，推进“文旅兴市”战略不断发展。

二、落实民生优先，紧紧围绕群众切身利益，倾力保障改善民生福祉

五年来，常委会坚持以人民群众的利益为根本出发点和落脚点，突出环保、教育、医疗三个重点民生课题予以持续关注。

保护环境促民生。牢固树立“环境就是民生”理念，审议通过兴城市2011~2020年生态市建设规划。就兴城市排污企业治理、农村垃圾集中处理、城市环境治理、城乡垃圾集中处理、河道治理（2次）、河口湿地资源保护、桶装水生产监管和美丽乡村建设等工作，开展一系列调研视察。与市政协组成联合调查组，就兴城市二龙山采石场污染环境、破坏生态资源问题开展专项调研，提出关停建议，得到市委充分肯定。

发展教育促民生。以兴城市标准化学校建设情况为重点，对教育资源配置情况进行全面调查，并就学前教育、加强师德建设和规范办学行为、学校食品安全等工作，开展视察和调查，提出改进意见，力促兴城市义务教育全面发展。针对兴城市特殊教育事业发展课题先后开展两次调研，提出四点审议意见，并在常委会上就学生心理健康问题进行讨论，从家庭、学

校、社会三个方面，要求市政府进一步完善特殊教育体系，切实加强特殊教育基础能力建设。

改善医疗促民生。将代表提出的兴城市医卫技术人员短缺问题的建议，列为重点建议由常委会领导挂牌督办，常委会会议连续两次听取审议有关情况。围绕兴城市中医院、妇女儿童医院发展与改革，多层面开展调研，为市政府医疗体制改革提供参考。对农村医疗卫生服务体系建设情况进行调查，力促农民的健康水平和生活质量得到有效保障。今年，对兴城市新农合医疗运行情况和民营医院的管理情况分别进行调研，推动基本医疗保障制度进一步完善，缓解就医难题。

三、坚持法治导向，紧紧围绕社会公平正义，大力推进依法治市进程

五年来，常委会坚持直面群众关心关注的热点问题，充分运用多种监督形式，迎难而上，强化司法监督，积极推进兴城市民主法治进程。

丰富形式增强监督实效。始终坚持司法监督与其他工作同步开展。与法律更新同步，针对新《中华人民共和国食品安全法》、《中华人民共和国刑事诉讼法》施行，开展调研和执法检查，保证相关法律的有效实施；与备案审查同步，针对备案审查工作的新要求，出台细则、组建机构，使兴城市备案审查工作有章可循、规范操作、步入正轨；与代表工作同步，任命36名人大代表为人民陪审员，五年共参与刑事、民事、行政等案件审判3502人次，进一步提高审判工作“透明度”；与信访申诉同步，五年共受理和接待群众来信来访824件、人次，对其中涉法涉诉案件，耐心解答，积极提供法律支持，同时，通过转办交办、提出建议等方式，督促司法机关认真办理。

直击难点回应社会关切。始终紧盯社会热点，特别是司法监督工作中的难点问题，先后就市人民法院执行工作、市人民检察院自侦案件办理工作和反渎职侵权工作开展调研检查，两次开展市公安局立体化社会治安防控体系和基层派出所建设情况的调研，并开展社区矫正工作调查。今年，对市人民检察院检察监督情况和市公安局涉案财物管理情况分别进行执法检查和调查，并在常委会上再次听取市人民法院有关执行工作的专题汇报，以强有力的监督回应人民群众的期盼关切。

规范程序严格人事任免。坚持党管干部和人大依法任免相结合的原则，对人事任免工作始终在政治上高度重视、程序上严格规范。出台了《任免地方国家机关工作人员办法》，全面规范任前考核、法律考试、会议决定和履职监督等工作程序，并在县级人大层面率先启动了公开向宪法宣誓程序，进一步强化了任职人员的宪法意识和履职责任感，为兴城市国家机关高质量建设提供组织保证。

四、密切联系群众，紧紧围绕基层工作实际，聚力提振代表履职信心

五年来，常委会始终把代表工作作为基础性工作来抓，尊重代表主体地位，提

升代表工作水平，切实发挥代表作用。

完善代表工作制度。启动代表退出机制，出台《关于人大代表辞职的规定》和《办理人大代表罢免、辞职、暂时停止执行代表职务、终止代表资格的实施办法》，据此，有4名代表辞职，打破代表届内“终身制”，有力维护代表队伍的纯洁性和先进性。启动代表评议机制，按照葫芦岛市人大代表履职考评办法，先后对62名葫芦岛市级人大代表开展了述职评议，通过无记名投票、现场公布评议结果等形式，有效强化代表履职监督，进一步激发代表工作的积极性和主动性。

强化代表建议办理。从提高代表建议质量入手，精选课题，提前部署，协调各方关系，为代表开展调研提供保障。从提高办理工作实效入手，分类梳理建议，明确办理责任，并出台《人大代表建议办理办法》和《人大代表建议办理工作问责办法》，有效提升办理工作的质量与时效。五年来，共收到代表建议253件，涉及兴城市经济社会发展诸多领域。通过常委会领导带队督办、重点建议重点督办、联合相关部门共同督办等多种方式，高质量办理代表建议，一大批代表和群众关注的问题和困难得到有效解决。

丰富代表活动形式。共邀请156名代表列席常委会会议，使代表进一步熟悉常委会履职程序，增强代表参与管理国家事务的意识；共组织代表376人次参加调研、视察和执法检查等活动，充分发挥代表的专业优势，提高三查（察）工作质量；共新建葫芦岛市级“代表之家”4个，兴城市级“代表之家”29个，实现了代表活动平台全市覆盖；增设代表培训联络办公室，从服务与管理层面，加强常委会与代表之间的沟通联系，为进一步规范代表工作创造有利条件。

五、强化责任担当，紧紧围绕新常态新要求，努力加强自身作风建设

五年来，常委会始终把加强自身建设摆在重要位置，不断强化理论武装，改进工作作风，提高履职能力，努力打造为民务实、敢于担当、作风清廉的地方国家权力机关。

加强思想建设，强化党的领导。认真开展党的群众路线教育实践活动、“三严三实”专题教育和“两学一做”学习教育，扎实推动全面从严治党向基层延伸。坚持向市委报告工作和请示汇报制度，确保市委的决策部署在人大工作中得到全面贯彻落实。切实加强机关党的建设，做到党的建设与业务工作有机融合，相互促进。五年来，常委会组成人员和机关党员干部的政治定力和行动自觉得到增强，依法履职和服务大局的能力进一步提升。

加强作风建设，密切联系群众。大兴廉洁之风，严格落实中央“八项规定”，规范公务接待，持续推进“四风”整治；大兴亲民之风，坚持开展“党员进社区”“为民四服务”等活动，在扶贫工作中倾真情、铆实劲，五年共筹措投入扶贫资金65万元，并协调对口帮扶单位共投入扶贫资金和物资折款263.7万元；大兴学习之风，

坚持每周五学习日制度，建立人大文化书屋，营造良好的学习氛围；大兴调研之风，五年共开展调研视察等60余次，有关核电建设等调研报告被市委全文批转。此外，在国家、省市等各级媒体发表调研文章100余篇，多次被评为葫芦岛市人大新闻宣传先进单位。

加强制度建设，形成长效机制。在领导层面，出台《市人大常委会党组会议议事规则》，细化党组的议事范围、议事程序和议事纪律等，使民主集中制原则得到进一步落实；在工作层面，出台《关于对国家机关工作人员实施履职监督的办法》等7项制度，坚持按制度办事，靠制度管人；在纪律层面，出台《市人大常委会机关作风建设制度》，详细规定请示报告、工作考勤、请销假等制度流程，明确处罚办法，有力推进人大机关工作作风转变，提升工作效率和服务水平。

市七届人大常委会即将圆满完成历史使命。五年的实践和探索，深深地体会到：

——做好人大工作必须坚持党的领导。党的领导是做好人大工作的根本保证。常委会始终坚持正确的政治方向，把人大工作置于党的领导之下，在思想上、政治上、行动上与市委保持高度一致。

——做好人大工作必须坚持服务大局。围绕中心、服务大局方能彰显人大作为。常委会牢固树立大局意识，正确处理依法监督与积极支持的关系，统筹安排各项工作，为促进兴城市经济社会发展作出不懈努力。

——做好人大工作必须坚持群众路线。人大代表和人民群众是人大工作的坚强后盾。常委会始终以实现好、维护好、发展好人民群众根本利益为出发点和落脚点，关心民生福祉，为代表履职创造良好条件，推动解决群众关注的热点难点问题。

——做好人大工作必须坚持与时俱进。与时俱进创新发展人大工作是坚持和完善人民代表大会制度的内在要求。常委会适应新形势新任务，积极创新监督方式，着力破解监督难题，开创人大工作新局面。

——做好人大工作必须坚持强化自身。加强常委会及其机关建设是做好人大工作的重要基础。常委会立足适应人大工作新需要，内强素质、外树形象，努力打造一支政治过硬、业务过硬、作风过硬的人大干部队伍，不断提高履职能力和水平。

市七届人大常委会取得的成绩，是在市委的正确领导下，市七届人大代表、常委会组成人员、人大机关工作人员辛勤努力的结果，是市人民政府、市政协、市人民法院、市人民检察院、市直各部门密切配合的结果，也是广大人民群众大力支持的结果。在此，代表市七届人大常委会表示衷心感谢和崇高敬意！

在肯定成绩的同时，清醒地认识到，常委会工作还存在不足，主要有：监督工作力度有待加大，实效有待提高；代表履职能力需要进一步增强，代表建议办理质量需要进一步提高；机关服务意识还要加强，人大工作科学化水平还要提升。这些要在今后的工作中努力加以改进。

## 今后工作的建议

今后五年，是兴城市全面学习贯彻落实党的十九大精神、开启建设中国特色社会主义新时代的关键时期，服务发展的责任更加重大，保障民生的任务更加紧迫，民主政治建设的使命更加崇高。建议新一届人大及其常委会：在中共兴城市委的正确领导下，以习近平新时代中国特色社会主义思想为指导，全面学习贯彻落实党的十九大精神，坚持党的领导、人民当家做主、依法治国有机统一，坚持以人民为中心的发展理念，紧紧围绕全市工作大局，紧紧围绕推动解决发展中不平衡不充分的问题，不断提高新时代新使命下的履职能力和工作水平，向全面建成小康社会目标奋勇前进。

一、进一步在强化政治意识中把握方向

要坚持党对一切工作的领导，积极主动开展工作，使市委的主张经过法定程序成为国家意志、人民意愿。更加牢固地树立党的观念、政治观念、大局观念和群众观念，把人大工作富有成效地推向前进。

二、进一步在服务发展大局中尽职尽责

要坚决按照市委的各项决策部署，按照稳中求进的工作总基调，围绕加快经济发展方式转变和经济结构调整，进一步完善工作思路和工作部署，使人大工作更加适应经济社会的发展要求，更加适应人民群众的关切期盼。

三、进一步在履行法定职责中发挥作用

要继续加强依法监督，着力增强监督实效，在突出监督重点、丰富监督手段、推动问题解决上下功夫，妥善处理好敢于监督和善于监督、依法监督和工作支持、增强监督力度和把握监督节奏的关系，更好地发挥人大代表在经济社会发展中的重要作用。

四、进一步在完善工作机制中创新实践

要重视制度建设，坚持在继承中完善、充实和发展，进一步建立健全符合科学发展观、体现地方国家权力机关特点、适应新时代要求的运行和管理机制，促进人大工作在创新中发展，在完善中提高。

五、进一步在加强自身建设中提升能力

要着眼于适应新形势新任务的需要，进一步加强人大自身的思想、组织、作风、制度和廉政建设，不断提高服务质量和工作水平，着力提高调查研究、分析问题和解决问题的能力，持续推动人大工作再上新高度。

新时代，扬帆再起航；新思想，引领新征程。更加紧密地团结在以习近平同志为核心的党中央周围，在中共兴城市委的坚强领导下，不忘初心、牢记使命、忠诚履职、积极作为，为全力加快“五个兴城”建设，决胜全面建成小康社会而努力奋斗！

# 中国人民政治协商会议<br>兴城市第七届委员会常务委员会工作报告

——在政协兴城市八届一次会议上

兴城市政协常务副主席　王晓章

（2017 年 12 月 5 日）

## 过去五年的工作回顾

兴城市七届政协的五年任期，是兴城发展史上综合实力提升最快、城乡面貌变化最大、社会建设成效最好、人民群众得益最多的时期。五年来，伴随着全市经济社会发展实现重大突破和精彩跨越的辉煌足迹，市政协常委会本着“维护市委权威、支持政府工作、关注民生建设、树立自身形象”的基调，在中共兴城市委的坚强领导下，在市人大、市政府和社会各界的大力支持下，把握时代脉搏、紧扣发展主题，围绕中心谋求作为、服务大局推动发展，政协工作呈现出新活力、展现出新风貌、树立起新形象，圆满完成七届政协历次会议提出的各项任务，为全市经济社会更好更快发展作出积极贡献。

一、融入大局、奋发有为，在主动履职中推动发展

服务大局、推动发展是政协工作的第一要务。五年来，坚持做到想发展大局、议发展大事、谋发展大计。

一是政治协商谋发展。以各种会议为平台，不断扩大协商范围，提高协商水平，确保协商效果，构建全体会议广泛协商、主席会议及时协商、常委会议专题协商的工作模式。自七届一次会议以来，先后召开 5 次全体会议、21 次常委会议，分别就事关全市经济社会发展大局，以及人民群众关心、关注的热点问题，开展协商议政，提出有针对性的意见与建议，诸多意见与建议引起市委、市政府的高度重视。同时，通过参加或列席市委常委会议、市级领导班子会议、市政府常务会议及有关专题办公会议等形式和途径，直接参与决策讨论、反映情况、发表见解，在促进党政决策的民主化、科学化方面发挥应有作用。

二是视察调研促发展。五年来，共开展集中调研活动 23 次，形成有分量、有价值的调研报告 23 篇，涉及农业、城建、民生、养老、司法、文化、旅游、扶贫攻坚、生态保护等诸多领域。其中，2014 年，对兴城河入海口湿地建设开展调研，调研组紧密结合兴城市湿地现状，有针对性地对兴城市湿地建设工作提出意见和建议，为市委、市政府科学决策提供参考；2015 年，结合兴城市旅游基础设施建设实际，组织开展旅游基础设施建设的调研，提出要努力争取把古城

开发建设纳入葫芦岛乃至辽宁省发展规划，努力提高旅游业收入在地方财政收入中所占比重，协调解决好旅游业富民、富市的问题。同年，对兴城市住宅小区物业管理情况进行调研，调研组对兴城市住宅小区物业管理情况进行全面摸排，提出加强市场监管、加强物业企业的自身管理、着力推进各小区成立业主委员会等多条建议。除此之外，《关于城市供水管网改造情况的调研报告》《关于兴城市设施农业发展情况的调研报告》《关于兴城市药品安全监督管理情况的调研报告》等多篇调研报告得到市委、市政府主要领导的高度重视，先后在报告上作出重要批示，多篇以市委文件下发，促进政协提出意见和建议的落实。同时，积极配合上级政协开展调研视察活动，协助葫芦岛市政协就新型城镇化建设、科学发展观落实情况等方面课题，开展调研视察，得到葫芦岛市政协领导的肯定。创新视察方式，深化视察活动，先后就兴城滨海温泉新城建设、农村公路建设、人口和计划生育、农村水利设施建设等重点工作开展视察。2016 年开展关于校园安全的视察，提出普及校园安全知识、建立校园安全管理体系、打好校园安全“防御战”等意见；与市人大共同就二龙山采石场作业造成环境污染、破坏生态环境进行专题调研视察，提出采石场停业的建议，并得到采纳。

三是积极作为助发展。七届政协始终把招商引资、项目推进摆在突出位置，全神贯注聚焦项目，全力以赴招引大项目，用实际行动助推经济发展。按照市委关于项目年建设的有关要求，充分利用政协委员联系面广的优势，引导委员投身到招商引资工作中来。参与北京大千文化传播有限公司、香河汇森家具有限公司、聚鑫新能源科技有限公司、圭臬科技深圳有限公司、江苏卓亚环保有限公司、南方泵业集团等项目的意向洽谈、沟通对接，为兴城市招商引资工作做出努力。

四是凝心聚力求发展。市政协常委会牢牢把握团结和民主两大主题，加强与各民主党派、无党派人士相互沟通，协商有关问题，努力为各民主党派、无党派人士、工商联和人民团体创造参政议政的良好条件，搭建合作共事平台，开展丰富多彩的活动，营造协商民主氛围，进一步增进统一战线各界人士的团结，调动各界人士参政议政的积极性，为兴城市改革、发展、稳定奠定基础。

二、关注民生、反映民意，在为民履职中促进和谐

人民政协血脉在人民、根基在人民。努力做到深入一线调研视察摸实情，深入基层服务群众促发展，深入群众倾听民意保民生。

第一，推动提案办理。政协委员的提案代表人民群众的心声，涉及全市发展大局和百姓切身利益。本届政协收到委员提案 884 件。采取领导班子成员领办、督办重点提案的办法，对承办单位的提案办理情况进行督办。开展提案办理“回头看”、重点提案办理情况视察等活动，推动提案的办理落实，促进一大批群众关心、关注的实际问题得以解决，委员满意率在 99%

以上。其中，2013年重点提案《关于加强兴城河（包括烟台河）生态环境保护的提案》，市政协将其列为一号提案，由政协主要领导亲自督办。在提案办理过程中，为提高办理质量、增强办理实效，采取集体交办、重点催办、联合督办、现场查办等举措，有力地促进提案办理工作的落实；2015年重点提案《关于加强兴城市殡葬管理工作的提案》，市政府引进社会资本2800万元，对殡仪馆进行升级改造，项目新建面积6090平方米，新建的殡仪馆可承担兴城市及周边县区的殡葬服务，使《殡葬管理条例》和《辽宁省殡葬管理实施办法》得到顺利落实。五年来，提案质量普遍提高，尤其是在力促工业强市、开发文化旅游资源、推动电商发展、加快社会主义新农村建设、加强社会保障、促进民生改善等方面建言献策，提案主题突出，观点明确，有情况有分析，操作性强，取得良好的社会效益。

第二，反映社情民意。为促进政协委员之间的学习和交流，进一步提高工作质量，更好地为市委、市政府决策提供依据和参考，市政协创办《委员信息交流》期刊，编辑出版近百期，刊登各类信息千余条，并向上级相关部门报送，被全国政协、省委、省政协采用8条，被葫芦岛市委、市政协采用116条，兴城市政协社情民意信息工作连续多年在葫芦岛各县市区位列靠前。

第三，开展民主监督。改变民主监督员的选用方式。市政协民主监督员的选用，过去一直由被监督的执法执纪单位自行“选聘”“特邀”。2014年7月，市政协制定出台《兴城市政协关于加强民主监督工作的意见》和《兴城市政协民主监督员选派工作实施细则》，彻底改变过去的做法，科学、合理地向20家执法执纪单位安排、选派60名民主监督员，使民主监督员工作得以扎实开展。按照市委关于教育实践活动专项整治工作的总体部署，组织开展民主评议市法院的专题民主监督工作。这是一项全新的工作，涉及的政策性、原则性和操作性都很强。在兴城市委的大力支持和市法院的配合下，市政协成立民主评议法院工作领导小组，设立评议工作办公室，制定、出台《民主评议法院工作实施方案》，明确目标、任务，在日程安排上既避免干扰法院工作，又保证评议工作的充足时间和必要的程序，取得良好成效，为兴城市民主监督工作的大范围开展提供经验。

三、突出主题、发挥优势，在民主团结中凝聚力量

维护团结、促进和谐，是人民政协的重要职责。突出团结、民主两大主题，充分发挥协调关系、汇聚力量、理顺情绪、凝心聚力的作用，努力维护民主团结、生动活泼、政通人和的政治局面。

首先，营造多党合作氛围。充分发挥各民主党派、工商联、无党派人士和各界别、各阶层人士的作用。市政协加强与各民主党派、工商联和无党派人士的联系。政协组织的每次视察、调研等履职活动，都确保有各党派、工商联和无党派成员参与，充分尊重和听取他们的意见、建议。加强对各民主党派、工商联和无党派人士

重要活动的宣传，不断提高各民主党派、工商联和无党派人士在政治协商、民主监督、参政议政中的社会影响力。

其次，深化联谊交流。积极参与、支持、配合省、市政协举办的各项活动。加强政协组织间的联系与沟通，先后多次接待全国、省、市政协领导到兴城视察调研，以及省内外的兄弟政协单位到兴城考察等任务。在联谊、联络中增进友谊、促进合作，取长补短。同时，大力宣传兴城，进一步扩大兴城市的知名度，提升兴城市的对外形象。开展外出考察、学习观摩等活动，搭建资源共享、交流互动、团结协作的平台，拓展履职渠道，丰富履职形式和内容。

第三，热心公益事业。在充分发挥政协委员主体作用、认真履行职责的同时，积极引导委员参与捐资助学、扶贫济困、爱心救助等社会公益事业，不断提升政协组织在群众中的亲和力和影响力。五年来，市政协曾多次自发或牵头组织政协委员开展慈善募捐、慰问贫困学生等爱心活动；为助推新农村建设，经济和工商联界部分委员筹集资金近10万元，帮扶刘台子满族乡潘山村搞建设，使潘山村的基础设施建设进一步完善，在社会上产生良好影响，为构建和谐社会、建设美好兴城倾注爱心、传递正能量。

四、完善机制、探索实践，在改革创新中树立形象

市政协常委会坚持与时俱进，努力做到在学习中探索，在探索中创新，在创新中发展，持续保持昂扬的工作活力。

一是多措并举，委员综合素质得到提高。根据形势任务的要求，结合实际，五年来，市政协采取多种形式组织委员学习习近平总书记系列讲话，学习党的路线方针政策，解国情、市情、民情。利用各种形式和渠道，扩大委员的知情范围和参与程度；举办政协委员培训班，邀请知名政协工作者，为委员讲解人民政协的基本理论和业务知识，提高对新时期人民政协性质、地位和作用的认识；向每位委员发放《政协委员手册》，方便委员随时学习、解履职相关知识，通过这些学习和培训，增强委员的履职和创新能力。

二是健全制度，委员的凝聚力明显增强。五年来结合政协工作实际，制定并出台《兴城市政协委员履行职责量化考核实施方案（试行）》。委员履职实行定性考核与定量考核相结合、年度考核与日常考核相结合、组织考核与自我评价相结合、奖励表彰与诫勉谈话相结合的原则。在考核中注重定量考核，依据委员的履职情况进行量化打分，依据履行职责产生的社会效果来评定委员履职情况。为拉近政协组织与委员的距离，开展政协领导走访委员活动。通过走访，向委员通报兴城各项事业开展情况；征求委员对全市经济社会发展的意见和建议；解和收集社情民意，协调解决委员反映的有关问题；鼓励、支持委员加强与各界群众的联系，体察民情，反映民意，促进政协工作的开展。

三是拓宽渠道，委员的信息量明显加大。充分利用《委员信息交流》、委员微信群等载体，及时刊发市委、市政府重要

会议精神和主要领导重要讲话精神及全市经济社会发展情况，搭建各党派、各界别委员知情明政、协商民主的平台。发挥专题协商、对口协商、界别协商、提案办理协商的综合效益，提高协商实效。

五、强基固本、增强活力，在自身建设中提升素质

积极适应新形势、新任务的要求，不断加强自身建设，充分激活各方面的积极因素，保障政协工作方向明确、目标明晰，措施得力。

第一，加强理论学习。完善党组学习制度，利用党组会、主席会、常委会进行集中学习，深入学习党的基本理论、基本路线、基本纲领、基本经验、基本要求，深刻领会党的路线方针政策，学习社会主义核心价值观，强化理论武装和政治引导，坚定政治立场，严守政治纪律规矩，在思想上、政治上、行动上与党中央保持高度一致。组织政协委员和政协机关干部，结合国情、市情，深入学习和掌握中国特色社会主义理论，不断增强道路自信、理论自信、制度自信和文化自信。

第二，抓好党建工作。牢固树立抓好党建是最大政绩的理念，始终把党风廉政建设作为一把手工程，不断强化党风廉政建设主体责任，认真落实党组成员“一岗双责”制度，抓好《中国共产党廉洁自律准则》和《中国共产党纪律处分条例》的贯彻执行，切实将党的建设、反腐倡廉工作贯穿至政协履职的各个方面、各个环节，推动党风廉政建设“两个责任”落到实位。坚持民主集中制，完善党组议事规则和决策程序，健全集体领导下分工负责的工作机制，做到民主议事、民主决策。加强政协机关干部队伍建设，严格教育管理，强化立规执纪。

第三，做好文史工作。强化文史资料的收集、整理。在兴城建市30年之际，高质量地组织、编写《兴城市政协三十年》和《兴城印象》两本书籍，现已问世。文史资料室的建设得到进一步完善，各类存书达到2000多册。

第四，提高服务效能。统筹安排委员出席调研、视察、考察、学习等集体活动。以开展“党的群众路线教育实践活动”和“三严三实”“两学一做”专题教育为动力，坚持问题导向，深入查摆问题，对征集到的“四风”和“不严不实”方面意见建议，逐项研究整改措施，做到即知即改、立行立改。完善管理制度，健全工作机制，政协机关的工作更加规范有序、富有成效。

市政协之所以在过去的五年的履职中不辱使命，成绩斐然，主要得益于始终坚持党的领导不动摇，使政协工作保持坚定的政治方向；得益于始终坚持围绕中心、服务大局，把推动科学发展作为履职第一要务；得益于始终坚持有为有位、积极作为，在政协履职中干出实效、干出特色；得益于始终坚持关注民生、履职为民，在促进社会和谐中发挥重要作用；得益于始终坚持与时俱进、开拓创新，不断激发政协组织的活力。尽管付出艰辛的努力，但仍有很多问题没能解决，仍有很多瓶颈没能突破，仍有很多新途径没能探索，决心

在今后的工作中加以解决。

## 未来五年的工作建议

一、注重学习提高，增强政治认同，巩固和发展团结奋斗的共同思想基础。深入学习中共十九大的会议精神，不断提高和增进对习近平新时代中国特色社会主义思想的政治认同，深化对新时期人民政协使命和责任、特点和规律的认识，推动兴城市社会主义民主政治建设不断发展。按照市委的决策部署，切实发挥协调关系、汇聚力量、建言献策、服务大局的作用，努力把各参加单位、政协委员和社会各界人士的思想行动、智慧力量，凝聚到建设兴城的实践中去，为实现兴城经济社会跨越发展作出新贡献。

二、注重五大发展理念，紧扣工作中心，为开创兴城建设新局面贡献力量。精心组织好对兴城市经济社会发展进程中一些重要问题的协商讨论，紧紧围绕市委提出的重大项目建设、居民收入倍增和民生幸福提升、社会管理与创新、人才发展等，找准履职方位，发挥自身优势，深入调查研究，提出更多切实可行的意见和建议。做好调研工作，组织各界人士围绕全市经济、政治、文化、社会建设和生态文明建设中的重大课题献计献策。加强提案工作，引导政协各参加单位和政协委员提出高质量的提案，不断改进办理工作，不断提高办结率和满意率，不断提高提案成果的转化率。

三、注重独特优势，把握两大主题，合力营造兴城发展的良好环境。把团结各界、凝聚人心摆在政协工作的突出位置，把民主协商精神贯穿于政协工作之中，倍加顾全大局，倍加珍视团结，倍加维护稳定。加强中国共产党与各民主党派、工商联、人民团体和无党派人士在政协中的合作共事，加强与侨胞台胞的联系，认真贯彻党的民族宗教政策，为推进政党关系、民族关系、宗教关系的团结和谐作出努力。

四、注重自身建设，提高工作水平，推动人民政协事业不断创新发展。进一步探索各民主党派和无党派人士在政协发挥作用的载体和形式，支持各民主党派和无党派人士参与全市重大政策措施的协商讨论及其履行职责的各项活动；进一步重视发挥界别优势，调动各界别参政议政的积极性，促进界别活动更加经常、更加规范、更加有效；进一步发挥委员主体作用，组织好委员学习和培训工作，为委员履行职责、发挥作用创造更好条件；进一步加强政协机关建设，加强机关干部队伍的思想建设、组织建设和作风建设，保证各项任务顺利完成。

新的时代、新的使命、新的征程，赋予新的责任，要求政协人树立新的理念，寻求新的方法，实现新的作为。更加紧密地团结在以习近平为核心的党中央周围，以习近平新时代中国特色社会主义思想为指引，在中共兴城市委的坚强领导下，进一步振奋精神，凝心聚力，开拓进取，扎实苦干，为建设“创业兴城、宜居兴城、文化兴城、活力兴城、幸福兴城”而努力奋斗！

# 大事记

## 1月

**8日**

2017“兴城农商银行杯”全民健身全国“万人千台”台球系列赛暨中国美式台球业余联赛第一届全国冠军赛在兴城国际比基尼会展中心开球。来自海口、三亚、杭州、北京、上海、广州、沈阳等全国10余座城市的170名运动员参加为期3天的比赛。

**9日**

▲中共兴城市第七届委员会第四次全体（扩大）会议召开。兴城市委书记赵家鹏在会上传达省第十二次党代会和葫芦岛市委第五届四次全会精神。

▲兴城市政府召开2017年棚户区改造动员培训会议。

**12日至15日**

2017中国·兴城“兴城农商银行杯”世界花式艺术台球锦标赛完成赛程。16个国家的30名顶尖高手以及200余名中国选手参加比赛。阿根廷选手塞巴斯蒂安·朱梅里获得冠军，波兰选手卢可·西驰瓦获得亚军，弗洛里安·科勒获得季军。

**10日**

兴城市组织收听收看省、葫芦岛市维护社会稳定工作电视电话会议，对全市维护社会稳定工作进行动员部署。

**12日**

兴城市开展贯彻落实习近平总书记关于安全生产重要讲话精神主题宣讲活动。

**14日**

兴城市组织收听收看全省安全生产工作电视电话会议，深入学习贯彻习近平总书记系列重要讲话精神和关于安全生产工作的重要指示精神，总结2016年安全生产工作，部署2017年重点任务。

**17日**

兴城市举行2016“最美兴城人”颁奖典礼。陈连彬、郭丽华、李春良、田源、张伟、李兴国、高志军、王莲英、卢默、田士权10人获“最美兴城人”称号。

**19日至27日**

兴城市领导分组走访慰问离休老干部、老党员、在乡老复员军人、困难群体和敬老院老人及驻军部队官兵。

**20日**

兴城市新春灯展在海河湿地公园桥头广场开始展示，历时22天，至2月12日结束。

**21日**

▲兴城市召开2017年重点项目调度会，相关负责人对工业、服务业和基础设施等方面的重点项目建设情况进行汇报。

▲兴城市2017年春节联欢晚会在兴城人民会堂第一会议室举办，有歌舞、器乐、评剧、魔术等14个节目。

**22日至24日**

兴城市人大常委会党组、兴城市政府党组、兴城市政协党组先后召开专题民主生活会，主题为“学习贯彻党的十八届六中全会精神”。

**25日**

兴城市委常委班子召开以“学习贯彻党的十八届六中全会精神”为主题的2016年度民主生活会，葫芦岛市委书记孙轶参加并指导。

**本月**

中国纺织工业联合会发布全国纺织产业集群试点地区第三次复评结果，兴城市经济和信息化局获得“纺织产业集群地区纺织服务优秀奖”，兴城市泳装行业协会被评为“纺织产业集群地区优秀协会”，兴城市蝉联“中国泳装名城”称号。

## 2月

**4日**

兴城市召开经济、农村暨软环境建设工作会议，传达省委、省政府关于加快全省县域经济发展的指导意见和葫芦岛市干部大会精神。

**9日**

兴城市食品安全委员会召开2017年第一次全体（扩大）会议，对兴城市2016年食品安全工作进行总结，安排部署2017年工作。

**10日**

▲葫芦岛市委常委、市委政法委书记、副市长于学利到兴召开座谈会，就推动“三城同盛”发展进行调研。

▲葫芦岛市副市长孟冰到兴开展农业专题调研，深入了解兴城农业企业发展、设施农业发展、秸秆综合利用情况。

▲兴城市委召开乡镇街道党（工委）书记抓基层党建工作专项述职评议大会。

**16日**

兴城市召开全市环境保护工作会议，总结2016年工作，对2017年工作进行部署。

**17日**

▲中国共产党兴城市第七届纪律检查委员会第二次全体会议召开。市委常委、市纪委书记王春颖代表中共兴城市第七届纪律检查委员会常务委员会向第二次全体会议作题为《强化监督执纪问责推进全面从严治党向纵深发展》的工作报告。

▲兴城市委召开党建和信访工作会议。

**20日**

首批辽宁省体育产业基地授牌仪式在辽宁省体育局长会议上举行。辽宁省体育局授予大连市长海县、葫芦岛市兴城市、本溪市明山区“体育产业示范基地”牌匾。

**22日**

兴城市收听收看葫芦岛市安全生产电视电话会议。会议传达省、葫芦岛市领导关于安全生产的批示精神，对做好全国“两会”期间安全生产各项工作进行安排部署。

**本月**

兴城市2014年度“最美兴城人”杜连君入选“善行力量，温暖辽宁”第七届辽宁省道德模范评选活动诚实守信类型候选人。

## 3月

**1日**

▲兴城市召开城市规划委员会全体委员会议，审议并原则通过富达香浦商业街、水岸澜湾二期住宅小区、鸿缘城市之光住宅小区、泳装商贸城商住小区、红石湾住宅小区5个项目规划设计方案。

▲兴城市政府召开安全生产工作会议，传达省委书记、省人大常委会主任李希，葫芦岛市委书记孙轶的重要批示精神，通报近期锦州市连续发生的两起安全生产事故，部署煤矿、非煤矿山和尾矿库、危险化学品、建筑施工等重点行业领域安全隐患排查治理专项行动。

**6日**

兴城市组织收听收看全省造林绿化暨森林防火工作电视电话会议。会议总结2016年全省造林绿化、森林防火等重点工作，安排部署2017年工作任务。

**10日**

兴城市委中心组召开理论学习（扩大）会议，观看李毅少将所做的题为《始终抓住领导干部这个关键少数，积极营造风清气正的政治生态》专题讲座片。

**14日**

兴城市委中心组召开理论学习（扩大）会议。传达学习贯彻习近平总书记在参加十二届全国人大五次会议辽宁代表团审议时的重要讲话精神，传达省委书记李希就学习宣传贯彻习近平总书记重要讲话精神作出的部署要求。

**15日**

兴城市召开生态环境保护重大方针政策及法律法规解析宣讲会。

**16日**

2017年兴城市政府系统建议提案办理工作会议召开，传达贯彻葫芦岛市市政府系统建议提案办理工作会议精神，总结2016年兴城市建议提案办理工作情况，安排部署本年度工作。

**17日**

兴城市召开脱贫攻坚工作会议，副市长刘星作《兴城市脱贫攻坚工作报告》，碱厂乡、民政局、教育局、三道沟乡沟里村负责人分别作表态发言。

**20日**

兴城市政府召开农业深加工企业座谈会，就推进农产品深加工项目发展进行探讨。

**22日**

兴城市召开“平安小区”创建工作动员大会，全面部署“平安小区”创建工作研究。

**23日**

兴城市召开2017年“扫黄打非”工作会议，部署“扫黄打非”工作任务。

**24日**

▲兴城团市委召开六届四次全委（扩大）会议。会议审议通过《共青团兴城市六届四次全会关于团市委常委、委员卸职确认案》，听取团市委书记马磊所作的《共青团兴城市六届四次全委（扩大）会议的工作报告》，审议通过《共青团兴城市六届四次全会关于常委会工作报告的决议》。

▲兴城市召开卫生计生工作会议，确定2017年以“四个精准发力”强力推动卫生计生事业发展。

**27日**

兴城市政府召开重大动物疫病防治工作会议，印发《关于开展2017年春季重大动物疫病集中防疫工作的通知》，分析当前全市重大动物疫病防控形势，制定紧急防控措施。

**本月**

▲中国侨联九届三十一次主席办公会议，研究确定兴城古城为第三批“中国华侨国际文化交流基地”。

▲兴城市作为第一批“方言保护点”入选国家方言数据库。

## 4月

**1日**

兴城滨海经济区商会成立暨第一次会员大会在滨海经济区管委会举行。

**5日**

葫芦岛市委书记孙轶到兴城制药企业进行调研。

**11日**

兴城市政府召开第29个爱国卫生月活动动员会，要求各部门、各单位全面开展好爱国卫生清洁活动。

**18日**

葫芦岛市市长王力威，副市长、公安局局长孟冰带领相关负责人就越界捕捞和“三无”渔船整治情况到兴城现场办公。

**21日**

兴城市举行第八届读书节开幕式暨“阅读丰富人生，书香伴我成长”诵读活动。

**22日**

兴城大红门建材双子城开业庆典在兴城大红门商贸物流园内举行。

**25日**

全国人大代表、渤海船舶职业学院教授、葫芦岛党外知识分子联谊会副会长李桂杰为全市领导干部作专题辅导，深入学习贯彻习近平总书记在参加十二届全国人大五次会议辽宁代表团审议时的重要讲话精神。

**27日**

兴城市旅游局、交通局、市场监督管

理局、安监局等多个部门组成联合检查组，深入重点景区、宾馆饭店、特产超市开展旅游安全大检查，夯实旅游业安全生产基础，提高旅游接待能力。

**28日**

▲兴城市举办纪检监察系统干部业务培训班。

▲兴城市青少年综合服务平台在阿里巴巴1688产业示范园区正式挂牌投入运营。

**29日**

葫芦岛市委常委、市委政法委书记、副市长于学利到中央环保督察组兴城市工作协调组检查指导工作。

## 5月

**4日**

葫芦岛市市长王力威带领相关部门负责人到兴，检查指导环保督查工作和重点项目开复工情况。

**11日**

兴城市政府召开抗旱工作紧急会议，分析当前旱情，安排部署抗旱和春播工作。

**16日**

葫芦岛市现代农业建设暨抗旱播种现场会在兴城召开，葫芦岛市委书记孙铁出席会议并讲话。

**19日**

▲中国共产党兴城市第七届委员会第五次全体（扩大）会议在兴城人民会堂召开。会议表决通过《中共兴城市委贯彻落实习近平总书记参加十二届全国人大五次会议辽宁代表团审议时重要讲话精神的意见》。

▲兴城市召开推进“两学一做”学习教育常态化制度化工作会议。

**21日**

中国摄影家协会副主席邓维到兴城，为全市100余名摄影爱好者进行面对面辅导。

**22日**

由兴城市委宣传部、科技局、科协主办，兴城市2017年“科技活动周”在宁远广场拉开帷幕。

**25日**

第二期兴城大讲堂在兴城人民会堂举行，邀请中国延安干部学院教授王健作专题讲座。

**27日**

葫芦岛市副市长朱云与各县（市）区政府主管领导，到兴城市进行食品安全项目拉练检查。

**31日**

▲兴城市委书记赵家鹏到曹庄镇后湖村，为后湖村党员讲授“两学一做”专题党课。

▲兴城市委副书记、市长袁国相到徐大堡镇方安村，为30多名党员讲授“转变作风、服务基层”专题党课。

## 6月

**1日**

兴城市古城南关生态停车场至葫芦岛

市葫芦山庄旅游专线正式投入运营，途经张作霖别墅、兴城海滨等12个站点，全程38公里。

**2日**

由兴城市委宣传部主办，兴城市文联、教育局承办的“弘扬社会主义核心价值观”少儿组歌演唱会在兴城人民会堂开幕。兴城市实验小学、元台子小学等6所小学的100余名师生演唱18首歌曲。

**7日**

葫芦岛市委书记孙轶到兴城市，就全市营商环境建设工作深入企业进行专题调研。

**14日**

兴城市召开创建全国文明城市迎检工作会议。

**16日**

兴城市小微企业商会成立，选举赵质涛为商会会长，会员代表58人。

**17日**

葫芦岛市委书记孙轶到兴城市，就做好农业抗旱相关工作进行专题调研。

**19日**

葫芦岛市委书记孙轶，市长王力威，市委副书记严喜鹤，市委常委、市委宣传部部长石文光带领6个县（市）区党政主要领导和市直相关部门主要负责人，到兴城市阿里巴巴1688实力产业群示范园区进行调研。

**20日**

兴城市召开2017年全市消防工作会议，贯彻落实省、葫芦岛市消防工作会议精神，确保完成2017年消防工作任务。

**22日**

兴城市召开防汛抗旱工作会议，贯彻葫芦岛市防汛抗旱工作电视电话会议精神，分析防汛抗旱形势，安排部署防汛抗旱工作。

**24日**

兴城市6000余名在职党员开展“在职党员进社区”义务服务日活动。

**23日**

兴城市召开安全生产工作会议，贯彻落实省、葫芦岛市会议精神，安排部署安全生产工作。

**26日**

▲兴城市召开创建国家卫生城市工作会议。

▲兴城市召开加强家庭家教家风建设工作会议。

**27日**

▲兴城市召开乡人大、政府和市政协换届工作会议。

▲兴城市召开全市换届风气监督工作会议，安排部署换届风气监督工作。

**28日**

▲葫芦岛市委书记孙轶到兴城市走访慰问老党员王文安和赵丽娟。

▲兴城市召开法治宣传教育工作会议，总结“六五”普法工作，部署“七五”普法任务。

**29日**

▲“兴城大讲堂走进高校暨庆祝建党九十六周年”主题报告会在辽宁财贸学院

综合馆举行，邀请中国延安干部学院教授王健作题为《党中央在延安的十三年》讲座。

▲兴城市召开扶贫认养工作会议。

**30 日**

▲兴城市举办经济讲座，邀请财政部教授满莉讲解有关 PPP 模式的操作与应用相关知识。

▲兴城市召开清理积案“百日攻坚会战”工作会议。

## 7 月

**4 日**

2017“兴城之夏”第六届文化广场活动开幕，历时 3 个月，举办大型文艺会演和专场文艺演出 17 场。

**5 日**

葫芦岛市扶贫项目拉练现场会在兴城市召开。市委书记孙轶出席会议并讲话。

**8 日**

2017·觉华岛第三届菩提文化旅游节开幕。

**9 日**

兴城市国际友好城市——韩国西归浦市市长李仲桓一行到兴城市进行友好访问。

**11 日**

兴城市委召开党的群团工作会议。

**14 日至 15 日**

“兴城大红门杯”第二届青少年才艺大赛在“大红门”家居建材双子城 B 座拉开序幕。

**20 日**

▲葫芦岛市委书记孙轶到兴城市检查指导防汛工作。

▲兴城市委理论学习中心组以“旗帜鲜明讲政治”为主题召开“两学一做”学习教育专题研讨会。

**22 日**

葫芦岛市市长王力威到兴城市检查安全生产工作，实地查看企业安全生产情况。

**25 日至 31 日**

兴城市四个班子召开专题民主生活会，以“开展中央巡视反馈意见整改落实‘回头看’彻底肃清王珉等人恶劣影响，进一步净化和修复政治生态”为主题，对照“四讲四有”标准，开展批评与自我批评。

**28 日至 31 日**

兴城市领导分组走访慰问驻兴部队，向广大官兵致以节日的问候。

## 8 月

**1 日**

2017 海上丝绸之路（中国·觉华岛）横渡挑战赛新闻发布会在京举行。

**5 日**

葫芦岛市市长王力威到兴城市，检查指导基层扶贫工作和重点项目施工情况，现场办公协调解决工作问题。

**10 日**

兴城市在宁远广场举办《歌声飘过那

些年》盛夏音乐会，邀请全市老、中、青三代文艺工作者代表参加演出。

**11日**

兴城市召开2017年度乡镇（街道）和市直部门领导班子实绩考核工作会议。

**13日**

国内首个海上马拉松比赛——2017海上丝绸之路（中国·觉华岛）横渡挑战赛在兴城海滨浴场举行，16名选手参赛，300名游泳爱好者参加1000米游泳体验赛。

**16日**

2017年中国（葫芦岛·兴城）国际沙滩·泳装文化博览会暨中国国际泳装展在兴城市比基尼国际会展中心开幕。

**22日**

兴城市召开维护社会稳定工作会议。

**24日**

葫芦岛市委书记孙铁，市长王力威，市委常委、秘书长、市总工会主席张海平，市委常委、市委组织部部长蹇丹，陪同胡国庆、张东生、王守义、刘知良等20位市级离退休老干部到兴城考察重点项目。

**28日**

兴城市体育局获“2013～2016年度全国群众体育先进单位”称号。

## 9月

**4日**

兴城市召开全市扶贫攻坚工作调度会。

**5日**

葫芦岛市委书记孙铁到兴城市，就推动传统产业升级、建设美丽乡村、发展设施农业、助力脱贫攻坚等工作进行调研。

**9日**

兴城市2017年应急管理宣传周活动拉开帷幕。

**15日**

以“争创全国文明城市，共创美丽幸福家园”为主题的2017年兴城之夏第六届文化广场活动闭幕式在首山国家森林公园举行。

**18日**

2017葫芦岛市全国科普日活动在兴城市徐大堡镇辽宁核电宣传展览中心启动。

**21日**

兴城市召开全力做好“两节”及十九大安全生产工作会议。

**22日**

兴城市召开乡镇人大、政府换届工作调度会，研究部署换届工作。

**28日**

由兴城市委、市政府主办的纪念大成至圣先师孔子诞辰2568周年大型活动在文庙大成殿前举行，社会各界人士近1000人参加活动。

**30日**

▲兴城市召开森林防火工作会议，贯彻国家、省市森林防火工作会议精神，部署2017年秋冬森林防火工作。

▲兴城市各界干部群众及学生代表1000余人到兴城烈士陵园向革命烈士敬献花篮。

## 10月

**1日**

葫芦岛市市长王力威到兴城市，调研政府重点工作。

**9日**

兴城市市场监督管理局企业注册分局为兴城渤海倍思特科技有限公司发出兴城首张新设立的“多证合一”营业执照，标志着“二十六证合一、一照一码”登记改革正式实施。

**10日**

孙铁、王力威、陈德良、郑宏伟等葫芦岛市四套班子领导，带领市、县两级领导干部、开发区（园区）及市直相关部门负责人到兴城，开展重点项目拉练检查活动。

**13日**

兴城市收听收看葫芦岛市安全生产电视电话会议，贯彻落实安全生产工作精神。

**26日**

2017年中国葫芦岛·兴城海参节开幕，举办辽参健康生态养殖可持续发展技术论坛。

**30日**

兴城市组织收听收看葫芦岛市传达学习贯彻中共十九大精神全市领导干部电视电话会议。

**31日**

兴城市召开全市扶贫攻坚领导小组工作会议，确保通过年底第三方评估，完成全年脱贫攻坚各项工作任务。

## 11月

**1日**

兴城市开展重点项目拉练活动，对全市重点项目进行检查。

**3日**

葫芦岛市委书记孙铁，市委常委、市委秘书长、市总工会主席张海平，副市长黄晓霞到兴城调研旅游重点项目建设情况。

**7日**

兴城市集中收听收看党的十九大精神中央宣讲团报告会电视电话会议。

**10日**

兴城2017房地产交易会在兴城国际比基尼广场展览中心落下帷幕，展会期间共成交商品住房278套。

**11日**

兴城市收听收看全省安全生产紧急电视电话会议、葫芦岛市安全生产电视电话会议，就安全生产工作进行安排部署。

**12日**

兴城市2018年棚改工作正式启动。棚户区改造项目涉及古城、宁远、城东3个街道，共计1500户。

**13日**

兴城市学习党的十九大精神培训班开班，全市市直机关、各乡镇街道新任领导干部160余人参加首期培训。

**15 日**

省人大常委会党组副书记、副主任赵国红到兴城市，就推进县域经济发展全面建成小康社会三年行动计划制定和实施情况及脱贫攻坚工作进展情况进行调研。

**21 日**

▲中共兴城市第七届委员会第八次全体（扩大）会议在兴城人民会堂召开。市委书记赵家鹏代表市委常委会作《立足新时代开启新征程在党的十九大精神指引下奋勇前进》工作报告。

▲兴城市政府举行七届五次全体（扩大）会议。

**24 日**

葫芦岛市委副书记、市长王力威到兴城市调研乡村振兴工作，并向基层干部群众宣讲党的十九大精神。

**28 日**

兴城市委书记赵家鹏到宁远街道宣讲党的十九大精神，并与基层党员交流学习体会。

## 12 月

**1 日**

兴城市举行学习宣传贯彻党的十九大精神宣讲报告会。葫芦岛市委宣讲团成员、市纪委常务副书记、监察局局长金玉枝作党的十九大精神专题报告。

**3 日**

兴城市委副书记、市长袁国相到古城街道棚改指挥部宣讲党的十九大精神。

**5 日至 7 日**

中国人民政治协商会议兴城市第八届委员会第一次会议召开，225 名政协委员参加会议。李肖当选政协兴城市第八届委员会主席，王晓章、王华松、郑艳春、王振兴当选副主席，47 名委员当选常务委员。

**6 日至 8 日**

兴城市第八届人民代表大会第一次会议召开，231 名人大代表参加会议。赵家鹏当选兴城市人大常委会主任、韩维邦、吕伟、孙伟、刘久生当选兴城市人大常委会副主任，30 名代表当选兴城市人大常务委员会委员。袁国相当选兴城市人民政府市长，刘晓军、丁森鑫、刘星、王月娟、王代林当选兴城市人民政府副市长。王春颖当选兴城市监察委员会主任。赵志刚当选兴城市人民法院院长。叶蓬当选兴城市人民检察院检察长。

**12 日**

葫芦岛市委书记孙轶到兴城市南大乡和滨海经济区进行调研。

**16 日**

葫芦岛市市长王力威到兴城市，调研兴城泳装产业发展，并主持召开泳装产业集群座谈会。

**17 日**

《中国摄影报》“走进美丽兴城”影友联谊会在兴城人民会堂举行，150 位兴城市及周边地区摄影爱好者参加。

**18 日**

兴城市举行学习党的十九大精神，坚

定走中国特色社会主义道路宣讲报告会，邀请中国延安干部学院教授王健作专题讲座。

**21日**

葫芦岛市委常委、常务副市长朱建中到兴城市召开座谈会，就葫芦岛市《政府工作报告》征求意见。

**22日**

兴城市举办学习宣传贯彻党的十九大精神基层理论骨干培训班。

**26日**

兴城市举办花生高产技术研讨会。全市130位百亩以上花生种植户参加研讨。

**28日**

兴城市分别收听收看省、市岁末年初安全生产工作电视电话会议，针对当前安全生产形势，对安全生产工作进行再部署。

**本月**

▲兴城市政协组织编写的《兴城印象》由中国国际广播出版社出版。

▲兴城市红崖子镇、徐大堡镇分别被评为2017辽宁花生特产之乡和辽宁海参特产之乡。

·小资料·

## 兴城海滨——菊花女雕塑

海滨浴场口有座菊花女塑像，菊花女身姿婀娜，美丽温柔，堪称雕塑精品。传说，古时渤海里住着龙王三太子，经常兴风作浪祸害百姓，每月要吃一个童男童女，每年更要一个十七八岁的姑娘做老婆，残忍的是过后就被杀害。人们无力对付三太子的淫威，只好纷纷背井离乡去躲灾。

那年，菊花姑娘主动提出要和三太子成婚。三太子一见到这个眼如星、腮如霞，鬓如墨的姑娘大喜过望。恨不得立刻成婚。新婚酒宴上，三太子神魂颠倒，酩酊大醉。菊花把偷偷收藏的筷子劈成两半，用尽力气一下子插进三太子的耳眼内，将之杀死。随后，菊花逃出龙宫，不久身后巡海的夜叉来追。菊花见没有机会逃脱，把心一横，“砰”地撞死在礁石上。这时，海底“轰”地响起一声炸雷，一个海岛矗立在了海上。

第二天早晨，人们发现了海岛，岛上开满了菊花。人们为了纪念这个勇敢善良的菊花姑娘，给这个岛起名为菊花岛，在岸上立了一座石像来纪念她。

# 兴城概貌

## 基本情况

【建置沿革】兴城地区早在新石器时代，就有人类生存劳作，繁衍生息。殷商时代，兴城境域属孤竹国地。战国时属燕国辽西郡地。秦统一六国后，兴城境域仍属辽西郡地。汉时属辽西郡阳乐县地。后经历三国、东晋、南北朝等多个朝代更替，至隋唐时，兴城境域属河北道营州柳城县。宋辽时期，兴城境域属契丹（后改辽）。辽统和八年（990），设严（岩）州（治所在今红崖子镇古城子村），置兴城县（治所在今菊花街道城子里屯），辖觉华岛及兴城河中、下游地区。辽太平元年（1021），设隰州，置海滨县（州、县治所在今东辛庄镇东关站村），辖兴城境西部烟台河流域以西至六股河下游地区。金代，兴城境域东、西部分属北京路兴中府锦州兴城县、瑞州海滨县。元初，沿袭兴城县、海滨县。后兴城境东、西部属辽阳中书省大宁路锦州、瑞州分辖。明初，沿袭元代中书省制。明洪武七年（1374）设军卫制。兴城境域分属辽东都指挥使司广宁前屯卫、中屯卫。洪武九年（1376）改中书省为承宣布政使司，辽东行政属山东布政使司所辖，兴城境域归属。宣德三年（1428），辽东总兵巫凯、都御史包怀德奏请朝廷，辟广宁前屯、中屯二卫地，于曹庄、汤池之北设宁远卫，并筑宁远城。天启（1621 ~ 1627）初年，东阁大学士兼兵部尚书孙承宗督师蓟辽，在宁远设府任事，时宁远成为辽东政治、军事、经济中心。清初，沿袭明卫制，宁远卫属辽阳府。康熙三年（1664）六月，并前屯、中屯二卫地置宁远州，隶属奉天广宁府。十二月，改属锦州府。光绪二十八年（1902），辟六股河以西地设绥中县，隶属宁远州。民国二年（1913），改宁远州为宁远县。民国三年（1914），因避山西、甘肃、湖南等省宁远县重名，复用辽代兴城县名，隶属奉天省辽沈道。民国十八年（1929），改奉天省为辽宁省，废辽沈道，兴城县隶属辽宁省。民国二十一年（1932）3 月，伪满洲国成立，改辽宁省为奉天省，兴城县隶属奉天省。民国二十三年（1934）12 月，兴城县隶属锦州省。民国三十四年（1945）9 月，中国共产党领导的兴城县民主政府成立，隶属热河省热东专署。11 月下旬，国民党军队进占兴城，兴城县民主政府转至朝阳县、兴城县西部山区开展工作。时国民党统治的兴城县隶属国民党辽宁省政府所辖。民国三十七年（1948）9月29日，兴城全境解放。1949年1月，建立辽西省，兴城县隶属辽西省。中华人民共和国成立后，兴城县隶属辽西省。1954年8月，辽东、辽西两省合并成立辽宁省，兴城县先后隶属辽宁省锦州专署、锦州市所辖。1986年12月13日，国务院批复撤销兴城县，设立兴城市（县级），以原兴城县的行政区域为兴城市的行政区域。1989年6月，国务院批复锦西市升格为地级市。1994年9月，锦西市更名为葫芦岛市，兴城市由葫芦岛市代管。

**【位置面积】**兴城市位于辽宁省的西南部，渤海辽东湾西海岸，居“辽西走廊”中部偏西，在葫芦岛市西南。东并东北与葫芦岛市连山区、龙港区、杨家杖子经济开发区毗邻，南并东南临渤海，西并西南隔六股河与绥中县相望，西北与建昌县接壤。地理坐标北纬40° 16′ ~ 40° 48′，东经120° 6′ ~ 120° 48′。兴城市地理位置中心点在红崖子镇新齐村西南，地理坐标北纬40° 20′，东经120° 16′；东极点在四家屯街道郦家村东，地理坐标北纬40° 22′，东经120° 29′；南极点在刘台子满族乡山东村，地理坐标北纬40° 09′，东经120° 17′；西极点在三道沟满族乡西门村西，地理坐标北纬40° 22′，东经120° 03′；北极点在药王满族乡丁家村后马道岭，地理坐标北纬40° 29′，东经120° 12′。兴城市境东西最大横距62.09公里，南北最大纵距63.06公里，总面积2113平方公里。兴城市属于辽宁西部沿海经济区，城乡区域分类明显，特色鲜明。城区属于条带状分布，在境内东北隅，北依首山，南接兴城河，东临渤海湾，西傍京沈高速公路。按照城市功能特点，划建为古城、铁西、温泉、首山、海滨、产业园6个功能区。城市建成区总面积30平方公里，包括古城、宁远、城东、温泉、钓鱼台、四家屯、临海7个街道。东距辽宁省会沈阳314公里，西距首都北京415公里，距葫芦岛港30公里，区位优势明显。国道102线、京哈铁路、秦沈客运专线、京沈高速公路、辽宁滨海公路五条交通大动脉贯穿境内。市人民政府驻地兴海南街137号。

**【地形地貌】**兴城西北依辽西松岭余脉，老黄顶、张茂山、五顶山、大青山、九龙山等8座500米以上的山峰均在这一区域内，是兴城河、烟台河、女儿河发源地。地势依次由西北向东南倾斜，大体可分为西北低山、中部沙岗丘陵、东南近海平原三种地形，自然概貌为“六山一水三分田”。

**【自然资源】**兴城市有耕地5.99万公顷，占全市土地面积的28.3%，盛产稻谷、高粱、玉米、大豆、花生、蔬菜等作物，为东北最大的花生集散地。有水域16503.66公顷，矿泉水资源丰富，日涌水量达5000吨；大陆海岸线长107公里，浅海滩涂面积达83333公顷，滩涂面积7872.67公顷，适宜养殖贝类、对虾、海带、多宝鱼等；

海产品尤为丰富，享有五大美誉的鱼、虾、蟹、贝、蜇等60余种；矿产资源丰富，有铅、锌、钼、金、银、铜、石棉、石墨、硅石、大理石、重晶石、无烟煤等22种矿藏。全市森林面积65197公顷，森林覆盖率30.73%；有园地面积6990.54公顷。

【旅游资源】兴城历史悠久，古迹众多，是著名的历史文化名城，拥有城、泉、山、海、岛、河、滩七大景观。古城，略呈正方形，是国内仅存的完整四座明代古城之一，国家级重点文物保护单位，内有钟鼓楼、祖氏石坊、文庙、蓟辽督师府、城隍庙、宁远驿馆、民俗博物馆等众多景点；温泉，有“圣水”之誉，对风湿性关节炎、颈椎病、神经衰弱、皮肤病以及外科手术后恢复等有显著疗效；首山，是国家级森林公园，顶上三峰并立，素有“三首并立”“美人卧睡”之称；海滨，是国家重点风景名胜区，有四个海滨浴场，另有菊花女塑像、兴海公园、观海广场、“三礁揽胜”等景区景点；觉华岛（菊花岛），是辽东湾最大的岛屿。岛上有大龙宫寺、唐王洞、八角井、九顶石、大悲阁、石佛寺、梳妆台、点将台、南海沿、菊花女、菩提树等景点。城、泉、山、海、岛、河、滩七大自然景观各具特色，龙回头景区、比基尼广场、海滨栈道、红海滩生态观光廊道等景点的投入使用，形成兴城独特的旅游资源。此外，有白塔峪塔、怪石滩、温泉别墅、袁崇焕雕像、大青山等著名景区景点。兴城是全国著名的海滨疗养区。

【行政区划】2017年，全市辖12个满族乡、7个镇、9个街道，分别为羊安满族乡、元台子满族乡、白塔满族乡、望海满族乡、刘台子满族乡、大寨满族乡、南大满族乡、围屏满族乡、碱厂满族乡、三道沟满族乡、旧门满族乡、药王满族乡、曹庄镇、沙后所镇、东辛庄镇、郭家镇、红崖子镇、徐大堡镇、高家岭镇、古城街道、宁远街道、城东街道、温泉街道、钓鱼台街道、四家屯街道、华山街道、临海街道、菊花街道。有237个行政村，31个社区。

【气候】2017年，兴城市平均气温为10.2℃。7月为全年气温最高月，月平均气温为25.4℃，较常年偏高；1月为全年气温最低月，月平均气温为-7.2℃，较常年偏高。年极端最高气温为38.6℃，出现在6月16日；年极端最低气温为-20.8℃，出现在1月23日。

**2017年兴城市各月平均气温表**

单位：℃

| 月份 | 1 | 2 | 3 | 4 | 5 | 6 | 7 | 8 | 9 | 10 | 11 | 12 | 年平均 |
|---|---|---|---|---|---|---|---|---|---|---|---|---|---|
| 平均气温 | -7.2 | -3.1 | 3.4 | 13.3 | 18.2 | 22.8 | 25.4 | 23.7 | 19.8 | 10.5 | 1.8 | -6.1 | 10.2 |

全市总降水量为358.9毫米，较常年少223.3毫米。春季（3月至5月）降水量为19.8毫米，较常年少68毫米；夏季（6月至8月）降水量为268毫米，较常年偏少120.7毫米；秋季（9月至11月）降水量为59.8毫米，较常年偏少37.1毫米。全年日最大降水出现在7月7日，降水量为68.8毫米。

**2017年兴城市各月降水量表**

单位：毫米

| 月份 | 1 | 2 | 3 | 4 | 5 | 6 | 7 | 8 | 9 | 10 | 11 | 12 | 年总值 |
|---|---|---|---|---|---|---|---|---|---|---|---|---|---|
| 降水量 | 3.3 | 6.5 | 0.2 | 0.0 | 19.6 | 24.9 | 172.9 | 70.2 | 2.7 | 57.1 | 0.0 | 1.5 | 358.9 |

全市平均风速为3.1米/秒。其中春季（3月至5月）平均风速为3.9米/秒；夏季（6月至8月）平均风速为2.9米/秒；秋季(9月至11月)平均风速为3.0米/秒。全年7级以上大风日数为19次，最多风向为北风，频率为13%。

**2017年兴城市各月平均风速表**

单位：米/秒

| 月份 | 1 | 2 | 3 | 4 | 5 | 6 | 7 | 8 | 9 | 10 | 11 | 12 | 年平均 |
|---|---|---|---|---|---|---|---|---|---|---|---|---|---|
| 平均风速 | 2.6 | 3.0 | 3.2 | 4.3 | 4.3 | 3.4 | 3.0 | 2.4 | 2.7 | 2.8 | 3.4 | 2.6 | 3.1 |

全市年日照时数为2872小时，较常年多148.8小时。年平均日照百分率为65%。

全市春季最后一次霜冻出现在3月26日，较常年早24天；秋季第一次霜冻出现在10月12日，较常年晚2天。全年无霜期日数为199天，较常年多24天。

影响兴城市的气象灾害是干旱和暴雨。6月，因干旱受灾人口107699人，农作物受灾面积13772.1公顷，直接经济损失7978.03万元。7月7日，全市遭受暴雨、洪涝灾害，受灾人口7997人，紧急转移安置人口124人，农作物受灾面积1304.5公顷，直接经济损失4175.36万元。（唐帅）

**【人口】**2017年年末，兴城市（户籍）总人口533613人，其中男270852人，女262761人；城镇人口145288人，占总人口的27.23%；乡村人口388325人，占总人口的72.77%；总户数为196926户。全年，全市出生4118人，人口出生率7.66‰，比上年多出生7人，出生率提高0.11‰。死亡人口10929人，人口死亡率20.33‰，比上年多死亡8049人，死亡率上升15.01‰；全市人口自然减少3931人，自然增长率为-10.40‰。

（郭忠华）

## 国民经济和社会发展

**【概况】**2017年，兴城市经济社会保持平稳健康发展，各项社会事业全面进步，民生福祉持续改善。全年实现生产总值112.4亿元，按可比价格计算，比上年增长4.0%。其中,第一产业增加值26.8亿元，同比增长3.9%;第二产业增加值16.5亿元，同比下降0.7%；第三产业增加值69.1亿元，同比增长5.2%。三次产业比重为23.8∶14.7∶61.5。全市总用电量94793万千瓦时，比上年增长12.3%，其中工业用电量24199万千瓦时，比上年增长30.1%。

**【固定资产投资】**2017年，全社会固定资产投资总额实现540353万元，同比增长19.7%。按投资渠道划分，其中建设项目投资303855万元，同比增长35.5%；房地产开发投资236498万元，同比增长4.1%;住宅投资173505万元，同比增长8.6%。年内房地产新开工面积53.5万平方米，同比增长20.4%。施工面积278.8万平方米，同比增长3.7%。房屋竣工面积45.6万平方米，同比增长43.7%。

**【财税与金融】**2017年，兴城市一般公共预算收入111593万元，比上年增长20.8%，地方财政收入259374万元，比上年增长98.0%。全市一般公共预算支出374898万元，比上年增长24.7%，地方财政支出454856万元，比上年增长35.0%。其中，科技支出185万元，比上年增长12.1%；教育支出53801万元，比上年增长14.9%；农业支出75460万元，比上年增长31.6%；社会保障支出78985万元，比上年增长8.0%。全年各项税收总额实现120116万元，比上年增长9.5%。其中，国税实现62636万元，比上年增长44.3%；地税实现57480万元，比上年下降13.2%。2017年年末，金融机构各项存款余额3024894万元，比上年增长13.5%，其中城乡居民储蓄存款余额2071621万元，比上年增长8.5%。各项贷款余额2158358万元，比上年增长18.4%。

**【农业】**2017年，兴城市农林牧渔及服务业总产值实现541872万元，同比增长5.2%。其中，农业总产值183969万元，增长4.1%；林业总产值11623万元，增长9.5%；牧业总产值143639万元，增长3.9%;渔业总产值192122万元,增长7.2%;农林牧渔服务业总产值10519万元，增长3.7%。全年粮食种植面积27810公顷。全年粮食总产量191000吨，同比增长5.5%;油料作物总产量105441吨，同比增长42.5%；蔬菜总产量299576吨，同比增长74.6%；水果总产量63215吨，同比增长1.3%；肉蛋奶总产量99675吨，同比增长15.3%；水产品总产量199924吨，同比增长14.2%。全年化肥使用量5.48万吨，比上年下降0.6%。全市全年完成造林面积4066.77公顷，其中人工造林1333.33公顷，无林地和疏林地新封山（沙）育林

2733.34公顷。新增设施农业面积266.67公顷，新栽名优果树105万株，建设省级高效精品果园1个。激发农业经营主体活力，新增农民专业合作社81个、家庭农场34个，一揽芳华设施农业、隆裕果蔬产业园、大伟嘉生猪产业园等项目进展顺利。兴城市通过国家级粮油绿色高产高效示范县验收。实施节水灌溉1066.67公顷，治理水土流失7666.67公顷。实施耕地轮作休耕3333.33公顷、深松整地9000公顷、千亿斤粮食田间工程800公顷。宜居乡村建设步伐加快，完成农村公路大中修87公里，改造电力线路198公里。修建"一事一议"村内道路121公里，安装路灯350基，创建省级美丽乡村示范村10个。

【**工业和建筑业**】2017年，兴城滨海经济区农产品加工产业园入驻企业17家。15个招商引资项目成功签约，菲迪饲料、宏发食品等9个项目开工建设。经济区累计落地工业项目76个，总投资110亿元。年内，全市泳装企业达到723家，全年销售额实现140亿元，顺利通过省知名品牌创建示范区验收。承办第六届中国·国际泳装展，举办首届京东·兴城泳装节。年内，全市规模以上工业增加值7.8亿元，比上年下降17.4%。全年实现规模以上工业企业总产值518431万元，比上年下降27.8%；规模以上工业企业主营业务收入470482万元，比上年下降32.6%；规模以上工业企业产品销售产值501294万元，比上年下降29.0%，产销率达到96.7%。全年，全市建筑业企业总产值105462万元，比上年增长36.8%；施工面积79.4万平方米，比上年增长54.6%；竣工面积56.1万平方米，比上年增长30.0%。

【**交通和邮电**】2017年，兴城市交通运输仓储及邮政业增加值4.8亿元。全年完成客运量243.4万人次，完成客运周转量15813万人公里。全市实现邮政业务总量5039万件，比上年增长39.2%；邮政业务收入实现5556万元，比上年增长10.0%。

【**旅游业**】2017年，兴城市文化旅游业实施"六个一"工程，编制全域旅游规划，修编海滨风景名胜区规划，实施首山、古城亮化工程，红海滩生态观光廊道、民俗博物馆正式对外开放，高家岭汤上温泉水乐园投入运营，富都·欢乐龙湾、丽汤·加勒比海盗项目加快建设。举办觉华岛菩提文化节。全年接待国内外游客800万人次，旅游总收入实现43.9亿元。

【**内、外贸易业**】2017年，兴城市社会消费品零售总额完成888600万元，比上年增长6.0%。分行业看，批发业完成22194万元，同比增长35.0%；零售业完成746317万元，同比增长4.8%；住宿业完成4177万元，同比增长2.5%；餐饮业完成115912万元，同比增长10.0%。分城乡看，城镇实现零售额596814万元，比上年增长2.4%；乡村实现零售额291786万元，比上年增长14.4%。全年，外贸出口交货值74085万元，引进省外内资33.71亿元，实际利用外资75万美元。

【城建环保工作】2017年，兴城市推进滨海温泉新城建设，兴宫·首山湖和润德·尊者小镇等重点项目顺利实施。兴城西客站站房主体完工，河东路跨河大桥加快建设，一高中迁建工作启动，兴城河南岸开发全面提速。修建城市道路6公里，改造街巷道路9条，安装路灯300基，新增绿化面积6公顷。开展全国卫生城市创建工作，实施老城区道路畅通工程，划定停车位3000余个，规范农贸市场7处，20万平方米老旧弃管小区改造工程顺利实施。高家岭、徐大堡入选省特色乡镇培育名单。配合做好中央环保督察、国家海洋督察工作。完成基本农田和生态红线划定工作。开展大气污染治理攻坚行动，拆除燃煤小锅炉128台，取缔黄标车、老旧车辆702台，做好秸秆禁烧工作。红崖子垃圾填埋场、病死动物无害化处理中心加快建设，城市污水处理厂提标改造完成。

【安全生产工作】2017年，兴城市开展安全生产"百日治理活动""打非治违"行动、综合性大排查大治理、建筑施工领域专项检查、水泥制造和石材加工企业粉尘危害治理、安全生产和人员密集场所等重点行业领域安全专项整治、起重机械安全专项整治、校园安全专项治理、道路交通专项整治、烟花爆竹专项检查、非煤矿山和尾矿库专项整治等行动20次。全市出动检查组158组，参检人员406人，检查单位场所（车辆船只）1056个，累计下达各类法律文书426份。全年，全市发生2起生产安全事故，死亡2人，无重特大安全生产事故。

【科技工作】2017年，兴城市加大科技知识产权工作力度，全市专利申请量459件，其中发明专利申请量84件；授权量329件，其中发明专利授权量7件；全市有效发明专利量48件。1家企业被评为省级优势企业；海思科制药有限公司的"一种含18种氨基酸的复方注射液及其制备方法"项目通过评审，成为辽宁省申报第十九届国家专利奖的10个项目之一。

【教育工作】2017年，兴城市新建学校3所，校舍维修改造工程29所。新建学校在10月份主体完成，29所校舍维修改造工程8月23日完工并交付使用。全年，全市拥有各级中小学校117所。其中高中3所，初中26所，小学88所。全市在校学生48765人。其中高中在校生7385人，比上年增加136人；初中在校生15301人，比上年减少314人；小学在校生26079人，比上年减少1421人。全年，全市为省内外各大中专院校输送考生2795人，其中本科生1793人，专科生1002人。年内一高中统招和定向控制线与上年持平，二高中最低控制线较上年提高27分。

【卫生工作】2017年，兴城市提升医疗卫生服务水平，重点项目建设全部完成，结核病防治所新建工程、中医医院新建工程、妇女儿童医院新建工程全部完工并投入使用。新农合筹资标准640元/人(个人180元，各级配套460元)，筹资总额2.37亿元，常住农业人口参合率达98.5%。年内，全市有各级各类医疗机构共计436家，其中局直医疗机构5家、乡镇卫生院20家、民营医院7家、驻在医院5家、社区卫生服务中心8家、门诊部12家、预防保健机构3家、村卫生室278家、个体诊所98家。全市卫生系统共有在职职工2780人（卫技1900人，工职880人），其中乡镇卫生院（社区）760（在编）人，市内2020人（在编）。共有编制病床1908张，其中市内1400张，乡镇卫生院508张。

【体育工作】2017年，兴城市被授予首批“辽宁省体育产业示范基地”称号，完成“国家体育产业基地”材料申报。举办承办体育赛事15项，其中国际级1项、国家级5项、省级2项、市本级7项。全市常年业余训练项目3项，受训运动员100余人。年内兴城籍运动员有9人参加第十三届全运会，其中白月在场地自行车麦迪逊赛中获得1枚铜牌。在“2017年辽宁省田径锦标赛”中，兴城运动员获得3金、1银、1铜的好成绩。

【人民生活和社会保障】2017年，兴城市抽样调查显示的农村居民人均可支配收入12100元，比上年增长7.0%。新增城镇实名制就业2032人，转移农村劳动力就业7.4万人，为农村妇女免费开展“两癌”筛查2万余人次。完成700户城市棚户区改造任务，改造城市供水管网4088户、农村危房784户，为410户城镇低保无住房居民发放住房租赁补贴。推广碱厂村“泳装产业+党支部+贫困户”等脱贫新模式，积极开展教育扶贫、健康扶贫、移民扶贫、金融扶贫，建设脱贫产业示范基地10个，实施脱贫项目87个，全市1.3万人脱贫，5个贫困村摘帽。

（市统计局）

# 党政机关

## 中国共产党兴城市委员会

【概况】2017年，中共兴城市委员会贯彻落实党的十九大精神，精心组织学习党的十九大报告、新修订《中国共产党章程》，成立县乡村三级理论宣讲团，组织宣讲活动200余场，实现党的十九大精神进机关、进企业、进农村、进社区、进学校全覆盖。深入推进“两学一做”学习教育常态化制度化，向全市101个单位派出9个调研组，总结推广基层先进工作经验，推动解决不同层面问题。开展肃清王珉等人恶劣影响专项整改行动，强化换届纪律，圆满完成县乡人大、政府和县政协换届工作。推进意识形态工作，开展网络“清朗”行动，妥善处置负面信息，把握网络舆论领导权、管理权、话语权。强化落实中央“八项规定”监督检查，全年查处并在全市公开通报曝光违反“八项规定”案件3次5人。加强干部队伍建设，提任正科级领导干部24人，提任副科级领导干部59人。

### ·重要会议·

【市委七届四次全委会】2017年1月9日，中共兴城市委第七届委员会第四次全体（扩大）会议在兴城人民会堂第四会议室召开。中共兴城市委七届委员会委员应到38名，实到35名，候补委员7名，实到7名。市委书记赵家鹏传达辽宁省第十二次党代会和葫芦岛市委五届四次全会精神。赵家鹏指出，要深刻领会精神实质，切实把思想和行动统一到两个会议精神上来。各党委、党组要切实担负起全面从严治党主体责任，要严肃党内政治生活，严守政治纪律和政治规矩，贯彻执行民主集中制，营造批评和自我批评良好风气，要深入推进党风廉政建设和反腐败斗争，加快建设“五个兴城”，推进产业结构调整，推进对外开放，完成脱贫攻坚工作任务。赵家鹏强调，全力抓好经济运行，做好重点领域的安全生产工作，加强社会治安综合治理和信访维稳工作，开展文化进万家、文化科技卫生活动，及时妥善处理突发应急事件，严格执行中央“八项规定”。

【党建工作会议】2017年2月17日，兴城市党建工作会议在兴城人民会堂第四会议室召开。兴城市各乡镇街道党（工）委书记、副书记、纪委书记，市直各部委办局、群团及驻在单位主要负责人、主管政工领导参加会议。兴城市四套班子主要领导、市委常委出席会议。市委常委、市委组织部部长李肖，市委常委、市委统战部部长马天峰，市委常委、市委宣传部部长郭荣新，市委常委、市委政法委书记佟佰钟分别对2016年工作进行总结，对2017年工作进行安排部署。

市委书记赵家鹏指出，2016年，兴城各级党组织完成县乡党委和村“两委”换届选举工作，中央巡视“回头看”反馈意见得到有效整改，“法治兴城”“平安兴城”建设成效明显，兴城顺利进入全国文明城市提名市行列，党的思想建设、组织建设、作风建设、反腐倡廉建设和制度建设都取得明显进步。2017年，全面提升党建工作水平，增强党的凝聚力和战斗力，深化拓展“两学一做”学习教育，按照“六个从严”要求，严格执行党章党规党纪，做到“五个必须”，坚决防止“七个有之”，确保党员干部把准政治方向，站稳政治立场，规范政治行为。大力加强干部队伍建设，完善干部实绩考核评价机制，常态化、近距离、多维度考准考实干部德才，确保将最合适的人放到最合适的岗位，做到人事相宜、人岗相适。要按照“三个区分开来”的原则，建立健全容错纠错机制，树立为担当者“撑腰”的风向标，全力营造为担当者担当、为负责者负责的浓厚氛围。要加强宣传思想文化工作，凝聚团结奋进的精神力量。持续深化法治建设，大力推进依法治市进程。以助推发展、促进和谐为重点，全面巩固爱国统一战线。紧扣机关党建主题，服务兴城工作大局，认真履职、扎实工作，为兴城建设与发展再立新功、再建新业。

**【市委七届五次全委会】**2017年5月19日，中共兴城市委第七届委员会第五次全体（扩大）会议在兴城人民会堂第四会议室召开。中共兴城市委七届委员会委员应到38名，实到36名，候补委员应到7名，实到6名。

市委副书记陈国民传达省、市委全会精神，对中共兴城市委贯彻落实习近平总书记参加十二届全国人大五次会议辽宁代表团审议时重要讲话精神意见的起草工作进行说明。市委书记赵家鹏指出，要充分认识习近平总书记讲话精神的重大指导意义，增强抓落实的坚定性和自觉性。兴城市制定的“1+3+1+12”方案明确落实习近平总书记重要讲话精神的任务书、时间表、路线图，实现目标、任务、责任的量化、细化、具体化，为兴城市落实“三个推进”确立标准、提供抓手。赵家鹏要求，加大全面从严治党工作力度，全力推进供给侧结构性改革，促进经济平稳健康发展。重点要在做强产业上、在“五个围绕”上、在服务业发展上、在宜居滨城建设上下功夫。

**【推进“两学一做”常态化制度化会议】**2017年5月19日，兴城市在兴城人民会堂第一会议室召开推进“两学一做”学习教育常态化制度化工作会议。兴城市委常委，人大、政协主要领导，觉华岛旅游度假区、滨海经济区管委会专职副主任及中层干部，其他副县级领导，市直各部委办局、群团及部分驻在单位主要领导、主管政工领导、党务科室主要负责人，各乡镇街道党（工）委书记、副书记、组织委员，部分村社区党组织书记、基层党代表出席会议。

市委常委、市委组织部部长李肖传达习近平总书记重要讲话精神和省市委推进“两学一做”学习教育常态化制度化工作会议精神。市委书记赵家鹏指出，要认清推进“两学一做”学习教育常态化制度化内涵，弄清“为什么”的问题。要认真落实好中央、省市委关于推进“两学一做”学习教育常态化制度化决策部署,弄清“怎么做”的问题。要加强“两学一做”学习教育常态化制度化的组织领导，解决“落实好”的问题。

【**市委七届八次全委会**】2017 年 11 月 21 日，中共兴城市委第七届委员会第八次全体（扩大）会议在兴城人民会堂召开。中共兴城市委七届委员会委员应到 36 名，实到 30 名，候补委员应到 6 名，实到 5 名。

市委书记赵家鹏代表市委常委会作《立足新时代开启新征程在党的十九大精神指引下奋勇前进》工作报告。报告简要回顾 2017 年主要工作，全面部署 2018 年工作总体思路、任务目标以及各项工作任务。报告指出，2018 年重点要做好九方面工作：一是学习宣传贯彻党的十九大精神；二是紧盯县域经济和沿海经济带发展战略任务目标，科学合理制定各项经济指标；三是推进滨海经济区体制机制改革；四是融入“三城同盛”,推进滨海温泉新城建设；五是实施乡村振兴发展战略；六是加大环境保护力度；七是完成脱贫任务；八是做好社会综合治理和信访稳定工作，九是全面加强党的建设。

## ·重要活动·

【**春节走访慰问**】2017 年 1 月 19 日，中共兴城市委领导分组开展春节走访慰问离休老干部、老党员、在乡老复员军人、困难群体和敬老院老人活动。市委书记赵家鹏一行走访慰问 98 岁抗日离休老干部史春年、兴城市爱心儿童语言康复训练中心、2016 年“最美兴城人”李春良、县级离休干部刘绍臣、因战残疾军人高连贵、城区中心敬老院老人、农村低保户李艳卉、城市低保户邢宝昌和困难职工杨会芳。市长袁国相一行走访慰问老党员王文安、“最美兴城人”马龙、县级离休干部成国兴、困难职工刘长荣、在乡老复员军人银广生和农村低保户刘玉芹、王彦新，以及曹庄中心敬老院老人。市人大常委会主任张学军一行走访慰问县级离休干部包子勤、困难职工赵国新、老党员石明山、“最美兴城人”李建权、望海中心敬老院老人，农村低保户佟玉芝、杨桂珍，老复员军人郑玉恒。市政协副主席王晓章走访慰问抗日离休老干部郭志增、困难退休职工崔桂芬、新中国成立前老党员蔡绍宇、在乡老复员军人邓永然，以及碱厂中心敬老院的 120 名老人。

【重点项目推进】2017年1月21日，兴城市全市重点项目调度会在兴城市委三楼常委会议室召开。兴城市觉华岛旅游度假区管委会、滨海经济区管委会中层以上领导，各乡镇街道主要领导，部分市直机关相关领导参加会议。会上，2017年重点项目相关负责人对工业、服务业和基础设施等方面的重点项目建设情况进行汇报。市委书记赵家鹏指出，各级领导干部要走进企业，走进项目，帮助到兴城投资企业家协调解决问题，全方位做好服务工作，相关负责人互相协调配合，及时沟通，为发展项目全力以赴，抓紧推进项目建设进程，突出“干、实、争、担、严”字。

9月14日，市委书记赵家鹏主持召开重点项目调度会，听取重点项目进展情况汇报，协调解决重点项目在推进过程中遇到困难和问题。会议就兴城市中医医院、妇女儿童医院、新建临河大街河东路大桥等11个重点项目进行调度，研究工程进度、资金保障、运作情况，以及项目推进中存在的问题，明确工作计划和推进时间表。

11月1日，兴城市开展全市重点项目拉练活动。市四套班子领导、其他副县级领导，觉华岛旅游度假区管委会、滨海经济区管委会中层以上干部，市人大、市政协各委室主任，各乡镇街道党政主要领导，市直各部委办局、群团及驻在单位主要负责人参加拉练活动，实地查看富都·欢乐龙湾项目、俊安泉海御龙湾商业综合体项目、和润德尊者小镇项目、兴宫·首山湖项目、丽汤温泉水上乐园项目、古城北门外民生改造工程项目、高铁兴城西客站配套公路工程河东路大桥项目、兴城市弘发食品有限公司蜜饯加工项目、菊花女海产品深加工项目、思科塞斯高铁配件项目等重点项目。市长袁国相对年初以来重点项目建设情况进行全面总结，并对下步工作进行安排部署。市委书记赵家鹏强调，项目建设要牢牢把握政策机遇，加大招商引资工作力度，抓好工业、服务业、农业产业化、城市建设，以及各项民生工程，推进扶贫开发工作。

11月9日，市委书记赵家鹏，市委常委、常务副市长刘晓军到华联商厦，检查重点项目推进情况。

【创建全国文明城市活动】2017年6月14日，兴城市创建全国文明城市迎检工作会议在兴城市委三楼常委会议室召开，全市各创城迎检责任单位负责人参加会议。

市委常委、市委宣传部部长郭荣新对创城迎检工作进行安排部署，对工作任务进行分解。市委书记赵家鹏指出，创城迎检工作时间紧、任务重、压力大、问题多，各部门、各单位突出工作重点，针对基础设施建设、市容市貌、交通秩序管理及创城宣传等重要环节，加大整治力度。主要领导要靠前指挥，现场办公，分解细化任务，做到任务到人、责任到人，及时整改存在问题。

年内，全国文明城市创建工作有序推进，城市综合环境质量和人民生活质量显著提高。碱厂满族乡被确定为全国文明村镇，红崖子镇梁屯村等28个村被评为省市级文明村，交通局等34个单位和企业被评为省、市级文明单位；1个家庭被推荐为全国文明家庭，1个家庭被确定为全省文明家庭。

**【创建国家卫生城市】**2017年6月26日，兴城市创建国家卫生城市工作会议在人民会堂第四会议室召开。市各乡镇街道党政主要领导，市直各部委办局、群团及驻在单位主要负责人参加会议。

副市长王月娟宣读《兴城市创建国家卫生城市实施方案》有关情况说明，温泉街道、城建局、卫计局负责人作表态发言，常务副市长范立民对兴城创建国家卫生城市工作进行安排部署。市委书记赵家鹏强调，要把创建国家卫生城市与创建全国文明城市结合起来、与“三城同盛”结合起来、与提高群众文明素质结合起来、与解决环保督察问题结合起来，形成创建国家卫生城市强大合力。按照市“创卫”总体规划和实施方案的要求，将目标责任层层分解落实，把“创卫”工作纳入年度目标责任考核的重要内容，在全市进行深入宣传发动。

《兴城市创建国家卫生城市实施方案》中明确各责任单位的具体工作任务分解表和兴城市创建国家卫生城市领导小组；同时制定《兴城市创建国家卫生城市宣传工作方案》和《兴城市创建国家卫生城市督查工作方案》。7月20日上报兴城市创建国家卫生城市申报材料，并通过省级验收。

**【换届工作】**2017年6月27日，兴城市在兴城人民会堂第四会议室召开市乡人大、政府和市政协换届工作会议。兴城市换届工作领导小组及办公室全体成员，各乡镇党委书记、人大主席、纪委书记、组织委员，街道党工委书记、人大街工委主任、纪检委员、组织委员，市直各部委办局、群团及驻在单位主要领导参加会议。葫芦岛市委换届风气督查组全体成员参加会议。会议落实习近平总书记关于换届工作的重要指示精神和省委书记李希、葫芦岛市委书记孙铁的讲话精神，全面落实中央、省市委有关换届工作的文件和会议要求，安排部署市乡人大、政府和市政协换届工作。市委书记赵家鹏代表兴城市委与乡镇党委代表签订换届工作责任状。

9月22日，兴城市召开乡镇人大、政府换届工作调度会，研究部署乡镇人大、政府换届工作。会议听取19个乡镇党委书记关于乡镇人大、政府换届工作进展情况的汇报。市委常委、市委组织部部长李肖对换届工作任务进行安排部署。

10月27日，全市各乡镇完成换届工作。

**【脱贫工作】**2017年7月12日，市委书记赵家鹏带领各乡镇党委书记及部分市直部门及群团单位主要负责人对全市脱贫项目进行拉练检查。先后到旧门乡隆裕果蔬种植合作社扶贫项目、郭家镇张沈村蓝莓种植扶贫项目、药王乡杜屯村泳装扶贫项目、三道沟乡汪家村集体养殖扶贫项目、三道沟里村果树专业合作社扶贫项目、碱厂乡白庙子村红南果梨基地扶贫项目、碱厂村泳装扶贫项目、红崖子镇花生协会扶贫基地项目进行拉练考察。赵家鹏指出脱贫攻坚工作存在的问题，要求各级领导帮助贫困村引项目、谈项目、引能人，确保项目落地，保质保量完成脱贫攻坚任务。

9月4日，市委书记赵家鹏主持召开全市扶贫攻坚工作调度会。会上，各乡镇街道主要领导围绕精准扶贫进度、空壳村提升转化、脱贫攻坚措施等方面，汇报扶贫工作的进展情况、存在问题及下一步扶贫工作打算。赵家鹏强调要抓责任落实，完善"党支部+"脱贫模式，发挥项目带动作用，做到扶贫工作务实，脱贫结果真实。

10月31日，兴城市召开全市扶贫攻坚领导小组工作会议，会上，传达习近平总书记在中央纪委《关于对河北省张家口市扶贫领域监督执纪问责工作开展明察暗访的情况报告》上的重要批示精神，以及省委、省政府领导的批示精神，传达省、市脱贫攻坚领导小组工作会议精神，通报2017年兴城市脱贫攻坚工作开展情况，安排部署下一步脱贫攻坚工作。

**【宣传贯彻中共十九大精神】**2017年11月1日，兴城市召开传达学习贯彻党的十九大精神领导干部大会，动员全市上下用习近平新时代中国特色社会主义思想武装头脑、指导实践、推动工作，扎实推进党的十九大精神在兴城市落实落地。指出，要把认真学习宣传贯彻党的十九大精神作为当前和今后一个时期首要的政治任务，按照中央、省市委要求，在学懂、弄通、做实上下功夫，切实把思想和行动统一到党的十九大精神上来，深刻领会党的十九大精神的政治意义、理论意义、历史意义、现实意义。

12月1日，兴城市学习宣传贯彻党的十九大精神宣讲报告会在兴城人民会堂举行。葫芦岛市委宣讲团成员、市纪委常务副书记、监察局局长金玉枝作党的十九大精神专题报告。

12月18日，兴城市举行"学习党的十九大精神，坚定走中国特色社会主义道路"宣讲报告会，邀请中国延安干部学院教授王健作专题讲座。兴城市四套班子领导和全市党员干部600余人听取报告。

## 中共兴城市委员会领导成员

书　记　赵家鹏
副书记　袁国相
　　　　陈国民（2017年11月离任）
常　委　范立民（2017年8月离任）
　　　　王春颖（女）李　肖
　　　　付　国（2017年11月离任）
　　　　马天峰
　　　　刘晓军（2017年9月任职）
　　　　郭荣新　孟凡华
　　　　佟佰钟

## ·办公室工作·

【概况】2017年，中共兴城市委办公室围绕市委中心工作及重要决策，起草各类文稿100余篇、60万字，收发上三级文件565件、4500份，制发本级文件209件、29000份。做好各种会议和接待活动的组织、安排和协调工作，对值班、值宿等日常工作常抓不懈，确保全市值班通信联络畅通。

【信息报送】2017年，市委办围绕热点、难点问题及时报送苗头性、倾向性、预测性信息和带有全局性的综合信息，为市委决策提供信息服务。市委的重大决策、重大活动情况及时上报。在推进“两学一做”学习教育常态化制度化和学习宣传贯彻党的十九大精神上，及时将兴城市成功做法和经验报送上级机关。全年向省、市上报信息265条。

【督查工作】2017年，市委办紧扣市委重大决策和重大工作部署以及人民群众反映强烈的热点、难点问题，把招商引资、重点项目和脱贫攻坚纳入督查工作重点，开展多形式、全方位督查，及时向市委反馈工作落实情况并通报全市。全年开展决策督查、专项督查和督查调研40余次，编发《督查报告》8期,《督查送阅件》22期，完成葫芦岛市委督查室下发《督查通知》任务，撰写文字材料15万字。

【强化党建引领】2017年，市委办严格规范“三会一课”、党员领导干部参加双重组织生活、党员活动日、民主评议党员等党内政治生活制度。以观看录像、撰写心得体会、专题研讨、参观展览等方式开展党员教育活动。市委主要领导以普通党员身份参加支部活动，示范带头讲党课。按照《兴城市市直部门结对帮扶贫困学生的实施方案》通知要求，支部28名党员干部与实验小学12名贫困学生结对帮扶。全体党员干部利用休息时间深入到结对帮扶学生家中，送去慰问金7900元及生活用品。

**中共兴城市委办公室领导成员**

主　任　郭永泽（2017年4月离任）
　　　　李　冶（2017年4月任职）
副主任　罗志成（2017年8月离任）
　　　　蔡立生
　　　　郝志刚（2017年4月离任）

**市委机要局**

局　长　赵林江（兼,2017年4月离任）
　　　　邱　磊（2017年4月任职）
副局长　邱　磊（2017年4月离任）
密码督察员　尚小天（2017年1月任职）

## 2017年中共兴城市委员会发文目录

| 日期 | 发文字号 | 发送单位 | 文件标题 |
|---|---|---|---|
| 1月4日 | 兴委〔2017〕1号 | 葫芦岛市委组织部 | 关于赵志民同志退休的请示 |
| 1月5日 | 兴委〔2017〕2号 | 全市各单位 | 关于成立兴城市党的十九大代表推荐工作领导小组的通知 |
| 2月6日 | 兴委〔2017〕3号 | 全市党组织 | 关于调整市委党的建设工作领导小组成员的通知 |
| 2月6日 | 兴委4〔2017〕号 | 葫芦岛市委 | 关于贯彻落实葫芦岛市干部大会精神的报告 |
| 2月9日 | 兴委〔2017〕5号 | 全市各单位 | 关于成立兴城科技助力精准扶贫工程领导小组的通知 |
| 2月16日 | 兴委〔2017〕6号 | 全市党组织 | 关于设立公共资源交易中心党组的通知 |
| 2月16日 | 兴委〔2017〕7号 | 全市各单位 | 关于调整兴城市重大决策社会稳定风险评估工作领导小组的通知 |
| 2月16日 | 兴委〔2017〕8号 | 全市各单位 | 关于调整兴城市防范和处理邪教问题领导小组成员的通知 |
| 2月17日 | 兴委〔2017〕9号 | 全市各单位 | 关于调整兴城市维稳领导小组的通知 |
| 2月17日 | 兴委〔2017〕10号 | 葫芦岛市委 | 关于郭永泽、王德鑫同志任职的请示 |
| 2月23日 | 兴委〔2017〕11号 | 葫芦岛市委 | 关于郭永泽同志任职的请示 |
| 3月7日 | 兴委〔2017〕12号 | 全市各单位 | 关于成立兴城市省劳动模范、先进工作者和先进集体评审委员会的通知 |
| 3月10日 | 兴委〔2017〕13号 | 葫芦岛市2017年辽宁省劳动模范、先进工作者和先进集体评审委员会 | 关于2017年辽宁省劳动模范先进个人和先进集体的推荐评选报告 |
| 3月28日 | 兴委〔2017〕14号 | 各市党组织 | 关于成立市委理论学习中心组的通知 |
| 3月28日 | 兴委〔2017〕15号 | 葫芦岛审计局 | 关于原市委书记于学利同志经济责任审计整改情况的报告 |
| 3月31日 | 兴委〔2017〕16号 | 葫芦岛市委 | 关于上报《兴城市落实省十二次党代会报告任务分解实施方案》的报告 |
| 4月1日 | 兴委〔2017〕17号 | 各市各单位 | 关于调整兴城市分类推进事业单位改革工作领导小组成员的通知 |
| 4月6日 | 兴委〔2017〕18号 | 全市各单位 | 关于调整市预防职务犯罪工作领导小组成员的通知 |
| 4月11日 | 兴委〔2017〕19号 | 葫芦岛市委 | 兴城市贯彻落实习近平总书记参加辽宁代表团审议时重要讲话精神的1+3+1+12方案 |

续表

| 日期 | 发文字号 | 发送单位 | 文件标题 |
|---|---|---|---|
| 4月17日 | 兴委〔2017〕20号 | 葫芦岛市委 | 关于贯彻落实葫芦岛市委第28次常委会会议精神的报告 |
| 4月18日 | 兴委〔2017〕21号 | 葫芦岛市2017年辽宁省劳动模范先进工作者和先进集体评审委员会 | 关于兴城市评委会2017年辽宁省劳动模范先进工作者和先进集体评选工作自检自查报告 |
| 4月21日 | 兴委〔2017〕22号 | 葫芦岛市委 | 中共兴城市委关于贯彻省委第七巡视组巡视工作要求查摆问题整改落实情况的报告 |
| 4月25日 | 兴委〔2017〕23号 | 各单位 | 关于成立兴城市创建国家旅游度假区、国家全域旅游示范区领导小组的通知 |
| 5月3日 | 兴委〔2017〕24号 | 各单位 | 关于成立兴城市旅游工作领导小组的通知 |
| 5月9日 | 兴委〔2017〕25号 | 葫芦岛市委组织部 | 中共兴城市委关于党的工作机关自检自查报告 |
| 5月10日 | 兴委〔2017〕26号 | 各单位 | 关于调整兴城市委保密委员会成员的通知 |
| 5月12日 | 兴委〔2017〕27号 | 葫芦岛市委 | 关于总工会、团市委、妇联工作开展情况的报告 |
| 5月12日 | 兴委〔2017〕28号 | 葫芦岛市委督查室 | 关于兴城市郭家镇棋盘村村民委员会换届选举问题的调查报告 |
| 5月17日 | 兴委〔2017〕29号 | 葫芦岛市委 | 关于上报《赴乌克兰参加"一带一路"中乌商业论坛和经贸洽谈的情况》的报告 |
| 5月18日 | 兴委〔2017〕30号 | 各单位 | 关于成立兴城市加快发展农业农村新业态培育新动能助力脱贫攻坚工作领导小组 |
| 5月22日 | 兴委〔2017〕31号 | 各单位 | 关于成立兴城市组建市属企业集团工作领导小组的通知 |
| 5月23日 | 兴委〔2017〕32号 | 各单位 | 关于成立中共兴城市委网络安全和信息化领导小组的通知 |
| 5月25日 | 兴委〔2017〕33号 | 各单位 | 关于调整市委全面深化改革领导小组及专项小组成员的通知 |
| 5月27日 | 兴委〔2017〕34号 | 各单位 | 关于印发《兴城市创建国家卫生城市实施方案》的通知 |
| 5月27日 | 兴委〔2017〕35号 | 各单位 | 关于成立市党政机关办公用房专项整改推进工作领导小组的通知 |
| 5月26日 | 兴委〔2017〕36号 | 各单位 | 关于调整兴城市维稳领导小组的通知 |
| 5月27日 | 兴委〔2017〕37号 | 各单位 | 关于调整兴城市社会治安综合治理委员会成员的通知 |

续表

| 日期 | 发文字号 | 发送单位 | 文件标题 |
| --- | --- | --- | --- |
| 5月27日 | 兴委〔2017〕38号 | 各单位 | 关于设立兴城市投资有限公司党委的通知 |
| 6月13日 | 兴委〔2017〕39号 | 葫芦岛市委组织部 | 中共兴城市委关于推荐县级副职后备干部初步人选情况的报告 |
| 6月14日 | 兴委〔2017〕40号 | 各单位 | 关于调整市委党的建设工作领导小组及办公室组成人员的通知 |
| 6月20日 | 兴委〔2017〕41号 | 各单位 | 关于调整兴城市双拥工作领导小组成员的通知 |
| 6月20日 | 兴委〔2017〕42号 | 各单位 | 关于兴城市成立《人民网·地方领导留言板》办理工作领导小组的通知 |
| 6月20日 | 兴委〔2017〕43号 | 葫芦岛市委 | 中共兴城市委关于网民艾海东反映退伍士兵（伤残）安置有关问题情况的报告 |
| 6月26日 | 兴委〔2017〕44号 | 各单位 | 关于成立兴城市市乡人大、政府和市政协换届工作领导小组的通知 |
| 6月27日 | 兴委〔2017〕45号 | 各单位 | 关于调整市依法治市领导小组成员的通知 |
| 6月27日 | 兴委〔2017〕46号 | 各单位 | 关于表彰2011 ~ 2015年度全市法治宣传教育先进集体先进个人的决定 |
| 7月3日 | 兴委〔2017〕47号 | 葫芦岛市委 | 兴城市2017年上半年关于意识形态工作情况报告 |
| 7月4日 | 兴委〔2017〕48号 | 葫芦岛市外事工作领导小组 | 关于赵家鹏同志赴香港进行经贸洽谈的请示 |
| 7月5日 | 兴委〔2017〕49号 | 葫芦岛市委 | 中共兴城市委关于网民廖玉珍反映兴城市刘台子乡闫家村海岸线遭到破坏相关问题情况的报告 |
| 7月11日 | 兴委〔2017〕50号 | 葫芦岛市委 | 中共兴城市委关于传达贯彻落实省委常委、纪委书记廖建宇调研重要讲话精神有关情况的报告 |
| 7月11日 | 兴委〔2017〕51号 | 葫芦岛市纪委 | 中共兴城市委关于传达贯彻落实省委常委、纪委书记廖建宇调研重要讲话精神有关情况的报告 |
| 7月24日 | 兴委〔2017〕52号 | 兴城市人大常委会党组 | 兴城市换届选举委员会建议人选名单 |
| 7月24日 | 兴委〔2017〕53号 | 兴城市人大常委会党组 | 兴城市乡镇换届选举委员会建议人选名单 |
| 7月25日 | 兴委〔2017〕54号 | 省委巡视办 | 关于兴城市委成立巡察工作组织的请示 |
| 7月25日 | 兴委〔2017〕55号 | 葫芦岛市委巡察办 | 关于兴城市委成立巡察工作组织的请示 |
| 8月1日 | 兴委〔2017〕56号 | 各单位 | 关于成立兴城市防汛督查组的通知 |

续表

| 日期 | 发文字号 | 发送单位 | 文件标题 |
| --- | --- | --- | --- |
| 8月7日 | 兴委〔2017〕57号 | 葫芦岛市委组织部 | 关于中共兴城市委常委班子2017年度专题民主生活会情况的报告 |
| 8月7日 | 兴委〔2017〕58号 | 葫芦岛市委 | 关于兴城市贯彻落实孙铁书记全市脱贫拉练会讲话精神情况的报告 |
| 8月9日 | 兴委〔2017〕59号 | 葫芦岛市委组织部 | 关于推荐范立民、琚荣兴同志为拟提拔岗位建议人选的请示 |
| 8月11日 | 兴委〔2017〕60号 | 各单位 | 关于调整兴城市领导班子和领导干部工作实绩考核领导小组及办公室成员的通知 |
| 8月14日 | 兴委〔2017〕61号 | 葫芦岛市委组织部 | 关于推荐李驰同志为北京市顺义区挂职干部人选的报告 |
| 8月16日 | 兴委〔2017〕62号 | 葫芦岛市委组织部 | 关于琚荣兴同志职务任免的请示 |
| 8月11日 | 兴委〔2017〕63号 | 各单位 | 关于调整兴城市公务用车制度改革领导小组成员的通知 |
| 8月18日 | 兴委〔2017〕64号 | 葫芦岛市委巡察工作领导小组 | 关于兴城市委开展巡察工作情况的报告 |
| 8月31日 | 兴委〔2017〕65号 | 葫芦岛市委 | 关于刘晓军、张阔同志任职的请示 |
| 9月18日 | 兴委〔2017〕66号 | 各乡镇党委、街道党工委 | 关于印发《开展“三带五争做好支书”活动的实施方案》的通知 |
| 9月20日 | 兴委〔2017〕67号 | 葫芦岛市委 | 关于李肖等同志任职的请示 |
| 9月21日 | 兴委〔2017〕68号 | 葫芦岛市委 | 关于赵家鹏等同志任职的请示 |
| 9月26日 | 兴委〔2017〕69号 | 葫芦岛市委 | 中共兴城市委关于网民隋广挥反映兴城市文化局职工未安排上岗工作有关问题情况的报告 |
| 10月20日 | 兴委〔2017〕70号 | 全市各单位 | 关于成立开展党的十九大期间安全生产和信访稳定工作督导组的通知 |
| 10月21日 | 兴委〔2017〕71号 | 葫芦岛市委组织部 | 关于闫忠军同志补办公务员登记的请示 |
| 10月24日 | 兴委〔2017〕72号 | 全市各单位 | 关于成立兴城市环境保护督察整改工作领导小组的通知 |
| 10月24日 | 兴委〔2017〕73号 | 葫芦岛市换届工作办公室 | 关于政协葫芦岛市六届委员会委员人选推荐情况的报告 |
| 10月24日 | 兴委〔2017〕74号 | 葫芦岛市委组织部 | 关于推荐出席葫芦岛市第六届人大代表建议人选工作情况的报告 |
| 11月3日 | 兴委〔2017〕75号 | 葫芦岛市人民政府 | 关于赵西贵来信反映其妻子张桂环被关押等相关问题情况的报告 |
| 11月10日 | 兴委〔2017〕76号 | 各单位 | 关于成立2018年棚户区改造工作领导小组的通知 |

续表

| 日期 | 发文字号 | 发送单位 | 文件标题 |
|---|---|---|---|
| 11月10日 | 兴委〔2017〕77号 | 葫芦岛市委办公室 | 关于兴城市工作盘点情况的报告 |
| 11月13日 | 兴委〔2017〕78号 | 兴城市人大常委会党组 | 关于召开市八届人大一次会议的批复 |
| 11月14日 | 兴委〔2017〕80号 | 葫芦岛市换届工作办公室 | 关于更换葫芦岛市第六届人大代表建议人选的请示 |
| 11月15日 | 兴委〔2017〕81号 | 各单位 | 关于设立兴城市人民政府办公室党组的通知 |
| 11月17日 | 兴委〔2017〕82号 | 葫芦岛市委 | 关于贯彻落实新发展理念和“四个着力”“三个推进”工作情况的报告 |
| 11月20日 | 兴委〔2017〕83号 | 葫芦岛市委组织部 | 关于确定葫芦岛市第六届人民代表大会代表候选人建议人选的说明 |
| 11月20日 | 兴委〔2017〕84号 | 政协兴城市委员会 | 关于召开政协兴城市八届一次会议的批复 |
| 11月24日 | 兴委〔2017〕85号 | 葫芦岛市委统战部 | 关于政协葫芦岛市六届委员会委员推荐人选考察工作的报告 |
| 11月27日 | 兴委〔2017〕86号 | 葫芦岛市委 | 关于王春颖同志任职的请示 |
| 11月28日 | 兴委〔2017〕87号 | 葫芦岛市委组织部 | 关于兴城市出席葫芦岛市人大代表候选人建议人选情况报告 |
| 11月30日 | 兴委〔2017〕88号 | 葫芦岛市深化国家监察体制改革试点工作领导小组 | 关于报请审定兴城市深化国家监察体制改革试点工作实施方案的请示 |
| 12月4日 | 兴委〔2017〕89号 | 葫芦岛市委 | 关于辽工大供暖问题的情况说明的报告 |
| 12月5日 | 兴委〔2017〕90号 | 葫芦岛市委 | 关于贯彻落实中央领导同志及省委省政府主要领导批示精神的报告 |
| 12月5日 | 兴委〔2017〕91号 | 葫芦岛市委 | 关于呈送2017年工作总结及2018年工作安排的报告 |
| 12月5日 | 兴委〔2017〕92号 | 葫芦岛市环保督察整改工作领导小组办公室 | 兴城市关于推进中央第三环境保护督察组督察反馈意见整改落实工作的报告 |
| 12月18日 | 兴委〔2017〕93号 | 各单位 | 关于撤销兴城市监察局等机构的通知 |
| 12月26日 | 兴委〔2017〕94号 | 葫芦岛市纪委 | 中共兴城市委关于履行从严治党“两个责任”情况的报告 |
| 12月26日 | 兴委〔2017〕95号 | 葫芦岛市委 | 中共兴城市委关于2017年意识形态工作情况的报告 |
| 12月26日 | 兴委〔2017〕96号 | 葫芦岛市委 | 关于兴城市人大、政府、政协领导班子和监委主任、法院院长、检察院检察长换届选举结果的报告 |
| 1月25日 | 兴委发〔2017〕1号 | 全市各单位 | 关于认真组织学习《胡锦涛文选》的通知 |

续表

| 日期 | 发文字号 | 发送单位 | 文件标题 |
| --- | --- | --- | --- |
| 2月16日 | 兴委发〔2017〕2号 | 全市各单位 | 关于2016年度“双评”活动表彰通报 |
| 2月16日 | 兴委发〔2017〕3号 | 全市各单位 | 关于2016年度乡镇街道和市直部门工作实绩考核评定结果的通报 |
| 3月27日 | 兴委发〔2017〕4号 | 全市各单位 | 关于印发《中共兴城市委关于加强和改进新形势下党校工作的实施办法》的通知 |
| 4月5日 | 兴委发〔2017〕5号 | 全市各单位 | 关于印发《中共兴城市委关于学习贯彻习近平总书记在参加十二届全国人大五次会议辽宁代表团审议时重要讲话精神》的通知 |
| 5月8日 | 兴委发〔2017〕6号 | 全市各单位 | 关于印发《贯彻落实〈中共辽宁省委关于开展中央巡视反馈意见整改落实“回头看”彻底肃清王珉等人恶劣影响的意见〉的实施方案》的通知 |
| 5月10日 | 兴委发〔2017〕7号 | 全市各单位 | 关于转发《葫芦岛市2017年度大气污染防治工作计划》的通知 |
| 5月18日 | 兴委发〔2017〕8号 | 全市各单位 | 关于印发《推进全市“两学一做”学习教育常态化制度化的实施方案》的通知 |
| 5月18日 | 兴委发〔2017〕9号 | 有关单位 | 关于印发《2017年全市县处级领导班子和党员干部开展“两学一做”学习教育安排方案》的通知 |
| 5月18日 | 兴委发〔2017〕10号 | 全市各单位 | 关于印发《2017年全市基层党组织和党员开展“两学一做”学习教育安排方案》的通知 |
| 6月26日 | 兴委发〔2017〕11号 | 全市各单位 | 关于认真做好乡镇人大、政府换届工作的通知 |
| 6月26日 | 兴委发〔2017〕12号 | 全市各单位 | 关于转发《中共兴城市人大常委会党组关于做好全市市乡两级人民代表大会换届选举工作的意见》的通知 |
| 6月27日 | 兴委发〔2017〕13号 | 全市各单位 | 关于印发《2017年度兴城市乡镇（街道）和市直部门领导班子工作实绩考核实施方案》的通知 |
| 9月6日 | 兴委发〔2017〕14号 | 全市各单位 | 关于印发《打造一流营商环境的意见》的通知 |
| 9月12日 | 兴委发〔2017〕15号 | 全市各单位 | 关于认真学习宣传贯彻习近平总书记在省部级主要领导干部专题研讨班上重要讲话精神的通知 |

续表

| 日期 | 发文字号 | 发送单位 | 文件标题 |
| --- | --- | --- | --- |
| 9月12日 | 兴委发〔2017〕16号 | 全市各单位 | 关于印发《贯彻落实习近平总书记参加十二届全国人大五次会辽宁代表团审议时重要讲话精神的意见》的通知 |
| 9月15日 | 兴委发〔2017〕17号 | 全市各单位 | 关于印发《实施全面两孩政策改革完善计划生育服务管理的实施意见》的通知 |
| 9月19日 | 兴委发〔2017〕18号 | 全市各单位 | 关于印发《省委第七巡视组巡视葫芦岛市反馈意见整改落实方案》的通知 |
| 9月19日 | 兴委发〔2017〕19号 | 全市各单位 | 关于印发《兴城市委关于深入学习贯彻习近平总书记“7·26”重要讲话精神迎接党的十九大胜利召开的实施意见》的通知 |
| 11月1日 | 兴委发〔2017〕20号 | 全市各单位 | 关于印发《中共兴城市委近期学习宣传贯彻党的十九大精神工作方案》的通知 |
| 11月17日 | 兴委发〔2017〕21号 | 全市各单位 | 关于认真学习宣传贯彻党的十九大精神的通知 |
| 12月13日 | 兴委发〔2017〕22号 | 全市各单位 | 关于印发《市委2017～2021年巡察工作规划》的通知 |
| 12月14日 | 兴委发〔2017〕23号 | 全市各单位 | 关于印发《兴城市落实“健康葫芦岛2030”行动纲要实施方案》的通知 |

## 2017年中共兴城市委员会办公室发文目录

| 日期 | 发文字号 | 发送单位 | 文件标题 |
| --- | --- | --- | --- |
| 1月13日 | 兴委办〔2017〕1号 | 有关单位 | 书记专题会议纪要 |
| 3月9日 | 兴委办〔2017〕2号 | 全市各单位 | 关于兴城市2017年棚户区改造项目进展情况的通报 |
| 3月15日 | 兴委办〔2017〕3号 | 有关单位 | 书记专题会议纪要 |
| 4月18日 | 兴委办〔2017〕4号 | 各科室 | 关于关赫、王冬梅同志任职的通知 |
| 7月23日 | 兴委办〔2017〕5号 | 有关单位 | 关于处置兴城古城城墙外墙皮滑落有关事宜现场办公会会议纪要 |
| 7月27日 | 兴委办〔2017〕6号 | 有关单位 | 市四个班子办公室主任联席会会议纪要 |
| 8月9日 | 兴委办〔2017〕7号 | 有关单位 | 书记专题会议纪要 |
| 9月13日 | 兴委办〔2017〕8号 | 各科室 | 兴城市委办公室关于成立领导班子和领导干部工作实绩考核领导小组的通知 |
| 1月20日 | 兴委办发〔2017〕1号 | 全市各单位 | 关于严肃棚户区改造工作相关纪律的通知 |
| 1月22日 | 兴委办发〔2017〕2号 | 全市各单位 | 关于印发贯彻执行中央八项规定精神的实施细则 |

续表

| 日期 | 发文字号 | 发送单位 | 文件标题 |
| --- | --- | --- | --- |
| 1月22日 | 兴委办发〔2017〕3号 | 全市各单位 | 关于做好2017年节假日期间值班工作的通知 |
| 3月23日 | 兴委办发〔2017〕4号 | 全市各单位 | 关于印发《兴城市坚持和完善计划生育目标管理责任制实施方案》的通知 |
| 3月27日 | 兴委办发〔2017〕5号 | 全市各单位 | 关于印发《市委理论学习中心组2017年学习计划的通知》 |
| 3月31日 | 兴委办发〔2017〕6号 | 全市各单位 | 关于印发《兴城市落实省十二次党代会报告任务分解实施方案》的通知 |
| 4月1日 | 兴委办发〔2017〕7号 | 全市各单位 | 关于印发《兴城市委、市政府及有关部门环境保护工作责任规定（试行）》的通知 |
| 4月1日 | 兴委办发〔2017〕8号 | 全市各单位 | 关于切实做好春季安全防火等工作的通知 |
| 4月11日 | 兴委办发〔2017〕9号 | 全市各单位 | 关于印发《兴城市市直部门结对帮扶贫困学生实施方案》的通知 |
| 4月12日 | 兴委办发〔2017〕10号 | 全市各单位 | 关于进一步严肃机关工作纪律的通知 |
| 4月11日 | 兴委办发〔2017〕11号 | 全市各单位 | 关于印发兴城市第八届全民读书节活动方案的通知 |
| 4月13日 | 兴委办发〔2017〕12号 | 全市各单位 | 关于进一步做好全市信访稳定工作的通知 |
| 4月13日 | 兴委办发〔2017〕13号 | 全市各单位 | 关于印发《兴城市脱贫攻坚责任制实施办法》的通知 |
| 4月13日 | 兴委办发〔2017〕14号 | 全市各单位 | 关于印发《兴城市行业部门脱贫攻坚工作考核办法》的通知 |
| 4月13日 | 兴委办发〔2017〕15号 | 全市各单位 | 关于印发《兴城市驻村脱贫攻坚工作考核办法》的通知 |
| 4月22日 | 兴委办发〔2017〕16号 | 全市各单位 | 关于印发《接受和配合做好中央环境保护督察工作的方案》的通知 |
| 4月22日 | 兴委办发〔2017〕17号 | 全市各单位 | 关于印发《兴城市整治和建设经济发展软环境投诉举报管理办法》的通知 |
| 4月26日 | 兴委办发〔2017〕18号 | 全市各单位 | 关于严守八项规定 严肃工作纪律 全面做好“五一”期间有关工作的通知 |
| 4月27日 | 兴委办发〔2017〕19号 | 全市各单位 | 关于做好向中央环境保护督察组提供有关资料工作的通知 |
| 4月28日 | 兴委办发〔2017〕20号 | 全市各单位 | 关于转发中共葫芦岛市委办公室 葫芦岛市人民政府办公室 切实做好“五一”节日期间安全稳定工作通知 |
| 4月28日 | 兴委办发〔2017〕21号 | 全市各单位 | 关于做好“五一”节假日期间自觉接受主动配合中央环境保护督察工作的通知 |

续表

| 日期 | 发文字号 | 发送单位 | 文件标题 |
|---|---|---|---|
| 5月2日 | 兴委办发〔2017〕22号 | 全市各单位 | 关于做好2017年信访积案集中攻坚行动的通知 |
| 5月8日 | 兴委办发〔2017〕23号 | 全市各单位 | 关于印发《贯彻省委第七巡视组巡视工作要求查摆问题的整改方案》的通知 |
| 5月9日 | 兴委办发〔2017〕24号 | 全市各单位 | 关于严格遵守机关作息时间的通知 |
| 5月10日 | 兴委办发〔2017〕25号 | 全市各单位 | 关于印发《兴城市建立生态环境损害责任追究协作机制若干规定》的通知 |
| 5月11日 | 兴委办发〔2017〕26号 | 全市各单位 | 关于印发《关于开展机关作风专项整治活动的实施方案》的通知 |
| 5月12日 | 兴委办发〔2017〕27号 | 全市各单位 | 关于印发《“十三五”时期兴城市保密事业发展规划》的通知 |
| 5月18日 | 兴委办发〔2017〕28号 | 全市各单位 | 关于进一步规范党员干部和国家公职人员办理婚丧有关事宜的通知 |
| 5月24日 | 兴委办发〔2017〕29号 | 全市各单位 | 关于进一步加强和完善国内公务接待工作的通知 |
| 5月26日 | 兴委办发〔2017〕30号 | 全市各单位 | 关于切实做好端午节期间安全稳定工作的通知 |
| 5月27日 | 兴委办发〔2017〕31号 | 全市各单位 | 关于印发《严格党的组织生活制度的实施方案》的通知 |
| 5月27日 | 兴委办发〔2017〕32号 | 全市各单位 | 关于印发《兴城市分类推进事业单位改革中事业单位转制为企业的实施意见》的通知 |
| 5月27日 | 兴委办发〔2017〕33号 | 全市各单位 | 关于印发《中共兴城市委党的建设工作领导小组2017年工作要点》的通知 |
| 5月27日 | 兴委办发〔2017〕34号 | 全市各单位 | 关于印发《中共兴城市委2017年履行全面从严治党主体责任工作计划》的通知 |
| 6月8日 | 兴委办发〔2017〕35号 | 全市各单位 | 关于印发《中共兴城市委全面深化改革领导小组2017年工作要点》的通知 |
| 6月14日 | 兴委办发〔2017〕36号 | 全市各单位 | 关于印发《加强家庭家教家风建设的实施方案》的通知 |
| 6月20日 | 兴委办发〔2017〕37号 | 全市各单位 | 关于印发《兴城市党委系统〈人民网〉网民留言办理工作实施方案》的通知 |
| 6月26日 | 兴委办发〔2017〕38号 | 全市各单位 | 关于转发《中共兴城市委组织部、中共兴城市委统战部关于兴城市政协换届有关问题的意见》的通知 |
| 6月27日 | 兴委办发〔2017〕39号 | 全市各单位 | 关于转发《中共兴城市委宣传部、兴城市司法局关于在全市公民中开展法治宣传教育的第七个五年规划（2016～2020年）》的通知 |

续表

| 日期 | 发文字号 | 发送单位 | 文件标题 |
| --- | --- | --- | --- |
| 6月27日 | 兴委办发〔2017〕40号 | 全市各单位 | 关于做好达沃斯年会和省党代表会议期间安全保卫和社会稳定工作的通知 |
| 6月28日 | 兴委办发〔2017〕41号 | 全市各单位 | 关于印发《兴城市扶贫认养实施方案》的通知 |
| 6月29日 | 兴委办发〔2017〕42号 | 全市各单位 | 关于印发《建立执行联动机制工作的实施意见》的通知 |
| 6月30日 | 兴委办发〔2017〕43号 | 全市各单位 | 关于印发《兴城市实施河长制工作方案》的通知 |
| 6月30日 | 兴委办发〔2017〕44号 | 全市各单位 | 关于设立兴城市总河长及河长和设置市河长制办公室的意见 |
| 6月30日 | 兴委办发〔2017〕45号 | 全市各单位 | 贯彻落实李希同志关于《习近平总书记在“四川阿坝州茂县发生山体滑坡事件造成40户农房100余人被掩埋”信息上的批示》的批示精神 做好我市防灾减灾工作的紧急通知 |
| 7月10日 | 兴委办发〔2017〕46号 | 全市各单位 | 关于印发《进一步加强招商引资工作的实施意见》的通知 |
| 7月14日 | 兴委办发〔2017〕47号 | 全市各单位 | 关于印发《兴城市党和国家机关党员领导干部民主生活会实施办法》的通知 |
| 7月17日 | 兴委办发〔2017〕48号 | 全市各单位 | 关于印发《贯彻落实中央八项规定规范领导干部出席会议和活动宣传报道的若干意见》的通知 |
| 7月27日 | 兴委办发〔2017〕49号 | 全市各单位 | 关于印发《兴城市人大代表和政协委员人选审查工作实施方案》的通知 |
| 7月27日 | 兴委办发〔2017〕50号 | 全市各单位 | 关于印发《进一步做好城乡社区协商工作的实施意见》的通知 |
| 7月27日 | 兴委办发〔2017〕51号 | 全市各单位 | 关于印发《兴城市建立中央环保督察问题整改包保责任机制工作方案》的通知 |
| 8月2日 | 兴委办发〔2017〕52号 | 全市各单位 | 关于进一步做好当前防汛工作的紧急通知 |
| 8月10日 | 兴委办发〔2017〕53号 | 全市各单位 | 关于组织开展全市意识形态工作责任制情况督查调研的通知 |
| 8月11日 | 兴委办发〔2017〕54号 | 全市各单位 | 关于印发《兴城市贯彻落实辽宁省科技强省工程（2017 ~ 2020年）实施方案的实施意见》的通知 |
| 8月22日 | 兴委办发〔2017〕55号 | 全市各单位 | 关于印发《加强当前信访稳定工作的意见》的通知 |
| 8月22日 | 兴委办发〔2017〕56号 | 全市各单位 | 关于印发《兴城市落实党委（党组）网络意识形态工作责任制责任分工方案》的通知 |

续表

| 日期 | 发文字号 | 发送单位 | 文件标题 |
|---|---|---|---|
| 9月12日 | 兴委办发〔2017〕57号 | 全市各单位 | 关于印发《兴城市2017年防范和处理邪教问题工作要点》的通知 |
| 9月12日 | 兴委办发〔2017〕58号 | 全市各单位 | 关于印发《贯彻落实习近平总书记参加十二届全国人大五次会议辽宁代表团审议时重要讲话精神 推进供给侧结构性改革的实施意见》的通知 |
| 9月19日 | 兴委办发〔2017〕59号 | 全市各单位 | 关于印发《贯彻落实习近平总书记参加十二届全国人大五次会议辽宁代表团审议时重要讲话精神推进国有企业改革发展的实施意见》的通知 |
| 9月12日 | 兴委办发〔2017〕60号 | 全市各单位 | 关于印发《贯彻落实习近平总书记参加十二届全国人大五次会议辽宁代表团审议时重要讲话精神推进干部作风转变的实施意见》的通知 |
| 9月14日 | 兴委办发〔2017〕61号 | 全市各单位 | 关于印发《贯彻落实习近平总书记参加十二届全国人大五次会议辽宁代表团审议时重要讲话精神2017年行动计划》的通知 |
| 9月15日 | 兴委办发〔2017〕62号 | 乡镇街道 | 关于印发《兴城市2017年计划生育工作党政部分目标管理责任制实施方案》的通知 |
| 9月15日 | 兴委办发〔2017〕63号 | 相关单位 | 关于印发《兴城市2017年计划生育工作相关部门目标管理责任制实施方案》的通知 |
| 9月25日 | 兴委办发〔2017〕64号 | 全市各单位 | 关于做好国庆中秋“两节”期间安全生产和社会稳定工作的通知 |
| 9月27日 | 兴委办发〔2017〕65号 | 全市各单位 | 关于贯彻刘焕鑫同志在全省保密工作会议上提出的进一步做好国庆中秋“两节”及十九大期间有关工作要求的通知 |
| 9月28日 | 兴委办发〔2017〕66号 | 全市各单位 | 关于转发葫芦岛市人民检察院《关于进一步优化司法环境保障和促进企业健康发展的实施意见》的通知 |
| 9月30日 | 兴委办发〔2017〕67号 | 全市各单位 | 关于印发《“我为营商环境建设做贡献”大讨论实施方案》的通知 |
| 10月9日 | 兴委办发〔2017〕68号 | 全市各单位 | 关于报送2017年工作总结和2018年工作安排的通知 |
| 10月17日 | 兴委办发〔2017〕69号 | 全市各单位 | 关于认真组织收听收看习近平总书记在中国共产党第十九次全国代表大会上的报告的通知 |
| 10月20日 | 兴委办发〔2017〕70号 | 全市各单位 | 关于切实加强近期安全生产工作的紧急通知 |

续表

| 日期 | 发文字号 | 发送单位 | 文件标题 |
| --- | --- | --- | --- |
| 11 月 1 日 | 兴委办发〔2017〕71 号 | 全市各单位 | 关于印发《兴城市推进中央第三环境保护督察组督察反馈意见整改落实方案》的通知 |
| 11 月 1 日 | 兴委办发〔2017〕72 号 | 相关单位 | 关于转发《兴城市残疾人联合会关于市乡残疾人联合会换届工作实施方案》的通知 |
| 11 月 17 日 | 兴委办发〔2017〕73 号 | 全市各单位 | 关于做好学习贯彻党的十九大精神宣讲工作的通知 |
| 11 月 28 日 | 兴委办发〔2017〕74 号 | 全市各单位 | 关于做好 2018 年度党报党刊发行工作的通知 |
| 12 月 1 日 | 兴委办发〔2017〕75 号 | 全市各单位 | 关于贯彻落实习近平总书记在中央财经工作领导小组第十四次会议上重要讲话精神的意见 |
| 12 月 4 日 | 兴委办发〔2017〕76 号 | 全市各单位 | 关于印发《兴城市关于学习宣传和贯彻落实党的十九大报告任务分解和责任分工方案》的通知 |
| 12 月 5 日 | 兴委办发〔2017〕77 号 | 全市各单位 | 关于印发《市委常委深入基层联系点带头宣讲党的十九大精神工作方案》的通知 |
| 12 月 12 日 | 兴委办发〔2017〕78 号 | 全市各单位 | 关于印发《加强兴城市主流新闻媒体建设的工作方案》的通知 |
| 12 月 28 日 | 兴委办发〔2017〕79 号 | 全市各单位 | 关于切实做好 2018 年元旦春节期间有关工作的通知 |
| 12 月 29 日 | 兴委办发〔2017〕80 号 | 全市各单位 | 关于印发《兴城市各党委（党组）理论学习中心组学习实施细则》的通知 |

（雷云凤）

## ·组织工作·

**【概况】**2017 年，中共兴城市委组织部深入推进“两学一做”学习教育常态化制度化，完成市乡人大、政府和市政协换届，提升基层党组织建设，深化干部管理监督，加强领导班子和干部队伍、党员队伍、人才队伍建设，发挥“兴城组工干部论坛”“兴城组工之家”微信公众平台作用，宣传党章党规党纪，建立健全《重大事项报告制度》《述廉述职制度》《民主生活会制度》《谈心谈话制度》等相关制度。

**【“两学一做”学习教育】**2017 年，市委组织部调整“两学一做”学习教育常态化制度化协调小组及办公室成员，向全市 101 个单位派出 9 个调研组，调研组及时传达中央和省委、市委有关精神和要求，详细了解全市学习教育进展情况，总结推广基层先进工作经验，推动解决不同层面问题。全市 34 名县处级党员领导干部到基层联系点讲专题党课，进行调研督导。799 个基层党支部按时完成 4 个专题学习研讨，组织党课3421次，召开“转变作风 服务群众”专题组织生活会，解决问题5000余个。

【换届工作】2017年，兴城市乡人大、政府和市政协换届，市委组织部按市委要求成立换届工作领导小组及办公室和内设机构，对全市换届工作安排部署，召开书记专题会18次，市委常委会13次，市人大常委会4次，换届选举委员会会议9次，以及工作会、协调会。成立换届风气督查组，多次组织观看警示教育片《镜鉴》《警钟》，编印《严肃换届纪律文件选编》等材料2000份，召开工作会议，强调换届风气监督工作重要意义。组成10个考察组，对112家单位592名市级代表委员人选考察。1382名乡级人大代表人选按照属地原则由乡镇党委考察组考察。换届前调整人大主席6人，乡镇长6人，副乡镇长18人。全市各乡镇于10月26日、27日完成换届选举。

【领导班子和干部队伍建设】2017年，市委组织部对全市98家单位首次开展工作

兴城市举办新任领导干部培训班

实绩考核。考核方式包括民主测评、指标考核、公众评议和领导评价，领导班子和领导干部考核结果经市委常委会讨论通过后向全市通报。全年经13次市委常委会研究，任免党政领导干部270人。其中提任正科级领导干部23人，提任副科级领导干部59人，平调交流重用147人，接收挂职干部1人，免职39人，安置军转干部1人。晋升科级非领导职务31人，其中主任科员17人，副主任科员14人。完成2016年度符合职级晋升条件人员审批工作，晋升副科级2人、晋升正科级14人、晋升副处级16人、晋升正处级职级1人。完成县（市、区）管理干部、公务员、参公人员的档案集中管理移交工作。全年办理领导干部因公出国5人次，审批领导干部因私出国10人次。

【干部监督工作】2017年，市委组织部完成37名市管干部个人有关事项报告的填写上报工作，抽查核实乡镇人大、政府领导班子119名提名人选的个人有关事项报告。抽查19名乡镇领导干部走读情况。完善“12380”信访、电话、短信“三位一体”举报受理平台建设，接待群众来信来访3人次，发布干部调整公示44批次。选拔任用预审沟通干部317名，提醒谈话干部1名。

【基层党组织建设】2017年，市委组织部先后两次组织督导检查组对全市各党委（党组）党的组织生活情况进行全面检查，

将存在的问题及时反馈给各单位，各党委（党组）制定详细的整改方案和清单，并

兴城市举办村（社区）党组织书记、主任培训班

逐一进行销号整改。分4期对全市村（社区）党组织书记、主任、基层党建工作指导站站长、非公有制经济组织和社会组织党组织书记共600余名党务工作者，组织开展集中培训和观摩参观，提升基层党组织书记素质与能力。完善组织活动场所功能，全市33个村实施农村淘宝项目，通过农村淘宝、"党支部+合作社"等项目实施，提高组织活动场所利用率，成为党员之家和群众之家。全市18个软弱涣散村级党组织全部实现转化升级。

【党代表联络工作】2017年，市委组织部为确保党的十九大代表推荐提名人选的代表性和先进性，动员基层党组织和广大党员积极参与，自下而上广泛推荐，自上而下征求意见，逐级差额进行遴选。组织专题培训58次，培训党员干部963人，结合推荐进行党课教育267次。征求广大党员意见，电话联系党员5433人次，发放信函联系党员576人次，登门入户走访党员1335人次，微信群联系党员2422人次，发送微信108条，发放短信875条。兴城市第七次党代会期间收到代表建议和意见123件，市委组织部梳理汇总后合并为87件，将其中的60件列为正式提案。

**中共兴城市委组织部领导成员**

部　长　李　肖

副部长　张守利　李爱华

　　　　王　超（2017年1月离任）

　　　　郝志刚（2017年4月任职）

　　　　刘新宇（挂职，2017年4月离任）

　　　　金　勇（挂职，2017年7月任职）

**党代表联络办公室**

主　任　李爱华（兼）

副主任　金子璐

**企工工委**

书　记　王　超（兼，2017年1月离任）

　　　　郝志刚（兼，2017年6月任职）

（徐建军）

## ·宣传工作·

【概况】2017年，中共兴城市委宣传部全面贯彻落实党的十八大和习近平总书记系列重要讲话精神，张贴"喜迎十九大"宣传挂图1000余份，发送迎接党的十九大宣传短信近万条，在全市营造强势舆论氛围。年内，市直新闻媒体开设新闻专栏16个、专版5个，安全播出新闻节目210期，在上级媒体发稿160余篇。

【理论学习】2017年，市委宣传部把学习习近平总书记系列重要讲话精神作为理论武装的中心内容，结合“两学一做”学习教育，采取专家授课、专题研讨、观看影片等形式，安排市委中心组集体学习11次。组织市、乡、村三级宣讲团开展宣讲活动200余场。制定下发《党委（党组）理论学习中心组学习规则》，对领导干部的学习内容、学习时间、基层调研、阅读书目等作出明确规定，不定期对全市92个党委中心组学习情况进行随机抽查。利用“兴城大讲堂”“道德讲堂”等具有兴城地域特色的理论平台，针对社会上的热点难点问题，开展全方位、立体化解读42次。以“掌上理论学堂”微信平台为依托，及时集纳转载中央和省级主要媒体的重要稿件和重要评论100余篇，开展中国特色社会主义和“中国梦”宣传教育。

【新闻宣传】2017年，市委宣传部以“花式台球世界锦标赛”“2017海上丝绸之路（中国·觉华岛）横渡挑战赛”“第七届中国国际泳装文化博览会”等重大活动为契机，加强与新华社、中央人民广播电台、《辽宁日报》等媒体合作，立体化宣传兴城市改革发展的新亮点。在《人民日报》、新华社、中央电视台等10余家中央和省级媒体开展集中宣传报道碱厂乡精准扶贫等典型经验，展示“党支部+”模式在助推扶贫攻坚中的实际成效。以中秋节等传统节日为依托，在央视《新闻联播》《共同关注》《东方时空》等节目，直播兴城海滨“海上升明月”，展示兴城市优美自然风光。以省市级电视台新闻专题节目为抓手，在辽宁卫视播放《直通县市区》兴城专题2期，深层次展现兴城市各领域发展成就。在《今日头条》定向推送城市宣传片覆盖京津地区。协助到兴城剧组拍摄电影《桃源》《童铃》、电视剧《福星盈门》，做好城市形象对外宣传展示工作。

【舆情监管工作】2017年，市委宣传部成立市委网络安全和信息化领导小组，完善舆情风险评估、舆情分析研判和舆情处置部门联动等工作制度，加强舆情源头管理，提升舆情反应和处理能力，编发《舆情快报》5期，处置网上涉兴负面有害信息31条，完成与全面从严治党相关舆情信息的汇集预警、分析研判和反馈处置工作。组建100余名网评员队伍，完成网络评论任务180次，发表网络评论1000余条，主动占领互联网舆论阵地。

【精神文明建设】2017年，市委宣传部开展“最美兴城人”“善行义举榜”“好人榜”等先进典型评选表彰活动，深入城乡基层开展“最美兴城人”宣讲活动60余场，用身边人讲身边事，把核心价值观融入群众日常生活，内化为人民的精神追求。李希林家庭被推荐为全国文明家庭，马世宇等4个家庭被确定为全省文明家庭，8人获得省市级先进典型荣誉称号。碱厂满族乡被确定为全国文明村镇，红崖子镇梁屯村等28个村被评为省市级文明村，交通局等34个单位和企业被评为省市级文明单位，兴城市被评为辽宁省未成年人思想道德建设先进市。

【群众性文化活动】2017年，市委宣传部组织开展兴城之夏文化广场文艺会演、乡村艺术节等各类群众文化活动30余场次，送戏下乡20余场，完成农村电影放映任务3000余场。以第八届全民读书节为依托，开展重点图书“七进”活动，向基层单位累计捐赠图书近万册。民间文艺表演队伍达到百余支，覆盖全部行政村。“中文在线移动图书馆”成为满足市民多元化阅读需要的重要抓手，兴城老木船制作技艺入选葫芦岛市非物质文化遗产项目名录。元台子满族乡和红崖子镇梁屯村被确定为辽宁省基层宣传思想文化工作示范点。建成基层综合性文化服务中心237个，配备图书60余万册，实现社区（农家）书屋全覆盖。

**中共兴城市委宣传部领导成员**

部　长　郭荣新

副部长　韩　祎（女）　谢　涛（女，挂职）

　　　　金宝亮

（杜克）

## ·统战工作·

【概况】2017年，中共兴城市委统战部推荐民主党派成员、无党派人士担任兴城市第八届政协委员141名，推荐葫芦岛市第六届党外政协委员11名；召开民主协

2017年兴城市知联会一届五次理事会（扩大会）暨高家岭乡汤上温泉水苑度假村旅游发展调研活动

商会议5次，征求意见座谈会1次。全年发展民主党派成员21人，其中民盟3人，民进2人，农工党7人，九三学社8人，民革1人，。

【非公经济发展】2017年，市委统战部指导工商联成立兴城滨海经济区商会和小微企业商会，新吸收会员128人。组织部分民营企业家赴浙江省杭州市学习考察，考察期间与杭州市桐庐县工商联结为友好商会，订立友好商会合作协议。年内，深入企业80余次，改进非公经济人士政治待遇安排工作，进行3次非公评价，评价人数29人。7月份，举办民营企业家法律与经营专题培训班。

【党外干部队伍建设】截至2017年年底，兴城市党外干部36人，其中，县处级4人，科级32人（正科级7人、副科级25人）。科级党外干部中，政府工作部门配备5人，乡镇街道4人。党外干部中，妇女干部18人，少数民族干部20人，民主党派干部8

人。检察院、人大、政协均按要求配备党外干部，检、法两院配备党外干部共11人。年内，提拔2名党外人士分别担任副科级别和正科级领导干部。市委统战部制定的党外干部、党外后备干部、民主党派成员、无党派人士5年培训方案，经与组织部协商，将民主党派机关领导干部的培训工作纳入兴城市领导干部培训计划。

**【侨台海外统战工作】**2017年，市委统战部走访三胞眷属15人次，接待台胞10人次。接待归侨侨眷来访、帮助解决实际问题12件次，先后6次到各乡镇、街道、社区，调查了解归侨侨眷工作生活情况，普查到归侨侨眷1650户5510人，海外侨胞457人。成功申报“中国华侨国际文化交流基地”。“兴城古城”被中国侨联批准为“中国华侨国际文化交流基地”，属葫芦岛地区首例。在温泉街道办事处建海社区设立“侨之家”，为归侨侨眷和兴城市在海外回国的华侨华人、留学回国人员等搭建沟通联系平台。

**中共兴城市委统战部领导成员**

部　长　马天峰

副部长　李文政　王晓峰

**兴城市台湾工作办公室**

主　任　张彦民

（刘佳佳）

## ·老干部工作·

**【概况】**2017年，中共兴城市委老干部局为离休干部订阅《老同志之友》《晚晴报》《葫芦日报·兴城时讯》，为抗日离休干部增订《中国老年报》，为90岁以上离休干部过生日，为因病逝世离休干部处理善后事宜。全年走访慰问离休干部177名，送去慰问金、纪念品。年内，在“中国兴城”政府网站登载相关信息13条，省级网站6篇；市级纸媒刊登信息4篇，省级纸媒3篇，国家级纸媒1篇。市委老干部局被辽宁省委组织部、辽宁省老干部局、辽宁省人力资源和社会保障厅授予“老干部工作先进集体”。

“最美夕阳红”文艺演出

**【协调督办信访事宜】**2017年，市老干部局推行干部包片联系老干部、来访首问制度，实行谁接待谁督办、谁分管谁负责的责任追究制。对领导批办件及老干部来电来访，做到及时办理、回复、反馈。先后调查、回复市政府办公室离休干部党费缴纳问题、沙后所镇离休干部增资补发问题、工业系统及粮食系统离休干部报刊订阅问题等关系到老干部切身利益的来电来访10

"喜迎十九大，永远跟党走"专场文艺演出

余件次。全年无集体、越级上访事件发生。

【老干部大学管理】2017年，市老干部大学开设13个班次7个专业的课程，召开任课教师、班长和学员代表大会，听取学员对局机关和老干部大学工作上的意见和建议，解决夏季消暑、教学设施紧缺等问题。

【老干部活动】2017年，市老干部局与兴城时讯社、兴城市作家协会联合，面向全市离退休干部开展"畅谈新变化、寄语十九大"主题征文活动。联合兴城老年科技工作者协会，深入到三道沟乡三道沟村开展送科技下乡活动。与兴城市时讯社沟通协调，开辟《讲述》专栏，抗日离休干部讲述经历，展示精彩人生。举办"夕阳无限好"手机摄影大赛、"喜迎十九大，永远跟党走"专场文艺演出。

**中共兴城市委老干部局领导成员**

局　长　史秀艳（女）

副局长　马恩国　梁　婷（女）

（于飞跃）

## · 市直机关工作 ·

【概况】2017年，中共兴城市直属机关工作委员会以推进"两学一做"常态化制度为载体，加强和改进机关基层党组织建设，提升市直机关基层党支部书记能力和水平。年内。培训入党积极分子30名，发展新党员25名，召开党费收缴制度会议2次，指导6个支部完成改选工作。

【宣传贯彻中共十九大精神】2017年，市直机关工委配合市委宣传部对所有市直机关开展党的十九大精神宣讲工作，培训宣讲骨干95人。11月13日至16日联合市委组织部组织全市新任领导干部、机关基层党支部书记对党的十九大精神和党章进行系统的理论学习。11月27日至29日分16场次组织市直机关干部参观学习辽宁财贸学院"新时代、新思想、新目标、新征程"学习宣传贯彻中共十九大主题展。12月1日，组织机关干部听取葫芦岛市纪委副书记金玉枝宣讲党的十九大精神报告会。12月18日，听取中国延安干部学院教学科研部党性教育教研室主任王健教授《学习贯彻党的十九大精神，坚定走中国特色社会主义道路》专题讲座。

【机关纪律作风建设】2017年，市直机关工委联合纪检委、市委督查室、市政府督查室成立市纪律作风检查组，对全市各单位纪律作风建设情况进行不间断检查。采取突击进入录像、检查签到制度、现场电话抽查公出人员、检查窗口单位服务态度等方式，重点针对工作秩序和工作纪律、在岗人员工作状态和不在岗工作人员去向、公车使用情况以及工作时间上网聊天和玩"52麻将"手机游戏等方面检查。检查组对个别单位出现的上述现象现场进行批评教育并要求立即整改，情节较重的进行内部处理。

【机关业余文体活动】2017年5月，市直机关工委举办"兴城农商银行杯"市直机关长跑比赛，市直各单位共900余人参加。10月，举办"兴城长兴村镇银行杯"市直机关登山比赛，机关干部1100余人参加。12月，举办"庆元旦、迎新春"游艺联谊活动。

**中共兴城市直属机关工作委员会领导成员**

书　记　毕　伟

副书记　郭　峰

（刘静）

## ·党校工作·

【概况】2016年，中共兴城市委党校派出骨干教师先后到中央党校、省委党校、四平党校、铁岭党校进行强化培训，参加省级培训8人次，参加国家级培训7人次。组织教师以新专题集中备课、专题试讲、下乡调研、教学比赛等方式，提升教师业务素质。1名教师参加葫芦岛党校组织的青年教师讲课比赛，获得二等奖。

【干部培训工作】2017年，市委党校举办、承办各类培训班8期，培训党员干部近1400人次。分别为要求入党积极分子培训班、村（社区）书记主任培训班、市直机关基层党支部书记培训班、非公有制经济组织和社会组织党组织书记培训班、新任领导干部培训班、统战系统"两新"组织党组织书记培训班、市党代表和组工干部培训班、基层党组织书记培训班。

【理论宣传工作】2017年，市委党校选派优秀教师组建宣讲团，采用巡回宣讲、流动课堂、送教上门等方式，深入乡镇、农村、社区开展党的十八大精神、习近平总书记系列讲话精神、党的十九大精神理论宣讲。全年宣讲10余场次，教育党员干部3000余人。

学习贯彻党的十九大精神
坚持依法治国报告会

【科研工作】2017年，市委党校教师撰写论文20余篇，在《现代经济信息》《社会科学》《魅力中国》《中国市场》《中文信息》《环球市场》《投资与创业》《中国国际财经》刊物发表理论文章9篇，在《葫芦岛日报》《葫芦岛日报·兴城新闻》发表稿件2篇。

**中共兴城市委党校领导成员**

校　　长　李　肖
常务副校长　孟凡勇
副 校 长　曹志琴（女）

（丁春玲）

## 兴城市人民代表大会常务委员会

【概况】2017年，兴城市人大常委会召开常委会会议7次、主任会议8次，听取审议“一府两院”专项工作报告16个，作出决议、决定11项，发出审议意见3件、视察纪要3件，任免地方国家机关工作人员77人次，受理和接待群众来信来访77件，168人次。

【围绕大局助力发展】2017年，市人大常委会审查批准国民经济和社会发展计划指标、财政预决算等报告，作出相应决议。适时审议批准预算执行审计工作报告及其有关问题整改情况的报告，提出意见建议。组织三级人大代表开展全市重点项目视察，提出建设性建议。对特色农业产业、农村土地流转、农田水利基础设施建设情况进行视察。对全市旅游工作整体情况、兴城公共文化基础设施建设情况开展视察，提出针对性建议。

【保障改善民生福祉】2017年，市人大常委会针对特殊教育事业发展课题开展2次调研，提出4点审议意见，并在常委会上就学生心理健康问题进行讨论，从家庭、学校、社会三个方面，要求市政府完善特殊教育体系，切实加强特殊教育基础能力建设。围绕全市民营医院管理情况、新农合医疗运行情况进行调研，推动基本医疗保障制度完善，缓解就医难题。

【推进依法治市】2017年，市人大常委会针对新《中华人民共和国预算法》贯彻实施情况开展调研，保证相关法律有效实施。对涉法涉诉案件，提供法律支持，通过转办交办、提出建议等方式，督促司法机关认真办理。就市人民法院执行工作、市人民检察院检察监督工作开展情况进行调研和执法检查，对市公安局涉案财物管理情况进行调查，并在常委会上听取市人民法院有关执行工作的专题汇报。市人大常委会在县级人大层面率先启动公开向宪法宣誓程序，强化任职人员宪法意识和履职责任感。

【提振代表履职信心】2017年，市人大常委会启动代表退出机制，维护代表队伍纯洁性和先进性。启动代表评议机制，对葫芦岛市级人大代表开展述职评议，强化代表履职监督。邀请156名代表列席常委会会议，增强代表参与管理国家事务意识。增设代表培训联络办公室，组织代表376人次参加调研、视察和执法检查等活动，提高三查（察）工作质量。

【市八届人大一次会议】2017年12月6日，兴城市第八届人民代表大会第一次会议在市人民会堂召开。市八届人大代表共有236人，出席会议代表231人。列席大会的有市委、市政府、市政协、市人民武装部的领导，退休老干部代表，驻军、驻在单位和民营企业代表，参加市政协八届一次会议的全体政协委员，各乡镇、街道党委、人大常委会各机构和市直各部门、各单位的负责人以及公民代表。会议听取市

2017年12月6日兴城市第八届人民代表大会第一次会议

长袁国相作《兴城市人民政府工作报告》,审议《兴城市2017年国民经济和社会发展计划执行情况与2018年国民经济和社会发展计划(草案)的报告》,审议《兴城市2017年财政预算执行情况与2018年财政预算(草案)的报告》,通过选举办法。12月7日,227名代表出席大会,听取市人大常委会主任张学军作《兴城市人民代表大会常务委员会工作报告》,市人民法院院长赵志刚作《兴城市人民法院工作报告》,市人民检察院检察长叶蓬作《兴城市人民检察院工作报告》。

12月8日,232名代表出席大会,听取兴城市第八届人民代表大会第一次会议议案审查情况的报告。大会以无记名投票方式,选举赵家鹏为市人大常委会主任,选举韩维邦、吕伟、孙伟、刘久生为市人大常委会副主任,选举市第八届人大常委会委员30人。选举袁国相为市人民政府市长,选举刘晓军、丁淼鑫、刘星、王月娟、王代林为市人民政府副市长。选举王春颖为市监察委员会主任、赵志刚为市人民法院院长、叶蓬为市人民检察院检察长。当选人举行就职宣誓仪式。代表投票表决通过关于《兴城市人民政府工作报告》的决议及其他各项报告的决议。

**2017年第七届人大常委会历次会议**

| 七届人大常委会会议 | 召开日期 | 议　题 |
|---|---|---|
| 第四十三次会议 | 3月3日 | 通过《兴城市人大常委会关于接受卢存安辞职的决定》;人事任免事项;通过《兴城市人大常委会2017年工作要点》;审查和批准市政府《关于兴城市2016年财政总决算情况的报告》;审查和批准市政府《关于兴城市2017年部门预算计划安排情况的报告(草案)》 |
| 第四十四次会议 | 5月26日 | 听取和审议市政府《关于我市农村水利基础设施建设情况报告》;审查和批准市政府《关于修改兴城市土地利用总体规划(2006～2020年)的报告》;审查和批准市政府《关于对滨海温泉新城比基尼广场门市房和郦家湾回迁楼等2处国有资产处置情况的报告》;听取和审议市政府《关于我市特殊教育事业发展情况的报告》;听取和审议《兴城市人民法院执行工作报告》;人事任免事项 |

续表

| 七届人大常委会会议 | 召开日期 | 议　题 |
| --- | --- | --- |
| 第四十五次会议 | 7月26日 | 通过兴城市选举委员会组成人员名单；听取和审议市政府《关于兴城市2017年上半年国民经济和社会发展计划执行情况的报告》《关于兴城市2017年上半年财政预算执行情况的报告》《关于兴城市2016年财政预算执行和其他财政收支情况的审计工作报告》《关于兴城市“六五”法治宣传教育规划实施和“七五”法治宣传教育情况的报告》；通过《兴城市人大常委会关于开展第七个五年法治宣传教育的决议》；听取和审议市检察院《关于检察机关诉讼活动法律监督工作情况的报告》通过兴城市人大常委会关于市、乡两级人民代表大会换届选举时间的决定；通过兴城市人大常委会关于任命乡（镇）选举委员会组成人员名单；通过兴城市市、乡两级人民代表大会换届选举工作实施方案；审议表决市公安局《关于对兴城市七届人大代表冯永江采取强制措施的请示》；人事任免事项 |
| 第四十六次会议 | 8月9日 | 通过兴城市人大常委会关于变更兴城市市、乡两级人民代表大会换届选举日期的决定 |
| 第四十七次会议 | 9月20日 | 通过《兴城市人大常委会关于接受范立民辞职的决定》；人事任免事项；通过《兴城市人大常委会关于许可对市七届人大代表王秀娟采取强制措施的决定》 |
| 第四十八次会议 | 11月9日 | 听取和审议市政府《关于我市2016年财政预算执行和其他财政收支审计有关问题整改情况的报告》；审查和批准市政府《关于兴城市2017年预算调整情况的报告》；听取和审议市政府《关于市七届人大五次会议代表重点建议办理情况的报告》《关于市七届人大五次会议人大代表建议办理情况的报告》；通过《兴城市人民代表大会常务委员会关于召开兴城市第八届人民代表大会第一次会议的决定》《关于兴城市第八届人民代表大会代表选举结果的报告》；人事任免事项 |

续表

| 七届人大常委会会议 | 召开日期 | 议　题 |
|---|---|---|
| 第四十九次会议 | 11 月 24 日 | 听取和审议市政府《关于兴城市 2018 年棚户区改造项目情况的报告》；决定市八届人大一次会议有关事项；通过市人大常委会工作报告 |

**2017 年第八届人大常委会历次会议**

| 八届人大常委会会议 | 召开日期 | 议　题 |
|---|---|---|
| 第一次会议 | 12 月 8 日 | 通过《兴城市人大常委会关于接受赵殿柱辞职的决定》；人事任免事项 |

## 兴城市第八届人大常委会组成人员

主　任　张学军（2017 年 12 月离任）
　　　　赵家鹏（2017 年 12 月任职）
副主任　田克明（2017 年 12 月离任）
　　　　张亦喆（女，2017 年 12 月离任）
　　　　韩维邦
　　　　侯　杰（2017 年 12 月离任）
　　　　吕　伟（女，2017 年 12 月任职）
　　　　孙　伟（2017 年 12 月任职）
　　　　刘久生（2017 年 12 月任职）

委　员　马世宇　马　磊（女）
　　　　王永萍（女）　王艳霞（女）
　　　　王晓峰　王　娜（女）
　　　　邓微微（女）　卢跃明（女）
　　　　田　莹　刘凤涛
　　　　许殿金　孙敬民
　　　　李　君　李迎辉
　　　　杨德海　张卫星
　　　　张东元　张守利
　　　　陆双玉　金　镝
　　　　赵殿柱　俞　江
　　　　息　毅　徐大治
　　　　徐宏伟　郭玉春
　　　　黄　微（女）　韩　英（女）
　　　　韩　祎（女）　魏冬娜（女）

### ·人大常委会工作机构·

**办公室**

主　任　许殿金
副主任　曹东宁（女）　金　宁

研究室

主　任　金　镝

副主任　王宸熙（2017年3月任职）

人事代表选举工作委员会

主　任　李　君

副主任　张红梅（女）

法制工作委员会

主　任　杨德海

副主任　程　宏

财政经济工作委员会

主　任　杜志军（2017年8月离任）

　　　　郭玉春（2017年8月任职）

副主任　张玉岐（2017年8月离任）

　　　　谭友顺（2017年8月任职）

教科文卫工作委员会

主　任　韩　英（女）

副主任　王海斌

信访工作委员会

主　任　王文志（2017年8月离任）

　　　　李迎辉（2017年8月任职）

副主任　李迎辉（2017年8月离任）

　　　　徐　铮（女，2017年8月任职）

老干部工作委员会

主　任　隋　伟

副主任　吴松涛

代表培训联络办公室

主　任　田赞喜

副主任　杨荣慧（女）

（陈云舟）

## 兴城市人民政府

【概况】2017年，兴城市人民政府优化营商环境，深化“放管服”改革，行政职权事项调整117项、取消42项，行政许可事项缩减到170项。推进“无收费园区”建设，精简项目审批流程，压缩审批时限50%。国资国企改革步伐加快，组建市投资集团。国有旅游景区改革完成。推进“两学一做”学习教育常态化制度化，落实全面从严治党主体责任和党风廉政建设“一岗双责”。办理人大代表建议52件、政协提案126件。

全市地区生产总值实现112.4亿元，比上年增长4%；固定资产投资总额实现54亿元，比上年增长19.7%；社会消费品零售总额实现88.9亿元，比上年增长6%；农村居民人均收入实现12100元，比上年增长7%；引进省外内资33.7亿元，比上年增长52.7%。一般公共财政预算收入实现11.2亿元，比上年增长20.8%，总量在全省41个县(市)排第8位，增幅排第7位。全市税收总额12亿元，比上年增长10%。全年民生支出达25亿元，占财政总支出的80.6%，比上年增长6.4%。

【"三农"工作】2017年，全市设施农业面积增加266.67公顷，栽植名优果树105万株，建设省级高效精品果园1个。增加农民专业合作社81个、家庭农场34个，一揽芳华设施农业、大伟嘉生猪产业园等项目进展顺利。兴城市通过国家级粮油绿色高产高效示范县验收。实施节水灌溉1066.67公顷，治理水土流失7666.67公顷。植树造林4066.67公顷，发展经济林100公顷。实施耕地轮作休耕3333.33公顷、深松整地9000公顷、千亿斤粮食田间工程800公顷。完成农村公路大中修87公里，改造电力线路198公里。修建"一事一议"村内道路121公里，安装路灯350基，创建省级美丽乡村示范村10个。

【工业经济现状】2017年，兴城滨海经济区农产品加工产业园入驻企业17家。招商引资项目签约成功15个，菲迪饲料、宏发食品等9个项目开工建设。经济区累计落地工业项目76个，总投资110亿元。泳装产业集群壮大，泳装企业达到723家，通过省知名品牌创建示范区验收。承办第六届中国·国际泳装展，举办首届京东·兴城泳装节。工业企业实施技改项目15个，海洲药业乳酸菌素3S基地、菊花女海产品深加工等项目投产。新增规模以上工业企业10家，新增发明专利6个、省名牌产品5个、市名牌产品2个。引进省外内资35亿元。

【服务业发展】2017年，兴城市大红门商贸物流城二期、华联商厦、万象市场投入运营，浩博创业广场建设完成，新增限额以上服务业企业16家。馨予农产品、玄宇食用菌企业被评为省级农产品冷链物流区域示范企业。举办第四届房地产交易会，销售额实现30亿元。全市网店网商达到3.5万家，A型保税仓建设完成，17个海外仓投入运营。存贷款余额分别实现295亿元和203亿元，均创历史新高。编制全域旅游规划，修编海滨风景名胜区规划，实施首山、古城亮化工程，红海滩生态观光廊道、民俗博物馆对外开放，高家岭汤上温泉水乐园投入运营，富都·欢乐龙湾、丽汤·加勒比海盗项目建设加快。举办觉华岛菩提文化节。全年接待国内外游客800万人次，旅游总收入实现43.9亿元。

【城乡建设】2017年，市政府推进滨海温泉新城建设，兴宫·首山湖、和润德·尊者小镇等重点项目实施，融入"三城同盛"步伐加快。兴城西客站站房主体完工，河东路跨河大桥加快建设，一高中迁建工作启动，兴城河南岸开发提速。修建城市道路6公里，改造街巷道路9条，安装路灯300基，新增绿化面积6公顷。开展全国卫生城市创建工作，实施老城区道路畅通工程，划定停车位3000余个，规范农贸市场7处，20万平方米老旧弃管小区改造工程实施。高家岭、徐大堡入选辽宁省特色乡镇培育名单。完成基本农田和生态红线划定工作。开展大气污染治理攻坚行动，拆除燃煤小锅炉128台，取缔黄标车、老旧车辆702台，做好秸秆禁烧工作。红崖子垃圾填埋场、病死动物无害化处理中心加快建设，城市污水处理厂提标改造完成。

【民生保障】2017年，市政府推广碱厂村“泳装产业+党支部+贫困户”等脱贫新模式，开展教育扶贫、健康扶贫、移民扶贫、金融扶贫，建设脱贫产业示范基地10个，实施脱贫项目87个，全市1.3万人脱贫，5个贫困村摘帽。新增城镇实名制就业2032人，转移农村劳动力就业7.4万人，为农村妇女免费开展“两癌”筛查2万余人次。在葫芦岛市率先完成700户城市棚户区改造任务，改造城市供水管网4088户、农村危房784户，为410户城镇低保无住房居民发放住房租赁补贴。新建学校3所，维修改造学校24所，职教中心实训基地开工建设。启动县域医联体建设，完成结核病防治所迁建，中医院、妇女儿童医院投入使用。市委党校、文化馆、图书馆建设完成。举办各类文化活动46场、体育赛事15项，承办中国首届世界花式艺术台球锦标赛、海上丝绸之路中国·觉华岛横渡挑战赛，兴城人民市政府获“全国群众体育先进单位”称号。

## 兴城市人民政府领导成员

市　长　袁国相
副市长　范立民（2017年8月离任）
　　　　刘晓军
　　　　丁淼鑫（2017年9月任职）
　　　　刘　星　王月娟（女）　王代林
　　　　卢存安（2017年3月离任）
　　　　马艳莉（女、挂职）
　　　　宋永刚（2017年3月挂职）
　　　　杨志勇（2017年11月挂职）
市长助理　闫忠军
市政府督学　李贵海

### ·市政府办公室·

【概况】2017年，兴城市人民政府办公室围绕全市经济社会发展的实际，就滨海经济区、滨海温泉新城、古城保护利用等全市重点工作深入开展调查研究，为市政府实施重点项目建设提供建设性的观点和建议。围绕土地经营权流转、城乡路网建设、环境保护、民生事业发展等问题进行调研。全年起草各类综合文稿1000余篇、近400万字。收到上级来文2500余份，市直各部门请示、报告等文件2380份，制发各类文件425件。撰写、报送政务信息170条。

【营商环境建设】2017年5月15日，兴城市营商环境建设监督局正式成立，为正科级单位，设在市政府办公室。先后下发《优化营商环境建设年实施方案》《兴城市2017年开展损害营商环境问题专项整治行动方案》《兴城市整治和建设经济发展软环境投诉举报管理办法》《兴城市营商环境建设宣传工作实施方案》《中共兴城市委 兴城市人民政府关于打造一流营商环境的意见》等文件。开展政务环境、招商引资和市场准入、违规增加企业负担、政府侵占企业财产、执法环境、特定行业服务不规范、小微企业融资难和融资贵问题等专项整治。办理省营商局移交案件4件，自查整改案件2件，对责任部门在全市范围内予以通报批评，并对相关责任人进行处理。结合《兴城市行政审批清单》，服务中心排查审批单位30家，排查行政审批事项193项、行政监管职能235项。

【**政务督察**】2017年，市政府督查室更名为市政府督查和绩效考评办公室，与新成立的市营商环境建设监督局一个机构两个牌子，市人事局的绩效考评职责划入市政府督查室。年内，开展护林防火、冬季扫雪、“三无”渔船整治、秸秆禁烧、扶贫攻坚、假期值班值守、机关纪律、安全生产、环境保护、专项会议等政务督查10次，制发市政府《政务督查》1期。办结葫芦岛市及兴城市人大建议和政协提案241件，配合两级人大和政协视察16次，撰写人大常委会报告14篇、整改报告2篇，落实葫芦岛市政府督查通知95次。协调各部门承接省市考核兴城市指标215项。

【**应急管理**】2017年，市政府办公室完善全市突发事件应急总指挥机构，组建以公安、交警、城建、海洋、卫计等职能部门骨干为应急救援专家队伍。全市各部门37个物资储备库应急物资种类达到237项。建立政府班子领导带队的三级值班制度。全市各乡镇、街道办事处全面落实值班责任制，做到24小时值守。明确突发事件信息报告的责任主体、信息报告的时限、具体要求，统一规范突发事件信息报送的内容和方式，建立信息报告责任追究制度。开展兴城市2017年应急宣传周活动，组织应急管理知识培训。

【**电子监察**】2017年，市政府办公室对全市29家行政审批部门的205项审批事项进行监察。通过实施“一日一监管督促、一季一检查通报、一年一考核评比”的立体监管工作机制，采取网上系统实时检查，实地抽查检查等方式多角度全方位进行监管，确保各部门行政审批事项均在规定时限内办理、办结，不出现黄牌、红牌警告现象。截至11月底，共实现网上受理业务1568笔，网上办结业务1555笔，在办业务13笔，办结率100%。全市共有14个行政审批便民服务大厅纳入电子监察系统，安装摄像头26个，对全市14个行政审批便民服务中心工作人员的考勤情况、服务态度、办事效率实时监督，实现数据、视频全程实时、同步监督。发现问题7个，限期整改完毕。

【**网络诉求办理**】2017年，兴城市民心网联网单位由原18家增加到46家，网络回应人单位59家，非网络回应人单位375家，“12345”政府服务热线经申请并建立46家三级平台。截至11月底，民心网联网平台实际办结量691件，评星量584件。政民互动平台收到网友留言698条，回复

692 条，12345 政府服务热线平台受理诉求件 1818 件，办结 1720 件，兴城政府网站互动平台转办群众诉求 74 件。

【外事工作】2017 年，市政府办公室办理因公出国（境）审核报批 5 批 7 人次，接待外宾访问团组 7 批次，兴城市与美国佛罗里达州雷克兰市建立友好合作伙伴关系城市。对全市辖区内困难归侨侨眷进行普查，确定省级精准扶贫对象 2 户 5 人，市级精准扶贫对象 3 户 5 人，争取省侨办资金 1.2 万元。会同葫芦岛市侨办在温泉街道首阳社区为 60 余名侨眷及家属免费身体检查。为高家岭卫生院争取香港方润华维修资金 12 万元。

【网络信息管理】2017 年，市政府办公室及时优化更新各板块内容。新闻动态板块的政务要闻、部门动态、乡镇动态、社会新闻等栏目共发布新闻稿件 2000 余条；政务公开板块公开各类政务信息近 1150 条；财政预决算栏目改为预算和决算公开两个子栏目，更新信息 300 余条次；办事指南板块更新发布信息近 15 条；政民互动版块及时受理群众咨询、建议和投诉 150 余条；人物访谈栏目共上传访谈 6 条；开展调查征集栏目 9 次。完成中共十九大的相关宣传报道工作；配合各单位完成创建全国文明城市、创建全国卫生城市、网络中国节（端午、重阳）等精神文明创建和国防、扶贫、应急等活动的专题宣传工作；完成“政务公开重点工作”子栏目的调整及内容公开工作；完成市“两会”报道的相关准备工作；开设优化营商环境专栏的宣传报道工作；完成“兴城旅游”专题子站的开发建设工作。

【后勤保障】2017 年，市政府办公室完成各类大、中型会议的安排和接待任务 3000 余场次。举办第七届泳装博览会、兴城 2017 海参节、2017 兴城房地产交易会、张健横渡兴城海峡挑战赛等重大活动。接待各级机关、招商考察等 350 批次。对电梯、配电室、空调机组、消防系统、化粪池、二次供水箱等设备设施进行维护养护，保证行政中心安全运行。

**兴城市人民政府办公室领导成员**

主　任　李贵民

副主任　张志新　纪长生　谭晓明

　　　　赵　申　查恩博

（孙佐强）

**2017 年兴城市人民政府发文目录**

| 日期 | 发文字号 | 报送机关 | 文件标题 |
|---|---|---|---|
| 1 月 22 日 | 兴政〔2017〕9 号 | 葫芦岛市人民政府 | 关于帮助协调运送觉华岛滞留群众返乡的请示 |

续表

| 日 期 | 发文字号 | 报送机关 | 文 件 标 题 |
| --- | --- | --- | --- |
| 2月6日 | 兴政〔2017〕17号 | 葫芦岛市人民政府 | 兴城市人民政府关于调整兴城滨海经济区等区域土地使用税土地等级和适用税额的请示 |
| 2月7日 | 兴政〔2017〕18号 | 葫芦岛市人民政府 | 关于董玉明等同志赴日本、韩国、中国香港地区进行经贸洽谈的请示 |
| 3月3日 | 兴政〔2017〕20号 | 葫芦岛市人民政府 | 兴城市人民政府关于调整兴城河一级水源地保护区规划的请示 |
| 3月21日 | 兴政〔2017〕23号 | 葫芦岛市人民政府 | 兴城市人民政府关于修改兴城市土地利用总体规划（2006～2020年）的请示 |
| 4月12日 | 兴政〔2017〕39号 | 葫芦岛市人民政府 | 关于修改兴城市华山街道土地利用总体规划（2006～2020年）的请示 |
| 4月14日 | 兴政〔2017〕40号 | 葫芦岛市人民政府 | 关于董玉明等同志赴乌克兰进行经贸洽谈的请示 |
| 6月1日 | 兴政〔2017〕63号 | 葫芦岛市人民政府 | 关于组织开展兴城海滨风景名胜区总体规划修编论证的请示 |
| 6月13日 | 兴政〔2017〕69号 | 葫芦岛市人民政府 | 关于辽宁省兴城市团山子——三道壕子金矿详查项目划定矿区范围（新立）的请示 |
| 6月13日 | 兴政〔2017〕70号 | 葫芦岛市人民政府 | 关于辽宁省葫芦岛市郭家镇榆树村沟铅多金属矿详查项目划定矿区范围（新立）的请示 |
| 7月7日 | 兴政〔2017〕79号 | 葫芦岛市人民政府 | 关于兴城市四所养老机构火灾隐患延期整改的请示 |
| 8月8日 | 兴政〔2017〕91号 | 葫芦岛市人民政府 | 关于建设兴城弘晟新能源有限公司50MWP光伏电站项目占用青山保护工程限制开发林地的请示 |
| 8月24日 | 兴政〔2017〕102号 | 省住建厅 | 关于调整兴城市2015年城镇污水处理配套管网工程内容的请示 |
| 9月22日 | 兴政〔2017〕117号 | 葫芦岛市人民政府 | 关于建设兴城市聚鑫新能源科技有限公司元台子20MWP光伏发电项目占用青山保护工程限制开发区林地的请示 |
| 9月25日 | 兴政〔2017〕119号 | 葫芦岛市人民政府 | 关于调整兴城市人工增雨常态化建设任务的请示 |
| 10月11日 | 兴政〔2017〕126号 | 葫芦岛市人民政府 | 关于调整兴城河一级水源地保护区规划的请示 |
| 10月13日 | 兴政〔2017〕128号 | 葫芦岛市人民政府 | 关于组织开展兴城海滨风景名胜区总体规划修编论证的请示 |
| 10月19日 | 兴政〔2017〕132号 | 葫芦岛市人民政府 | 关于拨付青山水库移民长效补偿资金的请示 |

续表

| 日期 | 发文字号 | 报送机关 | 文件标题 |
|---|---|---|---|
| 10月24日 | 兴政〔2017〕135号 | 葫芦岛市保障性安居工程工作领导小组办公室 | 关于兴城市棚户区改造项目纳入2018年全国棚户区改造计划的请示 |
| 11月2日 | 兴政〔2017〕139号 | 葫芦岛市人民政府 | 关于兴城市城市总体规划（2009～2030年）修编的请示 |
| 12月1日 | 兴政〔2017〕159号 | 葫芦岛市人民政府 | 关于办理兴城首山俯海小区、绿野海岸小区住宅项目消防报备、验收的请示 |
| 12月8日 | 兴政〔2017〕169号 | 葫芦岛市人民政府 | 关于调整曹庄镇等27个乡镇、街道土地利用总体规划（2006～2020年）方案的请示 |
| 3月15日 | 兴政〔2017〕21号 | 省林业厅 | 兴城市人民政府关于承诺落实征占林地补偿费用的报告 |
| 3月2日 | 兴政〔2017〕22号 | 兴城市人大常委会 | 关于修改兴城市土地利用总体规划（2006～2020年）的报告 |
| 4月18日 | 兴政〔2017〕41号 | 葫芦岛市人民政府 | 关于兴城市贯彻落实王力威市长到兴城调研重要讲话精神情况的报告 |
| 4月20日 | 兴政〔2017〕43号 | 葫芦岛市人民政府 | 关于兴城市旧门满族乡乡办企业拖欠工资情况反映的报告 |
| 4月20日 | 兴政〔2017〕44号 | 兴城市人大常委会 | 关于对滨海温泉新城比基尼广场门市房和邴家湾回迁楼2处国有资产处置情况的报告 |
| 4月27日 | 兴政〔2017〕46号 | 葫芦岛市人民政府 | 关于兴城市2017年棚户区改造项目进展情况的报告 |
| 4月30日 | 兴政〔2017〕50号 | 葫芦岛市人民政府 | 关于兴城市2016年实行最严格水资源管理制度考核工作自查情况的报告 |
| 5月15日 | 兴政〔2017〕57号 | 葫芦岛市人民政府 | 关于兴城市耕地地力保护补贴数据的报告 |
| 5月22日 | 兴政〔2017〕59号 | 葫芦岛市人民政府 | 关于赴乌克兰参加“一带一路”中乌商业论坛和经贸洽谈情况的报告 |
| 6月14日 | 兴政〔2017〕71号 | 葫芦岛市人民政府 | 关于筹备兴城海滨风景名胜区总体规划修编评审论证会情况的报告 |
| 6月23日 | 兴政〔2017〕74号 | 葫芦岛市人民政府党组 | 关于兴城市2017年上半年工作总结及下半年工作安排的报告 |
| 7月21日 | 兴政〔2017〕85号 | 葫芦岛市人民政府 | 关于兴城市贯彻落实市政府全体（扩大）会议精神情况的报告 |
| 7月28日 | 兴政〔2017〕89号 | 葫芦岛市人民政府 | 关于落实葫芦岛市委五届六次全会精神工作方案的报告 |

续表

| 日 期 | 发文字号 | 报送机关 | 文 件 标 题 |
| --- | --- | --- | --- |
| 7月31日 | 兴政〔2017〕90号 | 葫芦岛市人民政府 | 关于兴城市赴北京招商引资情况的报告 |
| 8月14日 | 兴政〔2017〕93号 | 兴城市委 | 关于兴城市赴北京招商引资工作情况的报告 |
| 8月15日 | 兴政〔2017〕94号 | 葫芦岛市人民政府 | 关于兴城市赴北京招商引资工作情况的报告 |
| 8月18日 | 兴政〔2017〕95号 | 葫芦岛市人民政府 | 关于兴城市棉铃虫灾害防治工作情况的报告 |
| 8月18日 | 兴政〔2017〕96号 | 葫芦岛市人民政府党组 | 关于兴城市实际利用外资进展情况的报告 |
| 8月18日 | 兴政〔2017〕97号 | 葫芦岛市人民政府党组 | 关于兴城市燃煤锅炉淘汰进展情况的报告 |
| 8月24日 | 兴政〔2017〕101号 | 省农委、省财政厅 | 关于上报辽宁省兴城市2017年苹果有机肥替代花费试点项目实施方案的报告 |
| 8月31日 | 兴政〔2017〕104号 | 葫芦岛市人民政府党组 | 关于兴城市燃煤锅炉淘汰进展情况的报告 |
| 9月1日 | 兴政〔2017〕107号 | 葫芦岛市住建委 | 关于上报兴城市2016年保障性安居工程审计有关问题整改完成情况的报告 |
| 9月7日 | 兴政〔2017〕108号 | 葫芦岛市人民政府 | 关于葫芦岛市委书记孙轶到兴城市调研情况的报告 |
| 9月7日 | 兴政〔2017〕109号 | 葫芦岛市人民政府党组 | 关于兴城市8月工作情况的报告 |
| 9月13日 | 兴政〔2017〕110号 | 葫芦岛市人民政府党组 | 关于兴城市脱贫攻坚和沿海经济带建设工作情况的报告 |
| 9月20日 | 兴政〔2017〕112号 | 葫芦岛市人民政府 | 关于兴城市落实孙轶书记来兴调研讲话精神有关情况的报告 |
| 9月22日 | 兴政〔2017〕118号 | 葫芦岛市人民政府 | 关于兴城市贯彻落实葫芦岛市安全稳定工作电视电话会议精神的情况报告 |
| 9月27日 | 兴政〔2017〕121号 | 葫芦岛市人民政府 | 关于辽宁省质量技术监督局培训中心拟进行资产整体划转的报告 |
| 10月1日 | 兴政〔2017〕122号 | 葫芦岛市人民政府 | 关于贯彻落实王力威市长到兴城调研重要讲话精神的情况报告 |
| 10月1日 | 兴政〔2017〕123号 | 葫芦岛市人民政府 | 关于兴城市落实葫芦岛市大气污染防治工作会议精神情况的报告 |
| 10月10日 | 兴政〔2017〕125号 | 葫芦岛市人民政府党组 | 关于兴城市9月工作情况的报告 |

续表

| 日期 | 发文字号 | 报送机关 | 文件标题 |
|---|---|---|---|
| 10月11日 | 兴政〔2017〕127号 | 葫芦岛市人民政府 | 关于贯彻落实葫芦岛市政府全体会议精神的情况报告 |
| 10月13日 | 兴政〔2017〕129号 | 葫芦岛市人民政府 | 关于拟与美国莱克兰市建立友好合作伙伴关系的报告 |
| 10月17日 | 兴政〔2017〕130号 | 葫芦岛市人民政府党组 | 关于兴城市燃煤锅炉拆除和实际利用外资进展情况的报告 |
| 11月4日 | 兴政〔2017〕142号 | 葫芦岛市人民政府 | 关于葫芦岛市委书记孙轶到兴城市调研有关情况的报告 |
| 11月6日 | 兴政〔2017〕143号 | 葫芦岛市人民政府 | 关于兴城市2016年度履行耕地保护责任目标情况的报告 |
| 11月7日 | 兴政〔2017〕145号 | 葫芦岛市人民政府 | 关于葫芦岛市委书记孙轶到兴城市调研有关情况的报告 |
| 11月7日 | 兴政〔2017〕146号 | 葫芦岛市人民政府 | 关于兴城市10月工作情况的报告 |
| 11月17日 | 兴政〔2017〕149号 | 葫芦岛市人民政府党组 | 关于兴城市实际利用外资进展情况的报告 |
| 11月21日 | 兴政〔2017〕150号 | 葫芦岛市人民政府 | 关于兴城市城市管理体制改革工作情况的报告 |
| 11月22日 | 兴政〔2017〕151号 | 葫芦岛市人民政府 | 关于兴城市疗养院基本情况的报告 |
| 11月24日 | 兴政〔2017〕152号 | 兴城市人大常务委员会 | 关于兴城市2018年棚户区改造项目情况及政府购买服务资金纳入财政预算管理的报告 |
| 11月24日 | 兴政〔2017〕153号 | 葫芦岛市人民政府 | 关于贯彻落实王力威市长到兴城调研重要讲话精神的情况报告 |
| 12月6日 | 兴政〔2017〕167号 | 葫芦岛市人民政府党组 | 关于兴城市11月工作情况的报告 |
| 12月15日 | 兴政〔2017〕173号 | 辽宁省保障性安居工程工作领导小组 | 关于兴城市2018年棚户区改造项目进展情况的报告 |
| 12月22日 | 兴政〔2017〕175号 | 葫芦岛市人民政府党组 | 关于贯彻落实葫芦岛市贯彻落实党的十九大精神、推进沿海经济带建设、发展县域经济、振兴乡村集体经济工作会议的情况报告 |
| 12月23日 | 兴政〔2017〕176号 | 葫芦岛市人民政府 | 关于富都·欢乐龙湾项目进展情况的报告 |
| 12月28日 | 兴政〔2017〕178号 | 葫芦岛市交通局 | 兴城市创建2017年“四好农村路”省示范县自查报告 |

续表

| 日 期 | 发文字号 | 报送机关 | 文 件 标 题 |
| --- | --- | --- | --- |
| 1月16日 | 兴政〔2017〕4号 | 市海洋与渔业局 | 关于同意费士君1宗海域使用权续期申请的批复 |
| 1月17日 | 兴政〔2017〕5号 | 宁远街道办事处 | 关于同意兴城市宁远街道办事处南关村棚户区改造项目自主腾退方案的批复 |
| 1月17日 | 兴政〔2017〕6号 | 四家屯街道办事处 | 关于同意纪家村棚户区改造项目自主腾退方案的批复 |
| 1月17日 | 兴政〔2017〕7号 | 古城街道办事处 | 关于同意北关村棚户区改造项目自主腾退方案的批复 |
| 1月17日 | 兴政〔2017〕8号 | 城东街道办事处 | 关于同意南辛庄村、东二村棚户区改造项目自主腾退方案的批复 |
| 1月23日 | 兴政〔2017〕10号 | 市城乡规划局 | 关于同意滨海温泉兴城C-04地块规划条件局部变更的批复 |
| 1月24日 | 兴政〔2017〕12号 | 市城乡规划局 | 关于同意变更红崖子工商所南侧地块（二）、（三）规划条件的批复 |
| 1月24日 | 兴政〔2017〕13号 | 市城乡规划局 | 关于同意万来轮胎公司东侧拟出让地块规划条件的批复 |
| 1月24日 | 兴政〔2017〕14号 | 市城乡规划局 | 关于同意兴城市双兴供热南侧片区控制性详细规划的批复 |
| 1月24日 | 兴政〔2017〕15号 | 市城乡规划局 | 关于同意兴城市八一疗养院北侧片区控制性详细规划的批复 |
| 1月24日 | 兴政〔2017〕16号 | 市城乡规划局 | 关于同意红崖子镇国税分局北侧拟出让地块规划条件的批复 |
| 3月23日 | 兴政〔2017〕24号 | 市水务局 | 关于同意兴城市河道建设管理处作为2017年兴城市河道治理项目法人的批复 |
| 3月28日 | 兴政〔2017〕25号 | 市水务局 | 关于同意关闭兴城河一级水源地三眼水井的批复 |
| 3月29日 | 兴政〔2017〕26号 | 市城乡规划局 | 关于同意西二村兴玲线西侧拟出让地块规划条件的批复 |
| 3月29日 | 兴政〔2017〕27号 | 市城乡规划局 | 关于同意曹庄镇上坡子村102国道西侧地块规划条件的批复 |
| 3月29日 | 兴政〔2017〕28号 | 市城乡规划局 | 关于同意金天屹住宅小区项目用地规划条件局部变更的批复 |
| 3月29日 | 兴政〔2017〕29号 | 市城乡规划局 | 关于同意原兴城市食品公司望海食品站拟出让地块规划条件的批复 |
| 3月29日 | 兴政〔2017〕30号 | 市城乡规划局 | 关于同意葫芦岛市畜牧技术推广和草原监理站地块规划条件的批复 |

续表

| 日期 | 发文字号 | 报送机关 | 文件标题 |
| --- | --- | --- | --- |
| 3月31日 | 兴政〔2017〕32号 | 市海洋与渔业局 | 关于同意兴城市红海滩海上观景平台（海洋生态宣教基地、海洋生态监测平台）建设项目1宗海域使用权申请的批复 |
| 4月5日 | 兴政〔2017〕33号 | 市国土资源局 | 关于注销张传海土地登记并废止兴城国用〔2006〕第G1440655号国有土地使用证的批复 |
| 4月7日 | 兴政〔2017〕34号 | 市海洋与渔业局 | 关于同意王炫智1宗海域使用权续期（转让）的批复 |
| 4月7日 | 兴政〔2017〕35号 | 市海洋与渔业局 | 关于同意王玉军等5宗海域使用权申请（续期）的批复 |
| 4月7日 | 兴政〔2017〕36号 | 市海洋与渔业局 | 关于同意孙清平等23宗海域使用权申请（续期、变更）的批复 |
| 4月7日 | 兴政〔2017〕37号 | 市海洋与渔业局 | 关于同意刘海燕等20宗海域使用权申请（续期、变更）的批复 |
| 4月10日 | 兴政〔2017〕38号 | 市城乡规划局 | 关于同意辽宁省核工业地质局242大队地块规划条件的批复 |
| 4月18日 | 兴政〔2017〕42号 | 市城乡规划局 | 关于同意变更龙兴路东侧（地块二、地块三）地块规划条件的批复 |
| 4月29日 | 兴政〔2017〕47号 | 市城乡规划局 | 关于同意水木馨居小区西侧拟出让地块规划条件的批复 |
| 4月29日 | 兴政〔2017〕48号 | 市城乡规划局 | 关于同意葫芦岛斯达威体育用品有限公司地块规划条件的批复 |
| 4月29日 | 兴政〔2017〕49号 | 市城乡规划局 | 关于同意元台子乡四方村东南侧拟出让地块规划条件的批复 |
| 5月8日 | 兴政〔2017〕53号 | 市城乡规划局 | 关于同意沙后所镇乱泥村梦巴伦泳装厂拟出让地块规划条件的批复 |
| 5月10日 | 兴政〔2017〕54号 | 市城乡规划局 | 关于同意兴城市百通塑胶管材厂院内拟出让地块规划条件的批复 |
| 5月10日 | 兴政〔2017〕55号 | 市城乡规划局 | 关于同意大寨乡政府南侧拟出让地块规划条件的批复 |
| 5月12日 | 兴政〔2017〕56号 | 市安监局 | 关于同意兴城市高家岭通宝石材厂“4·20”一般事故案调查报告的批复 |
| 5月15日 | 兴政〔2017〕58号 | 市海洋与渔业局 | 关于同意兴城市东翔避风港港池扩建围海项目1宗海域使用权申请的批复 |
| 5月22日 | 兴政〔2017〕60号 | 市海洋与渔业局 | 关于同意注销陈立茹等九宗海域使用权的批复 |

续表

| 日期 | 发文字号 | 报送机关 | 文件标题 |
|---|---|---|---|
| 5月31日 | 兴政〔2017〕62号 | 市水务局 | 关于同意关闭烟台河水源地1眼水井的批复 |
| 6月2日 | 兴政〔2017〕64号 | 市城乡规划局 | 关于同意兴城市海晟商贸有限公司东侧拟出让地块规划条件的批复 |
| 6月2日 | 兴政〔2017〕65号 | 市城乡规划局 | 关于同意曹庄镇上坡子村西侧拟出让地块规划条件的批复 |
| 6月7日 | 兴政〔2017〕66号 | 市投资有限公司 | 关于同意成立兴城开发置业有限公司和兴城产业发展有限公司的批复 |
| 6月23日 | 兴政〔2017〕75号 | 市城乡规划局 | 关于同意旧门乡旧门村佟乐地块规划条件的批复 |
| 7月7日 | 兴政〔2017〕78号 | 温泉街道办事处 | 关于同意温泉街道办事处增设3家社区的批复 |
| 7月7日 | 兴政〔2017〕80号 | 市水务局 | 关于同意兴城市防御洪水方案的批复 |
| 7月11日 | 兴政〔2017〕81号 | 市城乡规划局 | 关于同意南大乡前五台村沙上线东北侧拟出让地块规划条件的批复 |
| 7月18日 | 兴政〔2017〕83号 | 市城乡规划局 | 关于同意红崖子镇红崖子村汤李线东侧拟出让地块规划条件的批复 |
| 7月27日 | 兴政〔2017〕87号 | 市城乡规划局 | 关于同意旧门乡草白村南侧拟出让地块规划条件的批复 |
| 8月8日 | 兴政〔2017〕92号 | 市城乡规划局 | 关于同意兴城市东电疗养院片区控制性详细规划的批复 |
| 8月20日 | 兴政〔2017〕98号 | 碱厂满族乡 | 关于同意兴城市碱厂满族乡总体规划（2016～2030年）的批复 |
| 9月1日 | 兴政〔2017〕105号 | 市城乡规划局 | 关于同意东辛庄镇东辛庄村老服装市场南侧拟出让地块的批复 |
| 9月1日 | 兴政〔2017〕106号 | 市城乡规划局 | 关于同意旧门乡旧门村水泥厂东南侧拟出让地块规划条件的批复 |
| 9月20日 | 兴政〔2017〕115号 | 市农发局 | 关于同意设立兴城市农产品加工集聚区的批复 |
| 9月26日 | 兴政〔2017〕120号 | 市国资局 | 关于同意向兴城市投资集团有偿划转国有资产的批复 |
| 10月20日 | 兴政〔2017〕133号 | 市规划局 | 关于同意药王乡黄家湾水库北侧拟出让地块规划条件的批复 |
| 10月24日 | 兴政〔2017〕134号 | 市规划局 | 关于同意兴城市乡镇燃气专项规划（2018～2025年）的批复 |
| 11月2日 | 兴政〔2017〕138号 | 市动监局 | 关于同意兴城市畜牧技术推广站为兴城蜂蜜农产品地理标志登记申请人的批复 |

续表

| 日 期 | 发文字号 | 报送机关 | 文 件 标 题 |
|---|---|---|---|
| 11月6日 | 兴政〔2017〕144号 | 市公安局 | 关于同意确定县级治安保卫重点单位的批复 |
| 11月15日 | 兴政〔2017〕147号 | 徐大堡镇政府 | 关于同意兴城市徐大堡镇方安村创建省级生态村的批复 |
| 11月16日 | 兴政〔2017〕148号 | 市安监局 | 关于同意兴城市旧门草白窑沟尾矿库等5座尾矿库移交的批复 |
| 11月24日 | 兴政〔2017〕154号 | 市规划局 | 关于同意贝迪斯制衣有限公司地块规划条件的批复 |
| 11月24日 | 兴政〔2017〕155号 | 市规划局 | 关于同意东辛庄镇东辛庄村木材厂东南侧拟出让地块规划条件的批复 |
| 11月24日 | 兴政〔2017〕156号 | 市水务局 | 关于同意对炭厂沟小流域水土流失综合治理工程等4项工程表彰的批复 |
| 11月24日 | 兴政〔2017〕157号 | 市财政局 | 关于兴城市南甸子村、西一村、西二村、西关社区、北关村及城北社区城中村棚户区改造等5个项目政府购买服务资金纳入市财政预算管理的批复 |
| 11月29日 | 兴政〔2017〕158号 | 市国资局 | 关于同意调拨国有资产的批复 |
| 12月3日 | 兴政〔2017〕161号 | 市安监局 | 关于同意兴城市兴城－世界温泉水上乐园“6·11”一般事故案调查报告的批复 |
| 12月6日 | 兴政〔2017〕162号 | 古城街道 | 关于同意北关村棚户区改造项目自主腾退方案的批复 |
| 12月6日 | 兴政〔2017〕163号 | 宁远街道 | 关于同意南关村棚户区改造项目自主腾退方案的批复 |
| 12月6日 | 兴政〔2017〕164号 | 宁远街道 | 关于同意西一村棚户区改造项目自主腾退方案的批复 |
| 12月6日 | 兴政〔2017〕165号 | 宁远街道 | 关于同意南甸子村棚户区改造项目自主腾退方案的批复 |
| 12月6日 | 兴政〔2017〕166号 | 宁远街道 | 关于同意西二村棚户区改造项目自主腾退方案的批复 |
| 12月6日 | 兴政〔2017〕168号 | 城东街道 | 关于同意东二村棚户区改造项目自主腾退方案的批复 |
| 12月26日 | 兴政〔2017〕177号 | 市安监局 | 兴城市人民政府关于将市安全生产监督管理部门列为行政执法机构的批复 |
| 4月20日 | 兴政〔2017〕45号 | 市国资局 | 关于授权市国有资产监督管理局设立兴城市交建兴业有限公司的决定 |
| 5月24日 | 兴政〔2017〕61号 | 市国资局 | 关于授权市国有资产监督管理局设立兴城市投资有限公司的决定 |

续表

| 日期 | 发文字号 | 报送机关 | 文件标题 |
|---|---|---|---|
| 6月9日 | 兴政〔2017〕67号 | 市国资局 | 关于兴城热电有限公司部分股权划转的决定 |
| 6月16日 | 兴政〔2017〕73号 | 市国资局 | 关于授权市国有资产监督管理局设立兴城巨澜实业有限公司、兴城泉源商贸有限公司和兴城宏图文化旅游有限公司的决定 |
| 7月18日 | 兴政〔2017〕86号 | 市国资局 | 关于授权市国有资产监督管理局设立兴城诺佰世实业有限公司、兴城明诚文化旅游有限公司和兴城润春商贸有限公司的决定 |
| 10月31日 | 兴政〔2017〕137号 | 市国资局 | 关于授权市国有资产监督管理局设立兴城安盛实业有限公司和兴城佰信商贸有限公司的决定 |
| 12月14日 | 兴政〔2017〕171号 | 市环保局 | 关于关闭兴城市富海砂石经销处的决定 |
| 11月2日 | 兴政发〔2017〕14号 | 乡镇、街道及各部门 | 关于调整一批行政职权事项的决定 |
| 2月28日 | 兴政〔2017〕19号 | 市人大常委会 | 关于提请宋永刚同志任职的议案 |
| 9月19日 | 兴政〔2017〕111号 | 市人大常委会 | 关于提请丁森鑫同志任职的议案 |

**2017年兴城市人民政府向各乡镇、街道及各部门下发文件目录**

| 日期 | 发文字号 | 文件标题 |
|---|---|---|
| 6月2日 | 兴政发〔2017〕6号 | 兴城市人民政府关于规范行政执法行为的实施意见 |
| 7月27日 | 兴政发〔2017〕9号 | 兴城市人民政府关于加强推进残疾人小康进程的实施意见 |
| 11月10日 | 兴政发〔2017〕15号 | 兴城市人民政府关于加强困境儿童保障工作的实施意见 |
| 11月15日 | 兴政发〔2017〕16号 | 兴城市人民政府关于进一步加强政府法律顾问制度建设的实施意见 |
| 12月26日 | 兴政发〔2017〕18号 | 关于在市场体系建设中建立公平竞争审查制度的实施意见 |
| 1月24日 | 兴政〔2017〕11号 | 关于刘强等同志职务任免的通知 |
| 5月2日 | 兴政〔2017〕51号 | 关于王旭阳等同志职务任免的通知 |
| 7月18日 | 兴政〔2017〕84号 | 关于纪长生等同志职务任免的通知 |
| 7月28日 | 兴政〔2017〕88号 | 关于刘振兴等同志职务任免的通知 |
| 8月23日 | 兴政〔2017〕100号 | 关于李宇等同志职务任免的通知 |

续表

| 日期 | 发文字号 | 文件标题 |
| --- | --- | --- |
| 9月21日 | 兴政〔2017〕116号 | 关于孔佳等同志职务任免的通知 |
| 10月27日 | 兴政〔2017〕136号 | 关于刘恕同志任职的通知 |
| 12月7日 | 兴政〔2017〕170号 | 关于刘洪建等同志职务任免的通知 |
| 12月15日 | 兴政〔2017〕172号 | 关于免去赵振同志职务的通知 |
| 3月15日 | 兴政发〔2017〕1号 | 关于印发兴城市土壤污染防治工作方案的通知 |
| 4月6日 | 兴政发〔2017〕2号 | 关于调整市政府领导同志工作分工的通知 |
| 4月6日 | 兴政发〔2017〕3号 | 关于印发兴城市优化营商环境建设年实施方案的通知 |
| 4月28日 | 兴政发〔2017〕4号 | 关于印发兴城市加快推进“互联网+政务服务”工作方案的通知 |
| 5月31日 | 兴政发〔2017〕5号 | 关于下达2017年度水土保持生态建设任务指标的通知 |
| 6月2日 | 兴政发〔2017〕7号 | 关于印发加强农村留守儿童关爱保护工作实施方案的通知 |
| 6月30日 | 兴政发〔2017〕8号 | 关于贯彻落实国务院第三批取消中央指定地方实施行政许可事项的通知 |
| 7月27日 | 兴政发〔2017〕10号 | 关于印发兴城市开展金属非金属矿山整顿全面升安全生产保障能力实施方案的通知 |
| 9月21日 | 兴政发〔2017〕11号 | 兴城市人民政府关于印发兴城市露天开采矿山专项整治实施方案的通知 |
| 9月22日 | 兴政发〔2017〕12号 | 兴城市人民政府关于印发兴城市建立完善守信联合激励和失信联合惩戒制度 加快推进社会诚信建设实施方案的通知 |
| 9月30日 | 兴政发〔2017〕13号 | 关于调整市政府领导同志工作分工的通知 |
| 11月29日 | 兴政发〔2017〕17号 | 关于公布兴城市政务服务事项目录的通知 |

## 2017年兴城市人民政府办公室向各乡镇、街道及各部门下发文件目录

| 日期 | 发文字号 | 文件标题 |
| --- | --- | --- |
| 2月4日 | 兴政办〔2017〕1号 | 关于成立兴城市水污染防治工作领导小组的通知 |
| 2月4日 | 兴政办〔2017〕2号 | 关于成立兴城市大气污染防治工作领导小组的通知 |

续表

| 日期 | 发文字号 | 文件标题 |
|---|---|---|
| 2月16日 | 兴政办〔2017〕4号 | 关于成立兴城市困难群众基本生活保障工作领导小组的通知 |
| 2月16日 | 兴政办〔2017〕5号 | 关于成立兴城市工业经济运行会商和协调工作领导小组的通知 |
| 3月15日 | 兴政办〔2017〕6号 | 关于调整兴城市网格化环境监管体系建设领导小组成员的通知 |
| 3月30日 | 兴政办〔2017〕7号 | 关于成立兴城市延长产业链条推进工作领导小组的通知 |
| 5月5日 | 兴政办〔2017〕8号 | 关于成立兴城市组建市属企业集团工作领导小组的通知 |
| 5月10日 | 兴政办〔2017〕9号 | 关于成立兴城市重大植物疫情防控工作领导小组的通知 |
| 5月27日 | 兴政办〔2017〕10号 | 关于成立兴城市预算管理和化解地方政府债务工作及政府性债务风险事件应急领导小组的通知 |
| 7月28日 | 兴政办〔2017〕15号 | 关于调整兴城市深化医药卫生体制改革领导小组成员的通知 |
| 10月10日 | 兴政办〔2017〕18号 | 关于成立兴城市深化国资国企改革领导小组的通知 |
| 10月12日 | 兴政办〔2017〕19号 | 关于调整古城景区管理委员会成员的通知 |
| 11月13日 | 兴政办〔2017〕20号 | 关于调整兴城市人民政府食品安全委员会成员的通知 |
| 11月13日 | 兴政办〔2017〕21号 | 关于成立兴城市语言文字工作委员会的通知 |
| 12月12日 | 兴政办〔2017〕22号 | 关于成立兴城市政务公开标准化规范化试点工作领导小组的通知 |
| 12月12日 | 兴政办〔2017〕23号 | 关于成立兴城市农民工工作领导小组的通知 |
| 1月16日 | 兴政办发〔2017〕1号 | 关于印发王力威市长在市委五届四次全体（扩大）会议暨全市经济工作会议上讲话任务分解的通知 |
| 1月22日 | 兴政办发〔2017〕2号 | 关于印发兴城市实行最严格水资源管理制度“十三五”工作方案和兴城市“十三五”封闭地下水取水工程实施方案的通知 |
| 2月15日 | 兴政办发〔2017〕3号 | 关于建立四项工作制度的通知 |
| 2月15日 | 兴政办发〔2017〕4号 | 关于印发《兴城市落实辽宁省人民政府2017年工作要点任务分解方案》的通知 |
| 2月15日 | 兴政办发〔2017〕5号 | 关于印发《<政府工作报告>任务分解方案》的通知 |
| 2月15日 | 兴政办发〔2017〕6号 | 兴城市人民政府办公室关于加强信息报送工作的通知 |

续表

| 日期 | 发文字号 | 文件标题 |
| --- | --- | --- |
| 3月30日 | 兴政办发〔2017〕7号 | 关于公布兴城市政府部门随机抽查事项清单的通知 |
| 4月5日 | 兴政办发〔2017〕8号 | 关于印发兴城市粮食应急供应预案的通知 |
| 4月10日 | 兴政办发〔2017〕9号 | 关于印发兴城市海洋涉渔“三无”船舶专项整治实施方案的通知 |
| 4月20日 | 兴政办发〔2017〕10号 | 关于印发兴城市非正规垃圾堆放点排查整治工作实施方案的通知 |
| 4月25日 | 兴政办发〔2017〕11号 | 关于印发兴城市2017年利用综合标准依法依规推动落后产能退出工作实施方案的通知 |
| 4月28日 | 兴政办发〔2017〕12号 | 兴城市人民政府办公室关于组织开展全省第十一届“5·15政务公开日”活动的通知 |
| 5月5日 | 兴政办发〔2017〕13号 | 关于印发兴城市加快发展农业农村新业态培育新动能助力脱贫攻坚实施方案的通知 |
| 5月12日 | 兴政办发〔2017〕14号 | 关于印发兴城市推进基层综合性文化服务中心建设实施方案的通知 |
| 5月12日 | 兴政办发〔2017〕15号 | 关于印发兴城市药品安全突发事件应急预案的通知 |
| 5月24日 | 兴政办发〔2017〕16号 | 关于印发兴城市行政机关政策文件解读实施办法的通知 |
| 5月26日 | 兴政办发〔2017〕17号 | 关于印发兴城市清理规范基层证明工作实施方案的通知 |
| 5月26日 | 兴政办发〔2017〕20号 | 兴城市人民政府办公室关于印发做好农村最低生活保障制度与扶贫开发政策有效衔接实施方案的通知 |
| 6月2日 | 兴政办发〔2017〕22号 | 兴城市人民政府办公室关于印发兴城市2017年政务公开工作安排的通知 |
| 6月28日 | 兴政办发〔2017〕23号 | 关于印发兴城市畜禽禁养区内规模养殖场（小区）养殖专业户关闭或搬迁工作实施方案的通知 |
| 6月30日 | 兴政办发〔2017〕24号 | 关于印发兴城市2017年度地质灾害防治方案的通知 |
| 7月6日 | 兴政办发〔2017〕25号 | 关于印发兴城市高污染燃料禁燃区划分方案的通知 |
| 7月19日 | 兴政办发〔2017〕26号 | 关于印发兴城市严厉打击非法侵占林地等破坏森林资源专项整治行动实施方案的通知 |
| 7月24日 | 兴政办发〔2017〕27号 | 兴城市人民政府办公室关于印发兴城市体育领域供给侧结构性改革实施方案的通知 |
| 7月25日 | 兴政办发〔2017〕28号 | 关于印发兴城市危险化学品安全综合治理实施方案的通知 |

续表

| 日期 | 发文字号 | 文件标题 |
| --- | --- | --- |
| 8月8日 | 兴政办发〔2017〕29号 | 关于转发兴城市2017年廉租住房租赁补贴实施方案的通知 |
| 8月9日 | 兴政办发〔2017〕31号 | 关于转发兴城市花生三代棉铃虫应急防治方案的通知 |
| 8月17日 | 兴政办发〔2017〕32号 | 兴城市人民政府办公室关于印发兴城市政府性债务风险应急处置预案的通知 |
| 8月18日 | 兴政办发〔2017〕33号 | 关于印发兴城市气象预警大喇叭管理办法的通知 |
| 8月25日 | 兴政办发〔2017〕34号 | 关于印发兴城市农业水价综合改革实施细则的通知 |
| 8月25日 | 兴政办发〔2017〕36号 | 关于印发兴城市“救急难”工作实施细则的通知 |
| 8月30日 | 兴政办发〔2017〕37号 | 关于印发兴城市推进农村垃圾分类减量工作实施意见的通知 |
| 9月9日 | 兴政办发〔2017〕38号 | 关于印发全省上半年经济形势分析暨重点工作推进电视电话会议任务分解方案的通知 |
| 9月30日 | 兴政办发〔2017〕40号 | 关于印发兴城市公共厕所建设实施方案的通知 |
| 10月10日 | 兴政办发〔2017〕41号 | 关于印发兴城市人民政府贯彻落实《中共葫芦岛市委关于省委第七巡视组巡视葫芦岛市反馈意见整改落实方案》实施方案的通知 |
| 10月10日 | 兴政办发〔2017〕42号 | 关于印发兴城市推进“四好农村路”建设实施方案的通知 |
| 10月10日 | 兴政办发〔2017〕43号 | 关于印发兴城市“四好农村路”示范县创建实施方案的通知 |
| 10月17日 | 兴政办发〔2017〕44号 | 兴城市人民政府办公室关于印发兴城市整治养老金支出环节违法违规行为专项工作实施方案的通知 |
| 10月17日 | 兴政办发〔2017〕45号 | 关于印发兴城市“十三五”水资源消耗总量和强度双控行动落实方案的通知 |
| 10月23日 | 兴政办发〔2017〕47号 | 兴城市人民政府办公室关于修订兴城市自然灾害救助应急预案的通知 |
| 10月27日 | 兴政办发〔2017〕49号 | 关于印发兴城市畜禽养殖废弃物处理和资源化利用工作实施方案的通知 |
| 10月30日 | 兴政办发〔2017〕50号 | 关于印发兴城市解决老年乡村医生生活补助问题实施方案的通知 |
| 10月30日 | 兴政办发〔2017〕51号 | 关于印发兴城市推进医疗卫生与养老服务结合发展实施方案的通知 |
| 10月30日 | 兴政办发〔2017〕52号 | 关于印发兴城市医疗联合体建设实施方案的通知 |

续表

| 日期 | 发文字号 | 文件标题 |
|---|---|---|
| 10月30日 | 兴政办发〔2017〕53号 | 关于印发兴城市食品安全示范城市创建实施方案的通知 |
| 11月2日 | 兴政办发〔2017〕54号 | 关于转发兴城市生猪调出大县奖励资金使用方案的通知 |
| 11月3日 | 兴政办发〔2017〕55号 | 关于当前进一步做好脱贫攻坚工作的通知 |
| 11月13日 | 兴政办发〔2017〕56号 | 兴城市人民政府办公室关于印发兴城市食品安全示范城市管理与考核办法(暂行)和兴城市食品安全示范城市考核细则(暂行)的通知 |
| 11月13日 | 兴政办发〔2017〕57号 | 关于印发兴城市加强食品安全监管四年滚动计划（2017～2020年）的通知 |
| 11月16日 | 兴政办发〔2017〕58号 | 兴城市人民政府办公室关于印发兴城市突发水污染事件应急预案的通知 |
| 11月17日 | 兴政办发〔2017〕59号 | 关于印发2018年兴城市新型农村合作医疗参合缴费及登记录入工作实施意见的通知 |
| 11月30日 | 兴政办发〔2017〕60号 | 兴城市人民政府办公室关于印发兴城市河长制工作管理办法（试行）的通知 |
| 12月1日 | 兴政办发〔2017〕61号 | 关于贯彻落实代省长唐一军来葫调研讲话精神的通知 |
| 12月8日 | 兴政办发〔2017〕63号 | 关于印发兴城市进一步加强乡镇卫生院建设实施方案的通知 |
| 12月14日 | 兴政办发〔2017〕64号 | 关于印发兴城市职业病防治规划（2017～2020年）的通知 |
| 12月14日 | 兴政办发〔2017〕66号 | 关于印发2016年度兴城市体育产业发展报告的通知 |
| 12月14日 | 兴政办发〔2017〕68号 | 关于印发《<政府工作报告>任务分解方案》的通知 |
| 12月29日 | 兴政办发〔2017〕69号 | 关于印发兴城市高污染燃料禁燃区划分方案的通知 |
| 12月31日 | 兴政办发〔2017〕71号 | 关于印发兴城市鼠疫控制应急预案的通知 |
| 12月31日 | 兴政办发〔2017〕72号 | 关于印发兴城市防治慢性病中长期规划（2017～2025年）的通知 |

## 2017年兴城市人民政府办公室发文目录

| 日期 | 发文字号 | 报送机关 | 文件标题 |
|---|---|---|---|
| 2月16日 | 兴政办〔2017〕3号 | 兴城市编办 | 关于增设政策信息科的请示 |
| 6月28日 | 兴政办〔2017〕12号 | 兴城市编办 | 关于成立兴城市企业审批事务服务中心的请示 |

（石婷婷）

## ·人事工作·

【概况】2017年，兴城市人事局接收1889份毕业生档案，公务员在线培训2000人次，整理移交干部档案437本。年度考核机关事业工人2330人次，安置部队转业干部10人。完成绩效考核办公室和营商局的整体交接工作。

【科技干部服务工作】2017年，市人事局考核事业单位专业技术人员7332人，为兴城市事业单位专业技术资格审核712人次，为全国统一考试合格的护士护师办理资格证84人次，组织专业技术人员知识更新工程公需科目培训580人次。

【工资福利】2017年，市人事局审核发放2016年年终奖13458人次，完成机关部分在职人员级别工资晋升和事业单位在职人员薪级工资晋升审批10787人次。根据兴城市委办公室考核结果发放绩效奖金1679万元，涉及102家单位、5140人。

【编制工作】2017年，市人事局收回事业单位编制139名，公示事业单位年度报告315家,更换单位法人证书18家。推进“双随机一公开”工作，编制《兴城市级政务服务事项目录》共417项。清理基层证明，贯彻落实国家、省、市取消调整行政职权相关文件、动态调整权责清单，在市政府网站公开39家事业单位2748项行政职权。

**兴城市人事局领导成员**

局　长　张雨新

副局长　刘　敏　李冬梅（女）

（杨溢）

## ·信访工作·

【概况】2017年，兴城市信访局接待群众来访774批6227人次，批次同比上升16.7%，人次同比上升33.4%。其中集体访293批5409人次，占来访总量的37.9%；个体访481批818人次，占来访总量的62.1%。上级信访部门转交来信52件，本级来信案件3件。网上转交案件185件，办结160件。群众来信来访100%受理，100%按期办理，85%以上的信访事项得到彻底解决。

【信访积案化解】2017年，市信访局接收省信访工作联席会议办公室交办的“清仓起底”信访积案134件，通过梳理甄别，排除三跨三分离、诉求不清、查无此人案件24件，诉求相同和相同信访人案件合并后总数为98件,其中行政案件67件（包括自排查1件），涉法涉诉（包括公安访2件）案件21件，纪检监察案件10件。化解行政类积案47件，办结20件，化解率70.15%，办结率100%。涉法、涉公安类积案化解11件，办结10件；纪检监察类积案化解4件，办结6件。总体化解信访积案62件，办结36件，化解率63.26%，办结率100%。

【领导干部接访】2017年，兴城市开展领导干部大接访活动，市长袁国相、常务副市长刘晓军接待绿野海岸、首山俯海两小区业主代表，协调各相关部门，解决两个小区的基础设施问题，并为两个小区业主办理退税业务。全年，22位市领导接待群众来访146批，解决群众诉求。

【敏感时期排查和稳控】2017年，市信访局在"春节""两会"、中央环保巡视组在葫芦岛市巡视期间、"一带一路"峰会、达沃斯论坛、省党代会、金砖会议、十九大期间和涉军问题等敏感时期节点，针对特殊时期的信访稳定工作要求，制定工作方案，开展矛盾纠纷排查工作，对排查出的重点人员落实"四位一体"包保责任，完成各个时期信访稳定工作目标。中共十九大期间，市信访局获葫芦岛市社会安全稳定工作集体二等功。

【信访工作制度改革】2017年，市信访局加大信访积案化解力度，领导干部严格履行"一岗双责"制度，持续推进信访工作规范化、制度化。乡镇、街道开设"网上投诉代理站"，拓宽群众信访渠道，降低信访成本，实现网上登记、转送，网上录入信访案件106件，信访问题得到依法及时公正地处理和解决。信访局及时总结好经验好做法固化形成制度规范，提高群众依法信访、理性维权意识，提升全市信访法治化建设水平。

**兴城市信访局领导成员**

局　长　孙　伟

副局长　杨景生　赵海伟

董绍壮（2017年1月任职）

（管月华）

## 兴城滨海经济区

【概况】2017年，兴城滨海经济区以项目建设为牵动，以招商引资为主线，以优质服务为保障，确保经济区持续、稳定、快速发展。截至年末，完成工业总产值10亿元，同比增长36.9%；完成公共财政收入1.51亿元，同比增长5%，实现销售收入7.7亿元，同比增长36.9%；出口交货值1.2亿元，同比增长40.1%，完成固定资产投资额3亿元，同比下降48.1%。

【招商引资】2017年，兴城滨海经济区招商引资重点围绕经济区主导产业定位，举办"走出去、请进来"大型招商推介会10余次，组织招商小分队开展主题考察招商。全年累计引进项目13个，总投资13.45亿元。

【项目建设】2017年，兴城滨海经济区项目建设实行管委会领导和一般干部包项目责任制，组织开展项目调度会，对在谈项目、签约项目、在建项目进行梳理归类，加大洽谈、督促和跟踪服务力度，促进项目落户开工建设。规划建设农产品加工产业园，入驻项目16个，总投资12.45亿元，投产4户（菊花女、种旺、海源、海兴隆）。年内签约项目9户。

【基础设施建设】2017年，兴城滨海经济区完成6项基础设施工程。其中，完成九州塑业配电工程项目。排查维修园区污水管线，确保污水处理厂顺利运行。修补经济区内丢失井盖、井箆600余处。完成3万平方米绿化带回填及平整工程，栽植树木500株。同时，在滨海公路栽植1200米树墙，减少道路交通安全隐患。开工建设临海大街南延工程，总投资530万元，年末竣工。开工建设凯森蒙商业街，建筑面积2.4万平方米，总投资2800万元。

【服务企业】2017年，兴城滨海经济区市场管理、地税、国税、国土、城建等部门服从大局、服务企业，帮助企业办理各项手续，解决各种难题。推进"无收费"园区建设，对于落户园区工业项目，给予优惠政策，项目建设涉及的部门服务性收费由政府财政承担。

## 中共兴城滨海经济区工作委员会<br>兴城滨海经济区管理委员会<br>领导成员

**·中共兴城滨海经济区工作委员会·**

工委书记　赵家鹏
工委副书记　袁国相
　　　　　董玉明（2017年6月任职）
工会主席　闫忠军

**·兴城滨海经济区管理委员会·**

主　　任　袁国相
专职副主任　董玉明
副 主 任　闫忠军　刘　志　吴欣宝
主任助理　赵　振（2017年12月离任）

**综合办公室**

主　任　王旭阳（2017年4月离任）
副主任　张建国

**财政局**

局　长　王　刚
副局长　李　强

**经济发展局**

局　长　赵福运
副局长　李守东　王继仁

**规划建设局**

局　长　周燕驰
副局长　赵明月　秦志国

**服务局**

局　长　陈晓艳（女）
副局长　王　冠　李　驰

**招商局**

副局长　刘晓东（2017年7月离任）
　　　　杨士凯（2017年1月任职）

**公共事业管理中心**

主　任　王靖宇

副主任　刘　宇

（朱念兴）

## 觉华岛旅游度假区

【**概况**】2017年，觉华岛旅游度假区以建设国家海洋公园、中国北方生态佛岛、休闲度假岛为目标，落实市委、市政府关于觉华岛开发的经济发展战略。全区固定资产投资累计完成3211万元，公共财政预算收入完成2175万元，其中税收完成1214万元，非税完成961万元。

【**项目建设**】2017年，觉华岛旅游度假区实施重点项目8个，项目总投资38609万元，累计完成投资15460万元。分别为觉华岛陆岛交通码头二期工程、张家山岛整治修复与保护项目、杨家山岛保护与开发及觉华岛依托工程示范项目、觉华岛供水管线工程、觉华岛市政污水管网工程、觉华岛海防执勤路工程、觉华岛山体照明工程、觉华岛金嘴子帆船娱乐度假区项目。

【**旅游管理**】2017年，觉华岛旅游度假区全面提升景区形象，结合全区实际，发挥企业经营优势，合理配置园林绿化、景区保洁、景区管理、检票、售票等工作岗位。景区管理人员素质提升的同时，出台一系列措施，保障觉华岛景区的旅游环境，规范全区旅游市场，促进觉华岛景区旅游业持续、健康、快速发展。全年，全区接待游客20万人。

【**民生改善**】2017年，觉华岛旅游度假区围绕提高岛民生活质量，加强服务功能建设。健全惠民帮扶机制，岛上60周岁以上老人每人每月补贴100元，90周岁以上老人每人每月补贴150元，年内发放59.27万元。继续加大雷屯10千伏电力改造，投入资金10万元。开展农村饮水安全工程项目，调配水车1000余次，用于供水管线、泵房、维修引用井等建设，投资25万元。加大护林防火保障工作，投入资金42万元，完善防火设施队伍建设。投入资金33万元，对岛内道路和路灯实施改造，同时加大环境绿化、美化力度。开展岛内垃圾清扫转运工作，改善生态环境，对堆积多年的岛内垃圾进行清扫并统一清运，投入资金64.32万元，共清运垃圾4000立方米。

【**旅游宣传**】2017年，觉华岛旅游度假区加强旅游宣传推介，提高觉华岛知名度和社会公认度。7月，举办为期7天的觉华岛第三届菩提文化旅游博览会。期间，开展环保徒步行、家乡人游海岛、陶瓷艺术展、户外帐篷露营、觉华岛旅游发展论坛等系列活动。8月，成功承办2017海上丝绸之路（中国·觉华岛）横渡挑战赛，中央电视台对赛事进行全程直播。中央二套生财有道栏目、中央七套美丽乡村中国行、中央十套地理中国等央视媒体上岛拍摄专题片。同时，参与省、市旅游委组织的外出推介活动。

【争取资金】2017年，觉华岛旅游度假区抓住“十三五”中期调整期，积极争取上级专项资金。全区共计争取上级专项资金3389万元。其中，申请困难海岛补助资金2365万元，申请沿海经济带基础设施建设资金159万元，申请古营城干线修复资金350万元，申请海防办资金455万元，申请菩提文化节资金60万元。

## 中共觉华岛旅游度假区工作委员会<br>觉华岛旅游度假区管理委员会<br>领导成员

### ·中共觉华岛旅游度假区工作委员会·

工委书记　赵家鹏（兼）
工委副书记　袁国相（2017年6月任职）
　　　　　　奚耀贵（2017年7月任职）
　　　　　　琚荣兴（2017年8月任职）

### ·觉华岛旅游度假区管理委员会·

主　　任　袁国相
专职副主任　奚耀贵
副 主 任　张　飒
　　　　　　琚荣兴（2017年8月离任）
　　　　　　郭永泽（2017年2月任职）
　　　　　　康化忠（2017年9月任职）
　　　　　　韩树文（2017年11月任职）

**综合办公室**
主　任　孔　佳（2017年9月离任）
　　　　罗　军（2017年9月任职）

**经济发展局**
局　长　周　威（2017年6月离任）

**招商局**
局　长　李建华（2017年6月离任）
　　　　李志强（2017年6月任职）

**社会事业局**
局　长　王　猛（2017年1月离任）
　　　　周风雷（2017年6月任职）

**财政局**
局　长　杨兴周

**交通局**
局　长　崔连明

**海洋局**
局　长　杨文汇

**规划建设局**
局　长　王立东
副局长　蒋力伟　刘　峰　张　泽

**旅游服务业局**
局　长　王　超（2017年7月任职）

（张笑）

# 中国人民政治协商会议<br>兴城市委员会

【概况】2017年，政协兴城市委员会召开政协全会1次、常委会议4次，主席办公会议13次。组织开展专题调研、视察活动9次，提交委员提案121件，搜集整理社情民意信息196条。市政协组织编纂《兴城政协三十年》《兴城印象》书籍出版发行。

【调研视察】2017年，市政协就旅游文化产业发展、社会化养老服务工作、海岸带保护工作、乡村生态旅游情况进行专题调研。委员深入基层，掌握翔实第一手资料，查找与外地先进地区的差距和不足，对兴城市相关工作提出有针对性和可操作性的意见、建议。

2017年3月7日，政协领导视察特殊教育学校

【扶贫帮困】2017年，市政协牵头18家单位负责郭家镇6个贫困村的帮扶工作。定期组织18家帮扶单位深入郭家镇村屯了解贫困村情况，及时调整扶贫工作思路，市政协领导班子成员和党员干部分别结对帮扶一个贫困家庭、一个贫困学生。班子成员每月一次深入到结对帮扶对象家中，针对实际情况，制定精准扶贫办法，解决贫困户生产生活中困难。

【换届工作】2017年，市政协党组对政协换届的程序步骤、时间进度等进行分解细化，做到换届工作目标明确、任务具体、责任到位。严格执行中央和省市委关于换届工作的纪律要求，落实中央提出的“九个严禁、九个一律”规定，严格按照政协章程办事，遵循政协委员的推荐提名程序和标准，进行推荐。按照“四必谈”要求，市政协主要领导与班子成员、班子成员与机关中层干部、班子成员与委员小组负责人、小组负责人与各组委员分别进行谈话，落实组织要求，完成换届选举工作。

**2017年政协兴城市第七届委员会历次常委会议**

| 七届常委会议 | 召开日期 | 议　题 |
|---|---|---|
| 第十八次会议 | 2月15日 | 审议通过《兴城市政协常委会2017年工作要点》，通过人事任免事项 |

续表

| | | |
|---|---|---|
| 第十九次会议 | 6月23日 | 审议通过《关于我市养老服务业发展情况调研报告》，审议通过《关于我市旅游文化产业发展情况调研报告》 |
| 第二十次会议 | 10月13日 | 听取市政府关于全市经济运行和城市发展情况的通报，审议通过《关于海岸带保护情况的调研报告》和《关于我市乡村生态旅游发展情况的调研报告》，通过人事任免事项 |
| 第二十一次会议 | 11月23日 | 听取市政府关于委员提案办理情况的通报；听取市委统战部关于市政协八届委员会委员组成情况、常务委员提名人选组成情况的说明，审议通过市政协八届委员会委员名单，审议通过市政协八届委员会常务委员提名名单。审议通过市政协八届一次会议大会主席团、秘书长、主席团常务主席和大会执行主席建议名单，大会议程、日程，大会提案审查委员会提名名单，大会副秘书长名单，选举办法，监计票人名单，七届市政协常委会工作报告、七届市政协常委会提案工作情况报告等相关文件 |

【政协兴城市八届一次会议】2017年12月5日至7日，政协兴城市八届一次会议在兴城人民会堂第四会议室召开。市委、市人大、市政府主要领导参加会议。各乡镇、街道、市直各部门、群团单位、部分驻兴单位不是本届政协委员的主要领导应邀列席会议。会议听取并审议市政协七届委员会常务委员会工作报告；听取并审议市政协七届委员会常务委员会关于提案工作情况的报告；与会委员列席市人大八届一次

2017年12月5日，中国人民政治协商会议兴城市第八届委员会第一次会议

会议，听取并协商政府工作报告和其他报告；听取市政协八届一次会议提案审查情况的报告；审议通过关于七届委员会常务委员会工作报告和关于提案工作报告的决议；选举产生市政协八届委员会主席、副主席、秘书长、常务委员，李肖当选市政协八届委员会主席，王晓章、王华松、郑艳春、王振兴当选副主席，王晓章当选秘书长（兼），于清勇等47人当选常务委员；新当选市政协主席李肖和市委书记赵家鹏讲话。

## 政协兴城市第八届委员会常务委员会组成人员

主　席　崔海明（2017年12月离任）
　　　　李　肖（2017年12月任职）
副主席　王晓章
　　　　吕　伟（女，2017年12月离任）
　　　　王华松　郑艳春（女）
　　　　王振兴（2017年12月任职）
秘书长　王晓章（兼）
常　委　于清勇　弓　箭　王　英（女）
　　　　王华松　王华静（女）　王宏伟
　　　　王学文　王振兴　王铁华
　　　　王晓曼（女）　王晓章
　　　　王晨宇（女）　石宏声
　　　　卢国境　任　磊（女）
　　　　刘彦芳　孙博怡（女）
　　　　纪红茹（女）　李　肖
　　　　李　岚（女）　李　娜（女）
　　　　李健夫　李晓伟（女）
　　　　李爱华　李淑彬（女）
　　　　杨　博　杨丽莉（女）
　　　　吴　健（女）　沈文辉（女）
　　　　沈朝新（女）　张　伟（女）
　　　　张大鹏　张丽娟（女）
　　　　陆丽君（女）　陈志强
　　　　陈晓雪（女）　金宝亮
　　　　郑艳春（女）　单　新
　　　　孟琳琳（女）　曹景阳
　　　　韩仁会　韩建军
　　　　韩雅楠（女）　程东浦
　　　　熊　楠（女）　熊波澎

### ·政协工作机构·

**办公室**

主　任　王振兴（2017年10月离任）
　　　　沈文辉（女，2017年10月任职）
副主任　杜立新

**经济办**

主　任　沈文辉（女，2017年10月离任）
　　　　王振兴（2017年10月任职）
副主任　李永生

**提案办**

主　任　弓　箭

**宣教办**

主　任　单　新
副主任　马恩伟

**委员联络办**

主　任　纪红茹（2017 年 1 月离任）

孟琳琳（女，2017 年 1 月任职）

**学习文史办**

主　任　于清勇

（马恩伟）

## 中国共产党<br>兴城市纪律检查委员会

【**概况**】2017 年，兴城市纪检监察机关围绕贯彻中央“八项规定”精神和纠治“四风”问题，向全市党员领导干部发送廉政短信 15000 余条，举办 607 名科级领导干部廉政知识测试，编发《兴城纪检监察信息》6 期，组织参观兴城市警示教育展馆 2200 余人次。加强纪检监察队伍自身建设，对照《监督执纪工作规则（试行）》，细化分解工作任务 46 项，厘清审批权限 29 项，规范审批用表 25 张，规范工作流程，健全内控监督机制。对纪检干部初核 2 人次、函询 4 人次、提醒谈话 9 人次。

【**监察体制改革试点工作**】2017 年，市纪委抓好改革方案的组织实施和具体落实，完成兴城市监察委员会组建工作。市纪委先后召开相关会议 19 次、解决 7 类具体问题、建立台账 10 本，涉改人员开展谈心谈话 110 余人次。全市划转政法专项编制 19 个，实际转隶 17 人，移交问题线索 21 件。12 月 11 日，兴城市监察委员会正式挂牌成立。监察对象由 5247 人升至 7361 人，同比增加 41%；内设机构达到 13 个，其中纪检监察室 7 个，占机构总数的 53.8%，同比增长 8.3%；一线执纪人员占机关总人数的 56%，同比增长 23.7%。

【**履行管党治党职责**】2017 年，市纪委向市委专题汇报纪检监察工作 28 次，协助市委制定签署全面从严治党责任书 107 份。集中力量优先办理省委第七巡视组巡视移交的 43 件信访件，立结案 13 件，初核了结 28 件，函询了结 1 件，初核 1 件。给予党纪处分 24 人、政纪处分 5 人、组织处理 17 人。对葫芦岛市委巡察办移交的 5 件问题线索进行严肃查处，立案审查 4 件，初核了结 1 件，组织处理 2 人。兴城市委巡察办移交问题线索 7 件，立案审查 5 件，初核了结 1 件，初核 1 件。运用监督执纪“四种形态”处理 448 人次，其中，第一种形态 223 人次，占 50%；第二种形态 184 人次，占 41%；第三种形态 23 人次，占 5%；第四种形态 18 人次，占 4%。开展党员和国家工作人员违法问题线索排查工作，29000 余名党员干部挨个“过筛子”，清理出违法问题线索 233 条，给予党政纪处分和组织处理 153 人。对中央环保督察组在辽宁工作期间受理的信访件进行核查，责任追究 21 人。

【**派驻监督和巡察监督工作**】2017 年，市纪委组建派驻纪检组 7 个，负责综合监督全市 37 个市直部门、事业单位和国有企业。派驻机构发挥“派”的权威和“驻”的优势，对问题早发现、早报告、早处置，做实做细日常监督。参与办案34件，给予党政纪处分36人；自办案件4件，给予党政纪处分7人。成立市委巡察工作领导小组和办公室。抽调16名人员组建巡察队伍，组建巡察人才库69人，深化政治巡察。首轮巡察2个单位和部门，发现各类问题60个，移交问题线索12个，督促被巡察单位制定整改措施32条，建立完善制度45项。

【**纪律审查工作**】2017年，市纪委对公务用车等进行大规模检查5次；对餐饮娱乐场所、单位食堂、办公场所明察暗访，防止"隐形""变种""四风"问题。禁止党员干部违规操办"升学宴""谢师宴"，审查核准12名领导干部个人因私出国；55名副科级以上领导干部报告个人重大事项。全年查处违反中央"八项规定"精神案件6件7人，对其中典型案件曝光3批次5人。全市纪检监察机关全年受理信访举报454件次，同比增长68%；处置问题线索281件，同比增长37.7%；立结案220件，同比增长27.2%；给予党政纪处分225人，同比增长26.4%；谈话函询21人，同比增长61.5%。查处大要案32件，同比增长10.3%。处分乡科级干部16人，同比增长128.6%。移送司法机关5人。

【**扶贫领域监督工作**】2017年，市纪委开展扶贫领域不正之风和腐败问题检查专项行动，对全市28个乡镇街道和3个扶贫监管部门的资金发放、项目落实情况进行监督检查。发现问题线索6件，给予党纪处分6人。开展城乡低保、五保专项核查行动，严肃查处虚报冒领、优亲厚友等行为。全市追缴虚领冒领低保、五保资金14万元，处理相关责任人59名，取消不符合标准的低保、五保户74户。开展"村霸"和宗族恶势力整治，严查"蝇贪""微腐"，查处发生在群众身边的腐败案件50件，处分党员干部50人。

## 中国共产党兴城市纪律检查委员会组成人员

书　　记　王春颖（女）
副 书 记　苏文波　赵殿柱
常务委员　冯　欢（女）王力群
　　　　　齐　兵　赵德付
委　　员　王力群　王永飞　王春颖（女）
　　　　　王维达　冯　欢（女）毕　伟
　　　　　齐　兵　苏文波　李　杰（女）
　　　　　李爱华　杨明宇　杨德军
　　　　　赵志刚　赵殿柱　赵德付

**监察局**

局　长　苏文波
副局长　白　健　佟寿棠

**兴城市监察委员会**

主　任　王春颖（女）
副主任　苏文波　赵殿柱
委　员　冯　欢（女）王力群

（周新雨）

# 群众团体与民主党派

## 兴城市总工会

【概况】2017年，兴城市总工会健全和完善"实名制建会，台账式管理"建会模式，新建非公企业工会1家，事业单位工会2家。全市实名制工会组织631家，涵盖法人单位1196家，总会员数50975人，区域性工会28个，行业工会5个。全年走访慰问困难职工1158户，投入帮扶资金85万元。

【建功立业活动】2017年，市总工会围绕"群众性科技创新"等领域，组织职工开展劳动竞赛建功立业活动。全市创建省级工人先锋号班组5个，市级工人先锋号班组10个。兴城市华润雪花啤酒职工苗德才、旧门乡农民杜连军被评选为2017年辽宁省劳动模范，兴城市泳装行业协会被评选为2017年辽宁省先进集体。

【拓展职业技能领域】2017年，市总工会培育职工创新团队2个、职工（劳模）创新工作室2个。年内，工会将竞赛拓展到职业技能其他领域，举办第二届烹饪大赛，王玉等12名选手分获特金奖、金奖、银奖，评选出兴城名宴、兴城名师、兴城名店。参加葫芦岛市首届"葫芦岛工匠"评选表彰工作，兴城市基层职工组成的兴城市车工代表队、导游代表队、医师代表队在葫芦岛市比赛中取得优异成绩。

【基层民主管理建设】2017年，市总工会完善职代会、厂务公开、集体协商、职工董事职工监事制度"四位一体"的体系化建设。全市机关事业单位170家，建制率100%；国有、集体及国有控股企业18家，建制率100%；大中型非公企业建立职代会制度25家，建制率62.5%；大中型非公企业40家中，建立厂务公开制度16家，建制率40%。全市国有、国有控股及集体企业共有公司制企业2家，工会主席、工会副主席或全部职工进入董事会，建制率100%。

【维护职工基本权益】2017年，市总工会培育基层工会活力建设（3+X）项目典型单位34家，引导基层拓展x内容，促进第三批活力建设工作落实。通过上级工会对2015年、2016年的"3+X"活力建设回头看工作检查验收。全市有703家企业签订集体合同（或工资集体合同），建制率达96%。其中30家泳装行业进行“工资专项集体合同”二级协商，保障职工在经济转型升级时期合法权益。

**兴城市总工会领导成员**

主　席　付　国（2017年11月离任）
副主席　佟德元　殷海涛（2017年4月离任）
　　　　徐大志　王铁华（2017年4月任职）

（刘一壮）

## 共青团兴城市委员会

**【概况】**2017年，共青团兴城市委员会落实团中央十七大精神，推进团的改革创新，开展组织生活会2次、党支部会议13次、党员大会13次、讲党课5次。开展法制教育进校园、青少年网络文明行动、自护教育进校园、共青团与人大代表和政协委员面对面等活动20次。兴城团市委获“2015年至2017年度葫芦岛市文明单位”称号。

**【加强思想引领】**2017年，团市委开展“青春喜迎十九大·不忘初心跟党走”宣传教育活动30场，覆盖青少年5000人；举办学习习近平总书记系列重要讲话精神报告会、座谈会20场次；开展“红领巾相约中国梦”大队会60场次；征集优秀家风、家训故事100篇。打造“工作网+联系网+服务网”三网合一的“网上共青团”，定时向各团组织推送工作动态，作为教育实践活动成果展示、先进典型宣传平台。

**【助力就业创业行动】**2017年，团市委引导和帮助广大青年投身电子商务创业，优化电子商务发展环境，解决电商企业招工难和青年就业难双向问题，搭建良好的青年电商服务平台。全年开展“兴城市青年星火带头人电商创业专项培训班”3期，承办葫芦岛团市委农村青年电商培训2期，累计为600余名电商创业青年搭建学习交流平台。

兴城市青年星火带头人电商创业
专项培训班

**【志愿服务工作】**2017年，团市委组织100余名志愿者在城区交通路口协助交警引导市民文明出行，提升市民对文明城市的知晓度和参与热情；组织100余名青年志愿者为兴城之夏文艺演出进行观众安全引导、文明观演等服务；组织150名志愿者在横渡觉华岛挑战赛活动中提供场地引导、秩序维持、成绩统计方面志愿服务；每月28日定期为群众开展文明行动、便民服务、医疗保健、咨询宣传等便民、利民活动，在兴城海滨景区设立志愿服务岗。

全年，组织志愿服务近百场，服务时间累计超过2万小时，参与志愿者2000余名。

【扶贫助学】2017年，团市委引导社会各界青年投身爱心公益事业，开展爱心助学、扶贫帮困等系列活动。扶贫大会现场结对，对贫困学生进行长期帮扶。争取中国光华科技基金会扶贫物资羽绒服30件、棉服30件、毛毯50件，价值5.3万元，捐助110名贫困学生；争取中国光华科技基金会图书980册，价值2万元，建立图书角2个；争取广发希望慈善资金1.7万元，资助7名贫困学生；争取圆梦大学资金2万元，资助4名贫困大学生。全年，团市委争取各项扶贫物资和资金累计20.76万元，资助学生218人。

【搭建青年交友服务平台】2017年，团市委为单身青年搭建青年交友服务平台。6月24日，在兴城核电兴海湾开展"陌上花开·核你在一起"为主题的青年联谊交友活动，为48位青年男女搭上桥梁。11月12日，在兴城市青少年综合服务平台开展"陌上花开·缘来有你"为主题的单身联谊活动，50名单身男女青年参加活动。

【青少年综合服务平台建设】2017年，团市委青少年综合服务平台15个，其中兴城市青少年综合服务平台和兴城市青少年服务中心分别是团中央和团省委批准建立的省级示范性青少年综合服务平台，为全市各"小区域"青少年提供创业培训、志愿服务、交流娱乐、关爱帮扶等各项服务。团市委依托该服务平台开展活动20余次，其中电商培训7次，读书交流、青年交友等活动共10余次。

**共青团兴城市委员会领导成员**

书　记　马　磊（女）

副书记　张大鹏　王　滢（女，挂职）

（董晶）

## 兴城市妇女联合会

【概况】2017年，兴城市妇女联合会下辖乡镇妇联19个、街道办事处妇联9个、社区妇联29个、村妇代会237个、市直机关妇委会35个、妇女之家297个。年内，市妇联开展兴城市"最美家庭"评选活动，启动兴城市反对家庭暴力巡回宣讲活动。

【"双学双比"活动】2017年，市妇联举办果树栽培、棚菜种植、花生病虫害防治以及养羊等项目的专题培训23场，培训妇女3160人次。结合"科普之冬""送科技下乡""三八维权周"等活动，开展各类科技咨询8次，捐赠科技书籍1000本，接受农民咨询1200余人次，发出资料3000份。兴城市玄宇食用菌种植专业合作社获批辽宁省巾帼科技培训示范基地。

【"巾帼建功"活动】2017年，市妇联对辖区内创业妇女进行统计，建立兴城女性创业者人才库，搭建交流和服务的平台。开展以“巾帼建功十三五·服务振兴当先锋”主题的巾帼文明岗争创活动，激发女性人才活力。在岗位练兵、技能比武和发明创造中，提升综合素质。发动女性中小微企业申报省妇联资金扶助，三道沟中旺中草药种植合作社、诺曼服装有限公司等7家企业申报后，获3万至8万元扶助资金。

【妇联系统改革工作】2017年，市妇联召开基层妇联组织改革推进会，对乡镇妇联组织区域化建设工作和村妇代会改建为村妇联工作进行部署，构建社会化工作模式，形成服务群众的工作合力。6月底，完成乡镇妇联组织区域化建设改革和村妇代会改建为村妇联工作。

【“两癌”免费检查工作】2017年，市妇联实施两癌免费检查项目。由兴城市妇幼保健计划生育服务中心成立初筛服务中心，深入到村、屯进行免费检查，利用微信、微博、报纸、电视等媒体，通过播放“两癌”防治知识光盘，宣传农村妇女“两癌”检查项目相关政策和妇女健康知识，完成宫颈癌检查、乳腺癌检查各1万人次。争取全国、省、市救助资金56万元，救助患病妇女56名。

**兴城市妇女联合会领导成员**

主　席　魏冬娜（女）

副主席　杨丽莉（女，2017年1月任职）

（邓晓旭）

## 兴城市科学技术协会

【概况】2017年，兴城市科学技术协会推进全市科普工作进程，探索科普工作新途径，团结动员广大科技工作者，调动社会各方面的力量，弘扬科学精神，普及科学知识，宣传科学思想，主动开展科普宣传工作。利用信息平台、微信公众平台和网站，加大科普宣传力度。截至年末，发送科普短信20余条，微信信息24条，普及人群3000余人，网站浏览量达到55000人次。年内，根据市委、市政府的相关要求，市科协结合科技周、科技下乡、食品安全宣传周等活动，在全市范围内组织开展读书节系列主题活动，深入推进全民阅读，赠送图书8000余本，科普宣传手袋3000余个。

【科普校园行活动】2017年4月，市科协联合葫芦岛市科技馆，走进兴城市南一小学、沙后所小学、望海小学，相继开展“流动科技馆”进校园、移动天象厅、科普实

2017年4月14日，科普进校园
——沙后所中心小学

验课等活动，活动参与师生共计 2000 人，发放纪念品 500 余份。

【科技创新大赛】2017 年，市科协贯彻落实《全民科学素质行动计划纲要》，推动青少年科普教育深入开展，在“第 32 届辽宁省青少年科技创新大赛”中，兴城市中小学获得金银牌 9 枚。5 月 25 日，兴城市科协、兴城市教育局在高家岭中心小学联合举办“兴城市‘辽宁省第 31 届、32 届青少年科技创新大赛’表彰大会暨高家岭小学科技教育现场会”，对在“第 31 届、32 届辽宁省青少年科技创新大赛”中获奖学生及辅导教师、相关领导进行表奖。

2017 年 5 月 25 日，科技创新大赛表彰会

【科技活动周】2017 年，市科协开展科普进广场、科普进校园、科普进农村、科普进社区、科普进企业活动。5 月 22 日上午，在宁远广场开展“全国科技周”进广场活动。向市民发放科普宣传资料 200 本，科普宣传手袋 300 个。5 月 23 日下午，走进实验小学，向广大师生普及地震、核电知识。开展健康知识讲座进社区活动，5 月 24 日，走进宁远街道铁西社区，为辖内老人作健康知识讲座。同时为辖区内居民发放科普宣传资料 50 本，科普宣传手袋 60 个。5 月 26 日，开展科技进农村，走进三道沟乡，为村民讲授养羊专业知识。全乡 100 余名养羊户参加培训，发放科普资料 100 本，宣传手袋 120 个。5 月 27 日，开展书香进军营，走进武警 8620 部队，赠送书籍 1000 余本。

2017 年 5 月 22 日，科普进广场活动

【“全国科普日”活动】2017 年 9 月 18 日，由葫芦岛市科协、兴城市科协联合主办、中核辽宁核电有限公司承办的 2017 年葫芦岛市“全国科普日”活动启动仪式，在兴城市徐大堡核电站核电展厅举行。葫芦岛市各县（市）区科协工作人员、农技协、纲要成员单位、社区、乡镇干部，兴城市全民科学素质领导小组成员单位主管领导、兴城市海滨学校学生代表共 500 人参加启动仪式。

9 月 19 日，市科协联合葫芦岛市科技馆在兴城市古城小学开展全国科普日“科普实验课进校园”活动。葫芦岛市科技馆

2017年9月18日，徐大堡核电展厅“全国科普日”启动仪式

工作人员为学生上“指纹画”科普实验课。9月20日，在兴海桥社区安居小区举办糖尿病知识讲座。9月21日，围绕精准扶贫战略，在科协定点扶贫村——三道沟乡头道沟村举行养羊知识现场培训活动，并走访饲养户，现场授课。同日，联合兴城市市场监督管理局在渤海职业船舶学院举行《食品安全知识》培训。发放食品安全知识手册500余本，组织学校食堂所有工作人员进行食品安全知识培训。9月23日，为巩固2016年“中国流动科技馆”兴城巡展活动的参观成果，市科协组织在“中国流动科技馆”有奖征文比赛中获奖的师生及获奖学生的家长共50人，到辽宁省科技馆参观体验。

2017年9月23日，组织师生参观省科技馆

【**农业科普活动**】2017年，兴城市全力推进送科技下乡，成功举办“放心农资下乡”“农技知识进农家”“科技三下乡”等大型送科技下乡活动。2月，兴城市邀请省农委12316首席土肥专家姜大光教授，在全市19个乡镇举办花生高产新技术培训班，全市2000余名花生种植户参加培训。4月，在全市范围内开展科普进集市活动，向群众赠送各类科普书籍和宣传小

册子7000余本，科普宣传布袋2000余个。

【农业科技示范样板】2017年年初，市科协在全市开展“大光科技”花生高产新技术培训，10月29日和30日，特聘4位专家，到沙后所、刘台子、曹庄、红崖子等乡镇使用大光公司提供的花生高产栽培配套技术措施的农户地块进行测产、评估，采用花生高产栽培技术配套措施的花生田与对照田比亩产量增加幅度在1.74%到34.4%，平均增产为14.64%；从测百果干重看，试验区均比对照区百果干重增加幅度为3.21%至10.07%，平均百果干重增重7.1%。

【首个“科技工作者日”活动】2017年5月26日是全国第一个“科技工作者日”，兴城市科协根据葫芦岛市科学技术协会、葫芦岛市科技局〔2017〕10号文件《关于开展2017年“全国科技工作者日”活动的通知》的要求，于当日分别到兴城市冶金粉末有限公司、兴城市农业技术推广中心、科技工作者家中走访慰问4名优秀科技工作者，并与科技工作者们共同召开座谈会，征求意见和建议。

2017年5月26日，科技工作者座谈会

**兴城市科学技术协会领导成员**

主　席　李春生

副主席　高桂秋（女）

（李赛）

## 兴城市归国华侨联合会

【概况】2017年，兴城市归国华侨联合会秉承“参政议政、维护侨益、海外联谊、群众工作”工作职责，以《中华人民共和国归侨侨眷权益保护法》为依据，维护广大归侨侨眷合法权益，凝聚侨心、汇聚侨智，发挥侨力。借助全国侨联在各地设立中国华侨国际文化交流基地的契机，将“兴城古城”上报为中国侨联“中国华侨国际文化交流基地”，该基地在葫芦岛地区属首例。

【为侨服务】2017年，市侨联为侨眷办实事解难事，做好侨界群众扶贫帮困、走访慰问工作。全年，接待归侨侨眷来访、帮助解决实际问题12件次。先后6次深入到各乡镇、街道调查了解归侨侨眷的工作生活情况。针对个别侨眷生活条件较差、患有重病等实际情况，对生活有困难的10余名侨眷给予帮扶。省及葫芦岛、兴城两市侨联在春节前夕为全市生活困难侨眷发放帮扶慰问金1万元。

【侨情普查】2017年，市侨联为了准确掌握全市侨情变化情况，充分发挥侨务资源作用，主动关注侨情变化，及时掌握侨情动态。通过下基层调研和“侨之家”到社区普查、手机、电话联系等多种方式在全市开展侨情普查工作。年内，普查到全市归侨侨眷有1650户、5510人，海外侨胞457人，主要居住在美国、英国、日本、加拿大、新加坡、朝鲜、澳大利亚、泰国、法国、韩国、新西兰等国家。

【侨之家】2017年6月，市侨联为方便广大归侨侨眷沟通联系和相互交流，延长工作手臂，在侨界群众较集中的温泉街道建海社区组建设立“侨之家”。购置电脑、图书、办公桌椅等办公用品及设备，为归侨侨眷和全市在海外回国的华侨华人、留学回国人员等搭建沟通联系平台。在“侨之家”相继开展为侨服务进社区的“光明行活动”暨“兴城侨之家携手何氏眼科免费眼疾筛查活动”，为70余名侨界群众及社区居民免费进行眼部检查。10月19日，葫芦岛市侨联召集全市各县区侨联干部到兴召开“葫芦岛（兴城）侨之家现场工作会议”，学习推广设立“侨之家”经验。11月17日，开展“喜庆十九大歌舞演唱会”；在“侨之家”召开“兴城市侨联一届七次全委会议”及迎新春歌舞演唱会等活动。

【侨法宣传】2017年，市侨联把宣传《中华人民共和国归侨侨眷权益保护法》及其《实施办法》等法律法规及有关文件精神作为侨联一项长期工作内容，先后利用电视台、电台、网络等新闻媒体大力开展宣传活动，在全市营造尊侨护侨氛围。

**兴城市归国华侨联合会领导成员**

主　席　吕　英

副主席　赵月春

（赵月春）

## 兴城市工商业联合会

【概况】2017年，兴城市工商业联合会成立兴城滨海经济区商会和小微企业商会，新吸收会员128人。年内，工商联会员总数698人，其中执委70人，机关专职人员5人。建立和完善执委会议、主席办公会议等民主规范的议事决策制度。落实月工作总结安排部署工作机制，建立月工作计划逐条消除制，加强标准管理。

精准扶贫基地

【精准扶贫】2017年，市工商联依托泳装产业优势，本着“切实加快兴城贫困地区精准扶贫精准脱贫进程，促进贫困村与全市一道同步全面建成小康社会”的宗旨，实施精准扶贫。借助兴城市小微企业商会资源优势。年内，工商联引导会员打造碱厂乡、高家岭镇、曹庄镇、羊安乡等8家泳装下乡扶贫企业并建成投产，解决农村剩余劳动力就业500人。全年，8家工厂运营良好，月生产泳装20万套，工人平均月工资3000余元，最高工资突破1万元。

【教育引导】2017年，市工商联按照省、葫芦岛市工商联关于非公有制经济人士理想信念教育活动的部署和要求，结合兴城实际，开展教育实践活动。1月22日，组织70名执委召开以传达中共十八届六中全会精神为重点的非公有制经济人士理想信念教育实践活动。7月14日，举办民营企业家法律与经营专题培训班，全市50余名民营企业家参加培训，引导非公经济人士正确把握形势和机遇，提升自身的政治觉悟、参政议政能力、精神境界和社会责任感。11月14日，组织20余名民营企业家参加市统战系统传达学习中共十九大报告精神会议。

精准扶贫泳装企业

【助推民营经济】2017年，市工商联搭建经济交流平台，助推民营经济健康发展，开展“请进来”“走出去”活动。6月份，组织部分民营企业家赴浙江省杭州市学习考察。考察期间与杭州市桐庐县工商联结为友好商会，订立友好商会合作协议。接待青海省海东市乐都区工商联组团到访。11月份，接待河北省安国市工商联到兴考察中草药种植情况，并签订友好商会合作协议。组织小微企业商会部分会员到葫芦岛小微企业双创园、南票区打渔山新区考察学习。截至年末，通过“以商招商”形式，葫芦岛诗安国际母婴服务有限公司项目正式签约。8月16日至18日，在举办“2017中国（葫芦岛·兴城）国际沙滩·泳装文化博览会暨中国国际泳装展”期间，组织全市泳装、服装界企业家以及邀请商丘商会等多个友好商会友人参加展会。协调签订缝纫机、服装裁剪设备等机器设备采购协议5项，协议金额500余万元。

【服务会员】2017年，市工商联强化服务意识，不断探索为会员服务的新方式、新途径。完善“组团进企”服务方式，组织班子成员、执委和法律维权中心资深律师等组成服务团队，深入企业80余次，进行多元化、精细化、个性化服务，通过多方协商沟通，帮助依璐制衣、子玉服饰、泰来泳装、新奇服装、菊花女饺子、达远商贸、渤海建筑、火力速旋、亚鹰钢构、汤泉度假等40余家企业，解决项目建设用地、施工建设、环保、交通、人才、用工、技术和管理等实际问题。

**兴城市工商业联合会领导成员**

主　席　李秋艳（女）

副主席　石宏声

秘书长　于　帅

（于帅）

## 兴城市残疾人联合会

【**概况**】2017年，兴城市残疾人联合会充分履行“代表、服务、管理”职能，以加强残疾人社会保障和服务体系建设为目标，促进就业与扶贫助残并举，社会保障和康复救助并重，各项活动和宣传教育同抓，残疾人事业保持持续发展势头。年内，按照省、葫芦岛市残联的要求，乡级残联11月初完成换届，市残联于12月28日完成换届，选举产生新一届残联领导机构。全年，接待残疾人来信来访，未发生越级上访。

【**残疾人家庭无障碍工程**】2017年，市残联实施残疾人家庭无障碍改造任务170户。与市财政、审计、检察等有关部门协调配合，经过招投标确定乙方，与市财政局、市审计局、市人民检察院、市监理所共同检查验收。验收单由残联干部、监理、施工方和残疾户四方共同签字。年内，所有享受无障碍工程改造的残疾户正常使用改造后设施。

【**残疾证办理**】2017年，市残联针对“两项补贴”政策，加强与负责评定残疾等级的市医院、二四六医院、康宁医院协作工作，向负责鉴定的医院发送函件，要求严格执行中残联下发的办证标准把好鉴定关，杜绝办理人情证，从源头上禁止擅自提高残疾等级标准等现象发生。注销一批死亡残疾人残疾证。截至年末，全市持有二代残疾证的残疾人8914人。

【**残疾人调查**】2017年，市残联做好残疾人基本服务状况和基本需求数据动态更新工作，建立“双基”调查组织机构，制定实施方案。利用2周时间深入基层开展定点培训调查员工作，全市294名“双基”调查员掌握信息数据动态更新工作流程。年内，兴城市残联代表葫芦岛市接受省残联检查，全部合格。

【**残疾人就业扶持**】2017年，市残联实施残疾人就业扶持工程，严格审核乡镇上报的扶持对象软件材料，抽取部分扶持对象进行上门考察，了解实际情况。年内，扶持残疾人个体就业172人，创业基地6个，发放就业创业扶持资金58.4万元。举办电商淘宝培训班和农村实用技术培训班，培训学员330人。

【**残疾人救助**】2017年，市残联开展“两项补贴”和扶贫救助工作，将残疾人“两项补贴”发放工作作为全面推进残疾人小康进程建设的重要内容，按照“个人申请、乡镇初审、县残联审核、民政局审定”程序，开展审核工作。全市有4400余名残疾人享受补贴待遇。同时，开展产业到户扶贫，向上级争取资金28.2万元，按每户3000元标准，扶持建档立卡贫困残疾户94户。通过政府采购方式向贫困残疾人发放优质种羊，市财政、检察、审计部门全程监督采购发放过程。

**【残疾人康复】**2017年，市残联做好残疾人康复和辅助用具发放工作。出台《兴城市残疾人精准康复服务行动实施方案》，明确各基层卫生机构以及有关医疗机构的具体分工，全面开展家庭医生签约服务，各个街道社区卫生院医生通过全民健康体检、上门服务等方式对辖区残疾人进行调查摸底，掌握残疾人需求信息。全年发放辅助用具573件，超额完成葫芦岛市绩效考核指标任务。

**兴城市残疾人联合会领导成员**

理 事 长　陈维政

副理事长　王　辉

（王丽萍）

## 兴城市红十字会

**【概况】**2017年，兴城市红十字会持续开展救灾、帮困和送温暖活动，充分发挥政府人道事务工作方面的助手作用。通过各新闻媒体宣传红十字精神和新《中华人民共和国红十字会法》，形成立体宣传格局。《中国红十字报》等报刊报道相关信息16篇；辽宁省红十字会网站采集播发7条；葫芦岛市红十字会微信关注11条；《葫芦岛日报·兴城新闻》报道相关信息10条；兴城电视台新闻频道12次报道红十字会。年内，市红十字会在全国红十字青少年知识竞赛中，获中国红十字总会颁发的“最佳组织一等奖”。获辽宁省人力资源和社会保障局、公务员局、省红十字会联合颁发“全省红十字会系统先进集体”称号。在中国红十字总会的报刊宣传工作中获先进集体三等奖。

**【红十字平台】**2017年，市红十字会利用资源，全力搭建红十字特色服务平台。全市有2家红十字冠名医疗机构和1个救援队，组织医院医务人员走进温泉首阳社区、沙后所镇等乡镇村屯、街道社区开展义诊活动，为当地群众送去健康。5月27日，组织红十字北斗应急救援队在元台子乡三合水库水域进行搭建指挥部、住宿帐篷、利用救生艇打捞队员等实际操作，提高红十字北斗应急救援队水上救援能力。发挥全市51个红十字家园阵地作用，利用家园物资资源开展服务活动。注重家园后续建设规范化管理，于6月16日在温泉街道首阳社区召开兴城市红十字家园工作现场经验交流会、家园负责人培训班、志愿者骨干培训班。邀请葫芦岛市红十字会应急救护培训师李伟杰作讲座，现场参观首阳社区红十字家园建设。

水上救援演练

【**青少年红十字活动**】2017年，市红十字会携手教育系统，在全市范围内开展红十字知识竞赛、应急救护培训、逃生避险等红十字青少年活动。5月8日，组织全市中小学17241名学生开展《中华人民共和国红十字会法》暨全国红十字应急救护知识竞赛活动，24个参赛组织获得中国红十字总会颁发的荣誉证书，其中一等奖10个，二等奖11个，三等奖13个。5月12日，全国第九个防灾减灾日，在南一小学举行以“减轻社区灾害风险，提升基层减灾能力”为主题的现场演练和宣传活动，校园内悬挂宣传横幅，张贴宣传海报，增强少年儿童安全防护意识，提高少年儿童应对突发事件能力。11月15日，组织辽宁工程技术大学红十字志愿服务队志愿者到兴城市特教学校看望自闭症孩子们。12月1日第30个“世界艾滋病日”，联合辽宁工程技术大学红星志愿服务组织开展艾滋病防治宣传活动，在兴城电视台宣传艾滋病预防相关知识。

【**人道救助**】2017年，市红十字会积极履职，当好政府人道救助工作的助手。在“博爱送万家”活动中，争取上级红十字会配发的399袋大米、399桶食用油、80个家庭箱、80件棉衣，分别下发给380户生活困难群众和1个敬老院，受益百姓1240人。1月24日，组织30余名红十字志愿者携带大米、豆油、衣物等慰问品看望城区养老院老人，市医院医生和海潮发廊志愿者分别为老人义诊理发，兴城一、二高中的志愿者为老人表演节目。8月9日，在17名符合救助条件的脑瘫患儿中开展“张开隐形翅膀，放飞纯真梦想”主题关爱脑瘫儿童公益活动，每人赠送1部由上级红十字会下发的“小天才”平板电脑。年内，收到社会爱心人士捐款5.8万元。资助40名贫困学生，资助金额9.9万元。截至年末，中国红十字会和省红十字会救助32人，其中9人获得救助基金11万元，17人在省红十字会系统合作的医院做先心病手术，6人申报救助材料上报到省红十字会和中国红十字会总会。

【**“三献”工作**】2017年，市红十字会抓住契机，开展“三救三献”志愿服务主题活动。清明节期间，联合殡仪馆开展鲜花祭祀业务，向各机关发出《致全市广大党员干部的倡议书——器官捐献，生命永续》文件。利用“世界红十字日”“防灾减灾日”等纪念日开展宣传活动。5月8日，在兴隆大家庭门前组织基层红十字会工作人员、红十字家园和各界红十字志愿者参加无偿献血、造血干细胞捐献等活动。发放宣传单、册1000余份，当天实现无偿献血31人，献血量9800毫升。贯彻落实《关于开展2017年全国人体器官捐献志愿登记宣传活动的通知》精神，11月4日，联合辽宁工程技术大学红星志愿服务组织在校区二食堂门口开展“十城百校 美意相传”人体器官捐献宣传活动。全年32人填写器官捐献志愿者登记表。据葫芦岛市血站统计，兴城市全年无偿献血2599人次，献血量926760毫升。

红十字宣传活动

【红十字培训】2017年，市红十字会开展救护培训，增强群众自救互救能力。培养过硬的师资队伍，参加省、葫芦岛市培训5人，成立市医院47人助教专家库；对兴城一、二、三高中新生进行3期培训，3570人取得救护员证。利用国家减灾日、世界急救日在宁远广场、兴隆大家庭、古城街道春和社区开展地震防护、火灾逃生、煤气中毒等自然灾害、意外事件和突发事故等方面的应急救护知识宣传。摆放展板，发放宣传单、宣传册11100余份，推广普及救护知识，培养和提高群众自救互救意识与技能。

兴城市红十字会应急救护暨（救护员）培训班

**兴城市红十字会领导成员**

会　　长　王月娟（女）

常务副会长　纪红茹（女，2017年1月任职）

秘 书 长　田俊仁

（张丽君）

## 兴城市文学艺术界联合会

【概况】2017年，兴城市文学艺术界联合会服务、引领、联络、协调、指导文学艺术13个协（学）会团队，服务兴城经济建设大局。向各级文学艺术家协会推荐会员，培育文学艺术人才，壮大文学艺术队伍。通过“德艺双馨”文学艺术家评选活动，激励文学艺术工作者保持、追求高尚情操，深入生活，创作精品。鼓励、扶持各种形式文学艺术交流创作活动。市文联协（学）会分别为作家协会、曲艺家协会、美术家协会、书法家协会、摄影家协会、音乐家协会、戏剧家协会、舞蹈家协会、历史文化学会、民间艺术家协会、老年书法学会、手风琴学会、1个企业文联（二四六文联）。有兴城市本级会员2970人，其中国家级会员36人，省级会员96人，葫芦岛市级会员512人。

【**文联活动**】2017年，市文联以“贴近实际、贴近生活、贴近群众”开展各类文艺活动，年初配合市委、市政府成功举办春节晚会、元宵晚会。先后举办各类文艺演出、“兴城之夏”广场展演、儿童组歌演唱会、庆“六一”少儿歌舞晚会、少儿书画大奖赛、广场舞等项目培训活动。邀请中国摄影家协会副主席邓维到兴举办摄影讲座、北京艺术天成书画院著名画家王天胜为美术爱好者开展书画义务讲课等10余项文化艺术活动。传承和弘扬新时期文化艺术主旋律，完成文化“三下乡”工作。春节前夕，

2017年6月2日，庆“六一”少儿组歌演唱会

组织书法家协会，为机关干部义务书写春联200多幅，为乡镇老百姓书写春联500余幅。中国摄影报“走进美丽兴城”影友联谊会，邀请中国摄影报总编助理万戈，中国摄影家协会副主席、辽宁摄影家协会主席钱云强到兴为摄影爱好者开办摄影讲座。现场观摩市摄影爱好者作品展，评选出一等奖2名、二等奖3名、三等奖18名。7月14日至15日，“兴城大红门杯”第二届青少年才艺大赛在“大红门”家居建材双子城B座拉开序幕。

【**家庭家教家风教育**】2017年，市文联开展家庭家教家风教育活动，坚持和加强对未成年人的思想道德建设作为思想宣传工作的重点，并开展少儿组歌演唱会等弘扬社会主义核心价值观一系列主题教育活动。定期走访学校和社区，面对青少年主体，组织开展道德法制宣传教育，进一步培养和树立青少年的道德水准和法律理念。参加北方广电辽宁有线——和谐家风评选活动。

【**音乐家协会**】2017年，兴城市音乐家协会全年开展各种文艺演出活动7次。6月2日，2017年“庆六一”践行“社会主义核心价值观”组歌演唱会在人民会堂举行。参加“庆祝建军90周年——人民军队忠于党东三省歌咏大赛”。音乐家协会副主席徐占山在兴城首山山门举办个人专场音乐晚会。8月10日晚，为喜迎中共十九大召开，在宁远广场举办《歌声飘过那些年》

盛夏音乐会。

【舞蹈家协会】2017年，兴城市舞蹈家协会举办全市各广场舞队及舞协的春节联谊会。组织舞协燕子艺术团下农村、到敬老院、进社区进行慰问演出。参加全国体育舞蹈大赛，获得16块金牌。参加葫芦岛市“北方杯”广场舞大赛，获得一等奖。在全国“老少乐”文艺会演大赛，荣获一个特等奖，一个二等奖。开办3次广场舞培训，培训人员500余人，组织各类活动30余场。

【美术家协会】2017年，美术家协会先后开展7项大型美术活动。元旦，在兴城市全民健身中心举办迎新春兴城美术作品展，展出绘画作品111件。兴城市美协会员参加葫芦岛市美协和总工会举办的画展。兴城市少年儿童美术研究学会成立。郝群作品入选辽宁省少数民族画展；其作品《花季》入选辽宁省第三届工笔画作品展。王建国、刘兵双人画展在兴隆大家庭展出。6月3日，兴城市庆“六一”儿童

2017年6月3日，兴城市庆“六一”儿童画展

画展在石间画室展出，收到展品1300余件。

【曲艺家协会】2017年，兴城市曲艺家协会会员周兵与张颖、史春雷、周洋表演的小品《自食其果》参加绥中县“七一”晚会。对口快板《一带一路》参加连山区职工文化节演出。与美玉和辽宁电视台《黑土地》节目主持人记者药匣子、二丫表演的小品《包装》参加葫芦岛农产品包装创意设计大赛。周兵与史春雷表演的相声《从娃娃抓起》，参加辽宁省普通话推广周启动仪式。

【书法家协会】2017年，兴城市书法家协会举办第十一届书法临帖展，评出参展作品131件。《古城书苑》报纸由原来的伴展出版改为季刊出版第一期。年内，首届小学生书法展在宁远书院开幕，收到全市小学生书法作品172件，经评委会评选，评出展出作品70件。“兴城市‘水土保持杯’书法大赛作品展”开幕式在宁远书院举行，展出书法作品43件。书法家协会配合兴城兴隆大家庭开展“兴城旅游文化购物节”，展出描写兴城名胜书法斗方作品15件，有3人获书法赛大奖。

【摄影家协会】2017年，兴城市摄影家协会先后3次组织会员在摄影家协会观摩厅举办白鹭、荷花、霞浦采风照片和兴城各旅游景区景点纪实摄影观摩活动。兴城市摄影家张玉良的摄影采风集《永远在路上》

出版发行。年内，省摄影家协会理事齐福刚到兴举办摄影讲座。辽宁省摄影家协会创作基地落户兴城。5月21日，中国摄影家协会副主席邓维受邀到兴城，为全市100余名摄影爱好者面对面辅导培训。

摄影辅导讲座

【作家协会】2017年，兴城市作家协会先后接待中国作协“纪念建军90周年”采访团一行28人，到兴城解放战斗旧址——魁星楼，听取兴城解放战斗讲解；接待中国文学杂志联盟高峰论坛一行33人参观，其中有《人民文学》《十月》《当代》《北京文学》等文学期刊的主编。作协进入省民政社团电子档案系统，收集录入会员信息。年内，作协先后组织采风、征文、讲座等活动。作协领导分别走进辽宁工程技术大学、辽宁财贸学院、渤海船舶职业学院校园，为大学生文学社的学生们送去最新的文学理念和文学资讯。全年，作协会员在各级刊物上发表小说53篇、散文83篇、诗歌126首、报告文学5篇、文学评论6篇。其中，李铭中篇小说《一个怕水的女人》被《佛山文艺》刊登；范志军中篇小说《你气血和吗》入选《清明》；韩春荣小说《何纯甫》入选《小说月刊》，其短篇小说《苍苔》发表在《山东文学》；郭金龙中篇小说《女儿河》在《海燕》发表；孙春平中篇小说《百岁金莲》、周建新短篇小说《瑞香狼毒》先后入选《北京文学》；李明惠散文《原始也是一种文明》入选《名人名家看绥棱》一书。《辽西风》诗刊出版5期，发表400人次的诗歌近3000首，其中首发后被省内外公开出版的报刊选用的达300多首。截至10月末，市作协会员在省以上报刊发表或转发作品84篇（首）。其中，陈铁栋长篇小说《爱你一万年》《昙花梦》，发表在“网易云阅读”网站。女作家李丹小说《圈里圈外那些事》发表在《章回小说》。陆兴志组诗《野地环的一种冬眠方式》《谁也不能掩盖老墙缝里的往事》《对一株玉米的素描》《风吹河蚌》《老齐的北边》，分别发表在《诗潮》《海燕》《辽宁诗界》秋之卷、《辽宁诗界》冬之卷、《辽海诗典》等刊物。孙嘉平诗歌《春天流淌的诗意》、律诗《七一感赋》、散文《我的君子兰》分别发表在《辽宁职工报》《葫芦岛日报》。魏春雷随笔《春联，光字儿好还不够》《魏春雷诗六首》、散文《兴城文庙》《我的学书往事》《只是喜欢——我的书法之路》，分别发表于《中国书法报》《中华辞赋》《中华书画家》《书法报·硬笔书法》《书法导报》。盖尚铎童谣绘本《我的农场好朋友》（两册）由中国人口出版社出版。

【历史文化学会】2017年，兴城市历史文化学会深入社会开展调研。围绕纪念兴城拦海大坝建设50周年，多次组织会员到拦海大坝进行实地考察，并通过调查走访当事人、查阅档案资料等方式，搜集整理相关文史资料。徐大堡镇“长山霁雪”被列为“兴城八景”之一，学会一行人到长山半岛、正觉寺、碧海滩、金沙湾等处进行考察采风，并对渔港码头、拦海大坝及核电、风电等文史资料进行验证。

【手风琴学会】2017年，兴城市手风琴学会到曹庄镇七里坡敬老院进行迎新年慰问演出活动。参加温泉街道2017年春节联欢会及兴城市委老干部局兴城之夏《喜迎十九大 永远跟党走》专场文艺晚会。

【诗词楹联学会】2017年，兴城市诗词楹联学会会员到围屏乡团瓢村开展采风活动。印刷出版《魁星楼》碱厂梨花节特刊。组织会员参与“声动滨城——2017辽西派原创诗歌听赏会”。

**兴城市文学艺术界联合会领导成员**

主　席　李　丹
副主席　赵　嵩
秘书长　魏　民

（潘丽丽）

## 中国国民党革命委员会葫芦岛市委员会兴城市支部

【概况】2017年，中国国民党革命委员会葫芦岛市委员会兴城市支部按期按步骤完成支部换届选举工作，支部1名党员为人大常委，4名党员及1名联系人为政协常委，7名党员及2名联系人为政协委员。民革兴城支部向民革葫芦岛市委会报送信息17条，向兴城市委统战部报送信息10条。报送民革葫芦岛市委员会纪念“七七事变”80周年征文3篇。

【社会活动】2017年，民革兴城支部企业家党员为郭家镇陈家村6户贫困户送扶贫资金6000元，资助药王乡18名贫困学生每人1000元学习资金，为中心敬老院的老人免费义诊并赠送常用药品，为在第一高级中学参加高考学生及等候家长送水100箱。

**中国国民党革命委员会葫芦岛市委员会兴城市支部领导成员**

主　委　吕　伟（女）
副主委　侯玉环（女，2017年9月30日离任）
　　　　苏登科（2017年9月30日离任）
　　　　卢国境（2017年9月30日任职）
　　　　韩仁会（2017年9月30日任职）
　　　　陈志强（2017年9月30日任职）

（宋健）

## 中国民主同盟兴城市总支部委员会

**【概况】**2017年，中国民主同盟兴城市总支部委员会有葫芦岛市政协委员1名、葫芦岛市人大代表1名；兴城市政协委员7名，其中3人为政协常委。全年召开4次专题会议，传达学习中共十九大、民盟十二大和中央、省市相关会议精神。2名盟员获民盟葫芦岛市委参政议政一等奖，2名盟员获三等奖。

**【服务社会】**2017年1月22日，民盟兴城市总支部到药王乡冯屯村，为获得“最美兴城人”称号的田源同学送去爱心助学资金2000元和米、面、油、衣服等慰问品。6月5日，民盟兴城市总支部走进兴城市特殊教育学校，为孩子们送去学习用品。市医院支部的盟员与特教学校的医务人员结成帮扶对象，提供专业的急救指导。9月3日，民盟兴城市总支部到省级贫困乡碱厂乡为群众免费体检、诊病、答疑，接待就诊咨询群众百余人次。

**【建设“盟员之家”】**2017年，民盟兴城市总支部历经一年时间筹备，在城东街道办事处建设“盟员之家”，宣传盟史盟务，开展学习培训，组织各类活动，为广大盟员履行参政职能、发挥参政作用、展示民盟形象搭建平台。

**中国民主同盟兴城市总支部委员会领导成员**

主　委　王月娟（女）

副主委　郭海英　孟琳琳（女）

（程东浦）

## 中国民主促进会葫芦岛市兴城基层委员会

**【概况】**2017年，中国民主促进会葫芦岛市兴城基层委员会会员19人，平均年龄42岁。会员履职总分187分，位列葫芦岛市委会各工委支部第一名。民进兴城基层委员会被民进中央评为“2017坚持和发展中国特色社会主义学习实践活动先进基层组织”，综合支部被民进辽宁省委评为“2016～2017年度先进基层组织”。

**【开展议政调研】**2017年，民进兴城基层委员会围绕深化供给侧结构性改革、振兴实体经济、推进同城同质等关系深化改革和国计民生的重大问题献务实之策，围绕职业教育改革和发展、教育资源配置等调研课题开展调查研究，围绕首山生态环境保护情况、古城祖氏石坊与祖氏文化传播、精准扶贫工作中农业科技人才现状等事宜进行座谈。会员将各项调研材料分别转化为提案和社情民意信息上报。全年递交社情民意信息35条，其中民进中央采用2条，省政协采用3条，省委办公厅采用2条，省委统战部采用2条，民进省委采用9条，葫芦岛市委采用2条，葫芦岛市政协采用

6条，兴城政协采用21条。

**中国民主促进会葫芦岛市兴城基层委员会领导成员**

主　委　纪红茹（女）

副主委　张　伟（女）　范国志

（纪红茹）

## 中国农工民主党兴城支部委员会

【**概况**】2017年，中国农工民主党兴城支部委员会有党员21人。其中，葫芦岛人大代表1名，葫芦岛市政协委员3名，兴城市人大常委1名，政协委员7名。向市委统战部推荐2名党员为政府科级领导干部后备人选，上报社情民意信息30篇。年内兴城农工党支部获“农工党中央基层组织先进单位”称号。

【**社会服务**】2017年，农工党兴城支部承接农工党葫芦岛市委会扶贫郭家镇张沈村任务，为村民王凤志新建房屋筹资3万元，为胡庆军修缮房屋筹资5000元，联系手拉手爱心团队为2户贫困户各打深水井1眼。医药卫生界党员为药王乡杜屯村、郭家镇张沈村村民进行免费义诊，并赠送价值3000余元药品及价值2000元的理疗仪。

**中国农工民主党兴城支部委员会领导成员**

主　任　李秋艳（女）

副主任　王艳霞（女）　刘彦芳

（任磊）

·小资料·

### 兴城海滨——亲海木栈道

亲海木栈道从三礁揽胜至妈祖庙，沿海边礁石、沙滩修建，全长650延长米。涨潮时，海水可漫及栈道，游人可感受人在水上走、水在脚下流的美妙感觉。游人可沿兴城河入海口大坝徒步来到妈祖庙，从木栈道拾级而上，便可来到兴城海滨景区。亲海木栈道工程是兴城河入海口省级湿地公园建设的一部分，将成为连接兴城海滨景区和兴城河入海口省级湿地公园的纽带。

# 军 事

## 人民武装

【概况】2017 年，兴城市人民武装部把铸牢中国梦、强军梦作为全体人员强化军魂意识的根本，围绕“维护核心，听从指挥”主题教育，适时开展战备形势教育和法纪教育，强化干部职工的党性修养、法纪观念。深化征兵工作调整改革，完成新兵征集任务和役前训练工作。

【军事工作】2017 年，市人武部依据军事训练大纲，按照坚持任务牵引抓训练、围绕制度规范抓训练、夯实训练基础抓训练、结合各类活动抓训练、紧盯安全稳定抓训练的思路和方法，累计训练 22 天，共 122 小时，主要进行军事理论、民兵装备操作与使用、识图用图、战术标图、军事地形学、军用文书拟制等内容的学习与训练。按照“平时服务、急时应急、战时应战”的要求，完成 120 天、800 人次的民兵分队军事训练任务。

【从严治军】2017 年，市人武部坚持每月开展一次法纪教育，采取课堂讲授、组织观看警示教育片和参观教学方式，增强干部和职工法纪意识和安全意识。注重管好“三种人”，即管好个别人、身边人、领导人；管车实行“四限”，即限权派车、限速开车、限人动车、限时用车；管密做到“三个严禁”，即严禁办公室计算机军地混用、严禁存储介质公私混用、严禁心存侥幸涉密混用，确保人武部安全稳定。

【“双拥”共建】2017 年，市人武部多次为三道沟乡汪家村、黄埃子村贫困户和低保户及兴城市古城小学贫困学生送温暖，累计财物 4000 元。8 月，青山水库、刘台子盐锅村遭受洪水隐患，组织民兵应急队伍 200 余人次参加抗洪救灾工作，转移群众 500 人次。

**兴城市人民武装部领导成员**

第一书记　赵家鹏（市委书记 兼）
部　　长　于海峰（2017 年 7 月任职）
政治委员　孟凡华
副 部 长　魏春岩（2017 年 7 月离任）
　　　　　陈　刚（2017 年 12 月任职）

（陈诗宇）

## 人民防空

【概况】2017年，兴城市人防局按照人防机关"准军事化"建设要求和内部管理的需要，先后制定《机关考勤制度》《机关学习制度》《公车管理制度》《四个不直接分管制度》等一系列规章制度，并严格执行到位。办理人防工程结建审批手续44家，做到从工程的选址、图纸的审核到施工全过程的监管与跟踪服务。

【人防知识宣传】2017年，市人防局结合"3·1国际民防日""5·12防灾减灾日""9·18防空警报试鸣"节点，以散发传单，悬挂横幅、展览图片、现场咨询等形式集中宣传人防知识。将人防法律法规和有关文件、资料送呈市领导阅示。对房地产开发商等人防建设任务承担者，有针对性宣传《中华人民共和国人民防空法》的有关内容和具体政策、标准与要求，促使其自觉履行人防建设义务。免费向中学发放人防教材、督促学校配备专职人防教师，组织中学350名学生参加"三防"知识教育并进行考试。

【落实精准扶贫】2017年，市人防局为药王乡冯屯村争取上山引水工程资金160万元，为旧门乡草白村争取移民工程资金30万元，为药王乡金家村购买电视8台，电冰柜1台，为社区困难户送去面粉10袋。出资3000元帮扶望海乡中学结对贫困学生。

【整组人防专业队伍】2017年，市人防局完善抢险抢修、医疗救护、防化防疫、通信、运输、消防、治安等群众防控组织，统一编组，按纲施训。做到每月对全市防空警报器、通信指挥车进行维护保养。9月18日，在全市成功组织防空警报试鸣。所有警报设备完好率达100%，中心城区警音覆盖率达100%。

**兴城市民防局领导成员**

局　长　王光辉

副局长　裴文海　王　峰

（刘敬）

# 法 治

## 政法委及综治

**【概况】**2017年，中共兴城市政法委员会完成全国“两会”和中共十九大等一系列重大节点的安保维稳和信访稳控任务。加强隐蔽战线斗争，捍卫国家安全、军事安全和政治稳定，开展黄赌毒和打黑除恶专项斗争，破获一批大案要案。

**【中共十九大维稳安保】**2017年，市委政法委各部门在中共十九大期间梳理各类矛盾纠纷321件，化解320件，化解率99.7%；排查涉军不稳定群体52人；对38个重点群体、395个重点人，全部落实“四位一体”包保。按照省信访工作联席会议办公室要求，完成“清仓起底”信访积案化解工作，134件信访积案，并案后98件，化解60件，办结、终结、引入法定程序38件，化解率61.2%，办结率100%。兴城市中共十九大维稳安保工作获葫芦岛市集体二等功荣誉。

**【特殊人群服务管理】**2017年，市委政法委把做好重症精神障碍患者救治服务管理作为加强公共安全监管、创建平安兴城工作重要举措。按“属地管理”原则，建立监护人、村（社区）包保责任人、乡镇（街道）包片领导、辖区派出所包片民警联动的“四包一”责任制，确保每个严重精神障碍患者都得到重点监管，从源头上防控肇事肇祸案件发生。全市排查出精神障碍患者1581人。危险性三级以上患者265名，其中三级169人，4级77人，5级19人。全部建立个人档案，并录入国家严重精神障碍信息系统。依据《兴城市实施以奖代补政策落实严重精神障碍患者监护责任暂行办法》，区分等级实施奖补。危险性三级精神障碍患者年奖补600元，危险性四级精神障碍患者年奖补1200元，危险性五级精神障碍患者年奖补2400元。

**【化解各类社会矛盾】**2017年，市委政法委完善司法调解、行政调解、人民调解联动工作体系，搭建市、乡、村三级矛调网格。成功调解各类矛盾纠纷1071件，调解和撤诉结案605件。受理群众来信来访368批2505人次，受理率100%，95%以上的信访事项得到彻底解决。

**【“平安兴城”创建活动】**2017年，市委政法委按照网格化建设“一村一格”要求，完成对市、乡、村三级网格建设，建立平安志愿者队伍2200人。加强驻在单位的综治工作，将综治触角延伸到全市各行业各领域，推动形成综治工作全社会齐抓共管局面。先后在辽宁省核工业总医院、中核辽宁核电有限公司设立综治办公室。

**中共兴城市委政法委员会领导成员**

书　记　佟佰钟
副书记　万国春　冯　刚
　　　　赵友谊（兼）　明志旭

**兴城市社会管理综合治理委员会办公室**

主　任　赵友谊
副主任　曹旭东

**兴城市维护社会稳定工作领导小组办公室**

主　任　陈志成
副主任　张世文

**兴城市国家安全工作办公室**

主　任　明志旭

（张树栋）

## 公　安

【**概况**】2017年，兴城市公安局保持严打高压态势，集中开展一系列专项打击行动。全市共发刑事案件953起，破案679起；抓获历年逃犯9人、省督捕逃犯2人、当年逃犯37人；刑事拘留393人，治安拘留914人，取保候审228人。

【**社会治安防控体系建设**】2017年，市公安局出动24小时专业化武装巡逻警力990人次，车辆265台次，接处警220余次，处置各类突发事件50余起；出动城区专业化巡逻警力（城区派出所、交警、巡特警、机关各部门和警种）8374余人次，车辆2730余台次，服务群众200余次。出动夜间巡逻警力2890余人次，出动巡逻车辆800余辆次，救助群众150余次，消除各类安全隐患60余起，获赠锦旗8面，收到感谢信15封。

【**治安管理**】2017年，市公安局加大对8名涉枪重点人员、5名涉爆重点人员管控措施，严密监控重点人员动态。检查涉危涉爆单位150余次，发现安全隐患5起，全部整改。收缴雷管607枚，塑料导爆管10500米，管制刀具43把，弩9把、各类枪支17支，历史遗留迫击炮炮弹4枚。收缴剧毒类药品18.25公斤，一般化学药品11.4公斤。军用子弹216发，铅弹及弹珠弹3428发。检查宾馆6430家次，洗浴、足疗275家次，歌舞等娱乐场所695家次，发现隐患236处，整改隐患236处，罚款41300元，停业整顿32家。

【**交通管理**】2017年，市公安局严厉查处严重交通违法行为，投入警力26790人次，警车8965台次。查处各类交通违法行为25026起，其中重点违法438起。全年醉酒驾驶32起，与上年同期相比上升7%；饮酒驾驶131起，与上年同期相比上升29%；涉牌涉证276起，与上年同期相比上升13%；无证驾驶99起，与上年同期相比上升102%。暂扣驾驶证59本，与上年同期相比减少5%；吊销驾驶证57本，与上年同期相比上升148%。发生道路交通事故812起，与上年同期相比上升26.88%；死亡40人，与上年同期相比上升21.21%；受伤674人，与上年同期相比上升28.63%；直接经济损失6.4万元，与上年同期相比上升42.54%。

【消防管理】2017年，市公安局救火431起，抢险救援76起，社会救助45起，抢救、疏散群众54人，火灾伤亡人数为零。共检查单位24882家，督促整改火灾隐患或违法行为5274项，下发责令改正通知书1675份，下发行政处罚决定书119份，罚款单位80家，行政拘留58人，警告22人，责令“三停”23家，罚款27.54万元，下发临时查封决定书57份。

【边防管理】2017年，市公安局累计开展渔民、船民组织教育活动32次，走访渔船民5000余人，发放宣传单3800份、悬挂宣传条幅23个。出动警力3880人次，排查各类场所1200余家，检查出租房屋560个，清查暂住人口700余人，实现“三非”外国人、越捕、走私案事件的零发生。

【校园安全管理】2017年，市公安局采取由巡特警大队及派出所民警定责分包16所城区学校和幼儿园、返聘13名退休民警（中小学、幼儿园9名，大学4名）驻校警务室、巡特警分段巡逻守护、交警设岗疏导交通的工作模式，合力开展校园安全勤务工作。在学生上下学高峰时段派出20名民警和辅警，到学校门口和周边道路站岗和巡逻管理，指挥和监督检查接送学生校车和其他车辆按点停放，有序通行。巡特警大队加强校园周边巡逻防控，保证校园门前“白天见警察，晚上见警灯”。

**兴城市公安局领导成员**

局　　长　张月林
政　　委　包中州
副 局 长　赵志刚
纪检书记　赵志成
副 局 长　安　宝　李洪刚
　　　　　张　伟　李一强

（郭忠华）

## 检　察

【概况】2017年，兴城市人民检察院稳步推进司法体制改革，通过人员分类管理、职能配置、检察权运行方式等方面的完善和创新，在人员调配上体现由散变聚，司改试点工作取得阶段性成果，共遴选员额检察官26名，占38%。实行检察官和检察官办案组两种办案形式，建立权力清单制度，完善司法办案责任制。

2017 年 4 月 4 月，首批员额检察官宣誓

【刑事案件查处】2017 年，市人民检察院依法批准逮捕各类犯罪案件 159 件 192 人，提起公诉 386 件 428 人。批捕环节办理刑事和解 21 件 25 人，起诉环节办理刑事和解 15 件 15 人。全年检察长接待日共受理控告申诉案件 28 件，其中举报案件 12 件，控告案件 6 件，申诉 4 件，刑事赔偿案件 6 件。

【查办职务犯罪】2017 年，市人民检察院严肃查办职务犯罪，受理案件线索 9 件 12 人，初查 9 件 12 人，立案 6 件 6 人，其中涉嫌贪污犯罪 5 件 5 人，均为家电下乡补贴资金领域贪污犯罪，涉嫌行贿犯罪 1 件 1 人。反渎职侵权局受理线索 5 件，立案 1 件 1 人。

【促进司法公正】2017 年，市人民检察院加大对诉讼活动的法律监督力度，依法纠正执法不严、司法不公等突出问题，维护法律权威。市检察院提前介入侦查机关侦查活动 11 次，确保侦查程序合法性，收集证据客观、全面，提起抗诉案件 8 件。强化刑罚执行和监管活动监督，对监管安全、刑罚执行等各项工作纠正违法 10 次，办理羁押必要性审查案件 4 件，发出检察建议书 5 份，其中 4 份得到办案部门采纳。民事执行部门全年接待群众来访 3 件，办理民事执行监督案件 5 件，办理上级院交办案件 2 件。

【开展专项行动】2017 年，市人民检察院以开展“三大专项行动”为载体，全面提升各项检察工作。开展优化营商环境专项行动，制定优化营商环境实施方案，完善行贿犯罪档案查询制度，建立健全工程建设领域腐败预防监督机制。建立检企共建，坚持预防职务犯罪警示教育、授课制度，先后为城建系统、市场监督管理局、供电公司等单位进行授课。开展矛盾纠纷排查化解专项行动，把化解矛盾纠纷贯穿于司法办案全过程，指派青年干警定期轮流到信访大厅接访，指定专人优先办理检察机关管辖案件，随时通报办案进度，及时化解社会矛盾。开展“忠诚、干净、担当”专项行动情况，“两学一做”教育活动常态化，夯实严格执法、公正司法的思想基础，狠抓自身纪律作风和反腐倡廉建设。

**兴城市人民检察院领导成员**

检 察 长　叶　蓬

副检察长　李　杰（女）　闻志刚

　　　　　黄　勇　毕姗姗（女）

纪检组组长　王　哲（2017年3月离任）

　　　　　王　琰（2017年4月任职）

（刘欢）

## 法　院

【概况】2017年，兴城市人民法院结合内设机构改革，进行中层正副职干部平行调整，全院内设机构18个，其中综合部门5个，审判业务部门13个。有法官和其他工作人员114人。在改革过程中，完善审判管理机制，对立案、审判、执行等审判流程进行统一有效的监督管理，规范审判权的独立行使。全年共受理各类案件7763件，结案6149件，息诉服判率为93.1%。

【审判工作】2017年，市人民法院受理刑事案件437件，审结398件，判处被告人407人。依法审结“两抢一盗”、毒品犯罪、食品药品安全犯罪等案件70件；全年审结各类民商事案件3249件，审限内结案率94.5%。妥善审理涉众型农村土地承包经营权流转、征收补偿等案件52件。审理相邻关系、损害赔偿等案件343件。对金融、房地产等商事案件集中审判，审结案件433件。调解、撤诉结案1482件，调撤率45.6%；全年受理行政案件84件，审结78件，落实行政机关负责人出庭制度，尝试个案当庭宣判。加大非诉案件执行工作，审查非诉案件87件。

【执行工作】2017年，市人民法院共受理各类执行案件2985件(含旧存1144件)，执结2134件，标的3.2亿余元。年内，市法院调整执行机构，推进执行工作警务化，加大执行强制力和威慑力，严格执行款物管理，高家岭农贸市场等一批重大案件执结，一批涉众型案件得以解决。5月至9月，开展“执行百日攻坚会战”活动，会战期间，拘留185人，曝光156人。执结案件1053件，执结标的8500余万元。

【司法改革】2017年，市人民法院探索建立以员额法官为核心的审判团队实施一周年，法官人均办案153件，较以往平均提高36.7%。加强法官助理、书记员等审判辅助队伍建设，落实法官单独职务序列和配套工资制度。实现审判执行工作全流程监督。健全繁简分流机制，简易程序适用率达74.6%。改革审判委员会工作机制，调整内设机构，完成审判业务和综合行政部门职能分离。撤销派出法庭，节约诉讼成本。

**兴城市人民法院领导成员**

院　　长　　赵志刚
副 院 长　　汪希林　杨明宇
纪检组组长　毕晓秋（女）

（张彬）

## 司法行政

【**概况**】2017年，兴城市司法局做好人民调解、法律宣传、社区矫正、法律服务和党风廉政建设工作，完成全市乡镇（街道）、村（社区）公共法律服务平台“一站通”建设工作，在全市实现公共法律服务全覆盖全共享。全市获葫芦岛市级以上集体、个人荣誉共17项。其中，温泉街道调委会被司法部授予“全国模范人民调解委员会”称号，兴城市司法局被省司法厅评为“2016～2017年辽宁省人民调解先进集体”。

【**法治宣传教育**】2017年，市司法局全面启动“七五”普法工作，先后组织开展“3·8妇女维权普法”“推进政务公开、优化营商环境”“法律援助条例颁布14周年”等法治宣传主题活动，累计向群众免费发放法治宣传册4000余本、各类宣传资料7000余份，受教育群众达1.5万余人，在全社会营造人人尊法、人人知法、人人守法氛围。

【**人民调解工作**】2017年，市司法局以开展“大排查、大调处”和“社会矛盾纠纷排查化解”专项行动为载体，组织全面排查化解社会矛盾纠纷，全市28家司法所围绕乡镇、街道中心工作，建立矛盾纠纷风险评估机制，制定各类群体性、突发性事件处置工作预案，变被动调解为主动化解，变事后调处为事前预防。全年调解矛盾纠纷1115件，成功调解纠纷1099件，调解成功率98%。排查矛盾纠纷372件，预防矛盾纠纷257件。

【**社区矫正**】2017年，市司法局发挥GPS手机定位平台的监管职能，对新入矫的社区服刑人员分级开展个别教育和心理疏导。下发《关于做好十九大期间社区服刑人员和刑满释放人员安全稳定工作的通知》，对全市28家司法所逐一进行检查督导，确保中共十九大期间全市社会安全稳定。全年接收社区服刑人员1734人，解除1380人，正在矫正354人，其中判处被管制1人，宣告缓刑351人，裁定假释1人，暂予监外执行1人。给予警告238

司法局政务公开日法律宣传活动

人次，由兴城市人民法院裁定收监执行6人，由葫芦岛市中级人民法院裁定收监执行3人。全年接收刑满释放人员324人，其中社区矫正转入230人，由司法所从监所接回75人，自返19人。

【法律服务管理】2017年，市司法局公证大厅办理案件5814件，其中民事案件716件，涉外案件289件，经济案件4809件。接待来电来访咨询494人次，办理法律援助案件268件，非诉讼案件90件。

**兴城市司法局领导成员**

局　长　丁桂清（女）

副局长　苏玉国　张雪松

　　　　刘富强（2017年11月任职）

（杨晓伟）

# 旅 游

## 旅游开发

【概况】2017年，兴城市旅游业深入实施“六个一”工程，编制全域旅游规划，修编海滨风景名胜区规划，实施首山、古城亮化工程，红海滩生态观光廊道、民俗博物馆正式对外开放，高家岭汤上温泉水乐园投入运营，富都·欢乐龙湾、丽汤·加勒比海盗项目加快建设。举办觉华岛菩提文化节。全年接待国内外游客800万人次，旅游总收入实现43.9亿元。

【旅游重点项目】2017年，市旅游局开展重点项目建设推进服务工作。红海滩生态廊道工程完成；丽汤首山温泉旅游度假区项目完成项目主体建设；兴城汤上温泉小镇项目中温泉水上乐园完工；四家博物馆开始布展；徐大堡镇方安村农家乐片区启动下水管网改造工程；扶持发展董宁满绣。

【旅游宣传促销】2017年，市旅游局为宣传兴城丰富的旅游资源，全面展示城市形象，于4月9日至12日，组织兴城市涉旅企业到京津冀地区进行宣传促销。进一步拓展兴城市旅游客源市场，打造明清古城、温泉之城、滨海之城、宜居之城。同时，在北京市地铁、北京市公交车投放兴城旅游宣传片。开通兴城旅游微信公众平台。完成沈局管内2组（D11北京—沈阳北/D12沈阳北—北京）动车冠名（兴城号）招标。

辽宁省兴城市旅游推介会

【乡村旅游】2017年，市旅游局加快乡村旅游开发工作，实施旅游扶贫工程。以乡村旅游为平台，以标准化建设为抓手，坚持乡村旅游与旅游项目开发相结合、乡村旅游与精准扶贫相结合，积极引导和市场推动，提高全市乡村旅游组织化程度和特色化、品牌化水平，提高旅游扶贫的精准度和有效性。通过旅游项目建设，加快乡村旅游产品的品质提升。年内，全市有16个乡镇启动乡村旅游项目45个。

## 旅游服务

【概况】2017年，兴城市旅游局以推动全市旅游业健康发展、提升旅游服务质量、扩大兴城知名度和美誉度为目标，进一步整顿、规范旅游市场，维护旅游市场正常秩序，规范涉旅企业经营管理。年内，对旅行社和星级宾馆进行不定期旅游安全检查，落实旅游安全工作，发现问题及时整改。全年，加大旅游市场稽查力度，接到投诉29起，投诉结案率100%，群众满意率100%，上三级投诉率为零。

【旅游监管】2017年，市旅游局配合葫芦岛市旅游委，联合公安、消防、卫生等相关部门到徐大堡镇、刘台子乡及全市涉旅服务行业开展联合安全大检查。召开旅行社规范经营暨旅游安全生产会议，与涉旅企业签订管理目标责任书，并对安全生产工作提出明确要求。与旅行社签订进景区安全防火责任书和诚信经营承诺书。4月20日，在海得隆酒店举办旅游从业人员安全培训班，全市导游员、旅行社经理和星级酒店经理参加培训。“五一”假期和“十一”黄金周，该局联合工商、公安、市场监督管理、消防等有关部门，对各景区景点、星级酒店、旅行社等涉旅企业进行安全生产大检查。

【景区管理】2017年，市旅游局对全市A级景区开展检查督导，查摆问题，推动景区开展整改工作。不断完善全市A级景区服务设施，优化整体环境，规范经营管理，提升服务水平，5月10至20日对全市旅游景区进行检查。对景区存在的问题逐一查摆，督促整改。同时，开展景区景点创建和晋升工作。启动兴城滨海旅游度假区申创国家级旅游度假区创建工作。张作霖温泉别墅景区、徐大堡金沙湾景区晋升为国家AAA级景区。

【旅游厕所建设】2017年，市旅游局继续推动全市“旅游厕所革命”工作，完成厕所申报计划。配合国家旅游局提出的“厕所革命”计划，加大景区景点、交通沿线、农家乐片区、重点项目区厕所建设工作力度。全年，全市建设旅游厕所39处，投资超过1000万元。

【旅游营商环境建设】2017年，市旅游局利用5月15日政务公开日，发放优化营商环境宣传单，对营商环境政策措施进行宣传，解答询问者提出的相关问题。开展第一届优化营商环境建设宣传活动周动员活动。各旅游企业通过LED屏幕播放“打造良好营商环境，诚信经营、文明旅游”标语。通过手机终端等渠道公开兴城营商环境问题投诉渠道和受理流程。5月17日，在中国兴城旅游微信公众平台，公布《兴城市旅游局第一届优化营商环境宣传周活动实施方案》、优化营商环境建设宣传单及旅游投诉电话和受理流程。

**兴城市旅游局领导成员**

局　长　王维达

副局长　范越博　张晓克　邢宝臣

　　　　周大伟（挂职）

（张虹）

## 风景区管理

【概况】2017年，兴城市风景区管理局以党建工作为抓手，以安全生产为重点，以景区规范管理为着力点，以建设平安景区为落脚点开展工作。着力治理硬环境，提升软环境，提高管理服务水平。全年，景区接待游客量117.1万人次。

【软环境建设】2017年，市风景区管理局以党建工作为抓手，坚持推进全面从严治党，努力提高党员的政治素质，充分发挥党员先锋模范作用，营造风清气正政治氛围。坚持依法治国理念，加强职工法治建设教育培训工作，努力提高职工业务素质，充分发挥综合执法大队职能作用，进行景区环境综合整治，为游客提供一个宜居、宜游、宜购的旅游环境。

【硬环境建设】2017年，市风景区管理局完善景区基础设施，提升景区旅游环境品位。开展游客中心改扩建工程，完善内部功能，建成面积288平方米的游客服务中心。对旅游厕所进行改扩建工程建设，在对原有的公厕进行维修改造基础上，租用景区宾馆厕所。制作景区导览图、游客安全须知标牌15个。对三礁揽胜、四道沟至龙回头景区木栈道进行油漆粉刷，实施龙回头景区亮化工程。

【景区安全】2017年，市风景区管理局在旅游旺季严格执行涉旅行业备案督查制度。狠抓消防安全，时刻排查隐患，重点是用电用气，避免火灾发生。冬季护林防火工作始终不懈怠、不松扣。增加巡查和排查频次，确保林区安全。开展系列平安创建活动，制定平安创建三年规划。扎实开展“平安建设宣传月”“综治宣传月”等活动。在景区内集中宣传国家安全、消防安全、生产安全、食品卫生安全等与群众自身利益相关的法律法规。严厉打击邪教组织活动。做好重要时间节点的安全综治工作，确保景区平安。

**兴城市风景区管理局领导成员**

局　长　陈晓东

副局长　吕　佳　李占东

（陈德刚）

# 经济管理与监督

## 发展和改革

【概况】2017 年，兴城市发展和改革局全力推进创业兴城、宜居兴城、文化兴城、活力兴城、幸福兴城建设，编制完成重大政策实施方案（意见）10 余项，专项工作实施方案(意见)4 项。总投资 545.4 亿元，实施亿元以上重点项目 34 个。其中续建项目 15 个，总投资 447 亿元；新建项目 19 个，总投资 98.4 亿元。核准招标事项 14 个，招标公告审查项目 83 个。全市 GDP 总量实现 112.7 亿元，同比增长 4.8%。

学习习近平总书记中共十九大报告精神

【资金争取】2017 年，市发改局包装项目 21 个，申请资金 82150 万元。其中，申请中央预算内投资项目 7 个，申请金额 7912 万元。主要包括污水处理厂提标改造工程，新增千亿斤粮食产能规划田间工程建设项目，葫芦岛市兴城市妇幼保健院业务综合楼建设项目，葫芦岛市兴城市职业教育中心实训基地建设项目以及卫计局 6 家乡镇卫生院等。申请专项建设资金及银行贷款项目 14 个，申请金额 74238 万元。主要包括高速铁路兴城西站配套公路工程，纪家村、城北社区、城南社区及南辛庄村城中村棚户区改造项目等。

【项目审批】2017 年，市发改局权限内审批项目 144 个，总投资 302.63 亿元。其中，审批类项目 41 个，总投资 42.55 亿元，包括投资 4.16 亿元的高速铁路兴城西站配套公路工程项目、投资 1.5 亿元的兴城古城东门外生态停车场二期工程项目以及 2 个棚户区改造项目。备案项目 103 个，总投资 260.08 亿元，主要包括投资 100 亿元的瑞本医养结合养老基地项目、投资 6 亿元的首山湖温泉生态旅游度假村项目等。

【重点项目推进】2017 年，市发改局为抢抓项目建设黄金期，启动重点项目集中“复工周”“开工月”活动，推进重点项目开工和复工。协调相关部门，全力推进重点项目建设。掌握项目进度，调查了解项目建设过程中的问题与困难，沟通协调解决。年内，续建项目全部复工，新开工项目全面开工。

**【管道企业整治】**2017年，市发改局加强对管道企业监管，督促油气管道企业内部自纠自查、监督检查，开展常态化管理。加大对全市输油气管道隐患排查，重点检查铁秦原油管道穿越地段，对管道穿越河流进行安全隐患大检查、大排查，特别是距离管道两侧不足安全距离存在安全隐患的乱挖砂河采砂现象，进行严加整治。

**兴城市发展和改革局领导成员**

局　长　张晓坤

副局长　李向荣　许佳成　宋　英（女）

（哈光峪）

## 统　计

**【概况】**2017年，兴城市统计局围绕全市总体发展目标、任务和要求，加大对宏观经济运行分析研究力度；采用《统计分析》《统计公报》《统计手册》《统计年鉴》等各种方式为市委、市政府准确把握经济发展和社会进步基本情况，提供可靠基础资料。撰写统计分析30篇、信息35篇，其中《葫芦岛日报·兴城新闻》发表9篇，中国兴城政府网站采用14篇，中国葫芦岛网站采用29篇。

**【企业“升规入统”】**2017年，全市“四上”企业累计审批通过41家，通过率100%。其中，工业企业新增9家，批零住餐企业新增8家，固定资产投资新增15家，建筑业新增4家，房地产企业新增3家，服务业企业新增2家。

**【农业普查】**2017年，市统计局组织全市普查员、普查指导员2100多名，历时20天深入农户及农业生产单位正式入户登记。摸底登记农户10.36万户、规模户717户、农业经营单位967家、237个村和28个乡镇街道。精心实施农业普查报表的录入、审核、改错、验收等相关工作。完成乡镇数据质量抽查，确保农业普查数据真实可靠。

**【统计宣传培训】**2017年，市统计局加大统计法律法规宣传，利用媒体提升宣传力度。在轻工市场门前举行集中宣传活动，向群众解读《中华人民共和国统计法实施条例》内容、意义，并发放宣传单1000余张。举办统计法律知识培训班，有28家乡镇街道及各“四上企业”统计助理、统计员，参与联网直报单位的统计人员计200余人。对《中华人民共和国统计法》及新颁布实施的《中华人民共和国统计法实施条例》重点宣传和讲解，并印制《中华人民共和国统计法》《中华人民共和国统计法实施条例》书籍600余册。

【统计数据专项整治】2017年，市统计局开展统计数据弄虚作假问题专项整治，严守统计职业操守，维护统计法律法规，坚守联网直报“四条红线”，确保统计工作独立性及统计数据真实性、准确性。加强统计执法检查，查处在统计数据上弄虚作假行为。对各乡镇、园区自查情况进行抽查，发现问题依法处理，将弄虚作假行为消除在源头数据上。全年对18家企业进行统计基础工作执法检查，立案6起，结案6件。

**兴城市统计局领导成员**

局　　长　韩铁征

副 局 长　马　永　肖兴海

总统计师　张　茵（女，2017年11月离任）

（赵娣）

## 招　商

【概况】2017年，兴城市招商局创新招商引资方式，提高招商引资效率，全市引进内资签约项目18个,到位资金33.71亿元。其中,工业项目4个,到位资金27.96亿元；商业地产项目2个，到位资金1.17亿元。6个投资项目过亿元。引进外资75万美元。

【拓展招商】2017年，市招商局多次参加“走出去”“请进来”招商引资活动，分别到长三角的苏州、上海、杭州及周边地区，珠三角的深圳、广州等地及京津冀地区开展招商活动。“走出去”招商42次，“请进来”招商54次。招商引资辽宁百万生猪绿色循环养殖项目落地，项目投资17亿元人民币，地点在兴城市沙后所镇、围屏乡、郭家镇、南大乡、白塔乡，在兴城设立屠宰场、饲料厂，猪肉供应京津冀地区。与北京天润新能投资有限公司签订风电站协议，项目投资15亿元人民币，建设规模20万千瓦风力发电站。

【招商引资举措】2017年，市招商局围绕“京津冀协同发展”“一带一路”战略，大胆走出去、请进来，以情招商、以诚感商、以商引商。参加葫芦岛市举办的招商引资相关知识培训班。多次外出考察先进地区先进招商经验，开阔视野，增加知识储备，提高自身素质，促进工作开展。关注经济发展动向，利用各种媒介了解掌握经济动态，为招商工作提供理论支持。

**兴城市招商局领导成员**

局　长　郜永刚

副局长　潘国良

　　　　刘君一（女，2017年1月任职）

（鲁雨欣）

## 物　价

【概况】2017年，兴城市物价局围绕“稳价格、惠民生、促增长、保和谐”工作理念，履行价格管理职能，加强市场监督检查，着力规范市场价格秩序，努力做好为民价格服务，有效化解社会价格矛盾，全力维护价格水平稳定。

【市场监测调控】2017年，市物价局节假日前夕到市场进行调研，加强市场价格风险预警，开展市场主要农副产品价格采集。关注市场价格，重点涉及居民消费必需品的菜、肉、蛋、米、面、油、禽、鱼等8类、35个品种，每周2次采集价格，按时准确上报农副产品价格监测表。年内，上报价格监测数据96次。提高产品监测频次，及时掌握价格动态，为政府决策有效、科学监测价格提供可靠基础数据。

【完善价费秩序】2017年，市物价局做到“目录之外无定价”，撤销停车场收费标准文件1个。制定兴城市张作霖别墅景区门票价格，保证该景区在旺季前开放经营。调整全市出租车运价，完善出租车运价形式，满足出租车业者调价需求，实现出租车运价与葫芦岛市城区对接。完善涉企收费目录清单集中公示制度，清理规范涉企经营服务性收费。

【价格管理】2017年，市物价局规范景区、交通、餐饮等窗口价格秩序，打击各种扰乱市场价格秩序行为。重点对园林景区门票、停车场，古城景区门票、东门外城外停车场，公路长途客运，水调歌头、富都餐饮等服务及收费监督检查。查处公路运输借节假日临时调价、乱涨价行为。

【价格举报】2017年，市物价局本着“群众利益无小事”原则，想群众之所想，急群众之所急，对群众举报属实案件坚决依法查处。对群众价格投诉做到件件有登记，事事有结果。年内，受理价格举报案件79起。其中，全国“12358”价格监管举报平台45起（投诉33起、咨询12起），省政府民心网24起，葫芦岛“12345”热线22起。参与评星29件案件全部获得五颗星。回复办结率100%，群众满意率100%。

**兴城市物价局领导成员**

局　长　邓育先

副局长　于立群　寇文会　王长军

（靳雯越）

## 市场监督

【概况】2017年，兴城市市场监督管理局开展营商环境建设、“两学一做”学习教育活动，守住食品、药品、特种设备、农资四大“安全”底线，市场监管各项工作取得效果。年末，该局在葫芦岛市质量技术监督系统考核中被评为“目标绩效考核先进单位”“品牌建设工作优秀单位”，企业注册分局被葫芦岛市精神文明建设指导委员会评为2017年葫芦岛市“文明优质服务示范窗口”；张展被国家工商总局授予“全国工商、市场监管部门企业登记工作成绩突出窗口工作人员”。全年，全局在葫芦岛市级媒体、上级局网站、中国·兴城网站刊发工作信息130余篇。

【登记制度改革】2017年，市市场监管局以优化营商环境、服务方便企业作为注册登记工作出发点和落脚点，10月1日始，在全市先后推进“二十六证合一、一照一码”“企业登记全程电子化”两项登记便利化改革措施落地实施，提高办事效率，为企业节约办事成本。年内，办理“二十六证合一、一照一码”营业执照3473户、电子化营业执照2户。全市新增各类市场主体6892户，其中个体工商户5133户，各类企业1596户，农民专业合作社163户，同比增长9.9%。继续推进个体户转型升级，办理“个转企”179户。参加年报企业4451户，年报率93.82%；个体户22904户，年报率81.83%；农民专业合作社708户，年报率86.97%。全年移出经营异常业户898户。省局检查抽查企业48户，公示列入经营异常状态企业3户。公示涉企信息178750条，其中行政许可信息156387条，行政处罚信息203条，黑名单信息971条，实现信息归集全覆盖，信息归集总数居葫芦岛地区第二位。

【助企发展】2017年，市市场监管局引导企业运用股权出质和动产抵押方式融资，帮助解决企业融资难题。办理股权出质登记8笔，出质股权金额5860万元，被担保债权金额7.11亿元；办理动产抵押登记46份，为企业融资2.3041亿元，注销登记34份。规范涉企行政执法行为，制定涉企行政执法检查计划并报送法制办备案和公示，完善检查结果报告并归档成卷，实现全过程留痕和可回溯管理。完善行政执法信息共享平台建设，建立健全投诉举报电话，对于企业投诉、举报，及时调查核实，发现执法人员违法违纪问题严惩不贷。严格落实涉企行政执法检查“双随机”制度，随机抽查事项占全部执法行为100%。同时规范自由裁量权，确保行政行为公平公正、公开透明。

【商标质量战略】2017年，市市场监管局围绕商标兴市开展商标梯队申报，确定省市著名商标梯队企业名单12户，其中驰名商标企业1户、省著名商标企业2户、市著名商标企业3户、地理标志商标1户、国际商标企业5户，并进行全程指导。年内，新认定省著名商标企业1户、市著名商标企业1户；受理各类商标问题咨询126人次，下达责令改正通知书3份，办理商标侵权案件1件。围绕质量强市战略，开展名牌产品申报。动员10家企业申报辽宁省名牌产品，其中8家企业复评，2家企业新增，5家企业通过评审；制定葫芦岛市名牌产品未来发展规划，确定培育对象11家，推荐葫芦岛市名牌产品申报3家，2家企业通过评审。截至年末，全市有辽宁省名牌企业14家，葫芦岛市名牌14家。

【计量惠民】2017年，市市场监管局加强民生领域计量器具监督管理。一是加强对法定计量检定机构监管，规范计量所检定行为，提高计量服务社会水平。二是开展诚信计量示范眼镜店创建活动，推进全市诚信计量体系建设，引导行业自律，营造诚实守信消费环境，让广大消费者佩配戴放心眼镜。三是加强医疗卫生单位强检计量器具监管，对全市医疗机构在用强检医疗器具登记造册情况和检定情况进行检查，提高医用计量器具受检率，满足人民群众就医安全。四是加强加油站监管，查处1起加油站在用燃油加油机维修后未经检定合格擅自投入使用，处理计量违法案件1起。五是开展对出租车计价器、民用三表计量专项监督检查。对兴城市运输服务站和汽车客运站总公司出租车队出租车计价器进行计量专项监督检查，对兴城市自来水公司待销产品抽样检查，维护人民群众合法权益。六是规范计量所检定行为。年内，计量所的长度、力学、电磁等20项社会公用计量标准，通过市计量行政管理部门考核，并取得社会公用计量标准考核证书。全年完成强制检定器具9300台（件），非强检计量器具1500台（件）。

【标准进万家】2017年，市市场监管局监督检查企业商品条码、标准化对比和采标摸底50余家，推动实现同标同质。申报兴城市现代渔业园区养殖行业协会为国家级渔业水产养殖标准化示范区。完善地理标志产品保护工作，完成大寨马铃薯、大寨大根萝卜、碱厂红南果（梨）、红崖子花生地理标志产品的申报。年内，碱厂红南果（梨）申报国家地理标志保护产品。华山镇食用菌被国家质检总局国家标准委列入全国12家精准扶贫第7家，上报国务院扶贫办。红崖子花生被列入中欧100+互保产品。

【消费维权】2017年，市市场监管局本着“有诉必理、有理必果”原则，承接转办各类来人来电来信投诉，切实为群众排忧解难。年内受理转办投诉举报810件。其中，省“12331”平台3件，省民心网转办10件,市局、市政府转办投诉举报71件，“12315”网络平台投诉举报340件，其他局移交投诉举报13件，投诉举报中心自行受理373件。解答群众咨询300余次；诉转案121件。按时办结782件，正在办理28件，按时办结率100%，诉求人满意率100%，为消费者挽回经济损失12.716万元。承办葫芦岛市、兴城市两级人大代表建议、政协委员提案14份；联合市畜牧局、服务业局等8部门举办纪念“3·15”国际消费者权益日宣传活动，设立咨询投诉服务台1个,服务展台16个,制作“3·15”宣传背景1幅，定屏1台，大型宣传条幅14幅，各类法律法规、生活常识宣传板12块,发放《辽宁省食品安全条例》、新《中华人民共和国消费者权益保障法》等各类宣传单、宣传册6800份，解答各类消费者咨询40余人次。全年，检查油站3户，抽检样品3个批次；开展成品油市场秩序、民用液化石油气质量专项整治2次；检查成品油经营户33户，签订责任状、承诺书各33份，查处油站2户，立案2起；检查民用液化石油气经营企业8户。开展流通领域商品质量抽检行业3个，其中成品油4户8个批次，2户3个批次不合格，立案2起；小家电8户17个批次，4户7个批次不合格，立案4起；女性用品7户10个批次。

【**市场监管**】2017年，市市场监管局围绕食品、药品、特种设备、农资四大“安全”主线，依法开展各类执法监察。查办案件317件，其中一般案件106件，简易案件211件，万元以上案件8件。排查全市特种设备行业、餐饮行业、食品流通行业、食品生产行业、现场制售食品和药品与医疗器械行业存在的风险隐患。出动执法人员300余人，执法车辆96台次，检查重点行业6个，排查各行业业户5106户，排查学校食堂60户，排查特种设备使用单位76户。发现问题业户251户，排查安全隐患60处，下发责令改正通知书100余份，下达特种设备安全监察指令书13份，停用、拆除电梯24部，封存电梯1部。

【**食品安全监管**】2017年，市市场监管局推进行政审批职能，严格市场准入，受理食品经营许可申请2082件，办结1932件，注销31件，变更49件；新发食品生产许可4件，换证18件，变更8件，发放小作坊许可15件；发放小餐饮许可279件。全市有食品企业4250家，其中食品流通经营单位3063户，食品餐饮服务单位1129户，食品生产企业58户。组织各类食品专项整治20次，出动执法人员2400余人次，执法车辆600余台次，检查各类市场主体2500余户次。完成大型、特大型餐饮服务单位改造30户，明厨亮灶率88%；清真食品专项检查3次。

【**风险分级监管**】2017年，市市场监管局风险分级划定生产企业58家，其中A类企业6家、B类企业24家、C类企业17家、D类企业11家；新发食品生产加工小作坊许可15家，风险等级均为C级。流通环节完成食品销售者信用等级划定2853家，其中A级1757家、B级953家、C级142家、D级1家；完成食用农产品信用等级划定2525家，其中A级2248家、B级217家、C级60家。落实“量化分级管理”，完成餐饮服务单位量化分级850家，其中A级12家、B级257家、C级375家，未评定206家，总体量化分级管理评定率100%。

【**抽样检测**】2017年，市市场监管局完成市场监管领域食品安全抽检370个批次，其中食用农产品抽检240批次，生产环节抽检50批次，流通环节抽检80批次。公布检验结果10次，其中食用农产品公示4次，流通环节公示2次，生产环节公示4次。依托检验检测中心检验食品28批次，受检企业5家，检验合格率100%。

【专项整治】2017年，市市场监管局开展“两节”“两会”调味品、婴幼儿配方乳粉标签标识、日本核辐射食品、白酒、校园及其周边各类食品专项检查10次，出动执法人员3000余人次，执法车辆600余台次，检查各类市场主体2290余户次，立案11件，罚没款入库3.675万元。

【药品监管】2017年，全市有药店142家，其中城内77家，农村65家；有医疗机构479家，其中市直医院4家，乡镇卫生院22家，农村卫生室318家，驻在单位9家，门诊部15家，西医门诊44家，中医门诊22家，口腔诊所27家，社区卫生服务中心7家，民营医院11家。年内，市市场监管局完成药品监督抽样30批次；对20家经营企业药品未按要求分类摆放、药师不在岗销售处方药、未凭处方销售处方药、未按照要求实施《药品经营质量管理规范》等行为予以警告。开展“安全用药月”宣传和义诊活动。联合辖区30余家药房在闻涛苑等小区以展板、电子屏、设置宣传展示区、发放宣传单、搭建科普展板、聘请专家讲座等形式开展为期1个月安全用药用械科普知识宣传，活动现场安排3名医生对群众进行义诊，3位执业药师指导用药。发放宣传单800余张，宣传册300余本，开展义务诊疗70余人次，解答用药咨询60余人次，提高公众对安全用药的认知水平。开展各类专项整治，出动执法人员4000余人次，检查药店、医疗机构等642家次，立案264件，其中简易案件212件，罚没款入库20.8691万元。

【农资监管】2017年，市市场监管局深入开展“红盾护农”行动，按照“属地监管”原则，层层落实责任制。加强农资市场信息化建设，标记非农资户153户，农资户186户，录入肥料数据128户。抽检化肥质量经营单位7家10个品种批次，5个批次不合格；抽检进货量10吨以上的化肥经营单位49家51个品种批次，13个批次不合格，立案查处。引导农资经营户履行农资商品第一责任人义务，发放农资经营者市场主体责任告知书202份。依法对辖区内2家化肥生产企业、1家农业科技推广公司及部分农资经销户进行专项检查，填写企业生产信息调查表2份，立案1件。全面净化农资市场环境，出动执法人员276人次，执法车辆60台次，检查农资经营业户353户次，抽检化肥56家61个批次，不合格18个批次，立案查处农资违法案件10件。

【特种设备监管】2017年，市市场监管局开展特种设备告知、注册工作，接收安装告知493台（条），其中锅炉8台、压力管道85条、压力容器40台、电梯313台、起重机械25台、大型游乐设施22台；接受特种设备注册申请276台（条），其中电梯222台、压力容器30台、起重机械6台、锅炉1台、大型游乐设施10台、场（厂）内专用机动车辆13台；受理液化石油气充装许可申请4份，办结归档液化石油气充装许可2份；维护特种设备动态监管系统设备信息1850条。全市注册特种设备2938台（条），其中锅炉98台，压力容器436台，电梯1221台，起重机械399台，场（厂）内机动车辆92台，大型游乐设施10台，压力管道691条。各类气瓶10万余只。淘汰10吨以下燃煤锅炉，下达安全监察指令书4份，拆除(停用)各类锅炉5台；修改电梯错误信息93台，清理游乐设备7台。指导企业72家，注册各类特种设备107台；出动执法人员900余人次，执法车辆250余台次，监督检查全市27个乡镇、街道所辖近2000家各类企事业单位及个体工商户，检查各类特种设备4000余台件；检查各类人员特种设备作业人员500余人次，检（排）查出并及时消除重大安全隐患1起、一般安全隐患9起，行政处罚5家。开展场（厂）内机动车、液化石油气充装单位、电梯和危化品相关特种设备等专项治理检查和重点时段、节假日安全检查，检查企业200余家，下达特种设备安全监察指令书30余份，消除安全隐患2个;检验锅炉46台次，压力容器32台次，打码注册钢瓶6380只。

【**质量监管**】2017年，兴城市泳装产业代表葫芦岛市参加辽宁省知名品牌示范区创建工作。历经现场验收预备会、工作交流会、实地考察、专家合议、情况反馈会等8次会议,考核74项,以88分(满分100分)高分通过省知名品牌创建示范区验收，位列全省14个申报市第3名。对19家生产许可证企业开展证后分类监管。确立B级企业17家，其中严加监管企业7家，常态监管企业10家；对另2家企业填写企业信息调查表、生产许可证证后监管巡查表27份。组织10家实验室进行实验能力验证比对及机动车检验机构监管。与80多家生产企业签订委托检验合同,泳装(服装)委托检验117批次，建材化工委托检验32批次。为葫芦岛市质监局出具泳装服装监督复查检验报告12份，出具泳装监督检查报告15份。开展校服质量监督抽查检验，抽查有代表性学校15所，出具学生服报告15份。为70余家泳装企业标识合格性进行指导，提高标志合格率。针对相关产品标准更新情况，为企业提供最新标准30余份。

【**旅游市场监管**】2017年，全市有旅游景区4个、旅游商品经营者和服务提供者479户、旅行社31户，市市场监管局开展旅游市场专项整治，印发旅游商品经营者和服务提供者、旅行社、旅游景区经营者(管理者)落实主体责任告知书768份，明确各自责任。召开旅游市场专项整治会议，在古城旅游景区、海滨旅游景区设立“12315”消费维权服务站2个，创建海滨景区为放心消费示范旅游景区。重点打击无照经营，排查利用合同格式条款侵害消费者合法权益、商品销售违法经营行为。规范旅游市场经营秩序，全局出动执法人员98人次，执法车辆24台次，检查旅游经营主体132户，处理旅游市场消费者投诉14起，挽回经济损失8556元。开展旅游行业安全生产大检查专项行动，制定《兴城市市场监督管理局旅游行业安全生产大检查专项行动方案》，成立专项整治领导小组。6月5日至9月5日，对特种设备、食品安全、节日期间旅游市场进行重点检查。出动执法车辆52台次，出动执法人员164人次，检查旅游景区经营业者422户，其中餐饮经营户166户，食品经营户65户，宾馆酒店61户，冷饮店5户，工艺品店30户，其他经营户95户。清理无照经营6户，指导食品、餐饮经营户办理营业执照和食品经营许可证变更及登记16户次，整改规范各类问题5个。开展文物市场检查，对古城景区内20户古玩店进行摸底检查，未发现销售国家禁止买卖的文物及以假托“文物”名义售假坑骗、虚假宣传行为。

**【商标广告监管】**2017年，市市场监管局受理各类商标问题咨询126人次，下达责令改正通知书3份，办理商标侵权案件1件。受理各类违法广告投诉126件，责令停止发布违法广告82条次，下达责令改正通知书21份，立案1件。联合五部门制定《兴城市整治违法广告联席工作制度》，加强部门间联合，共同整治违法广告。

**【网络市场监管】**2017年，市市场监管局对照全省网监系统第三方交易平台数据，对辖区内判定入库的网络主体进行修改，巡查网站296户，排除重复、失效网站114户。开展网络市场监管专项行动，在国庆节、“双十一”期间，对宾馆、泳装网络销售企业进行集中监测，排查网络销售泳装企业38家、宾馆企业13家，网上检查网站、网店165个次，规范网络市场秩序。

**【整治不正当竞争】**2017年，市市场监管局制定《兴城市不正当竞争突出问题工作方案》，对辖区医药购销、工程建设、通信服务、教育服务等领域的商业贿赂行为，家电、农资、汽车配件、建材等行业中引人误解的虚假宣传行为，利用互联网电商平台等实施侵害知识产权、虚假宣传和不正当有奖销售行为进行检查，办理不正当竞争案件1件，消除现存商品上侵权的商品名称、包装和装潢12个；开展打击“走私贩私”专项行动，检查企业3户，宣传贯彻《辽宁省反走私综合治理条例》，发放条例宣传册40余份。

**【打击传销】**2017年，市市场监管局召开打击和防范传销联席会议，落实创建“无传销社区（村）”活动各项政策措施。开展全方位、立体式打击传销宣传教育活动，在社区、学校等群众集散地及传销易发地设置咨询点，悬挂宣传条幅20条，张贴宣传海报50张，派发宣传单1000份，公布打击传销举报电话。利用发送手机信息覆盖面广、传播速度快优势，向辖区内手机用户，特别是外地人员较多的集团用户发送打击传销短信。开展“打传”宣传活动走进渤海职业船舶学院、辽宁工程技术大学、辽宁财贸学院等大学校园集中地区，组织“和谐校园拒绝传销从我做起”为主题志愿者签名活动。宣讲传销对社会的危害后果，增强群众自我防范意识，形成群防群治社会环境，继续保持“无传销市”局面。

【**隐患排查**】2017 年，市市场监管局专项检查“两节”“两会”期间烟花爆竹批发经销企业 3 家 40 批次，其中烟花组合 25 批次、爆竹 10 批次、造型玩具类 5 批次。检查危险化学品生产企业 2 家、电线电缆生产企业 3 家、食品相关产品生产企业 2 家。开展钢铁、水泥产品专项执法检查，与发改局、经信局、环保局等部门组成联合检查组，对非法生产“地条钢”、无证生产水泥等违法情况开展专项检查，出动执法人员 80 余人次，检查拥有中频炉生产企业 10 余家、水泥生产企业 3 家，发现疑似“地条钢”生产企业 2 家上报市政府。

【**培训与宣传**】2017 年，市市场监管局聘用 14 名大学生公共服务岗位人员充实监管队伍，并开展入职前培训。组织人员参加国家、省、葫芦岛市局网络和业务培训，加强对行政执法人员法治培训，举办相关业务培训 20 余期，合计参训人员 450 人。参加政府和上级主管部门组织的各类学习考试 10 余期，参加人员 500 余人次。年内，以“提升服务水平、优化营商环境”为主题，在弘熙园广场开展“优化营商环境”宣传活动。出动宣传车 1 台，发放宣传单 800 余份，解答群众咨询 50 余人次。开展党员进社区普法宣传，组织机关 42 名党员在建海社区弘熙园为过往群众宣传普及法律知识，制作行政法律展牌 18 块，展台 9 个，发放各类法律宣传单和手册 200 余份，接受群众服务咨询 100 余人次。

**兴城市市场监督管理局领导成员**

局　长　崔作军

副局长　王育斌　邹宝明　梁　军　凌　源　雷　凯　龚　健　沈国靖　朱晓松

（王鑫）

## 国土资源管理

【**概况**】2017 年，兴城市国土资源局稳步开展土地规划工作，完成永久基本农田划定，调查土地变更，推进土地、矿政管理，服务地区经济发展，打造土地市场，服务城乡建设发展。年内，修改《兴城市土地利用总体规划（2006 ~ 2020 年）》规模 170 公顷；修改华山街道土地利用总体规划（2006 ~ 2020 年）规模 2.7 公顷。编制完成《兴城市土地利用总体规划（2006 ~ 2020 年）调整方案》，全市耕地保有量保持在 69664.9 公顷以上，基本农田面积保持在 56590 公顷以上。按《兴城市永久基本农田划定方案》要求，完成永久基本农田划定工作。

【土地利用】2017年，市国土资源局办理出让用地手续70宗，面积212.16公顷，收取土地出让金16.88亿元。收储四家屯街道纪家村、曹庄镇大海口村、城东街道南辛庄村、羊安乡刘八斗村等区域土地191.69公顷，支付征地补偿费4.74亿元。完成首山湖、一高中新址等各项重点工程测绘业务，累计测绘面积150多公顷。开展项目用地权属调查、用地数量核查和地类审核。围绕土地报批工作，加强地籍与勘界审核，做好土地征（转）前的踏勘、权属调查及勘测定界审核，勘察拟征（转）土地20个批次62宗，涉及土地210公顷。开展项目用地审核报批，呈报批次用地20个，面积200.68公顷。办理农民新建宅基地手续32户，面积0.59公顷；办理临时占地11件，面积1.17公顷；办理养殖和设施农用地备案38件，面积37.99公顷。

【耕地保护】2017年，市国土资源局进行2013年高标准基本农田建设项目报验及项目结算审计工作，内业资料通过葫芦岛市国土资源局验收，报兴城市财政局进行项目结算审计。2014年土地整理项目报送葫芦岛市国土资源局验收。

【矿政管理】2017年，市国土资源局规范矿业权管理，办理探矿权、采矿权范围划定、出让、延续和变更18家21项，收缴采矿权使用费0.5万元，采矿权价款163.78万元。编制完成《兴城市矿产资源总体规划》。开展矿业权人勘察、开采信息核查及公示工作，公示矿山企业66家。编制并公布实施《兴城市2017年度地质灾害防治方案》和《兴城市地质灾害防治规划》，组织培训及地质灾害应急演练，全市全年无重大地质灾害发生，无人因地质灾害伤亡。完成“青山工程”治理工作，开展“两随机一抽查”，组织专家对新编制矿山地质环境治理与土地复垦方案进行现场评审。收取土地复垦保证金32.95万元，矿山地质环境恢复治理保证金72.04万元。

【国土监察】2017年，市国土资源局加强联合执法机制建设，联合公安、安监、市场监督以及乡镇、街道联合执法检查，查处媒体曝光和群众举报的国土资源违法行为。全年受理各类信访事项45件次，接待上访人员80余人次；受理民心网12件，“12345”热线14件，信访局转办8件，全部按要求予以答复。调查土地卫片监测图斑533个，监测面积228.24公顷。全部图斑通过合法性判定，认定违法用地25宗，其中耕地面积1.796公顷。调查矿产疑似违法图斑25个，认定违法图斑1个。全年查处违法案件81宗，申请法院强制执行78宗，责令治理恢复到位3宗，收缴罚款85万元。

【普法宣传】2017年，市国土资源局结合“4·22”地球日、“6·25”土地日、“12·4”

宪法日等契机，深入农村集贸市场、城市街道社区，悬挂张贴宣传标语，开展法律咨询服务。通过葫芦岛广播电台政风热线、“12336”国土资源热线等形式开展普法宣传，发放宣传单、册2万本。

【不动产登记】2017年，市国土资源局采取各项便民措施，提供各项便民服务。为方便申请人办事，实行引领员“手牵手”引导、窗口“一站式”服务、服务区“休闲式”等候、发证员“礼貌”发证服务流程。落实首问负责制、首办责任制、一次告知制，AB岗服务制。做到“六公开”，打破“八小时”常规工作制。为方便不能到现场办理业务特殊人群，推出上门服务，全年上门办理登记120余件。为老、弱、病、残、现役军人等提供“绿色通道”，申请人无须叫号，全程由引导员提供无障碍服务。对重大项目和重点企业，全程跟踪服务，指派专人负责。全年受理各类登记业务42049件，发放不动产权利证书24079本，他项证明14372份。实现“登记受理一张表、串联审核一张网、产权保障一个证、权籍管理一张图、信息共享一个库”高效不动产登记模式。

**兴城市国土资源局领导成员**

局　长　沈朝辉

副局长　陈晓峰　彭　程　张福贵

　　　　王爱兵

（赵越）

·小资料·

## 周家住宅

位于古城南门里西顺城胡同路北，省级文物保护单位。建于20世纪30年代。原主人周永吉是当地较为富庶的人家，农商兼务。住宅是辽西地区标准的囤顶四合院，结构严谨，布局合理。有门房五间，中开门洞；正房七间，出廊抱柱；东西偏房各三间。院中间有一道花墙，中间有一小门。正房室内基本按原来样子陈列桌椅柜橱等物品，体现当时的生活状况；东偏房是客厅，现在是器物展览；其他房间为展室。

# 农村经济

## 农业

【概况】2017年，兴城市粮食播种面积22600公顷，调减玉米种植面积6666.67公顷。油料作物种植面积54000公顷，蔬菜播种面积4400公顷。全市争取上级各类惠农项目25个，其中重点项目21个，项目资金21528.4万元。建设2个市级蔬菜标准园,新建设施农业小区266.67公顷。落实益农信息社76家。年内，兴城市被农业部认定为第三批全国农村集体“三资”管理示范县，兴城市农村经济发展局被辽宁省确权办评为农村承包地确权登记工作先进集体。

【农业产业化】2017年，兴城市农村经济发展局完成2家新增省级农事龙头企业认定和监测申报工作。建设农产品加工集聚区1个，入驻企业20家，开工投产农产品加工项目7个。发展认养农业，相继开展认养农业主题月、体验农业主题月、产业带动主题月等系列活动。推进“互联网+”农业建设，落实益农信息社76家。

【农村科教】2017年，市农发局培育新型农业经营主体，规范达到省级标准示范社4个、家庭农场10个。完成新型职业农民培育和基层农技推广补助项目验收，建立新型职业农民培育对象库，网上录入培训对象670人。开展农技指导员培训80人次，培育新型职业农民380人，培训科技示范主体700人，培训农机化技术人员270人。推广应用云上智农APP、中国农技APP软件，方便农户与农技人员交流互动。

农业培训班

【农产品监管】2017年，市农发局申报无公害农产品2个，面积220公顷，复查换证3个，面积353.33公顷，绿色食品续展2个，面积100.2公顷，申报绿色食品2个，面积800公顷，完成辽宁名牌农产品1个、申报特产之乡1个。

【水果产业】2017年，全市新栽植各种果树1000公顷105万株，果树总面积达到9220公顷，各种果树724.82万株。全年水果产量12万吨，产值2.8亿元。申报兴城市南大文生果树种植专业合作社为辽宁省高效精品果园（大苗新植园）项目。完成建设葫芦岛市高效精品科技示范园13个，其中大型园3个，中型园3个，小型园7个。

【农机化工作】2017年，全市农机保有量达到5.9万台（套），总动力24.8万千瓦，有拖拉机5748台，播种机3150台，各类收获机4153台，排灌机械7375台（套），农机生产总值3.75亿元。综合机械化水平达到76%。玉米耕种收综合机械化率78.1%，水稻耕种收综合机械化率51.1%。农机重点作业技术推广，实施农机深松整地作业面积9000公顷。

小型农机用于春耕生产

【病虫害防治】2017年，市农发局对全市主要农作物病虫害进行预测预报，开展害虫防控。对突发三代棉铃虫，启动病虫害三级应急响应预案。调用无人机统防统治，同时指导农户自治，有效控制全市33333.33公顷花生三代棉铃虫灾害；加强土壤墒情监测，在10个乡镇设立墒情监测点。检查农作物种子经销户，控制植物疫病蔓延。

棉铃虫防治工作

【惠农补贴资金】2017年，市农发局发放耕地地力保护补贴资金5669.4万元，公顷均补贴资金1110元，享受面积51066.67公顷；发放玉米生产者补贴资金7408万元，面积20500公顷，补贴标准每亩240.91元。申报玉米和大豆生产者补贴面积17400公顷，涉及5.8万户。发放农机购置补贴资金729.39万元，受益户数647户。争取到设施农业补贴资金324万元。

【专项资金及重点项目】2017年，全市完成望海乡、沙后所镇两个项目区上年跨年度千亿斤粮食田间工程。落实2017年千亿斤粮食产能规划田间工程666.67公顷。争取苹果有机肥替代化肥项目经费1000万元，总示范面积1333.33公顷。完成实施马铃薯复种大根萝卜高产高效关键技术示范区项目面积 66.67 公顷，项目资金 25 万元。落实耕地轮作项目面积 3333.33 公顷。建设完成辽宁省高效精品果园（大苗新植园）项目，补贴资金 30 万元；葫芦岛市高效精品科技示范园 13 个，项目资金 236 万元。建设完成秸秆能源化利用示范乡 1 个，项目资金 100 万元。完成省秸秆综合利用试点县建设项目，项目资金 630 万元；省秸秆综合利用试点县建设项目申报基层农技推广补助项目，争取项目资金 145 万元。完成基层农技推广补助项目和新型职业农民培育项目申报工作，其中申报新型职业农民培育项目，争取项目资金 114 万元。示范推广生物降解液态地膜应用技术，建设核心示范区 4 个，核心面积 46.67 公顷，示范推广面积 466.67 公顷。主要作物控减施肥与手机信息化服务技术集成示范推广项目，覆盖面积 77333.33 公顷，开通手机服务平台，项目经费 27 万元。

**兴城市农村经济发展局领导成员**

局　长　闫守庆

副局长　王建海　陈井军　李贵军

（孙柳）

## 扶　贫

【**概况**】2017 年，兴城市扶贫开发办公室贯彻党的十九大精神和习近平总书记关于扶贫开发系列重要讲话精神，落实中央、省、葫芦岛市脱贫攻坚决策部署，完成脱贫 13044 人、贫困村销号 5 个，通过辽宁省组织的 2017 年第三方监测评估。探索实践一系列“党建 +”扶贫模式，碱厂乡泳装下乡模式得到复制推广，中共中央政治局常委、书记处书记刘云山充分肯定扶贫模式，6 家国家级媒体报道。

【**项目扶贫**】2017 年，市扶贫办围绕“项目到村、帮扶到户”目标，实施扶贫项目 87 个，带动 3500 个贫困户、11000 名贫困人口脱贫。围绕泳装、食用菌、花生、果树等行业龙头企业，推进项目建设。鼓励农民专业合作社发展种植、养殖项目，带动贫困人口 800 余人脱贫。发展壮大村级集体经济，实施“党支部 +”模式项目，完成空壳村转化 93 个。摘帽村中三道沟乡黑沟村、汪家村集体养殖绒山羊项目，药王乡佰诚泳装厂，碱厂乡心连心泳装厂初见成效。实现项目到村、帮扶到户、精准扶贫。实施经济林果、玉米、花生、杂粮、庭院养殖 5 个项目，带动贫困户 5190 户，受益人口近 1.4 万人。

【**产业扶贫**】2017 年，市扶贫办依托农业产业抓扶贫，围绕林果业、种植业、养殖业，因地制宜发展特色农业，建立扶贫基地 10 个，带动 2000 余人脱贫。依托泳装产业抓扶贫，对接泳装企业、改造村集体厂房和整合贫困户劳动力资源，搭建解决企业用工、发展村集体经济和贫困户就近就业平台，实现贫困户脱贫。全市泳装企业723家，建成投产的泳装下乡扶贫企业60家，带动3500人脱贫。

【政策扶贫】2017年，市扶贫办抓好教育扶贫，投入资金201万元，资助学生3454人次。动员全市69个政府部门党员干部与913名贫困学生建立帮扶关系，捐助资金41.43万元，力促农村智力脱贫。抓好健康扶贫，投入530万元为建档立卡贫困户25313人新农合参保。抓好移民扶贫，全年完成危房改造扶贫209户，解决贫困人口住房安全问题。抓好政策衔接，做好农村最低生活保障与脱贫攻坚政策有效衔接，通过政策叠加，确保贫困人口全受益。抓好金融扶贫，完成贷款项目20个，贷款金额610万元，带动贫困户550户、1500人。年内，通过与农业银行兴城市支行、兴城农商行和兴城邮储银行合作，建立450万元风险补偿金，撬动扶贫贷款4500万元。完成贷款项目14个，贷款金额460万元，带动贫困户550户、1500人。

【构建大扶贫格局】2017年，市扶贫办集中行业力量抓扶贫，农发、教育、卫生、民政、城建、交通、文化等部门、单位充分发挥自身行业职能作用，在项目、资金等方面给予支持。年内，有摘帽任务贫困村全部实现“一降四有三达到”目标。集中社会力量抓扶贫，推动140个定点帮扶单位、3个省级对口扶贫单位，解决贫困户生产生活中实际困难。加强50个驻村工作队帮助贫困村和贫困户改善生产生活条件，发展产业，增加收入。开展认养农业助力脱贫攻坚活动，动员全市各企业、工商业户自觉参与社会帮扶工作，构建全社会共同参与的大扶贫格局。

【扶贫示范基地建设】2017年，市扶贫办因地制宜发展特色农业，集中打造花生生产基地2万公顷、优质果示范基地666.67公顷、红南果（梨）及SOD富硒苹果示范基地200公顷、两茬经济作物示范基地66.67公顷、地瓜和杂粮示范基地66.67公顷，实现规模化经营，带动贫困人口6000余人。

【项目资金使用】2017年，市扶贫办引进花生良种105万公斤，使用资金532.5万元，播种面积5333.33公顷，受益人口2066户5580人，人均受益955元。实施庭院养殖项目，购买芦花鸡55660只、锦珠鸡32940只、黑珍珠鸡154950只、鸭4175只、东北白鹅11218只、浙东白鹅40000只，使用资金399.12万元，受益人口1470户3970人，人均受益1005元。实施三道沟绒山羊养殖项目，购买绒山羊1214只，投入资金99.85万元，受益人口643户1554人，总收入99万元。实施果树项目，购买苹果、梨、桃、大樱桃等51个品种540535棵，使用资金324.64万元，惠及8个乡镇，受益人口1112户3002人，总收入1900万元。红崖子红梁小尾寒羊养殖项目，使用扶贫资金20万元，受益人口233户470人，总收入22万元，人均受益468元。白塔满族乡养鸡产业扶贫项目，以贫困户股金形式入股20万元，占总投资股份11%，采取“政府+合作社+贫困户”联合养鸡4万只，受益302户588人，总收入24万元，人均受益400元。

**兴城市扶贫开发办公室领导成员**

主　任　朱庆贵
副主任　杨莉莉（女，2017年1月离任）
　　　　马志壮
　　　　安景强（2017年1月任职）
　　　　王　雷（2017年7月挂职）
　　　　刘楠楠（女，2017年7月挂职）
　　　　程东浦（2017年7月挂职）

（康丽丽）

## 青山水库移民安置

【**概况**】2017年，青山水库兴城市移民安置办公室针对安置工作接近收尾情况开展工作，年内签订移民安置协议3户，完成签订户数占总户数98.8%。已签协议移民个人补偿费全部发放到位。库区房屋全部拆除，移民全部迁出库区。截至年末，39户212人未签订协议。全年解决粮库实物量补偿等遗留问题5件。

【**基础设施建设**】2017年，市移民办完成兴西线改线和头里至坝址左岸通行路2项工程，并竣工验收。完成后期扶持项目6项，总投资106万元。为部分符合后靠安置条件申请自建安置房移民户，统一实施低压供电入户和户外自来水管网铺装工程，为西门后靠点新建房户完善巷路硬化，修建排水沟。利用后期扶持项目资金为巴家后靠点钻深井1眼，解决移民吃水难问题。

【**移民资金发放**】2017年，市移民办发放资金3527万元，其中基础设施建设资金980万元，长效补偿资金1390万元，移民个人和集体安置补偿资金108万元，库区遗留问题补偿资金534万元，移民后期扶持直补资金515万元。

【**安置楼分配**】2017年，部分已签订协议的移民因家庭人口自然增长等原因导致原有安置房居住条件不足，部分未签协议移民因家庭困难无力支付租房费用而无处居住，上述移民申请购买滨海经济区移民安置楼，经三道沟乡、村和市移民办共同审核，为符合条件签协议移民和签订住房安置保证书的未签协议14户移民分配安置楼房。

【**扶贫工作**】2017年，市移民办春节期间走访慰问三道沟乡头道沟村和碱厂乡四间村困难群众30户，发放慰问金11000元。走访帮扶高家岭镇拉马村贫困学生杨贤哲（母亲刘海渤），送去米、面、油等生活必需品及现金500元。帮扶碱厂乡四间村，在坡地修建梯田180公顷，主要种植花生和地瓜，比上年增产25万余公斤。修缮该村因雨季暴雨冲毁村屯漫水桥，解决村民出行困难。

**青山水库兴城市移民安置办公室领导成员**

主　任　张永强（兼，2017年6月离任）
　　　　刘振兴（兼，2017年7月任职）
副主任　金　锋　王　迎

（金锋）

## 林　业

**【概况】**2017年，兴城市林业局开展造林绿化、国有林场改制、森林防火等重点工作，森林资源得到有效保护。全市完成人工造林1333.33公顷，封山育林2733.33公顷，森林抚育466.67公顷。经济林栽植100公顷。育苗244.31公顷，产苗3749万株。全市82株古树进行认养。完成补植补造闭坑矿生态治理面积12.53公顷。查处林业违法案件20起，罚款14.24万元。核查全市国家公益林面积5134.2公顷，监护费288299.5元，直补资金467326.5元。省级公益林面积19333.33公顷，监护费1087500元，直补资金804500元。年内，该局被葫芦岛市政府授予2016～2017年度森林防火先进单位。

**【林业改革】**2017年，市林业局推进国有林场改革，完成全市3家国有林场全部主体改革任务，完成定性定编定岗，以满分70分成绩通过省国有林场改革工作领导小组验收。集体林权制度改革继续深化。完成集体林改57333.33公顷，完成率100%，确权率100%。完善森林资源金融保障体系，完成森林保险面积10333.33公顷。

**【资源管护】**2017年，市林业局执行森林采伐限额制度，全市消耗采伐限额0.76万立方米，森林资源消耗得到控制。开展国家公益林资源监测，完成4个监测小区、12个监测小斑资源监测；推进公益林直补到户，全面完成数据录入。全市森林面积达到65197公顷，实现森林覆盖率30.73%，森林蓄积保有量132万立方米。新成立1支专业森林消防队伍和3支半专业森林消防队伍，升级省级专业森林消防队伍1支。

**【病虫害防治】**2017年，市林业局实施重点林业有害生物治理工程，全市发生病虫害面积9666.67公顷，发生率19.9%，防治率100%，无公害防治率99%，化学防治率1%。苗木产地检疫率100%，疫株率检疫前0.8%，除害处理后疫株控制在0.1%以下。加强野生动物保护管理和野生动物疫病监测防控，全市未发生野生动物源性疫病公共卫生安全事件，保障全市森林资源基本安全和资源总量稳步增长。

**【森林经营】**2017年，市林业局发生林权抵押8起，征占林地1起，面积24公顷。完成森林主伐作业27公顷，消耗蓄积1341立方米；低产林改造83公顷，消耗蓄积1381立方米；抚育采伐340公顷，消耗蓄积843立方米；其他采伐192公顷，消耗蓄积3171立方米。发放林权证500本，面积433.33公顷，抽调专业骨干5名，组成林权档案电子录入小组，新增电脑3台、静态拍摄仪5台，电子档案录入100%。

**【森林防火】**2017年，全市在原有4支森林专业消防队基础上，新成立1支专业森林消防队，设置在元台子乡。组建南关林场、闻家林场、凌河化工厂3支半专业森林消防队。全市有专业消防队员63名，森林消防运兵车19辆，消防水车3辆。有半专业森林消防队31支，队员295人。防火车73辆，德国进口风力灭火机414台，背负式森林灭火水枪330套，对讲机290部。建成森林防火通道30公里，建立森林防火检查站110个，建立值班瞭望台20个。年内，市政府与各乡镇政府签订森林防火责任状，从严考核，严格奖惩。清理林缘200米至500米耕地秸秆5573.33公顷，设立防火责任牌1764块；清查林内及林缘坟头42746个。全市设一级防火责任区34个，二级防火责任区103个，三级防火责任区125个。设立固定防火检查站30个。全天候值守，确保火源不入山。全年行政拘留27人，罚款58人。

**兴城市林业局领导成员**

局　　长　闫久利

副 局 长　陈云峰　李荣臣

总工程师　马志宇

（徐岩）

## 动物卫生监督

**【概况】**2017年，兴城市动物卫生监督管理局以发展现代畜牧业、振兴农村经济、增加农民收入为目标，以确保畜产品市场供给、确保无重大动物疫情、确保畜产品安全为中心，发展规模化、标准化养殖。加快结构调整，转变生产方式，加强基础设施建设和技术推广，强化动物疫病防控，做大做强畜牧产业，实现全市畜牧业稳步发展。全市畜禽饲养量稳步提升，生猪饲养量90万头，同比增长22%；牛饲养量1.96万头，同比增长27.5%；羊饲养量38.2万只，同比增长5.53%；家禽饲养量1780万只，同比增长9%；肉蛋奶产量9.97万吨，同比增幅15.31%。全市全年未发生重大动物疫情，未发生畜产品安全事故。

**【畜牧业生产】**2017年，市动监局申请生猪调出大县、畜禽标准化生态化建设、畜牧技术推广、良种补贴和畜禽废物资源化利用项目等资金5000余万元，建设标准化生态养殖场14个。开展畜禽养殖禁养区内规模养殖场（小区）、养殖专业户依法关闭或搬迁。开展畜禽粪污资源化利用，成功申报全国畜禽粪污资源化利用试点县，被农业部列为2017年畜禽粪污资源化利用重点县。与北京伟嘉生物技术股份有限公司签订协议，建设金猪伟业（兴城）百万生猪绿色生态循环经济产业园项目。伟嘉集团在围屏乡围屏村建设1处存栏2200头曾祖代母猪的核心场、50个规模放养场。成功申报蜂蜜国家地理标志，为发展蜜蜂产业奠定基础。

**【动物防疫检疫】**2017年，市动监局全力做好动物免疫工作，制定重大动物疫病集中防疫实施方案、督查方案、验收方案，做到应免尽免，确保不发生重大动物疫情。做好H7N9流感防控。制定应急预案，调整应急预备队，发现疫情及时处置。及时处置输入性人感染H7N9流感突发事件。做好监测和流行病学调查，制定监测方案和流调方案，为免疫效果评估、预警提供可靠依据。

**【畜产品安全】**2017年，市动监局为确保全市人民群众“舌尖上的安全”，完成“瘦肉精”监测试纸条检测12000批次、酶联检验1600批次。加大对企业监督检查，签订承诺书100余份。结合“3·15”打假宣传和安全执法宣传，发放宣传单4000余份。加强畜禽屠宰监管，查处“私屠乱宰”行为，以主动出击和群众举报相结合，对“私屠乱宰”违法行为“零容忍”。加强企业安全生产监管，对涉氨制冷的屠宰企业和饲料生产企业粉尘防爆等安全生产工作定期检查，并做好监督记录，保证人员和生产安全。

**兴城市动物卫生监督管理局领导成员**

局　长　崔俊海

副局长　韩玉祥　王志强　张志学

（付娇）

## 海洋与渔业

**【概况】**2017年，兴城市渔业经济实现总产值24.8亿元，水产品产量20万吨，养殖产量15万吨，捕捞产量5万吨。成立渔业安全生产组织38个，其中县级1个，乡镇8个，村屯25个，渔港4个。建立海洋渔业抢险救助船队30个，建立通信网络组织27个。全市846条渔船，划分101组。开展海洋渔业安全检查16次，发现问题隐患6个，现场整改5个，限期整改1个。查获违建渔棚案件6起、违法打井案件4起。完成农业部水产健康养殖示范场申报1家。长山寺二级渔港升级改造项目获批，申请国家资金2000万元。

**【海洋生境生态修复】**2017年，海洋生境生态修复项目总投资12516.32万元。其中，国家投入资金8500万元、地方配套资金1660万元，地方项目（海中景观平台）追加资金2356.32万元。项目内容为底质改良与翅碱蓬种植岸滩170公顷，修建海岸防护带3100米，构筑滨海木栈道7300米，构筑景观平台14400平方米，改造取水井管网120眼。

【海域管理】2017年，市海洋与渔业局加大海洋环境保护、海监执法监察工作力度，收缴海域使用金2700万元。完善风暴潮、海冰、海啸、赤潮等海洋灾害应急预案。组织开展海洋防灾减灾宣传。海监执法监察派出检查车辆85台次，参检人数210人次，航程1530多海里，航行140多小时。检查7个乡镇97公里海岸线，用海项目检查覆盖率100%。

【渔政管理】2017年，市海洋与渔业局出动执法船100多艘次、陆地执法车800余台次，人员8000余人次，张贴宣传条幅200幅，发放宣传单800份。检查和处理违规渔船347艘。联合沿海乡镇、公安、边防、港监等部门，查清全市“三无”渔船1208艘，并建档立卡。清理有证“梁子网”73盘，无证10盘，实现兴城境内杆清网净。

**兴城市海洋与渔业局领导成员**

局　长　张曼颖

副局长　李健伟　范越宁

　　　　李学东　李宝东

（卢玉杰）

## 水　务

【概况】2017年，兴城市水务局实施高效节水灌溉工程1066.67公顷，其中结转上年年底开工项目833.33公顷。修建方塘、塘坝、集水方塘等水源工程27处，铺设地埋管路15千米。工程涉及三道沟、望海、沙后所、大寨、碱厂等7个乡镇，工程总投资1085万元，全部为中央拨付资金。小流域治理水土流失面积7913.33公顷；新建拦蓄坝5座，蓄水1万立方米，灌溉农田13.33公顷。完成省级资金维修养护工程36项，工程投资259万元；完成中央资金维修养护工程9项，工程投资105万元。实施监督水利工程11个，完工8个。年内，征收水资源费239万元。

【抗旱工作】2017年，兴城市遭遇严重旱灾，市水务局坚持“以人为本”“先生活、后生产”原则，安排4个抗旱指导组，督促检查和指导各乡镇抗旱工作。新建塘坝1座、方塘7座、大口井16眼，铺设地埋管道1.2万米，维修塘坝3座、方塘8座、大口井2眼、管井1眼、蓄水池1座、渠道1处。投入抗旱资金10万元，购置64台汽油机泵和3000米管带。做好水库、灌区用水调度，确保城乡居民生活用水。

【防汛工作】2017年，市水务局健全完善防汛指挥体系建设，改造防汛视频会议室及设备等硬件，整合全局力量，成立38人组成的6个防汛小组，防汛抗旱指挥部组织一支由专业人员组成的321人应急救援营，负责对全市范围内突发险情进行应急救援。投入中央财政资金500万元，建设狼洞子水库溢洪道及曹庄镇、南大乡等14处水毁修复工程。修订27个乡镇、街道及260多个村级逃避险预案，对山洪灾害易发区乡镇编制山洪灾害防御应急预案，制订应急供水预案、城市抗旱预案。

【水利重点县工程】2017年，中央拨付农田水利重点县工程投资1500万元，工程涉及刘台子、徐大堡、围屏、南大、药王、东辛庄、沙后所7个乡镇。修建河塘整治工程2处，方塘、大口井等水源工程21处，改善灌溉面积833.33公顷。辽宁省投入小型农田水利项目资金250万元，工程涉及郭家镇、旧门乡、沙后所等8个乡镇。建设方塘、拦蓄坝等水源工程8项，改善灌溉面积133.33公顷。

【移民工作】2017年，市水务局水库移民后期扶持项目16个，治理河道1.9公里，疏浚河道2公里，修建村路4.46公里，渠道0.865公里，方塘4座；"美丽乡村"建设路灯8盏、文化广场2处。受益移民村16个，受益村民52人，受益移民25315人。直补资金全额发放，提高2331名移民日常生活水平。

【河道治理】2017年，市水务局加强采砂管理，保护河道生态环境。办理采砂许可证22张，清理河道垃圾2万立方米。兴城市中小河流治理重点县综合整治及水系连通工程元台子项目区二标段、三标段工程总投资784万元，完成总投资637.29万元。完成河道疏浚工程2.9公里，石笼护岸5.85公里。中小河流治理重点县综合整治及水系连通工程大寨乡、沙后所镇项目区，工程投资1272万元，修建河道石笼护岸长度7.66千米，年内完成工程30%。兴城西河重点山洪沟防洪治理工程，总投资850万元，完成河道护岸7.82千米。女儿河药王乡杜屯水毁修复工程，总投资60万元，修建河道石笼护岸400米。六股河维修养护工程投资25万元，修建六股河堤防石笼护坡390米。

**兴城市水务局领导成员**

局　长　程树志

副局长　杨春成　陆　宏　翟玉光

　　　　郑永福

（韩德权）

## 气　象

【概况】2017年5月10日，兴城市气象局从羊安乡康甸子屯搬迁至兴城市兴海南街88号，实行上级气象主管机构与本级人民政府双重领导，以上级气象主管机构领导为主管理体制。承担大气探测、天气预报、气象科技服务等基本任务，内设机构2个，直属单位2个，地方机构2个。有职工23人，在编人员17人。年内，该局按照"全覆盖、零容忍、严执法、重实效"要求，对全市辖区122处场所进行防雷检测，出具报告122份；易燃易爆场所102处，出具报告204份，易燃易爆场所检测覆盖率100%。开展行政执法31次，其中施放气球行政执法2次，防雷行政执法29次，执法监督100%。

【气象服务】2017年，全市降水总量92.5毫米，较常年同期偏少五成，8月3日出现一次暴雨过程。制作发布重要天气报告3期，累计发布决策信息、雨情信息、预警信息268条。抓住有利降水过程，成功组织实施火箭人工增雨作业11次，出动车辆19台次，出动作业人员60人次，成功发射火箭弹124枚（WR-98型火箭弹52枚，BL-1A型火箭弹72枚）。

**兴城市气象局领导成员**

局　长　孔令军

副局长　朱苗苗（女）

　　　　于志东　王　鹏（挂职）

（苏婉　张玉源　唐帅）

·小资料·

## 兴城海滨

兴城海滨自古就是辽西著名的港湾。千百年来，兴城人民在海上通航、捕鱼，在海岸上繁衍生息。20世纪80年代，兴城海滨辟为旅游景区对外开放。

兴城海滨浴场绵延14公里，有兴海湾、港口湾、邴家湾、老龙湾四个浴场，是我国北方最大的天然浴场、国家4A级景区。海滨浴场内无明石暗礁，岸边沙滩细软洁白，晶莹如玉，海水深浅适宜，水稳波清，清澈见底，海岸地势开阔，绿树掩映，是大海送给人间的一片天然乐园。

步入海滨第一浴场，即兴海湾，举目望去是一座四柱三门三楼单檐庑殿顶式正门，牌坊上边是著名书画家范曾题写的“洪波涌起”和“古城在望”八个大字。走过此坊，便走进如诗如画的兴海湾。兴海湾入口处一尊用花岗岩雕琢的高大的菊花女塑像正颔首相迎。菊花女就是“菊花杀恶龙”传说中的菊花姑娘，她是美丽、善良、勇敢、智慧和自我牺牲精神的化身，是人们心目中的英雄。

兴海湾北侧的松林中还辟有兴海公园，公园呈南北长、东西狭的长方形，占地38公顷，内有5万株松树，使兴城海滨成了一个天然的负离子空气过滤器，能使人们消除紧张，减轻压力，缓解疲劳。

兴海湾南端有“三礁揽胜”，在起伏绵亘的三座盘踞海中的明礁上，建有造形幽雅的观海亭，一曰“雪浪亭”，一曰“迎霞亭”，亭名由著名书法家王骋所书。各亭之间桥桥相连，真可谓是“三礁石恋大曲桥，百皱岩戏千重浪”。桥上游人来往不绝，或登亭观潮听浪，或依亭背海摄影，或蹲坐礁石静心垂钓。倘若赶上落潮，“三礁揽胜”里侧的海水退却，海滩半隐半露，还可拾贝、捉蟹，更是乐趣横生。

# 工　业

## 经济信息化

【概况】2017年，兴城市经济和信息化局贯彻“稳中求进”发展战略，推进经济结构转型，提高供给侧结构适应性和灵活性。全市规模以上工业企业增加值7.8亿元，总产值51.8亿元，营业收入47亿元。全市工业固定资产投资超额完成市定目标，其中菊花女食品、海洲药业、葫芦岛泵业竣工投产，首钢东华、兴凯农业、思科赛斯等项目稳步推进。完成工业固定资产投资18.1亿元。

【平台创新】2017年，市经信局推进质量品牌、提升产业新生动能促创新，辽宁海思科制药有限公司“精氨酸谷氨酸注射液”、葫芦岛首钢东华机械有限公司“DN150承插式输油管线”2项产品（技术）获省中小企业“专精特新”产品认定。兴城泳装创新型设计研发公共服务平台被认定为省级中小企业公共技术服务平台。葫芦岛舒漫体育用品有限公司被列入最新一批重点跟踪培育服装家纺自主品牌企业名单，兴城泳装创意设计产业园被确定为全国纺织服装创意设计试点园区。海思科、首钢东华、凯森蒙等21户企业产品入围《辽宁省重点推广应用工业产品目录》。

【服务企业】2017年，兴城市成立工业经济运行会商和协调工作领导小组，全面掌握企业运行和项目建设中出现的问题和困难，研究对策和解决办法。制定《兴城市企业帮扶工作实施方案》，推动服务企业精准化、常态化。召开银企对接会推荐优质企业项目，为企业融资超亿元，缓解企业融资难问题。利用辽宁省与江苏对口合作进行准备工作的机会，开展江苏企业与兴城工业企业产品配套情况调查，促进全市“企业走出去，产品推出去”。培育小企业升规入库，完成“小升规”入库申报企业9户。

【泳装产业】2017年，兴城市有泳装企业1200户，其中规模以上企业27户，从业人员6万余人。泳装产业集群销售收入140.6亿元，同比增长8%。8月，兴城市成功举办第六届中国国际泳装展，展会面积12267平方米，国内外泳装行业企业参展113家，展品范围涉及泳装、泳具、沙滩装、运动内衣、健美服装、健身服、瑜伽服、骑行服、防晒用品、沙滩用品、泳装设计、图案设计和泳装面辅料等。同时，展会首次吸引阿里巴巴集团、京东集团、亚马逊、EBay、WIsh、雨果网等 6 家国内外知名电商平台到场参展。

【技改项目】2017 年，全市实施工业技改项目 15 个。葫芦岛首钢东华机械有限公司全自动高速电梯导轨机械制造专用成套设备制造项目和 2004–150/200m 野战钢质输油管线系统承插管及管线附件项目、辽宁菊花女食品加工有限公司海产品深加工产业化项目、辽宁海洲药业有限公司乳酸菌素 3S 基地产业链建设（一期）项目、葫芦岛首钢东华轨道交通装备制造有限公司高速铁路核心整组道岔和高铁桥梁支座产品生产制造基地项目等列入辽宁省投资 5000 万元以上重大工业项目。推荐辽宁海思科制药有限公司肠内营养混悬液 Suplena、兴城市粉末冶金有限公司专用压机智能化改造项目等 5 个项目申报辽宁省企业技术创新重点项目。安迈汽车、粉末冶金、农函大玄宇等企业与科研院所、高校签订产学研合作协议。

【项目建设】2017 年，首钢东华全自动高速电梯导轨机械制造专用成套设备制造项目，完成投资 1000 万元。老厂房改造项目完成 80%，购置设备 21 台（套）。首钢东华 2004–150/200m 野战钢质输油管线系统承插管及管线附件项目，完成投资 2200 万元。建设镀锌涂塑工房 1 座、环保工房 1 座、镀锌涂塑生产线 1 条，购置设备 18 台套。首钢东华轨道交通装备制造有限公司高速铁路核心整组道岔和高铁桥梁支座产品生产制造基地项目，投资 6000 万元。完成桥梁支座生产线 1 条，进行试生产。

【小企业培育】2017 年，市经信局加大对小企业培育力度，监测企业运行情况，协调解决企业生产经营中存在困难问题，保障企业平稳运行。为兴城盛多嘉泳装公司争取助保金贷款 200 万元，为兴城华美泳装厂争取市农商行贷款 380 万元。葫芦岛宏兴制衣有限公司、兴城市三奇制衣有限公司、兴城市海源水产品有限公司、兴城市安迈汽车部件制造有限公司升入规上企业序列。

**兴城市经济和信息化局领导成员**

局　长　李旭明

副局长　张立松　巩常军

（王欢）

## 工业管理

【概况】2017 年，兴城市工业局加大所属国有、集体未完成改制企业专题调研，摸清企业职工底数和企业资产现状，解决企业不稳定因素。对企业职工频繁上访，要求企业缴纳养老保险、补发经济补偿金问题，经请示市政府常务会议批准通过，企业依法按程序破产，妥善安置职工并依法清偿债务。帮助改制企业历史遗留 2 名工伤职工解决待遇和退休问题。

【招商企业发展】2017 年，市工业局招商引资企业辽宁品缘食品有限公司筹建加工厂房，培育发展芦笋原料种植基地。在徐大堡镇海滨村完成流转土地承包面积33.33公顷，签订土地流转合同15年，移植芦笋苗种33.33公顷，并注册成立兴城市品之品缘芦笋专业种植合作社，同时选址场地筹建芦笋罐头、速冻食品加工厂，附带加工黄桃、豇豆、草莓等地方农副土特产品，带动区域农户种植。

**【驻村帮扶和定点扶贫】**2017年，市工业局开展"基层党组织联系乡村"活动，与刘台子乡蚂蚁村党支部进行帮扶对接，为其提供电脑、打印机等合计价值1.4万元，并帮助修建文化广场，改善村党支部办公及乡村文化活动场所条件。年内，按照定点扶贫工作目标，2次到三道沟乡凉水泉村，筹措资金1万元，帮助解决村基础设施建设所需资金。与三道沟小学对接，走访贫困学生家庭4户，送去帮扶资金2300元。结合"七一"党的生日，为4名贫困学生送去学生服、书包等学习用品。

**兴城市工业局领导成员**

局　长　王　立

副局长　刘　华　陈洪山

（任辉）

## 安全生产监督

**【概况】**2017年，兴城市安全生产监督管理局把人民生命安全放在首位，完善制度、强化责任、加强管理、严格监管，把安全生产责任制落到实处，切实防范重特大生产安全事故发生。召开安全生产工作会议15次，编印《安全生产目标管理责任书》和《兴城市安监局2017年度执法计划》，印发《2017年全市安全生产工作要点》。完善市政府及部门和乡镇街道工作职责，强化属地管理与分级负责相结合、综合监督管理与行业监督管理相结合监管原则，落实"一岗双责"和"党政同责"制度，完善安全生产责任体系。年内，全市发生生产安全事故2起，死亡2人。

**【重点行业专项整治】**2017年，市安监局结合全市高危行业多、易发生事故特点，开展安全生产"百日治理""打非治违"行动20次。针对"两节""两会"、小长假特殊时期安全生产工作，对重点地区和单位暗查暗访10次，出动检查组158组，参检人员406人，检查单位场所（车辆船只）1056个，累计下达各类法律文书426份。落实隐患整改措施，经排查对涉及16项安全隐患逐一梳理，整改完毕13项。

**【尾矿库治理】**2017年，市安监局加大力度治理尾矿库闭库，全市列入监管执法计划尾矿库16座。其中，兴城市松山选矿厂尾矿库列为辽宁省第一批15座尾矿库"头顶库"综合治理项目。该局对全市9座废弃及停用尾矿库实施简易闭库。首批治理存在危险隐患较大、尾砂裸露溢坝的5座小尾矿库，兴城市旧门草白窑沟尾矿库、兴城市华光铅锌矿业有限公司选矿厂尾矿库、兴城市旧门李屯南山李铁强选矿厂尾矿库、兴城市鑫钰铁精粉加工有限公司尾矿库和兴城市华山华茂实业有限公司尾矿库，年内完成治理施工工程，并聘请专家验收完毕。

【非煤矿山监管】2017 年，市安监局根据全市行业规模和生产特点，有针对性部署监管力量，做到哪里存在危险系数高，触角就延伸到哪里。组织召开非煤矿山企业复产复工验收工作会议，要求非煤矿山企业按照相关法律法规和验收内容及标准制定复产复工计划，自行组织全面整改，达到标准后，提出复产复工申请。要求各企业落实企业主体责任，做到安全投入到位，重视程度到位，安全培训到位。结合《中华人民共和国职业病防治法》宣传周，通过 LED 安全生产宣传车电子显示屏循环播放职业病防治知识专题片。出动人员 25 人次，宣传车 2 台次，设立宣传咨询点 3 个，街头悬挂职业病防治宣传周宣传条幅 20 余条，展出宣传展板 15 块；印制发放《中华人民共和国职业病防治法》300 余册、《职业病防治知识问答读本》500 册，宣传单 1500 余份，接受群众咨询 1500 人次。加强职业卫生安全监管，对 700 名企业从业人员上岗前和在岗期间进行健康检查。

【特种行业安全监管】2017 年，市安监局加大对烟花爆竹和危险化学品安全监管。配合葫芦岛市安监局完成 3 户批发企业烟花爆竹批发许可证延期申请；完成辖区内 28 个烟花爆竹常年零售单位的零售许可证换证，发放烟花爆竹经营许可证（零售许可证）64 个。完成 1 家危险化学品经营无存储企业的危险化学品经营许可证换证申请。督促指导 1 家加油站履行建设项目三同时手续；配合葫芦岛市安监局完成 2 家加油站危险化学品经营许可证发证审查；督促指导 2 家加油站完成应急预案修订；完成 17 家加油站危险化学品经营许可证延期换证申请初审工作和安全生产标准化初审；督促指导 2 家企业完成风险分级。完成辖区内 34 户危险化学品经营带储存企业基础信息填报。

【生产信息化】2017 年，市安监局探索构建安全生产综合监察平台，利用监控功能强化安全监管，排查隐患，做到早发现、早治理、不留死角。推动企业落实安全生产主体责任，实现安全生产综合监管平台建设提档升级，4 月 7 日至 11 日，先后对全市 130 家企业 280 名企业负责人和企业综合监管平台隐患自查自报系统操作人员进行业务培训。按照“一企业一标准、一岗位一清单”要求，上报数据企业做好安全生产隐患自查、自报、自改工作，实现对隐患排查、登记、整治、监督、验收、销号全过程闭环管理。同时建立综合监管平台 QQ 群和微信群，加强安全生产相关文件、信息和数据资料即时传递，方便企业安全生产经验交流与问题解决。

【企业风险管理】2017年，市安监局加强全市行业（领域）安全监管，推动企业落实安全生产主体责任，遏制重特大事故发生。对全市纳入评级的82家冶金等工贸行业企业进行安全生产风险分级，摸清冶金等工贸行业企业安全生产风险分级分类监管底数。有规模以上企业26家，其中评为蓝级企业2家，黄级企业9家，橙级企业15家。督促指导3家烟花爆竹批发企业和2家危险化学品完成风险分级，明确辖区内企业风险区域划分，制定风险防控体系。

【安全生产宣传】2017年，市安监局开展以“全面落实企业安全生产主体责任”为主题安全短信传递、安全生产月活动启动仪式、安全生产月咨询日、生产安全事故警示教育周、安全文化周等一系列活动，普及安全生产常识。展出安全生产摄影展板100块，悬挂宣传条幅45条，宣传册1500册，宣传单1200份。同时，开展网络安全生产月系列宣教活动，征集筛选主题清晰，创意新颖的“全国有了安全月味儿”随手拍作品，参与活动单位100余家。悬挂安全生产宣传标语横幅450余条，制作展出安全知识宣传展板360余块，发放各类宣传单、宣传册、购物袋、宣传图书等安全宣传资料5.8万余份，安全知识有奖问答发放各类奖品3850余份，现场接受群众咨询1.5万余人次。利用电台、电视台、报纸、户外LED屏、播放安全生产公益宣传警示语150多条，购买安全光盘音像制品25套、宣传挂图100套680张。利用电视台、广播电台、综合监管平台播放安全生产事故案例、安全常识和安全法律法规，通过微信、微博、短信等平台发送安全生产工作相关信息3500余条，向国家、省、葫芦岛市相关部门信息网发送工作动态信息37篇。

**兴城市安全生产监督管理局领导成员**

局　长　王华日
副局长　张东兴　张汝生
　　　　张福军（2017年4月离任）
　　　　李长军（2017年4月任职）

（杨明）

## 热　电

【概况】2017年，兴城热电有限公司以保障供热质量为宗旨，以外网建设项目为重点，以安全生产为抓手，以用户满意为目标，上下合力，努力拼搏，实现安全经济平稳运行。全年实现发电量1034万千瓦时。厂用电量630万千瓦时，上网电量491万千瓦时。总耗煤量15.6万吨，耗酸9.1吨，耗碱6.6吨。实现总收入11250.6万元。供暖面积首次突破310万平方米。

【夏季检修】2017年，热电公司在停炉前各车间做好检修计划，严格控制检修费用，通过技术创新和设备改造节约运行成本，有效降耗挖潜。车间各专业人员对锅炉本体、输煤系统、除灰系统、风机系统等8个系统、116个项目，180台（件）设备进行检修。其中大修项目54项，小修项目46项，技改项目2项，更换水泵5台。大修设备121台件，小修设备96台件；更换零部件54台件；所用工时840个。清洗换热器80台，处理二环漏点15处、三环漏点98处，更换二环、三环支线、站内阀门80台，站内止回阀10台。56家自管站进行设备维护、大修、循环泵及补水泵共计25台，更换水泵轴承10架、电机轴承8架，机封15套，油封20个，更换校对压力表30块、温度计20个，站内放风阀、表阀50台。加装节能泵7台及补水泵2台。3、4、5#炉3台高压电保养，更换轴承4架；1、2、3#炉低压回路器件及二次线改造，更换12台次。检修计量设备356台（件）。检定厂区压力表118块，锅炉盘上显示仪表57块。检定现场压力、差压变送器85台，远方电动执行器16台，管道上控制电动阀门11台，检定电流电压表102块。DCS控制系统2套。10月31日，经公司三级验收，合格率100%。

【**管网养护**】2017年，热电公司处理二环漏点27处，三环漏点315处，换管焊接37处。更换锁阀253台，铁球阀、放风阀146台，清洗二、三环除污器50余台次，洗换热器8台，加装交换器1台、更换站内循环泵、补水泵维修30余台，机封18套。更换电机轴承24架，接触器1个，控制面板1个。有自管站56家，运行设备240台，热交换器161台，全年运行正常。

【**扩网工程**】2017年，热电公司对东山市场及6个小区2726户进行管网改造，改造面积24.3万平方米，改造管线1.2万延长米。入网面积41.7万平方米，铺设一网管线0.78万米，二网管线2.2万米，安装换热站5座。改造公司总站循环泵1台，铁西总站改造循环泵1台。

【**窃热查处**】2017年，热电公司管网稽查队收缴取暖费面积44991.2平方米，收缴取暖费12.7万元，断阀面积4499平方米。查出窃热用户28户，窃热面积3810平方米，收缴窃热取暖费2.9万元。1月，企审科及总工办人员，利用夜间休息时间对公司总厂及园区、铁西热源厂供暖面积进行排查，查出窃热面积6200平方米。其中，总厂窃热面积1800平方米，铁西热源厂窃热面机4400平方米，为公司挽回经济损失。

【**外网改造**】2017年，热电公司在92302部队家属区、郦家湾小区、兴运府、水岸澜湾、创业广场等入网面积近37万平方米。外网工程安装管线1.2万延长米，新建换热站6座。对锦铁住宅、东华家属楼、温泉辛村、兴城市医院等一网、二网更换老化管线，并进行扩容。改造面积14.5万平方米，新换管线7713米。

**兴城热电有限公司领导成员**

经　理　马　春

（王芳）

# 城建·环保

## 城乡建设

【概况】2017年，兴城市城乡规划建设局把搞好城市建设作为“窗口”，把彰显城市特色作为“品牌”，把提升城市品位作为“名片”，履职尽责，加快建设“五个兴城”。推进滨海温泉新城建设，兴宫·首山湖和润德·尊者小镇等重点项目顺利实施。兴城西客站站房主体完工，河东路跨河大桥加快建设，一高中迁建工作启动，兴城河南岸开发全面提速。开展全国卫生城市创建工作，实施老城区道路畅通工程，投资75万元。划定停车位3000余个，规范农贸市场7处，20万平方米老旧弃管小区改造工程顺利实施。高家岭、徐大堡入选省特色乡镇培育名单

【城市建设】2017年，全市改造修建街巷、城市道路6公里，投资1253万元；首山烽火台和栈道亮化工程，投资239万元；古城景观改造、修建东关外生态停车场等工程，投资1800万元；新增城市绿化面积6公顷，投资399万元；铺装人行步道3万平方米，投资342万元；安装路灯300基，投资150万元；完成滨海温泉新城污水管网铺设工程和城市污水处理厂提标工程，投资近亿元；清理兴城河、东河、温泉河、钓鱼台河及首山河约26公里，清运垃圾4万立方米，投资184万元。

【管网式反腐】2017年，市城建局实施“四个不直接分管”制度，领导班子成员按照“谁主管，谁负责”原则，对领导班子成员各自分管工作，做到“不说情、不批条、不定调”。局党委对16个党支部，结合岗位职责和行使权力大小等进行分级，采取“三分类三升级”管理方法。绘制权力分布、权力运行流程图，绘制工作流程、风险点和防控措施于一体的廉政风险防范网络图。按照“先进上水平、一般上台阶、后进换新貌”目标，将《关于实行党风廉政建设责任制的规定》5章32条内容逐项分解，划分17个廉政责任区，层层签订责任状，确保党风廉政建设责任制各项工作落实到位，筑牢反腐倡廉底线。对城市管理与建设、重点工程项目，做到公平公开，阳光操作，营造良好营商环境。

【棚户区改造和保障性住房】2017年，兴城市实施纪家村和城北社区、城南社区及南辛庄村棚户区改造项目，共计954户，

总面积20万平方米，投资8亿元。全年，全市农村危房改造784户，其中D级危房（翻建）462户，C级危房（维修）322户，投资1547万元。全市廉租房租赁补贴430户，总计补贴93万元。

【红海滩观光廊建设】2017年，兴城市投资6846万元，建设完成红海滩景观平台、异形栈道、亲海栈道、海岸防护和航母栈道，集聚湿地生态资源保护、科学研究、科普展示、艺术创意和旅游休闲度假等功能于一体，丰富滨海旅游产业，推动红海滩旅游发展。

**兴城市城乡规划建设局领导成员**

局　长　李宏伟

副局长　计旭鸿

　　　　顾天强（2017年8月离任）

　　　　李　宇（2017年8月离任）

　　　　张　良（2017年8月任职）

　　　　孟宪利（2017年8月任职）

（周世文）

## 城乡规划

【概况】2017年，兴城市城乡规划局完成城区控制性详细规划4项，总规划面积14.34平方公里。批准城区控规覆盖率68.59%。完成郭家镇、碱厂乡、望海乡及华山街道4个乡镇（街道）总体规划。组织编制调整修建性详细规划90项，其中新建规划用地面积48公顷，规划总建筑面积73.2万平方米。编制完成城市规划区内道路、市政单项工程及小区综合管网规划73项。完成提供出让地块规划条件51项，总用地面积170.82公顷。依据法定程序并结合规划需要，完成项目用地规划条件变更4项。配合市国土资源主管部门完成建设项目规划指标核定18项。

【建设项目审批】2017年，市规划局完成兴城古城东门外生态停车场二期工程、高速铁路兴城西站配套公路等5项建设项目工程选址意见书核发。完成鸿缘城市之光住宅小区等42件建设用地规划许可证核发，总用地面积149.3万平方米。完成红石湾小区、鸿缘城市之光住宅小区等62件建设工程规划许可证核发，总建筑面积116.6万平方米。办理个人建房(危房翻建)8户，建筑面积797.6平方米。

【项目批后管理】2017年，市规划局对兴运府住宅小区、星河小镇一期工程等34个建设项目验收，面积102.2万平方米。为大红门物流商贸城二期工程、红石湾住宅小区等5个建设项目放验线，面积16.63万平方米。公建在建项目61个，总建筑面积122.32万平方米。验收民建53户，总建筑面积5204平方米。

【测绘工作】2017年，市规划局完成勘测定界图54幅，面积224.21万平方米。完成等用地条件图64幅，面积176.05万平方米。补测地形图6平方公里。

【城建档案】2017年，市规划局与开发建设单位签订《报送建设工程竣工档案责任书》25份，签发“建设工程竣工方案初验合格证”50份（27家），核发“建设工程档案合格证”19份（7家）。接待档案利用54人次，提供档案证明28次。

**兴城市城乡规划局领导成员**

局　长　赵更民

副局长　周　莉（女）　韩　冲　姜笑海

（王双全）

## 滨海温泉新城开发建设管理

【概况】2017年，兴城市滨海温泉新城开发建设管理办公室深入推进基础设施及全市重点项目建设，优化全市新城投资环境。在兴城比基尼广场举办市房交会及电商节等重大活动，做到安排细致、周密、准确。9月20日，按照葫芦岛市政府文件要求，兴城比基尼广场项目移交给葫芦岛市文旅集团管理。

【基础设施建设】2017年，兴城市开展滨海温泉新城区域内基础设施工程，道路工程完成11条路，共10.54公里黑色路面铺设，累计投资5600万元。排水工程完成36.3公里管线铺设，配备检查井800个，2号路11.5公里应急排水工程完工，累计投资2400万元；给水工程完成14.5公里管线铺设，日供水2万吨配水厂及配套设施全部完工，项目累计投资2200万元。燃气工程完成邴家湾小区内300日管线铺设，累计铺设管线15公里，总投资1000万元。暖气工程铺设供暖管线23公里，完成投资2000万元。电力工程总投资3288万元的兴城市学府66千伏输变电工程，规划用地面积0.002604平方公里，建筑面积876.45平方米，年内全部完工并投入使用；嘉山墅2.5公里第二路电源及学府变到滨海路3公路第二路电源全部完工。路灯及绿化工程完成2号路及16号路1.2公里共62盏路灯安装工程。完成16号路绿化工程，绿化面积2500平方米，种植银杏和云杉各40棵，龙兴路两侧绿化全部完成。

【比基尼广场项目】2017年，兴城比基尼广场项目（2013年4月开工）总建筑面积26694.71平方米，总投资3.3亿元，年内项目全部完工并投入使用。在展览中心成功举办泳装展、首届世界花式台球锦标赛及兴城市第四届房交会。2014年至2017年，连续四年配合相关部门在国际比基尼广场展览中心成功举办中国（葫芦岛·兴城）国际沙滩·泳装文化博览会。

【邴家湾回迁楼建设】2017年，邴家湾回迁楼小区项目（2014年4月开工）占地112014.53平方米，总建筑面积240442.18平方米。年内，一期、二期、S1、S2、37

号楼及小区内基础设施全部完工，具备入住条件。6月23日首批172户回迁户正式办理入住，年末办理入住手续161户。

**兴城市滨海温泉新城开发建设管理办公室领导成员**

主　任　蒋继友

副主任　武继利（2017年9月离任）

　　　　李绍中

（宫君）

## 环境保护

【**概况**】2017年，兴城市环境保护局推进“大气、水、土”10条治理，完成环境考核各项指标。淘汰10吨以下燃煤锅炉135台，完成率203%。启动污水处理厂提标改造工程，年底前达到一级A排放标准；开展全市17个畜禽屠宰厂（点）专项整治，建立健全污染物处置台账制度。

【**环境整治**】2017年，市环保局摸底调查重点涉水企业，启动33家加油站地下油罐改造，杜绝地下水污染。狠抓秸秆禁烧，与28个乡镇、街道签订禁烧责任状，出动执法人员1232人次，车辆406台次。开展扬尘污染整治，确保全市35处建筑施工工地污染防治措施落实到位，对15家存在违法行为企业给予行政处罚；全市691台黄标车、老旧车辆全部淘汰。

【**精准扶贫**】2017年，市环保局投资5万元，扶贫治理药王乡杜屯垃圾污染，清掏河道、清理垃圾。领导班子7人每人500元认养贫困户果树。帮扶南大中心小学困难学生19名，共计8300元，送到贫困学生手中。

【**环保督查整改**】2017年，市委、市政府制定《兴城市建立中央环保督察问题整改包保责任机制工作方案》，市环保局对中央环保督察期间51件举报案件中，21件预先排查并整改。将各类环境问题梳理为42项具体整改任务和19件销号案件，完成销号案件17件。

【**农村环境整治**】2017年，市环保局开展2批33个村屯生活垃圾分类“示范村”建设。内设环境应急指挥处置中心，实行24小时无休接访，受理环境信访案件86件，案件处理率100%，群众满意率98%以上。设置环境空气自动监测站1座，实现PM2.5等污染因子实时在线监测，取得有效数据7万余个，为环境管理、建设项目环境影响评价及排污费征收提供可靠依据。

**兴城市环境保护局领导成员**

局　长　张永强

副局长　谭友顺（2017年8月离任）

　　　　张　良（2017年8月离任）

　　　　韩继成

　　　　李　宇（2017年8月任职）

　　　　张玉岐（2017年8月任职）

（佟雨）

# 交　通

## 公　路

【概况】2017年，兴城市交通局完成公路建设,维修改造农村公路37.1公里。其中，县级公路大修9公里，乡村公路大修28.1公里；中修49.8公里，其中县级中修13.3公里，乡村公路中修36.5公里；危桥改造工程80.5延米/4座；精准扶贫新建农村公路20.8公里；安全生命防护工程34.1公里。完成省道凌兴线（茶棚庵立交桥至种子公司）中修工程5公里,路面宽25米,投资565万元。高速铁路兴城西站配套公路工程项目,其中大桥1座,全长324.5米,宽32米，16孔，每孔长20米；中、小桥5座，全长184米；年内桥桩基础完成全部102根，盖梁完成全部34架，梁板预制完成全部320块，梁板吊装完成。完成水毁恢复路面工程10690平方米，桥梁2260.9平方米，涵洞6道，安全生命防护工程2612立方米,过水路面13381平方米。

施工中的河东路大桥

【公路桥梁维修养护】2017年，市交通局高标准整修县级以上公路日常养护路基，102线45公里，丹东线51公里，凌兴线40公里，沙上线42公里,兴西线55公里,汤李线19公里，老杨线14公里。为提高桥梁承载能力、耐久性和安全性，确保桥梁运营安全，加固丹东线南河大桥基础。全面检查维修烟台河桥、东沙河桥伸缩缝,改造水毁工程凌兴线樊屯桥、火石岭小桥、凌兴线清水大桥、赵屯大桥，年末全部竣工。

【公路绿化美化】2017年，市交通局为营造“畅、洁、绿、美、安、优”公路路域环境，加大公路绿化美化力度,补植公路两侧绿化。102线补植柳树258棵、花灌木25452棵、桧柏182棵、火炬树16100棵、国槐13棵、栽花3.5万余株；丹东线栽花1.2万余株、火炬树1640棵、花灌木5600棵;沙上线补植柳树1100棵､栽花1.2万株、火炬树1500棵；兴西线补栽柳树

1500棵、火炬树2000棵；汤李线补栽柳树300棵、花灌木500棵；凌兴线补植柳树294棵、花灌木2810棵、火炬树29200棵、云杉151棵、樟子松1850棵；乡道兴英线、兴田线栽种柏树、柳树4000余株，绿化里程25公里。

**【农村公路养护】**2017年，市交通局完成农村公路路基整修784.8公里，清理边沟662.5公里，处理翻浆9765平方米，坑槽37660平方米，清运村屯废方4100立方米，清理村屯堆占660余处。羊洪线、拣闸线大修工程完成后安装里程碑、百米桩，并维修沿线破损小桥、涵洞、挡土墙等构造物。

**【国、省干线养护】**2017年，市交通局完成水毁道路恢复1000多立方米。完成102线病害处理15000多平方米，预防性养护12000多平方米。完成丹东线病害处理2000多平方米，预防性养护6000多平方米，灌封5000多延长米。灌缝102线2960米、丹东线17580米、凌兴线4485米。清运垃圾1.2万多立方米。

**【运输服务】**2017年，市交通局为提升全市市容市貌，方便市民出行，改善市民乘车环境，公交公司更新5路（兴城火车站——沙后所）沿途30个公交站点站牌，更换站前发车牌5个，更换1路、2路、12路站点牌138块。粉刷1路、2路、3路、4路、6路、11路、17路七条线路沿线站点杆131根。更新完善车辆线路行驶示意图97个。在3路公交沿线"滨河御景"站新增设12米现代化候车亭2个。推进"兴葫"两市城市公交一体化进程，6月1日开通兴城古城——葫芦岛葫芦山庄旅游观光巴士。

**【线路客运】**2017年，市交通局加快淘汰老旧客运车辆，提升客车性能，保证乘客出行安全，更新老旧农村客运车辆11台，有客运线路班车190台，其中省际2台、市际11台、县际143台、旅游包车8台，村通率100%。客运站发送班次11.9万个，客运量120.5万人次，周转量7832.5万/人公里。

**【运输管理】**2017年，市交通局引导运输企业优化运力结构，要求营运车辆标准化、专业化、清洁化。规范和完善危险品、普通货物运输企业的基础资料，建立健全货运车辆基础管理台账，督促企业建立健全并落实各项管理制度。新增货车684台，货车总量5335台。审批增加三类维修企业2家。年内，全市有维修企业73家，其中一类汽车维修企业1家；二类维修企业18家，包括二级维护企业6家；三类维修企业52家；摩托车维修企业2家。

**兴城市交通局领导成员**

局　长　侯九肖

副局长　张　昕　李忠华　陈英凯

（揣红刚）

## 铁　路

【概况】2017年，兴城火车站发送旅客846871人，接发列车99600列。客运总收入5475.34万元。

**2017年兴城站旅客列车时刻表**

| 上行 | | 下行 | |
|---|---|---|---|
| 车次 | 运行区间 | 车次 | 运行区间 |
| K5012 | 沈阳北——山海关 | K4729 | 北　京——海拉尔 |
| K5040 | 通　辽——山海关 | K4577 | 菏　泽——哈尔滨西 |
| K4578 | 哈尔滨西——济　南 | K4021 | 北　京——哈尔滨西 |
| K490 | 佳木斯——北　京 | T3017 | 北　京——哈尔滨 |
| Z4016 | 哈尔滨——北　京 | K4117 | 北　京——佳木斯 |
| K4120 | 牡丹江——天　津 | K5011 | 山海关——沈阳北 |
| K4082 | 齐齐哈尔——北　京 | K4689 | 青　岛——齐齐哈尔 |
| K4410 | 乌兰浩特——北　京 | K5039 | 山海关——通　辽 |
| K4024 | 哈尔滨西——北　京 | K4023 | 北　京——哈尔滨西 |
| K4022 | 哈尔滨西——北　京 | K667 | 福　州——大　连 |
| K 668 | 大　连——福　州 | | |
| K4116 | 牡丹江——北　京 | | |
| T3018 | 哈尔滨——北　京 | | |

**2017年兴城站暑运增开临时列车表**

| 车次 | 运行区间 | 车次 | 运行区间 |
|---|---|---|---|
| K5085 | 山海关——锦　州 | K5045 | 山海关——吉　林 |
| K5086 | 锦　州——山海关 | K4009 | 山海关——大庆西 |

（姜丽红）

## 路 政

【概况】2017年，辽宁葫芦岛公路路政管理局兴城分局强化路巡监管，完善治超机制，查找隐患整改，提高安全综合水平。开展安全培训4次，现场演练2次，隐患排查活动8次，整改问题7项。检查车辆13万台，查扣车辆505台；卸载货物3920.05吨，罚款19.36万元，记分1570分。办结路政许可5件，审批7件；发现并处理路巡事件21件，其中立案21件，处理21件；清除非公路标志54个，损坏路产21处。全年收缴公路路产赔（补）偿费177357元。

【公路状况普查】2017年，路政兴城分局管辖路段线路代码、线路名称、线路里程、线路起始点均发生变动，为确保路政执法有据可依，实施对省道凌兴线（原省道兴凌线）、国道京抚线（原国道京哈线）路域状况及凌兴线建筑物、构筑物、国道京抚线非公路标志普查。8月，与兴城市公路管理段共同对辖区新提级干线公路路域状况普查，确保公路安全畅通。

【货运车辆治理】2017年，路政兴城分局加强辖区内货运车辆货物脱落扬撒治理。联合当地公安交警、运输、环保等执法部门，全方位整治违法车辆。出动执法人员24人次，执法车辆2台，发放宣传单320张，教育整治违法货运车辆11台。

【超限专项整治】2017年，路政兴城分局联合交警部门整治短途超限运输车辆，严厉打击短途超载、沿途洒落、避站绕行等违法运输行为。出动警力6人，路政人员10人，截获超限运输车辆4台，均按要求实施分装卸载并交由交警部门处罚。春节前夕，加大执法力度，击破不法分子侥幸心理，保障春运期间路域环境畅通。连续5天开展短途工程车辆规范装载专项治理，突击进行路面稽查，出动执法车辆10台，执法人员32人次。要求所有通行车辆规范装载，加盖苫布，对违规装载车辆实施严厉监管，保障群众出行安全畅通。

**辽宁葫芦岛公路路政管理局兴城分局**
**领导成员**

局　长　滕　玲（女）
副局长　刘立志　温　浩

（许建）

# 电 力

## 城乡供电

【概况】2017年，兴城供电分公司狠抓企业管理创新、电网发展建设、电力营销和优质服务，累计实现安全生产8891天，未发生人身轻伤及以上事故；未发生大面积停电及重大设备事故，电网运行安全平稳。售电量实现9.44亿千瓦时，同比增长11.85%;综合线损率完成8.2%，同比下降0.36%；售电平均单价完成59.417元/万千瓦时，同比下降0.626元/万千瓦时；电费回收率100%。年内，该公司荣获国网公司文明单位、葫芦岛市委思想政治工作先进单位等荣誉称号。

【配电网建设】2017年，兴城供电分公司推进上年农网改造升级工程，完成中心村、村村通动力电，贫困村、机井通电，农网改造升级及海滨变联网等工程29项，总投资3.07亿元。重点改造兴城地区配电网运行超过30年以上老旧线路设备，改造中心村55个，新增通电机井2481口。

【新线路运行】2017年5月23日，兴城供电分公司海滨66千伏变电站投入运行。完成海滨变10千伏联网工程施工，新建JKLYJ-240型线路8.63千米，敷设YJV22-3*300型电缆0.75千米；组立杆塔179基，其中钢管杆19基；安装线路开关9台。新配出10千伏线路4条，摘转负荷11845千伏安，与东辛庄变电所、沙后所变电所形成环网线路。满足兴城徐大堡地区海产品养殖、核电站附属设施供电需求，提高供电质量和供电可靠性。

【优质服务】2017年，兴城供电分公司坚持“以客户为中心”，深化服务文化建设，走入乡镇集市发放便民卡。层层签订优质服务承包责任状。改造红崖子花生基地、泳装城、钓鱼台家庭宾馆等以往投诉高发地区线路。年内，投诉量由上年的47件下降到20件，同比投诉量下降56.52%。

**兴城供电分公司领导成员**

经　　理　王志宏  
书　　记　李　忠  
副 经 理　朱连勇　苏天昌  
　　　　　王延波（2017年12月离任）  
工会主席　王　钰

（康杰）

## 徐大堡核电

【概况】2017年，中核辽宁核电有限公司徐大堡核电项目整体进展顺利，公司稳步推进执照申领、电厂设计、设备采购、现场施工准备、新能源开发等工作。项目核准所需的支持性文件全部取得，并顺利通过中咨公司核准评估，一期工程准备工作全部就绪。厂区非核心区域10兆瓦分布式光伏项目提前完成年度发电任务，兴城抽水蓄能项目进展顺利，公司与葫芦岛市政府和国网新源公司三方签订项目合作框架协议。地热项目开发顺利启动，厂区内7.5兆瓦分散式风电项目开工建设，推进“燕龙”堆落户。

【光伏发电】2017年，中核辽宁核电有限公司厂区非核心区域光伏项目总发电1526万千瓦时，提前37天完成发电任务。与河北、吉林、黑龙江、内蒙古等省、自治区54个新能源项目资源普选，取得80兆瓦光伏项目备案。

【地热开发】2017年，中核辽宁核电有限公司对东北地区地热资源进行调查，制定“扎根兴城、立足辽宁、辐射东北”地热发展目标，集团公司辽宁联络部先后与黑龙江省地质矿产局、吉林省地质调查院、兴城市政府、辽宁省地矿集团签订战略合作协议。

【燕龙堆示范项目】2017年，中核辽宁核电有限公司落实集团公司确定担任燕龙堆示范项目业主指示精神，按照“既快又稳”方针，快速推进燕龙示范堆首堆建设前期准备工作。成立燕龙示范堆项目工作组，同中核新能源公司深化对接，推进与中国原子能院、工程公司河北分公司合作，开展项目调研。制定项目推进具体方案，强化项目管理。

【抽水蓄能项目】2017年，中核辽宁核电有限公司在葫芦岛市政府、国网新源公司共同努力下，抽水蓄能项目合作开发事宜和开发权争议问题圆满解决。三方就项目前期工作成果、股比、后期管理及站址优化等一系列问题达成初步共识。8月，签订项目合作框架协议。

【风电项目开工】2017年，中核辽宁核电有限公司挖掘场地价值，利用周边电网资源，经过科学严谨论证，风电项目通过各项审查,取得相关支持性文件。10月5日，国内首个核电厂内的风电项目正式开工。

【企业文化建设】2017年，中核辽宁核电有限公司用文化管企业、文化兴企业理念，增强企业文化凝聚力、推动执行力、提升发展力，开展中国核电“卓越”文化体系学习和“辽核大讲堂”专题讲座。公众沟通与科普宣传工作，获中国企业文化研究会全国企业文化科研成果一等奖、中国企业文化研究会企业文化建设优秀单位、中电联企业文化类优秀成果三等奖、集团公司 2017 年度管理创新三等奖。

【操纵员培训】2017 年，中核辽宁核电有限公司通过把预备操纵员人事关系转入所在培训电厂方式，解决公司自主培养电厂首批 SRO 难题。培养反应堆持照人员 44 名，解决徐大堡项目首批值长和操纵员的难点。

【工程建设】2017 年，中核辽宁核电有限公司徐大堡核电站加强现场施工管理，1# 常规岛负挖完成 100%；完成 1# 机组 CA03 模块制造、CA20 模块主体拼装的 78%，CA01 主体拼装施工的 35%，CV-1R 环段筒体主体拼装的 55%，CVBH 拼装工作的 94%；2# 机组完成 CA20 制造的 93%、CA01 制造的 83%。开展现场 FCD 及后续施工准备工作，满足随时 FCD 的要求。

**中核辽宁核电有限公司领导成员**

党委书记、董事长　徐　力

党委副书记、总经理

王秀启（2017 年 3 月任职）

| | |
|---|---|
| 副总经理 | 戚屯锋　葛政法 |
| 纪委书记 | 俞　江 |
| 总会计师 | 颜志勇 |
| 副总经理 | 石　岭 |
| 总经理助理 | 王海平　王　凯 |

（杨威）

## 风　电

【概况】2017 年 12 月 31 日，兴城风电场年度实现安全生产运行 365 天，连续安全生产运行 3708 天。发电量 13008 万千瓦时，上网电量 12878 万千瓦时，购网电量 48 万千瓦时，综合场用电量 178 万千瓦时，厂用电率 1.37%，等效可用系数 98.66%。办理电气第一种工作票 26 份，合格率 100%；电气第二种工作票 10 份，合格率 100%；风机检修工作票 623 份，合格率 99.7%；电气倒闸操作票 45 份，合格率 100%；完成风机设备维护 648 台次，发生风机缺陷 106 次，消缺率 100%。

【风机维护改造】2017 年，兴城风电场完成升压站设备高压预试、防污闪清扫及保护试验。开展 35 千伏集电线路及 660 千伏送出线路专项检修，推进华锐风机出质保工作。制定整改 25 项，更换齿轮箱高速端盖 30 台次，变频器 2 台次，改造变桨滑环 18 台次，齿轮箱油冷散热 20 台次。利用小风月完成风机标准化定检 54 台，校验发电机对中、螺栓力矩，更换齿轮箱油管、变频器水管、发电机 4 台、齿轮箱 5 台，修复风机叶片 18 支。维修 PLC 控制器 12 台，变桨变频器 6 个，油泵电机 9 个，节约费用 10 万余元。

【电量损失】2017 年，兴城风电场因调度限负荷损失电量 463 万千瓦时，低于上年

（1388 万千瓦时）。风机设备计划停运影响电量 73 万千瓦时，主要开展风机标准化定检、风机出质保整改、升压站检修预试及安全专项检查。风机设备非计划停运影响电量 18 万千瓦时。非计划停运和计划停运损失电量之和低于上年停运损失电量之和 125 万千瓦时。

**【员工培训】**2017 年，兴城风电场根据生产工作特点，每月定期对员工开展安全、技术、文明生产技术培训，全面提升员工个人业务素质和能力，定期组织考试。全年完成培训 96 次。

**国电和风电开发有限公司领导成员**

总 经 理　张云峰

党委书记　赵　爽（女）

工会主席、纪委书记　张文利

副总经理　孙　波　付　彪

**兴城风电场领导成员**

场　长　步　兵

副场长　顾天强　孟宪利

（步兵）

## 核电办公室

**【概况】**2017 年，兴城市核电项目办公室协调相关部门，服务核电项目建设，配合核电企业开展核电及清洁能源科普宣传；与核电企业共同编制科普宣传公众沟通方案，并协调相关部门深化科普宣传活动。娱乐休闲与清洁能源相结合，启动兴城“魅力之光”杯全国中学生核科普知识竞赛。开展网络媒体人话舆情交流，加强舆情监测力度，促进与网络媒体人交流。组织开展宣传员技能大赛，提高宣传员专业技能。

**【协调帮扶】**2017 年，市核电办协调兴城滨海经济区管委会为核电提供建设用地 1.33 公顷，用于建设徐大堡核电检测实验室和国家环保核辐射监测站。协调国土、规划、城建等部门做好徐大堡核电配套设施土地开发论证。协助海洋部门做好徐大堡核电项目一期工程违规用海处罚延期工作。协助核电企业开展微电网前期可研论证资料收集。

**【风电开发】**2017 年，市核电办协助核电企业加快推进风电开发建设。协助中核辽宁核电有限公司完成厂区非核心区分散式风电项目论证收资，帮助核电企业开展光伏发电站选址及徐大堡核电场内风电建设。协调发改委等单位帮助核电企业投资 1.2 亿元，完成徐大堡核电厂非核心区 10 兆瓦分布式光伏项目。年内，总投资 5000 余万元的 7.5 兆瓦分散式风电项目完成相关手续，实现并网发电。

**【抽水蓄能电站项目】**2017 年，市核电办协调做好兴城抽水蓄能电站项目前期工作。中核辽宁核电有限公司完成项目预可研报告。经葫芦岛市政府协调国家电网与中核集团，双方达成合作意向，解决开发权争议问题。双方进入实质性合作阶段。该站上库位于三道沟乡大青山、下库位于围屏乡向阳寺村。装机容量120万千瓦，年发电量16.73亿千瓦时，工程投资55亿元，工期65个月。项目列入国家能源局综合司《关于落实抽水蓄能电站选点规划，进一步做好抽水蓄能电站规划建设工作的通知》（国能综新能〔2014〕699号）中的《全国抽水蓄能电站规划选点成果》以及《辽宁省抽水蓄能电站选点规划报告》2020年前开工项目目录。

**兴城市核电项目办公室领导成员**

主　任　徐忠臣

副主任　裴志凌

（张超）

·小资料·

## 兴城温泉

据史料记载，自辽代以来，兴城的温泉水就被广为利用，人们在这里建有致爽亭、汤泉寺。1926年，北宁铁路局局长为讨好奉系军阀张作霖，在汤泉寺旧址修建一座别墅，被称作“张作霖别墅”。该别墅建筑风格典雅，工艺精萃，院内草木扶疏，古树参天，兴城最早的一口温泉水井就开在这里。

兴城温泉，古称“汤泉”，位于古城和海滨之间。温泉是因地下溶岩的作用而形成的天然矿泉。泉水清澈透明，无色无臭，水温67℃左右，酸碱度为7.4，泉水比重为1.006，属于高温弱碱性食盐矿泉。泉水中含有钾、钠、钙、铵、镁等多种矿物质，还含有一定数量的放射性元素氡和镭。泉水可以口服、冲洗和浸浴。对风湿性关节炎、大骨节病、神经衰弱、高血压、皮肤病和慢性妇科病以及外科手术后恢复，均有显著的疗效。健康人沐浴温泉，可以爽身提神，解除疲劳。

兴城温泉疗养区不仅有充足的温泉水，而且风景十分秀丽，北靠挺拔峻秀的首山，东临烟波浩渺的渤海，西望雄伟壮观的古城。温泉疗养区现已发展到床位2万张，成为全国最大的海滨温泉疗养区。

八十年代以来，各地慕名而来的疗养者和沐浴者与日俱增。把温泉水视为“圣水”的蒙古族兄弟，每逢端午节前后便结伴而来，少则几天，多则月余，以领略温泉水的神奇。

# 信息产业

## 联　通

【概况】2017年，中国联合网络通信有限公司兴城市分公司面向客户和市场，推进创新转型，多措并举，攻坚克难，适应各项改革带来的压力与挑战，为社会、客户提供综合、便利、特色电信服务，保持持续、健康、平稳发展。

【“光改”行动】2017年，联通兴城分公司陆续将剩余LAN用户全部转化FTTH光纤到户，并对原有宽带用户无条件免费提速至100M。年内，联通兴城分公司完成“全光市”建设，光纤覆盖率100%，为“智慧城市”建设各项应用打下坚实基础。

【提速降费】2017年1月，联通兴城分公司推出流量不限量冰激凌产品，由70元1G流量包向大额流量包月型产品转变，让用户体验超大及高速流量服务。9月1日起，取消所有手机用户国内长途和漫游费，所有手机套餐全国语音被叫免费（不含港澳台），套餐内语音使用范围由本地、长市（长途和市话）、省内扩大到全国范围。

【维护工作】2017年，联通兴城分公司严格考核宽带装、移、修一日通，开展“宽带慢必赔”活动，提高服务质量，提升客户感知。完善移动网络，提高信号覆盖。2G、3G网络调点补缺，4G网络建设加速。加强基础网络建设，完成接入设备新建及扩容，实现用户100M接入，中继带宽10GE接入能力。完善改造全市光纤主干网络，扩容原分组网，优化SDH网，新建覆盖全市的80×10G DWDM承载网，为联通网络发展提供保障。

【联通“混改”试点】2017年8月，中国联通引入包括腾讯、百度、京东、阿里巴巴在内多位战略投资者，认购中国联通A股股份。中国联通成为第一家央企集团层面“混改”试点企业。

**中国联合网络通信有限公司兴城市分公司领导成员**

总经理兼书记　孙　宁

副总经理　季政宝（2017年4月离任）

　　　　　杜仲骞

　　　　　蔡　冀（2017年5月任职）

（韩静）

## 移动通信

【概况】2017年，中国移动通信集团辽宁有限公司兴城分公司（以下简称兴城移动公司）是中国移动通信集团辽宁有限公司葫芦岛分公司的分支机构之一，下辖3个部门，6个区域营销中心，92个移动服务厅。年内，兴城移动公司以实施“大连接”战略为主线，推进“四轮驱动”融合发展，抓好稳增长、提能力、促改革、强党建工作，扩大网络优势，转变渠道运营模式，加强中高端客户及集团客户保有，拓展区域市场，提升市场竞争能力，实现运营收入稳步增长，公司持续、健康发展。

【经营新举措】2017年，兴城移动公司本着服务一方百姓、助力一方经济业务拓展为目标。以4G＋迅速发展为契机，组织开展品牌宣传、产品营销活动，提高业务受理便捷性。推出“手机用移动，宽带免费用”的融合宽带，“无低消、一口价、轻松办宽带”的单宽带，“全家移动号，百兆宽带免费用”的爱家套餐等多元化宽带产品。打造速度快、价格低、上网稳、品牌强、服务优的五好宽带品牌形象。首推适应客户个性化需求的4G自选套餐，语音模块与流量模块随客户需求“私人订制”，满足广大用户需求。

【长途漫游取消】2017年，兴城移动公司比原计划10月1日提前一个月完成取消手机客户国内长途和漫游费，广大移动客户提前享受到相关优惠。该公司秉承“客户为根，服务为本”理念，不断提升服务水平，助力“互联网＋”深入发展，促进数字化经济成长，为广大客户提供优质信息通信服务和贴心消费体验。

【业务宣传】2017年，兴城移动公司全面、准确宣传业务信息及资费标准，让客户明白易懂，确保宣传内容清晰透明；严格执行客户订购业务验证码权鉴认证或身份证芯片认证，让客户及时了解订购业务信息，确保业务和费用查询清晰透明，确保收费争议处理简易透明。严肃处理强行或诱导客户订购业务，不透明收费、乱收费等违规行为，为广大客户提供优质服务。

**中国移动通信集团辽宁有限公司兴城分公司领导成员**

经　理　费　聪

副经理　黄　敏　马　来

（佟志强）

## 电　信

【概况】2017年，中国电信集团公司辽宁省葫芦岛市兴城分公司以推广新融合政策为切入点，抢占移动市场份额，快速拓展用户规模。全力发展新融合政策，加快宽带资源建设，强化装维队伍管理，提升服务质量，增加用户感知，固网市场稳步前行。全年完成收入2053万元，同比增长13.85%。

【移动网市场】2017年，兴城电信分公司移动业务收入完成1271万元，同比增长17.03%；移动新增用户20538户，净增4439户。重点在县内商圈市场和东辛庄商圈市场加大全网通终端加载率，在合作渠道大力推广新融合政策为切入点，抢占移动市场份额，快速拓展用户规模。

【固网市场】2017年，兴城电信分公司在固网市场竞争白热化情况下，落实市公司营销方略，全力发展新融合政策，加快宽带资源建设，强化装维队伍管理，提升服务质量，增加用户感知，固网市场稳步发展。完成收入621万元，同比增长9.05%，新增宽带用户6278户，净增2956户。

【政企大单展拓】2017年，兴城电信分公司重点发力政企业务，新发展移动网集团用户1022户，专线12条，发展武警8620部队集团，新增890户。与沈阳阿尔卡特电讯有限公司签订数据业务，增加数字电路和专线各1条。

【业务转型】2017年，兴城电信分公司出台新融合政策，引导代理商发展融合，保住宽带。年内，新发展宽带融合率90%以上。总宽带融合率达到37.88%，比上年提升12.22%。

【创新营销理念】2017年，兴城电信分公司创新营销理念，了解异网用户信息，各支局每天上报用户信息20条。方便代理商电话回访。年内，乡镇支局走访53个村屯5941户，县内支局走访10个小区987户。

**中国电信集团公司辽宁省葫芦岛市兴城分公司**

总 经 理　郭　健

副总经理　郑继瑶

（李玥）

## 邮　政

【概况】2017年，中国邮政集团公司辽宁省兴城市分公司秉承“发展以经营为中心、管理以财务为重点、资源以效益为导向”理念，坚持“一体两翼”经营发展战略，把握转型发展重要战略机遇，增强推进企业转型发展内生动力。全年，分公司实现邮政业务收入5584.6万元。

【邮务类业务】2017年，邮政兴城分公司邮务类业务收入实现1321.5万元。其中，函件业务收入50万元；包件业务收入491.2万元，其中国内快包收入164.2万元，特快专递和国际包件业务收入327万元；报刊发行业务收入152万元；集邮业务收入85万元；机要业务收入1.8万元，机要邮件安全率100%；电子商务收入69.7万元；

分销业务收入471.8万元。农村电商建成县级仓储运营中心1个，直营店1处，邮掌柜普及点210个，精品点89个。全市形成较为完善的农村电商三级服务体系。

【金融类业务】2017年，邮政兴城分公司代理金融类业务收入实现4221.3万元，比上年同期增长6.9%。其中，储蓄业务收入3080.9万元，储蓄余额17.87亿元，活期占比44%，当年余额负增长2537万元；代理保险、理财、储蓄短信、结算与银行卡业务收入1140.4万元，销售保费19027万元，完成年计划103%。销售中邮保费1725万元，其中中邮期交产品989万元；销售理财类产品3155万元，其中国债3856万元，金融总资产完成23501万元，增幅34%。

【财务管理】2017年，邮政兴城分公司有效控制成本费用支出，在增收节支、降本增效同时，严格按照市公司管控目标发放各种业务发展费和业务发展奖励费，调动员工积极性，保证各项运营状况良好。

【人力资源管理】2017年，邮政兴城分公司在省市公司核定的编制内使用劳务工，结合工作实际需求开展一系列规章制度和业务技能培训，评估考核，奖优惩差。鼓励员工参加职业技能鉴定考试、反假币资格认证考试、银行从业资格考试和基金销售人员资格考试，提高员工综合素质。在增强企业凝聚力同时，实现优质服务，促进各项业务发展。

【网路运行】2017年，邮政兴城分公司围绕“安全、质量”两个重点，加大监督检查力度，优化网路运行组织。提高职工业务技能，保障邮政通信生产支撑。狠抓服务管理、邮件安全和规格时限管理及各项制度落实，强化对营业投递日常检查力度，改善邮政对外服务形象。加强服务投诉受理工作，强化服务监督检查，继续执行“首问负责制”，确保邮件寄递安全。

【安全生产】2017年，邮政兴城分公司将资金、车辆、邮件、消防安全及综治、维稳、依法治市放在全局工作首位，多次安全检查，下发突发事件应急预案，履行第一责任人职责，全面彻底消除各类安全隐患，确保邮政通信生产安全稳定。全年未发生安全生产责任事故。

**中国邮政集团公司辽宁省兴城市分公司领导成员**

总经理　　刘学峰（2017年7月离任）
　　　　　戴祥辉（2017年7月任职）
副总经理　高　曼（女，2017年7月离任）
　　　　　齐飞峙（2017年7月任职）

（马跃）

## 广电网络

【概况】2017年，北方联合广播电视网络股份有限公司葫芦岛分公司兴城公司以完成经营指标为目的，在夯实传统收费、维护业务基础上，加强新楼盘及家电营销力度，探索企业转型新路，面向市场承接弱电工程项目，抓住新的利润增长点，实现经营收入2970万元。其中，收视费收入2006.69万元；新增农村平移用户15678户，城市平移用户447户；城市新楼盘新增7473户，收入189.84万元；安装宽带1696户，收入46.78万元；增值业务收入76.07万元；发放高清机顶盒37590个；新增VOD用户6362户；家电营销收入229.05万元。

【绩效考核】2017年，广电网络兴城公司制定科学合理绩效考核管理办法，通过对履职、考勤、营销任务完成情况，奖优罚劣。每月对员工在宽带营销、高清置换、增值业务和家电营销四个项目的完成情况进行考核，运用数据，展开评比，激发活力。

【城乡网络改造】2017年，广电网络兴城公司完成网改84670米。其中，农村网改沙后所镇、徐大堡镇、东辛庄镇、华山街道等地81670米；城市网改君山壹品、观海国际、渤海船院、核电兴海湾、浩博创业广场等地3000米。

**北方联合广播电视网络股份有限公司葫芦岛分公司兴城公司领导成员**

经　理　　梁会林（2017年2月离任）
　　　　　温志国（2017年2月任职）
常务副经理　查福英（2017年2月离任）
　　　　　王秀苹（女，2017年2月任职）
副 经 理　张　军（2017年2月离任）
　　　　　王秀苹（女，2017年2月离任）
　　　　　李宝剑

（刘宁）

# 财政·税务

## 财　政

【概况】2017年，兴城市财政局推进收入征管、财源培植、资金管理、化债融资、保障民生等业务工作。全年，全市一般公共预算收入累计完成111593万元，完成年初预算的112.87%，超收12725万元，同比增加19192万元，增长20.77%。其中，税收完成74980万元，非税完成36613万元。非税收入占一般公共预算收入的比重为32.81%。全年一般公共预算支出完成374898万元，同比增加74369万元，增长24.75%。

【资金争取】2017年，市财政局加大资金争取力度，不断拓宽融资渠道。与相关单位密切配合，协调争取上级财政各类专项资金24.4亿元，较上年同期增加0.9亿元，同比增长4%。争取地方政府置换债券资金23496万元，用于偿还审计确认的政府负有偿还责任的债务本金。开展政府和社会资本合作（PPP）工作。就“兴城市污水处理厂、滨海经济区污水处理厂及老城区配水厂项目”委托咨询中心编制项目实施方案，通过政府采购方式寻求社会资本方进行合作。

【财政支农】2017年，市财政局继续提升支农力度，落实惠农政策。围绕高标准农田改造、河流治理、水利设施维护及精准扶贫帮困等项目，争取资金34662万元。推进农业综合开发项目建设，组织验收上年土地治理和生态综合治理项目，总投资2940万元。同时申报当年土地治理项目5个，总投资3622万元。推进村级基础设施项目建设，全年实施“一事一议”村内道路129公里，安装路灯360基，新建农村文化广场9个。争取“一事一议”上级财政奖补资金4512万元。促进村级集体经济建设，投入资金649万元。做好乡镇财政惠农补贴资金“一卡通”发放工作，全年发放各项惠农补贴2.78亿元，享受待遇农民13万人。

【财源建设】2017年，市财政局深化县乡财政改革，全面加强财源建设。根据兴城市财政管理体制实际情况，研究起草《兴城市改革县乡财政体制 加强财源建设实施方案》，推进兴城市乡财政管理体制改革。完善市乡财政管理体制具体做法，明确乡镇财政收入范围，建立乡镇财政收入稳定增长和激励机制。

【财政支出】2017年，市财政局持续改善民生建设，加大财政投入力度。全年民生支出完成308551万元，占一般公共预算支出比重为82.55%。其中，支持全市教育文化事业发展，与教育局联合报送3批农村义务教育薄弱学校改造计划，争取专项资金4059万元，同时做好学前教育发展和公共文化服务体系建设专项资金争取工作。推进社保专项投入不断增加，全年社保刚性支出118176万元，享受待遇人数15.8万人。年末，全市机关事业养老正式开始实施，机关事业退休费由社会保险基金支付。

【财政监督】2017年，市财政局加强国有资产监管职能，完成邴家湾小区800余户、体育中心门市楼6户、铁西农贸市场门市楼10余户等房产的评估拍卖及移交工作。出售国有资产，处置比基尼广场实现收入3188万元。成功注册国有独资公司9个。做好超编车评估拍卖和移交工作，拍卖超编车11辆，移交公共资源交易中心超编车60辆，报废处理超编车39辆。投资评审职能得到加强，全年完成75项工程拦标价评审工作，报审拦标价资金28442万元，审定拦标价资金24785万元，审减3657万元，审减率12.58%。政府性债务管理职能得到加强，通过划转企业集团方式完成化债指标7500万元，统筹资金完成还本付息5573万元。全年推进5个棚户区改造项目，总投资18.75亿元，协调农发行争取棚改贷款15亿元。加强非税收入管理职能，对全市城市基础设施配套费欠费情况进行催缴，全年催缴10355万元。年内，根据财税〔2017〕18号和财税〔2017〕20号文件规定，取消或停征全市行政事业性收费14项，取消政府性基金2项，调整1项，并在政府网站上进行公示。

**兴城市财政局领导成员**

局　　长　任学林
副 局 长　徐　利　王春海
　　　　　张　春（女）　王永飞
　　　　　王洁丽（女，挂职）
总会计师　杜丽娟（女）

**国资局**

局　长　徐　利（兼）

（邓璐）

## 审　计

【概况】2017年，兴城市审计局完成审计和专项审计调查单位50户，出具审计报告和专项审计调查报告50篇。审计主要问题资金62541万元，其中违规资金764万元，管理不规范资金61777万元。损益（收支）不实资金39306万元。审计期间整改资金26万元。处理处罚资金16875万元，其中应上缴财政资金182万元，应归还原渠道资金453万元，应调账处理资金16240万元。提出审计意见建议107条，被采纳审计建议107条。

【预算执行审计】2017年，市审计局预算执行审计交通局、农村经济发展局、民族宗教事务委员会、红十字会、体育局、城建局、财政局、广播电视台8个单位。突出对部门预算编制、调整、执行、公开和存量资金的总体情况、公务支出和公款消费总体情况、部门预算执行绩效情况、其他财政收支活动真实合法合规性、参与分配财政专项资金情况以及执行政府采购制度情况等进行审计。

【经济责任审计】2017年，市审计局完成曹庄镇、沙后所镇、羊安满族乡、南大满族乡、四家屯街道等22名党政领导干部经济责任履行情况审计。整合全局审计人力资源，合理安排审计项目，并对项目完成时间责任到人，计划到天，增强审计成本高效管理意识。审计中引入绩效审计理念，加强对资金使用、政策执行效果等监督和评价。

【固定资产投资审计】2017年，市审计局完成工程结算审计336项，审计报审金额125676万元，审定金额110513万元，审计核减额15163万元，核减率12.07%。控制政府建设资金流失风险，实现政府性投资效益最大化。

【跟踪审计】2017年，市审计局派出审计组完成署定对连山区保障性安居工程项目跟踪审计、2016年脱贫攻坚政策措施落实情况跟踪审计、2017年重大政策措施落实情况跟踪审计。揭示贯彻落实国家政策中出现突出问题，提出有针对性整改和加强管理建议，促进完善制度、健全机制和规范管理，维护广大人民群众切身利益。

【其他项目审计】2017年，市审计局受上级委托完成对兴城市人民检察院2012年7月至2016年度财政财务情况审计，华山街道原党委书记陈玉斌有关事宜审计，觉华岛房地产开发有限公司资产、负债及所有者权益审计，觉华岛旅游度假区管委会客运站及附属工程审计，2013年农业综合开发海滨中型灌区节水配套改造项目资金审计，兴城河口湿地与红海滩生态环境整治项目审计，红崖子、元台子、海滨、闻家、药王、曹庄、南大等13家卫生院资产及负债审计。

**兴城市审计局领导成员**

局　　长　杨德军
副 局 长　郭玉春（2017年8月离任）
　　　　　王晓民
　　　　　刘洪建（2017年9月任职）
　　　　　王新忠（挂职）
总审计师　王振华

（梁园）

## 兴城市投资有限公司

【概况】2017年6月2日，根据《关于授权国有资产监督管理局设立兴城市投资有限公司的决定》（兴政〔2017〕61号）及市委、市政府相关会议要求，兴城市投资有限公司成立。兴城市投资有限公司为兴城市投资集团母公司，公司设有综合部、财务部、投融资部、开发经营部4个部门。下设兴城文化旅游有限公司、兴城产业发展有限公司、兴城开发置业有限公司3个子公司。公司所在地为辽宁省葫芦岛市兴城市新东路40乙-A；注册资本2亿元人民币。公司经营范围包括对项目、企业投资及资产经营管理；城市建设开发投资、规划咨询；土地整理；受政府委托经营国有资产，开展资本运作，承揽政府基础设施项目建设及政府代建项目工程建设；房地产开发、经营；旅游景区经营管理。

【迎春灯会】2017年，市投资有限公司承办2018兴城古城、南河公园迎春灯会。

迎春灯会

公司分别与3家彩灯制作公司开展竞争性谈判，确定四川自贡彩灯制作公司作为灯会施工单位，组织员工编辑制作《2018辽宁·兴城迎春灯会策划案》。12月20日施工单位进场施工，公司安排专人全方位监管，发现问题及时与施工方代表沟通解决。灯会打造古城“旗·福”“盐·寿”新民俗活动，弘扬中国传统文化，打造特色十足的兴城文化旅游品牌。

【旅游项目建设】2017年，市投资有限公司推进红海栈道旅游景区项目建设。公司组织市海洋与渔业局、市政、环卫、城管、交警、中兴边防派出所等相关单位召开景区管理工作调度会，就景区日常管理相关事宜进行全面沟通接洽。对景区需增设的监控摄像头、路灯、公厕、垃圾桶、公交站点、指示牌等基础设施的数量、类型、价格、位置等进行调查统计后形成调查报告。8月至11月，公司相继听取来自北京的3家规划设计公司概念性规划报告。与辖区内农业发展银行、中国银行、建设银行、农业银行等国有银行接洽，收集整理项目贷款审批材料。

【盘活国有资产】2017年11月，市投资有限公司按照上级部门要求对铁西农贸市场营业厅、办公室及11个门市共计5100余平方米资产进行接管，及时完成铁西农贸市场产权变更等相关手续办理工作。同时，根据市政府要求，为更好运作国有资产，公司安排专人与国资、国税、地税、不动产登记等相关部门沟通协调，按照上级部门要求办理邴家湾门市房相关资产过户手续。公司开发建设集特色餐饮、主题酒店、娱乐体验等项目于一体的大型商业综合体，实现国有资产保值增值。

【国有资产运作】2017年，市投资有限公司深入分析觉华岛景区国有资产运作情况。组织人员实地登岛，多次前往觉华岛景区对菩提园、怪石滩、大龙宫寺、营城子遗址、南海浴场、八角井等景区景点的现状、权属、运营情况、门票价格等问题进行实地查勘、探访，并对岛上森林资源的种类、植被覆盖率、经济价值、森林康养可行性等进行分析，根据实地调研情况，初步拟定《觉华岛景区森林康养项目规划方案》。10月12日，公司人员参加由市旅游局组织的觉华岛景区国有旅游资产报告会，听取管委会和菊花街道对景点情况的介绍。会后，经多方协调、及时跟进，对搜集到的相关合同、协议进行深入研究，与公司法律顾问共同审核，厘清觉华岛景区怪石滩、八角井、东海岸景观公园、菩提园、南海浴场、营城子遗址等景点经营现状、权属关系。对景区内国有旅游资产和管委会提供的辽宁海馨资产评估有限责任公司评估报告综合分析，起草《关于觉华岛国有旅游景区资产情况的报告》呈交市政府。

【企业宣传】2017年，市投资有限公司注重企业文化建设，提高公司社会影响力。经文字编辑、画面优选，充分介绍兴城市旅游资源的同时结合公司业务制作《公司宣传片》。创设公司微信公众号，设置公司介绍、公司动态、兴城生活板块，不定期推送公司业务动态。编辑定制富有公司特色的来电彩铃，让社会各界了解公司的业务特色、了解兴城。同时，公司经研究与辽宁来源律师事务所达成合作，聘请该所作为法律顾问单位，对公司签订合同、战略合作等相关业务进行合法性审查、提供法律意见，为公司业务发展提供法律保障。

**兴城市投资有限公司领导成员**

董事长　隋文发（2017年5月任职）

总经理　田　莹（2017年5月任职）

（孙芳荟）

## 税　务

### ·国家税务·

【概况】2017年，兴城市国家税务局负责兴城市行政辖区内纳税人的国税征管工作。全局设有11个行政科室（办公室、人事教育科、监察室、党办、税政法规科、征收管理科、纳税服务科、收入核算科、信息中心、纳税评估科、税源管理三科），2个征收单位，下辖9个分局（古城、四家、宁远、曹庄、沙后所、华山、东辛庄、高家岭、临海）。在编人员135人，承担着7274户纳税人的税收征管工作。局内有

20个党支部，92名党员，党组织覆盖率100%。年内，被辽宁省精神文明委员会评为“2015年至2017年度辽宁省文明单位标兵”。

2017年5月15日，开展“5·15”政务公开日

**【税收情况】**2017年，市国税局把握稳中求进工作总基调，始终把组织收入作为中心工作，坚持组织收入原则，完成年初收入预期目标。全年实现全口径税收收入62636万元，同比增长44.3%，增收19232万元。其中，公共财政一般预算收入实现29309万元，同比增长55.4%，增收10454万元。全年办理出口退税9366万元，办理其他退库1253万元，税收收入总量及质量均达到较高水平。

**【依法治税】**2017年，市国税局从税收工作实际出发，多措并举，坚持依法决策、依法行政，提高全员对税收法律、法规的重视度和遵从度，逐步深化依法治税理念。落实国务院鼓励自主创新、促进产业结构优化升级和改善民生等6项减税政策。加大政策落实力度，切实减轻税收负担，帮助企业破难解困。同时扩大宣传渠道，通过LED显示屏、微信公众号、纳税人学堂等载体，加强政策推送，构建多元化的税法宣传平台。继续贯彻结构性减税政策，以助推兴城经济转型升级为立足点，用足用好各类税收优惠政策，发挥税收在支持实体经济发展和促进产业结构调整中的职能作用。年内，该局加快出口退（免）税进度，支持本土电商稳定发展。推进出口退税分类管理办法，利用“无纸化”退税系统，开通出口审批“快车道”，缩短出口企业资金回流速度，增强本土电商企业对外竞争力。

纳税人学校开课

**【纳税服务】**2017年，市国税局全面推行商事制度改革，坚持“放管服”三管齐下，助力企业轻装上阵，涵养经济发展税源，加大简政放权力度，落实行政审批制度改革。通过推出网上申报、网上查询、发票预约等服务，从纳税人需求出发，推出10类24项便民举措，让纳税人办税“痛点”变亮点、办税“堵点”变通途，实现纳税人在家办税，在“服”上取得进一步创新。

“春风税韵　激情快闪”活动现场

加强普法教育基础建设，在宣传形式上不断推陈出新，借助现代化信息技术和传播手段，通过制作动漫、微电影、专题片等多种方式扩大影响力。推出20项便民办税措施，以云计算、大数据、移动互联等信息技术为支撑，持续创新服务、提速减负。掌上服务，优化办税流程，以新网上办税服务厅和手机APP为平台，推行网络申报，实现24小时“足不出户”的办税体验。年内完成2788户企业，315户个体纳税人的增值税CA证书安装工作，CA证书安装率100%。联合邮政速递EMS启动“网上申领，线下配送”新模式，降低纳税人办税成本，真正打通纳税服务“最后一公里”。安装自动化办税设施，扩充办税渠道。国税局大厅分别完成业务办理区、纳税人等候区升级改造工作，更新办公电脑、实现窗口“一机双屏”、增设24小时自助办税机和自助办税区电脑，从基础设施入手，有效缓解办税服务厅排队等候现象。办税服务厅开通小微企业绿色通道、小微企业咨询通道、A级纳税人办税主任通道等特色窗口的同时，在前台设置导税岗、业务咨询岗、申报预审岗和局长值班岗，全方位引导纳税人有序办税。

【**税收宣传**】2017年，市国税局开展互动式宣传，扩大宣传效果。年内，打造参与性、合作性、共享性税收宣传模式，以“春风税韵”为主题，开展“税收伴我行”摄影知识讲座、“春风税韵 激情快闪”“春风税韵 魅力兴城”摄影展等系列活动，集社会之力共同开展税收宣传。

【国地税合作】2017年，兴城市国、地税持续开展合作。6月，国地税就窗口代开发票、联合开展税收分析等9大项、34条合作事项举行联席会议。7月，国、地税开展联合税收分析，共同分析兴城税收大形势和税源潜力。截至年末，国、地税联合开展税收宣传2次，联合纳税人培训4次，共计培训420人次。在纳税信用评价方面，对789户纳税人联合开展信用评价，经两级复核后确认23户A级纳税人、665户B级纳税人、68户C级纳税人、33户D级纳税人。

【税收环境建设】2017年，市国税局全面加强营商环境建设，注重提升窗口人员服务意识，打造大服务格局。把脉问诊涉税问题，主动寻找税收工作“三短板”，严格贯彻建立“亲”“清”新型政商关系的服务理念，充分运用互联网思维，打造便捷办税新品牌，助力本土营商环境建设“加速跑”。寻找管理服务“短板”，组织业务骨干深入金融、房地产企业，全方位把握行业发展趋势、掌握税源基数，并对掌握的实际情况进行分析，找准税源管理难点和薄弱环节。同时，通过税企座谈会整理企业针对纳税流程等环节反馈问题意见12条；寻找作风行风“短板”，部署机关作风整顿动员会，严肃工作纪律和作风建设。二季度组织机关纪律作风检查6次，开展机关作息突击检查4次，计算机风险软件巡查2次，卸载风险软件16项；寻找工作效能“短板”，结合总局文件要求逐步实行扩大发票取消认证范围、网上办理代开发票事项等20条优化措施，利用“互联网+”优势，进一步缩短纳税人办税时间。

税企共建活动

**兴城市国家税务局领导成员**

局　　长　李慎飞
副 局 长　栗恩和　陈晓辉
　　　　　王焱竑（女）　刘　刚
纪检组组长　齐　骥
副局长　傅　欣（2017年6月挂职）

（王昕桐）

## ·地方税务·

【概况】2017年，兴城市地方税务局适应营改增工作，面对经济新常态和结构性减税等诸多压力，坚持依法治税，强化税收征管，完成税费收入任务。全年，全局组织全口径税收57480万元，可比增收15568万元，增长37.1%。完成政府口径公共财政预算收入48005万元，可比增收14820万元，增长44.7%；完成市局口径公共财政预算收入47116万元，可比增收13840万元，增长41.6%。完成社会保险费65100万元，同比增收24367万元，增长60%；完成县级养老统筹28843万元，超计划1790万元。全局组织入库残保金268万元，工会经费415万元。组织税费入库123263万元。

【税收管理】2017年，市地税局加强税费收入准确率考核，按照年初制定考核办法，各征收单位每月9日、19日上报当月税收计划，准确率纳入绩效考核管理。继续加强房产、土地使用两税征管。各征收单位深入企业实地核查，对照金三系统，夯实税源基数；成立房产、土地使用两税清查小组，加强对房产、土地使用两税征收检查和督查力度。强力抓好欠税清理工作，各征收单位对欠税企业采取逐户约谈、下达法律文书、下发《欠税危害告知书》、降低年度信用等级等措施加强欠税清理，全年清缴欠税及滞纳金5900余万元。

【税收检查】2017年，市地税局开展税费排查，对30户纳税人开展税收风险应对工作，补缴税款1.35万元，补缴社保费0.95万元，滞纳金0.39万元。对抽取的268户纳税人进行调查巡查，查补税款197.58万元、费款43.54万元。同时，加大稽查工作力度，发挥稽查作用，对17户企业实施检查，查补入库税费1700余万元。同时，加强风险防控工作，落实涉企检查“双随机一公开”制度，开展5户重点稽查对象企业及3户高风险企业税收检查。开展税费检查自查，自查补税费款的企业6户，有问题企业占自查企业的10%，自查税费款为零的企业53户，自查出的税费款及滞纳金44余万元全部入库。

【社保费征管】2017年，市地税局规范社保费征管，从年内起，私营以上企业全面开征社保费，养老保险费的统筹部分必须按月申报缴纳；恢复征收建筑安装企业养老保险费。与国税局合作，在窗口缴纳增值税前必须缴纳养老保险费。全年，建安企业养老保险费征收2200万元。

【税收征管】2017年，市地税局加强对房地产开发企业税收征管，全面深化以地控税；完善不动产开发项目登记；明确企业土地使用税纳税义务时间，调增应税土地面积23.14万平方米；组织土地增值税清算审核，在7个上报土地增值税清算项目中完成清算审核4个。加强国、地税合作，堵塞征管漏洞。城区内互派人员到双方办税服务厅，2个巡查巡管分局派精干力量到所在地国税办税服务厅办公，在代开发票环节强化附加税及地方各税费的征收，堵塞征管漏洞。

【营商环境建设】2017年，市地税局在办税服务厅设置优化营商环境宣传员，向纳税人宣传优化营商环境有关事项。开展政务公开日活动，5月15日全局干部走上街头，向群众讲解税法知识，为50余名群众提供现场咨询服务，发放宣传手册6种共计500余份，把税收政策送到群众身边。

召开民营企业座谈会，倾听企业税收需求，为企业全方位解读相关税收政策，解答涉税难题，增进纳税人对税收工作的理解和支持，助推企业发展。推行便利办税，落实首问责任制、预约办税、延时办税、导税服务等制度，优化人员配置，提高办税效率。加大对小微企业扶持力度，为42户企业减半征收2016年房产、土地使用两税777.3万元。优化办税环境，全方位改善办税大厅设施。

**【税收征管体制改革】**2017年，市地税局按照省局征管体制改革方案精神，制定兴城局方案，开展宣传动员，实现人人参与。优化机构设置，成立重点税源管理所，加强重点税源管理，完成管户向管事制职能的转变。发挥团队优势，实行小组管理，定期交流，在全省征管体制改革动员会上做经验介绍。

**兴城市地方税务局领导成员**

局　　长　谷维民

副 局 长　于慧江（女，2017年11月离任）

　　　　　周启生　徐春明

纪检组组长　贾国伟

（陈素梅）

·小资料·

## 兴城温泉——汤上温泉

汤上温泉位于兴城市高家岭镇汤上村，于明代万历年间被开发利用，当时称“热水汤”，清康熙二十五年（1686）改称汤上温泉。乾隆五年（1740）于此创建汤泉寺一座，并用花岗岩条石砌成泉井和浴池。

汤上温泉蕴藏量十分丰富，水温在52℃—54℃，属偏碱型，透明、无色、无味，不含硫化物，水中含15种人体需要的矿物质，属优质矿泉水。近年来，这一宝贵资源逐渐被重视起来，得到了很好的开发，现在汤上村不仅利用温泉水发展旅游疗养事业，而且利用温泉水养殖罗非鱼，效益良好。汤上温泉已逐渐成为吸引游人趋之若鹜的又一旅游景点。

# 金 融

## 人民银行

【概况】2017 年，中国人民银行兴城市支行围绕地方经济发展战略与规划，引导辖内金融机构，落实稳健的货币政策，调节和优化信贷结构，增加信贷有效投入。引导辖内金融机构加大对全市重点产业及中小企业信贷扶持力度，保证货币政策在各阶段的有效传导。截至 12 月末，全辖各项存款余额 3068551 万元，较年初增加 368023 万元；各项贷款余额 2159289 万元，较年初增加 336028 万元，其中涉农贷款余额 915323 万元。全市金融运行呈现平稳良好态势，各项存款与各项贷款增长比例相当，全年各项贷款增量主要投向“三农”、泳装业及小微企业。

【行长联席会】2017 年 4 月 26 日，人行兴城支行组织召开 2017 年兴城市金融工作座谈会暨行长联席会。兴城市辖内 19 家金融机构负责人汇报上年工作情况和 2017 年工作安排，并介绍中小企业贷款业务方面的新型金融产品和对中小企业的优惠政策，并就银行如何采取措施帮助企业化解融资难题，实现互增互盈进行讨论。

【货币支持】2017 年，人行兴城支行运用货币政策工具，支持“三农”、小微企业发展。做好地方法人金融机构准备金率调整工作，释放信贷资金，支持地方经济发展。年内，支行对辽宁兴城农村商业银行和兴城长兴村镇银行发放再贷款 81500 万元。其中，兴城农村商业银行占用支农贷款 42000 万元，支小再贷款 25000 万元；兴城长兴村镇银行占用支农贷款 14500 万元。为规范使用支农再贷款、支小再贷款，防止挤占挪用，支行部门适时开展专项检查，并对检查中发现的问题及时提出整改意见，监督落实。同时，创新工作思维理念，引导县域法人金融机构开展票据业务。

【金融服务】2017 年，人行兴城支行认真履行央行职责，不断提高金融服务水平。全年开立各类单位银行结算账户 1980 户，销户 854 户，变更 1007 户，合计 3841 户。根据《葫芦岛市国家税务局 中国人民银行葫芦岛市中心支行关于退税和免抵调库有关问题的通知》文件精神，进一步简化国库退税手续，优先为中小型企业办理退税业务，开辟国库退税绿色通道，企业更快获得流动资金用于投资再生产。办理地税退税 636 笔，金额共计 1134 万元；办理国税退税447笔，金额共计10486万元，其中出口退税338笔，金额9366万元。进一步规范银行账户业务操作，加强银行账户管理。培训辖内19家金融机构负责银行账户管理的主管及业务骨干38人。

【农村支付环境建设】2017年，人行兴城支行为深化农村支付环境建设，进一步了解农村支付环境现状、支付工具普及和民众支付意愿等问题，联合兴城市辖内19家金融机构共同开展为期一周的问卷调查。为获取农村地区移动支付应用现状的真实情况，进行不记名调查，问卷发放范围涉及兴城市27个乡镇，发放问卷863份，收回839份，经过汇总审核，有效问卷822份，有效率97.97%。其中乡镇民众中农村居民比重占50%以上。通过调查问卷，了解到兴城市地区移动支付应用现状，提高全市农村居民对于现代化的支付工具认可度，农村支付环境的改善为其生产生活提供便利的服务。同时，填报农村地区支付服务环境建设业务统计指标，为新版统计表的填报质量打下基础。

【征信工作】2017年，人行兴城支行进一步加强征信宣传管理，立足“关爱信用记录，积累诚信财富”的宣传目标，改善金融生态环境。紧扣关爱信用记录宣传主题，开展多种形式征信宣传活动。通过发放问卷、挂宣传条幅标语和在LED彩屏滚动征信知识问答等方式开展金融知识进农村、进社区、进学校、进商场大型宣传活动。同时，做好征信查询窗口服务工作，扩大个人、企业信用信息影响力。截至11月末，受理查询个人信用信息19293人次，企业信用信息263户次，办理机构信用代码证1083户。

【反假币活动】2017年，人行兴城支行加强对人民币反假、《不宜流通人民币纸币》行业标准和跨境人民币工作的宣传和管理。加大对新施行的《不宜流通人民币》行业标准的学习、宣传力度，制定2017年兴城市支行宣传活动方案。全辖各金融机构制作人民币反假知识及新版人民币相关知识宣传板27块，设置宣传咨询台80余个，配备宣传咨询人员近160人，组织订制发放各种宣传材料23012余份，现场宣传咨询人数34602人次，金融机构网点参与数量84个，参与宣传的车站站点4个，公共汽车参与4辆，出租车参与61辆。

【金融检查】2017年，人行兴城支行加强金融监管，确保辖区金融稳定。于10月11日至10月31日，对兴城农商行进行“两管理，两综合”现场检查。开展支付结算执法检查，于9月1日至10月30日期间，对辖内的中国农业发展银行兴城市支行、葫芦岛农村商业银行股份有限公司兴盛支行、葫芦岛农村商业银行股份有限公司兴隆支行3家金融机构进行支付结算执法检查。检查支付结算制度39个，各类登记簿27本，各类报表8份，分户账3户，调阅单位结算账户开户档案基本账户43

户，一般账户36户，专用账户20户，个人银行结算账户367户，会计凭证影像资料8份，巡视ATM机3台，做询问笔录9人。发现的问题要求金融机构限期整改，并下发《执法检查意见书》，对整改不到位，问题依然存在的单位，支行按照《中国人民银行行政处罚程序》做出处理，并进行全辖通报。开展国库经收处和国库集中支付代理行检查，于9月1日至10月30日期间，对辖内的中国农业发展银行兴城市支行、葫芦岛农村商业银行股份有限公司兴盛支行、葫芦岛农村商业银行股份有限公司兴隆支行3家金融机构进行国库经收业务检查，又对邮政储蓄银行兴城市支行、葫芦岛农村商业银行兴海支行、葫芦岛银行古城支行3家财政集中支付代理进行检查。进一步明确待报解预算收入账户使用范围，保证财政资金安全有效的使用，对存在问题单位限期责令整改。

**【金融监督】**2017年，人行兴城支行依法履行国库监督职能，加大非现场检查力度。支行营业部在办理财政拨款、国地税税款入库、预算收入退库以及更正等业务严格执行款、项、目合规规定，保障国库资金运转稳定安全。全年退回不合规税票26笔，金额55万元；退回不合规更正9笔，金额1548万元；不合规退库13笔，金额17万元；退回不合规拨款3笔，金额1391万元。同时，进一步加强对金融机构清算资金账户管理，避免发生日间账户透支问题。建立并完善追责制度，对辖内10家金融机构提出建立应急处理预案和重大事项报告制度、由专人负责与人民银行对账明确相关责任、同城业务及时处理不延压，加强与人民银行的沟通联系，如发现透支及时调拨资金等具体要求。年内，支行开展辖内保险证券行业非现场反洗钱检查工作，掌握辖区内7家财产保险、5家人寿保险、1家永安农业保险、1家证券机构反洗钱工作的基本现状和义务履行存在问题及整改情况等。

**中国人民银行兴城市支行领导成员**

行　长　王　青

副行长　刘　飞　魏云海

（万全）

## 工商银行

**【概况】**2017年，中国工商银行兴城市支行加大传统中间业务收入空间，全面提升新兴业务发展步伐。以做好“大零售＋大资管”业务发展为主线，进一步扩增收入来源。截至12月末，全行各项存款余额113055万元。其中，储蓄存款余额100192万元，较年初增加1783万元，完成全年计划的25.4%，市行排名第五；日均余额102437万元，较年初增加5859万元，完成全年计划的102%，市行排名第四。对公存款余额12863万元，较年初下降616万元，较上年同期下降901万元；日均余额14245万元，较年初增加1875万元。各项贷款余额43419万元，较年初减少5470万元。其中，对公贷款余额21090万元，较年初减少6646万元；个贷余额22329万元，较年初增加1176万元，累计投放4421万元。中间业务收入646万元，完成计划的70.94%。实现净利润997万元，拨备前利润1325万元。

【其他指标】2017年，工行兴城支行新开人民币结算账户154户，完成市行计划的194%；新增有效户115户，完成市行计划的143%，市行排名第一。新增融e联注册户3662户，完成计划的40%；融e行注册户3724户，完成计划的106%；开立企业网银77户，完成计划的452%；工银e缴费客户1户，完成市行计划的33%。三方存管净增342户。

【组织存款】2017年，工行兴城支行强化储蓄存款的核心地位，在参与市行各种竞赛的基础上，在全行员工中开展揽存竞赛，同时在5个网点开展储蓄存款PK竞赛。在全行范围内开展以旺季营销业绩作为必要条件的选聘个人客户经理活动。发挥大额定单的产品优势，旺季销售7000万元。年内，维护对公客户，做好客户稳存。对机构大客户采取多角度、多层面、多渠道的公关维护，稳增存款。定期开展理账沙龙、产品推荐活动。成功营销对公寿险7.12万元，法人理财50万元。抓重点客户，挖掘存量客户潜力。对普通客户开展“激活中小账户、提升账户贡献度”特色活动。通过电话、走访等形式加强沟通，重点推介提升业务、产品，适时营销激活账户，增加存量。

【拓户工作】2017年，工行兴城支行加大拓户工作力度，促进经营可持续发展。全行代发工资新增5户、560人。分别与兴城兴隆大家庭、兴城市大红门家居市场、华联商厦进行合作，通过为商户办理二维码、信用卡等业务，达到拓户目的。加强对公客户公关，努力做好对公存款营销工作。成功营销对公开户46户，并成功营销物业管理基金在该行开立定期账户存款1000万元。与市场监督管理局建立合作关系，及时掌握新建户、招商引资等企业信息。对大客户定期、不定期走访维护，了解其上下游企业信息，作为拓户营销的主攻方向。

【信贷工作】2017年，工行兴城支行加快信贷投放，推进资产业务发展。上门清收20余次，压降不良贷款500多万元，不良率0.33%，较全市平均水平低112个BP。开展公司、小企业贷款营销，不断拓展新客源，做好原有客户挖掘工作。先后拜访泳装企业9家，为市行专业部门推荐企业4家，为兴城市澜梦泳衣有限公司放贷450万元。

**中国工商银行兴城市支行领导成员**

行　　长　刘佰成

副 行 长　李晓东（2017年6月任职）

盖华芳（女，2017年6月任职）
行长助理　李晓东（2017年6月离任）
盖华芳（女，2017年6月离任）

（于力君）

## 建设银行

【概况】2017年，中国建设银行兴城市支行以存款为导向，以依法经营为前提，以强化管理为手段，以持续稳定发展为目的，抓客户、重产品、控风险、优服务、创品牌，开创工作新局面。截至12月末，全口径时点存款余额281240万元，比年初新增15159万元，其中对公存款时点新增2287万元，个人存款时点新增12872万元。全口径日均新增37748万元，其中对公存款日均新增12129万元，储蓄存款日均新增25619万元。各项贷款余额78880万元，年内新增20813万元，其中个人住房贷款余额41271万元，净新增12814万元。公司全量客户746户，年内新增195户；个人全量客户148926户，年内新增5330户。累计销售固定理财198506万元，累计销售开放式理财产品36461万元，累计销售基金25565万元。个人网银活跃客户新增1374户，手机银行活跃客户新增14970户，短信银行新增9336户，微信银行新增4953户。完成中间业务净收入1812.8万元。

【存款工作】2017年，建行兴城支行以客户为中心，以存款为主线，以理财为依托，以产品为抓手，客户稳步增加，存款稳步提升，竞争力逐步增强。在一季度旺季营销活动中，支行本部、旅游支行、风景区支行分获综合贡献奖。年内，个人存款方面高度关注源头到末端的资金流动，提高对资金流的研判与掌控能力。抓住兴城地区棚户区改造契机，充分利用该行高收益理财、特色储蓄存款、大额存单、聚财存款等优势产品，吸收行外资金，稳定行内资金。对公存款方面，把握政府机关、军警、房地产、泳装企业等重点客户，带动一般客户。

【拓展客户】2017年，建行兴城支行拓展客户组建营销团队，内挖存量，外拓增量，发展全量客户，增强对重点客户营销，增加新客户储备。成功营销兴城市人民检察院基本账户及零余额账户、兴城市人民法院专用账户、兴城市自来水公司专用账户、中铁一六四医院基本账户和兴城市物业管理办公室一般账户等重要客户。

【贷款业务】2017年，建行兴城支行做大个贷品牌，持续发展个人住房贷款业务，组建个贷营销团队，落实楼盘分层级、全覆盖走访，及时解决客户需求，提升市场竞争力。全年新营销准入楼盘8户，发放住房贷款630笔，发放金额16407万元。对新近推出的房抵贷和助业贷业务，开展营销拓展，筛选优质客户，发放房改贷35笔，金额660万元。

【中间业务】2017年，建行兴城支行注重理财、基金、保险、国债、贵金属等业务发展，将保险产品打造成客户基础配置产品，扩大客户覆盖，增强客户黏性。银行理财注重承接资金、维护客户，关注理财和核心存款有序衔接。基金业务以“中收增长和客户拓展”为核心，以“抓首发，促挂营，拓专户，强资管”为产品营销重点，以“基金客户新增和基金定投新增”为客户拓展策略，推动基金销售量和存量规模提升，做大基金客户总量。贵金属业务坚持实物金和专户金双轮驱动策略，全量客户导向、加大建行金、微黄金、易存金等核心产品销售，做实专户金业务基础，壮大客户规模。全年销售股票型基金2130万元，债券型基金23436万元；销售实物黄金237万元，账户金2223万元。

**中国建设银行兴城市支行领导成员**

行　长　陈丰山

副行长　白凤朝

（王春燕）

## 农业银行

【概况】2017年，中国农业银行股份有限公司兴城市支行以计价工资分配为契机，狠抓业务经营，夯实管理基础，加强队伍建设，确保各项工作平稳开展。截至12月31日，全行各项存款余额29.81亿元，较年初净增1.55亿元。其中，储蓄存款时点余额27.93亿元，较年初净增2.06亿元；储蓄存款日均余额26.99亿元，较年初净增1.87亿元。对公存款时点余额1.88亿元，较年初下降5114万元；对公存款日均余额2.01亿元，较年初净增2213万元。全行各项贷款余额51203万元，较年初净增6744万元。其中，法人贷款余额17394万元，较年初净增3715万元；个人贷款（不含农户贷款）余额28822万元，较年初净增2458万元；农户贷款余额4987万元，较年初净增571万元。全行实现中间业务收入（不含委托清收）1467万元，完成计划的94.56%；实现拨备后利润1893.79万元，完成计划的86.08%。

【“三农”经营中心】2017年，农行兴城支行发挥“三农”经营中心的带动作用，提高综合收益。全力打造“三农”经营中心对公、对私两团队，实行分别考核。“三农”中心牢固树立速度是最好服务的营销理念，在保证质量的提题下，加班加点处理业务，全力抢挖。年内，实现小微企业新增10户，新增小微企业用信金额2487万元。小微企业净增7户，超额完成全葫芦岛市净增6户的计划，存量小微企业户数占全市的44%，余额占全市的57%。新发放辽宁核电、北方铀固定资产贷款3211万元。截至12月末，全行“三农”贷款余额59467万元，较年初净增7549万元，涉农贷款余额35613万元，较年初净增6218万元；创新发放葫芦岛市首笔“快农贷”20万元；个贷中心新准入楼盘2个，新投放个人贷款6034万元，其中安家贷新增4555万元，占新增总额的75.49%；农户贷款、小微企业净增户数全部完成年度计划。政府增信贷款年内全面铺开，调查17个乡镇的80多个项目，累计发放66户，较年初新增610万元。“三农”中心两团队要求企业客户以该行为唯一账户使用行，且全部实现代发工资，业务均交由该行办理，中心全年为支行营销代发工资客户10户，月代发人数390人，月发放工资127万元。

**【存款工作】**2017年，农行兴城支行夯实基础管理，全力稳存增存。推广代发工资业务，形成以公带私、公私联动的局面，所有资金最大限度在该行体系内流转，夯实客户基础，避免存款流失。全年营销代发工资26户，成功发放17户，成功开卡921张，发放金额1300万元。开展全员揽储活动，年末吸收储蓄存款6327万元。

**【业务经营】**2017年，农行兴城支行全力培树精品网点，将全行8名大学生充实到支行营业室。在客户安排上，将支行营销的资产业务、机构业务等各类客户资源全部落户在营业室，依托强大的客户资源最大限度营销代发工资、国际业务等。截至年末，营业部储蓄存款时点较年初增加11174万元，储蓄存款日均增量5277万元，均超额完成支行下达的全年任务。对公存款日均增加2289万元，新增对公开户98户，单位结算卡新增115张，企业网银新增82户、企业短信79户，累计营销黄金565克，白银15167克，账户贵金属178万克，营销保险1100万元，新增借记卡9075张、个人掌银2566户、信用卡有效客户531户。在年内的现金分期PK赛中营销现金分期75万元，增量余额在全市现金分期PK赛中排名第一。

**【优化工资分配】**2017年，农行兴城支行发挥工资分配杠杆作用，做活分配机制。各网点结合实际，按照网点人员构成、业务结构等方面实行一网点一分配方案，确保方案的实效性与可操作性。组织业务部室多次到网点进行督导，对其上报的分配方案把关，确保工资分配公平、公正、公开进行。各网点结合每季度工资分配情况不断改进工资分配方案，强化工资分配方案执行力度，工资分配的杠杆作用不断加强。全年，电子银行业务收入301.28万元，完成计划的133.9%；电子商务客户净增473户，完成计划的176%；个人理财日均余额36907，完成计划的112%；汽车专项分期575万元，完成计划的105%；对公有效户新增215户，完成全年计划的123%；对公消息服务新增174户，完成计划的116%；对公金融服务平台新增活跃客户170户，完成计划的113%；单位结算卡新增449户，完成全年计划的214%；在年内的辽宁分行贵金属旺季产品营销竞赛中，该行获得小组第二名。

**【网格化先进管理】**2017年，农行兴城支行全力推进“三线一网格”管理，推动“三线一网格”工作落地实施。举行“三线一网格”主题演讲，开展“最美合规员工”评选活动，树立合规典型11人。在全行上下营造“我的合规我负责，他人的合规我有责”氛围。年内，在网格化管理模式下，四家子分理处、益盛支行上报为总行“三化三铁”单位，红崖子分理处、支行机关被评为省行“三化三达标”单位。

**中国农业银行股份有限公司兴城市支行领导成员**

党委书记、行长　宋　杰（2017年2月离任）
　　　　　　　　杨春凯（2017年2月任职）
副行长　　　　　李　民　杨海鹏
纪委书记、副行长　李迎春（女）
行长助理　　　　　欧阳苹（女）

（冯颖）

## 中国银行

【**概况**】2017年，中国银行股份有限公司葫芦岛兴城支行将“三严三实”教育活动与风险管理和内控管理相结合，推进县支行各项工作持续发展。截至12月末，个人储蓄存款日均余额76923万元，较年初新增7705万元；公司客户存款日均余额43477元，较年初新增15124万元。贷款余额57689万元，其中对公授信贷款7845万元，剔除政府平台贷款还款8000万元，较年初新增1360万元；个人消费贷款余额49844万元，较年初新增17848万元，实现投放24026万元，卡分期业务新增1887.9万元。公司不良贷款为零，个贷不良贷款余额82万元，不良率0.16%；关注贷款余额502万元，关注率1.01%。结售汇业务大幅增长，新增外币公司结算账户6户，结算量5047万美元，市场占有率55%；基金销售4751万元，三方开户468户，贵金属销售170万元，代理保险1353万元。全年，支行在政府平台贷款3月份还款8000万元的基础上，完成收入2772万元，同比增长177万元。

【**文明优质服务**】2017年，中行兴城支行辖内把服务品质的提升作为树立品牌形象提升核心竞争力，查找日常工作中需要改进、改善的地方。营业部布局建立2个理财室，设立2位理财经理，改变固有等客上门的服务方式，利用电话邀约，手机、微信渠道日常推荐，提升中高端客户的服务方式和服务水平。设立智能柜台服务专区、专员。增设南街ATM设备数量，改善自助设备区环境。增设南街支行个贷、卡分期业务品种，改善客户的服务体验。改变高低柜柜员、事中等人员结构，把“七步曲”与日常业务紧密结合，做到常态化。在全辖工会文明优质神秘人暗访综合评定中，该行本部和南街支行双双排列辖内第一、第二名。

【**内控管理与风险防范**】2017年4月，中国银行辽宁省分行开展以控制风险、规范操作为目的“治霾”行动。中行兴城支行以营业部、业务发展部、南街支行分单位、分条线进行业务自查和配合省市行“上查下”检查，对每一个业务细节不放过，完成“治霾行动”以及后期的“治霾行动回头看”行动。

【警示教育】2017年，中行兴城支行在省、葫芦岛市行举行的“案例警示教育年”活动中，本着全员覆盖、充分利用时间、节约成本原则，采用分部门、分次批次交叉学习。按行机关、营业部、南街支行分为3个学习小组组织学习《受警醒、明底线、知敬畏》案例、案件通报等警示教育教材；分4次集中组织全员观看总行制作的案例警示教育光盘《失衡的天平》及《永远在路上》《巡视利剑》电视专题片。

**中国银行股份有限公司葫芦岛兴城支行领导成员**

行　长　黄瑞珍（女）

副行长　薛丹丹（女）　董　宇

（赵鹏）

## 兴城农商银行

【概况】2017年，辽宁兴城农村商业银行股份有限公司推进经营指标，提升风险防范和合规管理能力，实施转型发展战略。年内，新增个人网银动户2507户，完成全年计划的114.06%；新增手机银行10600户，完成全年计划的107.15%；新增短信银行15081户，完成全年计划的142.68%；金信通商户477个，有效商户占比为79.45%；拓展“金信一码付”商户196户；助农取款点226个，对全市各行政村实现全覆盖，达标助农点占比为53.98%；全辖21台自助设备日均交易量40.36笔。全年，实现利润总额31812万元，同比增加10820万元；实现经营利润35428万元，完成省联社核定全年计划的125.29%。

【存贷款业务】截至2017年12月31日，兴城农商银行各项存款余额109.34亿元，较年初净增12.31亿元，较同期少增8.24亿元，完成全年计划的155.82%。日均存款余额98.61亿元,较年初净增17.71亿元，较同期多增6.55亿元，完成全年计划的224.18%。各项贷款余额101.99亿元，比年初增加13.77亿元，完成全年增量计划的161.96%。其中，农户贷款余额46.76亿元，较年初增加6.96亿元，完成全年增量计划的435.29%；小微企业贷款余额40.36亿元，较年初增加8.47亿元，增速为26.57%，较各项贷款增速高出10.96个百分点；不良贷款余额1.95亿元，较年初增加0.4亿元；不良贷款率1.91%，较年初增长0.16个百分点。

【业务创新】2017年，兴城农商银行加快业务创新，增强转型发展后劲，争取到省联社智能存款产品首批测试名额，于6月份成功上线“惠民通”“便民通”两个系列共5个存款业务产品。成功开办“首山俯海”“绿野海岸”等地产项目的个人按揭贷款业务，丰富信贷业务产品。高效完成公务卡（信用卡）系统信息录入、征信审查、额度审批等基础工作，全年成功发卡252张，累计授信额度788万元，交易额129万元。成功签发电子银行承兑汇票、债券、资金等轻资产业务，全年实现收入1.98亿元，实现账面利润5317万元。拓展电子金融业务,226个助农取款点对全市各行政村实现全覆盖,助农取款示范点20个。并于12月份成功为2家出租车公司的500余台出租车配置“金信一码付”二维码，“金信一码付”商户196户。在全省农商行系统中牵头研发国际业务取得实质进展，参与系统测试人员提交系统缺陷303个。

【优化业务思维】2017年，兴城农商银行提升现代银行经营水平，围绕省联社KPI考核框架，优化经营绩效考核策略，在科学调整原有业务指标考核权重基础上，增加人均内部利润考核指标，并引入合规管理扣分项考核内容，实现效益与质量并进考核架构。加强对经营指标日常调度，全年经营班子累计召开5次专项指标调度会议，对指标落后机构负责人实施诫勉谈话22人次。通过开展“开门红”业务竞赛、收贷收息、风险类贷款清收等阶段性竞赛，不断增强各机构抢抓经营工作的责任心和紧迫感。全面优化营销策略，公司、个金等部门在成功营销兴城锦华机械厂等优质客户的同时，成功营销相应的代发工资、支付结算、电子银行等客户492户，有效增加低成本存款余额和中间业务收入。

【合规管理】2017年，兴城农商银行强化合规理念，将风险管控、合规管理作为开展各项工作的基本准则。在层层签订《党风廉政建设责任状》《案件防控责任状》《厉行节约反对浪费承诺书》基础上，严格执行安全保卫和案件防控相关标准，加大专项资金投入，按时开展学习、演练和安全隐患排查，按月通报并整改存在的各类隐患。全年开展专项稽核13次，现场稽核210个工作日，对经营成果真实性、案件防控、抵质押贷款、专项业务竞赛、科技信息风险、反洗钱、个人征信等重点领域的内审实现全覆盖、零死角。加大不良贷款清收力度，清收大队与公安、司法部门紧密沟通，成立3个清收小组，全年累计下乡274个工作日。法律合规部门把握当地法院“执行百日攻坚”的契机，加大恶意欠款案件的诉讼和执行力度，全年胜诉执行27笔、金额326.8万元。完成党的十九大安保任务，实现全年零事故、零案件，并获得辽宁省安全保卫先进集体、兴城市综合治理先进单位等荣誉称号。

【信贷服务】2017年，兴城农商银行推动金融精准扶贫，围绕县域经济发展战略和服务实体经济的市场定位，科学调整贷款增长结构，在保障春耕生产等基本信贷服务的基础上，重点支持设施渔业、泳装、花生等形成产业集群优势的优质小微客户和农事龙头企业，小微企业贷款实现增量8.47亿元、增速26.57%、申贷率98.92%，完成“三个不低于”目标。与当地政府和扶贫办签订金融扶贫贷款投放协议，扶持食用菌等现代农业项目，年末扶贫贷款余额10881万元，受益建档立卡贫困户6123户。

【金融服务】2017年，兴城农商银行始终高度重视优质文明规范服务工作，推进营商环境建设。修订《兴城农商银行年度优服及消保工作绩效考核办法》等10余项内部管理制度或流程，加大奖罚力度。借助远程监控系统等技术手段，按季对网点的服务考核进行检查和通报，并将服务工作全面纳入员工绩效考核，对排名靠后的网点负责人实行诫勉约谈。按照省社星级网点评定标准中技能测试要求，检查员工技能测试情况，重点加强对新员工技能方面测试，督促员工在业余时间进行技能练习，提高柜面员工服务技能。推进金融知识普及工作，开展“3·15”金融消费者权益日、防范电信网络新型违法犯罪、防范非法集资等系列宣传教育活动，提高消费者的风险防范意识和能力。认真受理各类客户投诉，全年接到并妥善办结各类投诉42笔。

**辽宁兴城农村商业银行股份有限公司领导成员**

党委书记、董事长　李　刚
行　长　郭　建
副书记　王锦会（2017年7月离任）
纪委书记　戴　强
副行长　邹　杰（2017年6月任职）
徐宏伟　金　丽（女）

（陈帅）

## 农业发展银行

【概况】2017年，中国农业发展银行辽宁省兴城市支行加大中长期项目贷款营销力度，突出抓好现有客户维护。企事业存款日均余额20314.98万元。各项贷款余额27.16亿元。其中，各项挂账贷款0.43亿元，粮油储备贷款11.73万元，中长期贷款15亿元。中间业务收入完成0.9万元，较上年减少24万元。地方财政补贴到位，其中挂账利息补贴应到位170万元（按财政口径的90%计算），实际到位105万元，实现100%到位（其中1992到1998年新挂账利息补贴到位42万元，1998年6月以后挂账贷款利息补贴到位128万元）；地方储备贷款利息补贴应到位99万元，实际到位99万元。各项利息补贴均实现及时足额到位。总收入8572万元，总支出8207万元，账面盈利364万元，拨备前利润1102万元。

【客户营销】2017年，农发行兴城支行规范内部管理，明确工作重点，持续抓好客户营销。新营销政府类中长期贷款项目6

个，需贷款资金21亿元。其中，年末前发放3个“棚改项目”，贷款合计3亿元。

【金融支持】2017年，农发行兴城支行稳健支持农业和粮食生产。在认真执行收购政策、保证企业正常资金供应的前提下，支持葫芦岛直属库的收购及地方储备粮轮换工作。截至12月31日，中央储备粮葫芦岛直属库原粮合计36563.865万公斤，其中政府调控最低收购价小麦4314.8万公斤，中储轮换（农发行政策指令性贷款）玉米3152.155万公斤，中央储备玉米13262.01万公斤，国家临储玉米15834.4万公斤。兴城市红崖子粮食储备库原粮合计957.5万公斤，其中县级准备粳稻7.5万公斤，县级储备玉米600万公斤，市级储备玉米350万公斤。油脂合计10万公斤。该行实行定期查库和电子巡检系统相结合的方式，粮食库存均在严密的监管之下。在秋粮收购过程中，提前备足收购资金，做到“钱等粮”，稳定地区粮食流通市场。

【存款营销】2017年，农发行兴城支行把存款工作作为业务经营重中之重，结合实际找准突破口，抓好着力点。在大力营销同业存款的同时，督促各级财政性存款提前补贴到位。截至年末，全行各项存款余额18573.84万元，同比上年大幅度上升，其中企业单位存款、财政资金存款同比增长。

【信贷工作】2017年，农发行兴城支行突出理性发展，全力防控信贷风险。全行客户有粮油企业2户，中长期项目贷款企业5户，重点建设基金1户。其中，2户粮油企业承担地方粮油储备任务，按照贷后监管相关要求，客户部门定期组织相关人员，对企业库存进行实地检查。粮油巡查系统上线后，按照要求逐仓、逐囤进行扫描，并做好记录，确保粮油库存数量真实，防控信贷风险。全年各级储备库存做到账账、账表、账实相符。针对6个中长期项目，客户经理及时录入财务报表，准确完成十二级分类，并与市政府相关部门建立沟通机制。对客户基本情况、客户总体融资情况及贷款发放、支付及政府偿还能力、客户财务情况、国家政策及外部环境影响情况进行分析，了解项目后期运行信息，严控资金风险。年末，投放葫芦岛馨予现代农产品深加企业基金1470万元。

【银行基础管理】2017年，农发行兴城支行进一步细化管理工作，推行财会、信贷一体化开放式办公，实行主管会计行长“坐堂制”，承担信贷资金支付监管部分职能，实现业务集中授权提高办公效率。信贷方面突出信贷电子化，把好监测关，注重信贷业务操作与应用。按时保质保量完成年度开户企业评级授信工作，做好客户营销与维护工作，通过召开“银企座谈会”“客户走访”等活动，了解客户需求，宣传政策，加强沟通，形成共识。开展信贷基础管理年活动，强化风险预警，对于即将到期的贷款，提前督促企业，并监测展期情况。

财会方面率先推行会计信贷一体化办公模式，新上线的集中授权系统保证业务操作的安全性和准确性。全年，完成现金业务65笔，转账业务101笔，支付系统业务432笔，费用账1000余笔；处理反洗钱大额交易2341笔，排除可疑交易29553笔。维护大小额支付系统，搭建快捷、高效、安全的支付结算平台，提高跨行支付结算业务的速度。

**中国农业发展银行辽宁省兴城市支行领导成员**

行　长　邱忠孝

副行长　苏　轩

　　　　王　伟（2017年2月离任）

　　　　张　宇（2017年2月任职）

（邱忠孝）

·小资料·

## 兴城温泉别墅

兴城温泉别墅位于城东2.5公里处，现为省级文物保护单位。俗称张作霖别墅。张作霖系辽宁海城人，出身绿林，官至东三省巡阅使及中华民国陆海军大元帅。民国9年至10年（1920至1921）奉天铁路局选中兴城温泉，为张作霖修建了这座别墅。

别墅是一所背北面南的小建筑群，围绕兴城最早的温泉水井而建，设有门厅、前厅和后厅三层套院。门厅和前厅都是砖木结构的尖顶铁瓦平房，后厅为两层楼阁并有外廊与东西厢房相能，建筑规模虽不大，然工艺精萃，小巧玲珑，布局合理。它既有东洋建筑的色彩，也有西方建筑的风韵。坡顶屋面错落有别，平楼台阁幽雅别致，还有高大的围墙。全部建筑面积2000多平方米，占地面积5000多平方米。

张作霖因一直忙于战事，并没有在这座别墅住过，但张学良将军曾携赵一荻小姐来此小憩，并在别墅西侧亲植下虎皮松两棵，今有一棵尚存。

日军侵占兴城后，强占了张作霖别墅，并在这里设立了“大和旅馆”，实际为日本特务机关。“八一五”光复日本投降后，国民党曾一度把这里作为兵营，使别墅遭到很大破坏。

兴城解放后，人民政府把张作霖别墅改为铁路疗养院，现部分建筑物得以保存。

# 商贸流通

## 商贸服务业

【概况】2017年，兴城市服务业局以推动服务业转型升级为核心，以加快电子商务产业发展为重点，以满足广大城乡居民生活消费为基础，着力扩大服务业总量，优化服务业结构，全市服务业发展取得阶段性成就。年内，兴城市社会消费品零售总额完成888600万元，比上年增长6.0%。分行业看，批发业完成22194万元，同比增长35.0%；零售业完成746317万元，同比增长4.8%；住宿业完成4177万元，同比增长2.5%；餐饮业完成115912万元，同比增长10.0%。分城乡看，城镇实现零售额596814万元，比上年增长2.4%；乡村实现零售额291786万元，比上年增长14.4%。

【"农村淘宝"项目】2017年，市服务业局重点推进农村电商发展，继续推进"农村淘宝"项目，强化对合伙人的培训，提升村点服务功能。完成商务部"第二批电子商务进农村综合示范绩效评价"及后期整改工作。1月至11月，全市农村淘宝实现代购单数20.7万单，代购额1360万元，旺农贷授信5笔，实现贷款16万元。"打通农产品网销上行、下行双向通道"。全市有40位原农村淘宝合伙人，现转化为农村电商的企业法人代表，分别注册公司。兴城多宝鱼（佳盈伟业）分别与京东、顺丰、中粮我买等多家电商平台进行合作。2月，京东商城与兴城多宝鱼（佳盈伟业）达成战略合作，兴城多宝鱼在京东生鲜以京东自营方式进行销售；5月，举行"京东生鲜遍寻天下鲜走入兴城多宝鱼活动"。在与京东合作之外，天猫超市、苏宁易购、本来生活生鲜平台、中粮我买网平台、顺丰优选平台、顺丰大当家平台、盒马生鲜平台均上架销售，年销售额1500万元。菊花女食品与京东签订合作协议上架销售，月销售额100万元，线上年销售额超过1000万元。

【跨境电商销售】2017年，兴城市泳装跨境电商规模壮大，方得泳装跨境电商平台销售平稳，1月至10月，通关34万单，出口98万件泳装，出口额482万美元，累计应出口退税480万元人民币。天诚泳业在滨海经济区利用原泳装国际仓储物流中心，重新打造4000平方米的A型保税仓，完成软件系统研发并投入使用。同时，天诚集团打造“蜜糖街”进口产品直购直销品牌，建成7个进口商品直营体验店，每月销售额150余万元，全年销售额近2000万元。

【电子商务平台】2017年，市服务业局健全电子商务平台体系，利用产业优势形成合力，优化电子商务发展环境，加快电子商务人才培养，提高电子商务公共服务和市场监管水平。以“农村淘宝”、天诚泳装公共服务平台、天喜电商服务平台、馨予农业网、泳装跨境电商平台等为依托，打造以泳装、农产品为主，家具建材、日用化妆品、食品为辅的电子商务平台体系，推进电子商务产业发展。年内，依托电商产业，培育一批现代物流龙头企业。兴城市馨予现代农产品深加工有限公司、玄宇食用菌野驯繁育公司两家企业被省商务厅认定为省级农产品冷链物流区域示范企业，成为兴城市农产品冷链物流行业中的龙头企业。大红门快递分拨中心，入驻百世快递、圆通速递、优速速递、邮政速递及荣达等多家快递物流企业，主要为全市泳装生产、销售企业提供物流仓储服务；邮政葫芦岛市分公司、邮政兴城市分公司，在园区内设立葫芦岛市邮政快递分拣站及兴城市邮政快递仓储区，并投入使用。

【农产品现代流通体系】2017年，市服务业局加快农产品现代流通体系建设，扶持壮大馨予现代农产品深加工有限公司、玄宇食用菌野驯繁育有限公司2家农事龙头企业，推广“公司+农户+基地”创新生产经营模式，鼓励企业采用先进的深加工及冷链技术。优化全市农产品流通布局，强化产销对接，培育市场流通主体，推进万象农贸市场建设进度。

【会展经济】2017年，兴城市扩大消费需求，承办第六届中国国际泳装展。2017中国(葫芦岛·兴城)国际沙滩·泳装文化博览会暨中国国际泳装展于8月16日在兴城比基尼广场正式开幕，总展览面积近1.2万平方米。吸引来自国内外112家企业参展，展品范围涉及泳装、泳具、沙滩装、沙滩用品、泳装设计、图案设计、泳装面辅料，以及在线平台、金融机构、相关设备和物流企业等众多品类。

【服务业项目】2017年，华联商厦、浩博创业广场投入运营。华联商厦于11月10日正式营业。浩博创业广场完成建设，办理竣工验收手续及招商工作。推进泉海御龙湾项目，该项目一期工程主体完工，进行内装修及外部管网铺设，三期工程于9月开工建设。二期工程重新进行图纸设计。富达香蒲商业街项目开工建设，年内主体全部完工。

【服务业宣传】2017年，市服务业局开展消费宣传活动，激发广大市民的消费活力，实现企业得效益、百姓得实惠的“共赢”局面。4月初，组织开展以“推动供给侧结构性改革、增强品质消费、释放消费需求”为主题的消费促进月活动，兴隆大家庭、海后商厦、小桃泳装等241家商贸流通企业参加，组织促销活动10项，累计销售额3456万元。11月，组织兴隆大家庭、银象宁远城、海后时尚购物广场等全市各大商贸流通企业开展“双十一”购物节，满足广大城乡居民消费购物需求。

【限上企业入统工作】2017年，市服务业局开展限上企业入统工作。9月中旬，对全市17家2016年清退限上企业进行走访，形成走访情况说明。同时，制定《兴城市培育发展限上企业工作实施方案（征求意见稿）》上报市政府。截至11月15日，全市完成入统14家，其中5个企业，8个个体工商户，1个产业活动单位。剩余2个企业市统计局对接，于12月18日前完成入统工作，完成全年任务指标。

【安全生产】2017年，市服务业局落实安全生产工作，强化执法检查。先后组织春节、元旦安全生产大检查、“3·15”维护消费者权益日活动、“五一”期间安全生产大检查、“两节一会”期间安全生产检查9次。排查全市20余家商贸流通企业以及33家加油站的安全隐患、消防隐患。召开6次安全生产工作会议，超过30家企业参加，累计参会人员200人次。完成全市33家成品油经营企业成品油零售经营许可证年检换证（初审）工作。开展双层罐防渗漏改造，全年完成33家加油站改造工作。

**兴城市服务业局领导成员**

局　长　隋文发（2017年5月离任）
　　　　刘　恕（2017年9月任职）
副局长　李博学（2017年7月离任）
　　　　张　军（2017年8月任职）
　　　　马学斌　邢　罡
　　　　张　静（女，挂职）

（王艺晓）

## 供销工作

【概况】2017年，兴城市供销合作社联合社坚持为“三农”服务的办社宗旨，把握城乡一体化发展和新农村建设机遇，创新工作思路，全力服务兴城社会经济发展。抓住供销社综合改革的机遇适应新挑战，发挥供销社服务优势，构建新型农产品流通，实现农产品市场交易额3000万元，新增农产品终端销售网点3个。全年，向葫芦市供销社上报信息24条。开展3次农业科技知识培训。

【供销体系建设】2017年，市供销联社组织体系建设完成新建改造基层社6个，新建专业社3个，其中供销合作社领办的农民合作社新增3个，参股的农民合作社新增3个。投资规模200万元以上的农产品加工项目1个，电子商务县域运营中心1个，庄稼医院1个，新增农村综合服务社6个。全系统实现销售总额3.62亿元，实现利润总额190万元。其中，农产品收购总额3260万元，连锁销售额7537万元，再生资源回收额3600万元，电子商务销售额15万元。

【农产品流通体系建设】2017年，市供销联社以农资总公司为龙头，以乡村农资经营网点为前沿，开展农资供应工作。春季伊始，把春耕备实、农资商品供应、保障农民农业生产需要作为当前的工作重点。联社下属兴城市农业生产资料总公司与鲁西化肥集团签订区域代理合同，成为葫芦岛地区总代理。农资公司与施可丰、红四方等国家大型化肥生产企业及部分农药厂建立密切的业务关系，陆续购进各种优质化肥及农药，为确保农民农业生产需要奠定基础。同时，与化肥厂、农药厂联合深入各乡镇多次召开农资商品推介会，介绍不同化肥、农药的使用方法、科学用肥用药知识。在农资供应旺季，农资公司及各农资网点，采取延长营业时间、送货上门、对种粮大户用肥让利销售等办法，方便于农户，让利于农户。在春耕备实期间，联社工作人员到农资公司了解农资供应情况，到各乡镇农资经营网点调研，解决在供应过程中的实际问题。3月，闻家供销社农资商店完成改造后开业。

【农产品收购】2017年，市供销联社下辖机构开展农产品收购工作，解决农民农产品出售困难问题，增加农民收入。其中，大寨兴旺综合服务社围绕当地资源优势，开展农产品收购，收购豆角1000余吨，甜玉米2000吨，大根萝卜条2000吨。红崖子供销社收购花生750吨。

【社有资产管理】2017年，市供销联社完成烟花爆竹经营处房产证变更工作。经营处于2016年8月开始承包经营，为了规避在承包经营期间所产生的债务风险，将该企业的现有房产划拨给益生合果业有限公司。开展民爆公司资产、债务整体打包租赁工作。截至2017年3月末，该公司欠外债150万元与葫芦岛凌河化工集团有限公司谈判，双方于5月26日达成租赁30年协议，由该公司承担民爆公司现有债务及员工（在职4人、退休7人）所有待遇。

**兴城市供销合作社联合社领导成员**

理事会主　任　张玉山
监事会主　任　张云山
理事会副主任　佟艳民（2017年8月离任）
　　　　　　　李连鹏

（居国昌）

## 粮食流通

【概况】2017年，兴城市粮食局从粮食行业特点出发，实施和落实年度各项工作指标。依照《粮食流通管理条例》赋予粮食部门的职责权限，对辖区持有粮食收购许可证的涉粮企业业户在粮食收购、储存、加工、销售等业务，实施常态监督检查。4月初，按照省、葫芦岛市农委的部署，开展粮食库存专项检查自查，按时上报自查结果。经查，各类企业存储的各种粮油均达到账账相符、账实相符、质量良好、数量准确。年内审核2016年度持有粮食收购许可证企业14家，经审核不具备粮食收购资格的2家非公企业予以吊销许可证，撤销不属于粮食购销企业的许可证1家，现有持证企业11家。抽检葫芦岛市和兴城市2家储备玉米代表数量9500吨，抽检军供大米代表数量30吨、面粉20吨，均符合国家标准规定，抽样质量合格率100%。10月下旬至11月上旬，完成秋粮收获品质采样、检测、上报。

【社会粮食流通统计】2017年，市粮食局依照粮食流通监督检查相关法规，对兴城市区域内涉粮企业购销粮食（玉米）进行统计。截至11月末，11家持有粮食收购许可证企业共收购粮食112710吨，其中国有企业购进4156吨，非公企业收购108554吨；销售粮食105806吨，均为非公企业销售（转化）。9月初，完成配合省粮食主管部门对兴城市区域内涉粮企业粮食流通统计检查工作。

【营商环境建设】2017年，市粮食局开展粮食法规、科技知识宣传。5月中旬纪念《粮食流通管理条例》颁布实施13周年和“10·16”世界粮食日，深入兴城城区、乡村集市，开展以“爱粮节粮、健康消费”和“爱粮节粮保安全、优粮优价促增收”为主题的粮食法规、科技知识宣传活动。同时，创造良好营商环境，强化服务质量，牵头帮助兴城禾丰饲料有限公司按时完成《执行新玉米收购补贴政策承诺书》的提交、呈报；4月末，禾丰饲料完成政策性玉米收购3213吨，政策性玉米使用量3177吨。

【储备粮管理】2017年，兴城市国有粮食企业承储储备粮油共15165吨（其中葫芦岛市级储备玉米3500吨、成品粮50吨、食油100吨，兴城市本级储备玉米6000吨，国家临时储备玉米5515吨）。按照储备粮管理相关法规，市粮食局负责监控、检查、指导，承储企业建立和执行储备粮油管理规则，实施严格“一符四无”责任制，确保储备粮油达到质量良好、数量准确、安全储藏的要求。

【仓储设施建设】2017年，市粮食局向省农委、省财政厅争取国有粮食企业仓储设施维修改造项目专项资金获批1161万元，企业自筹39万元，总投资1200万元。完成红崖子粮食储备库本库及旧门分库改扩建新储粮仓房2座，总建筑面积4920平方米，新增储粮容量2.2万吨。

【安全生产监控】2017年，市粮食局按照安全生产属地和行业管理规定，成立安全生产领导小组，制定安全生产实施方案，对辖区内涉粮企业进行安全生产监督检查。按照国家粮食局、省及葫芦岛市农委的部署，3月初，开展粮食行业危险化学品安全专项治理；5月中旬，开展以粮油安全储存、涉粮企业安全生产为重点的“两个安全”大检查活动；7月中旬，结合兴城市粮食行业实际，制定《兴城市粮食局安全生产网格化管理实施方案》；7月下旬至9月末，开展涉粮企业库存粮食防汛度夏安全检查、监控，确保库存粮食安全度夏。全年，11家涉粮企业均未发生安全生产责任事故。

**兴城市粮食局领导成员**

局　长　周志华

副局长　孟宪利（2017年8月离任）

　　　　赵临江（2017年8月任职）

　　　　王建忠

（杜彬）

## 对外贸易

**【概况】**2017年，兴城市对外贸易局全面加强队伍建设，创造营商环境，促进经济和社会发展，营造和谐稳定的社会环境，公平公正的法治环境，优质高效的服务环境。全年，全市外贸出口交货值74085万元，引进省外内资33.71亿元，实际利用外资75万美元。

**【党建工作】**2017年，市外贸局按照市委、市政府的安排部署，根据局里年初制定的工作计划，加强思想政治、组织建设，提升和改进党员干部队伍理论水平和工作作风。坚持把学习贯彻党的十八大，十八届三中、四中、五中、六中全会，十九大会议精神和习近平总书记系列重要讲话精神作为首要政治任务，制定2017年外贸局党总支中心组学习计划和局党员干部理论学习计划、外贸局年度干部教育培训计划和局干部教育培训方案、外贸局“两学一做”学习教育常态化制度化工作方案等。局党总支书记、机关党支部书记带头讲党课，组织党员学《中国共产党章程》、观看《焦裕禄》教育影片，学习毛丰美、廖俊波先进事迹，开展谈心活动，提升党员干部队伍的理论水平和工作能力。在10个工作日内，完成全局46名党员信息采集工作，从源头上治理“口袋党员”“隐身党员”问题，确保每个党员纳入党组织有效管理之中。

**【外贸服务】**2017年，市外贸局转变职能、强化服务工作。落实机关干部职工岗位职责、办事程序、首问责任制、服务承诺制、限时办结制、绩效考评制、效能追究制等7项规章制度。对外提出5项服务承诺：职责范围内的事务，马上办结；材料和证件齐全的事务，当天办结；涉及职能部门的事务，协调疏通；受限于政策和法规的事务，合法变通；对已办事项不满意的事务，迅速纠正。在工作中，局班子成员多次带领相关科室深入全市外贸生产企业，宣传党的经济政策。将扶企、惠企政策送到企业中，与企业负责人交流、沟通，共同研究拓宽外贸出口渠道和途径的新方式。抓住全市泳装产业集群建设的有利契机，拓宽泳装外贸出口渠道,拓展海外市场。同时，针对全市出口企业申请国际商标注册的实际需要，主动为泳装企业寻求在俄罗斯市场申请国际商标注册，并帮助外贸出口企业办理进出口权等业务，为兴城市天之锦泳装有限公司办理进出口权资质证书。

**【管理和扶贫】**2017年，市外贸局干部职工投身社会事业和社会管理之中，切实加强公安辅助力量和应急队伍建设，号召党员干部利用节假日与所在社区共同搞好阵地建设。配合安保、反恐、防骗、抗旱、防汛和护林防火工作，加强保密法治教育。为落实党中央的“精准扶贫”要求，该局把扶贫工作纳入议事日程，常抓不懈，保持常态化。1月24日,由局长带队一行4人，为扶贫对象，送去慰问金。5月6日上午，局长带队一行10人分3个小组前往东辛庄看望冯明达、张佳昊、赵斯雅3名学生及其家长，并分别送去500元助学金。

**兴城市对外贸易局领导成员**

局　长　王　伟

副局长　马来林　巴永生

（穆涛）

## 石油经营

**【概况】**2017年，兴城经营部现有在营加油站16座，其中12座加油站与分公司签订小站经营目标责任制，未实行小站经营目标责任制的加油站有4座，分别为城区的北路站、兴城站、宁远站和四海站。6月1日，分公司对经营部班子进行重新调整。年内有岗上员工97人，其中合同化用工13人，市场化用工51人（大学生18人、集体工17人、社会用工16人）、实业公司10人、劳务派遣23人。截至12月31日，兴城经营部完成汽柴油销售总量43098吨，完成全年任务98%，比上年同期多销售2926吨。其中，汽油完成30627吨，同比多销售1140吨；柴油完成12471吨，同比多销售1786吨。非油销售收入完成460.45万元，完成任务进度的90%。

**【成品油和IC卡营销】**2017年，兴城经营部组织各站经理、机关科室人员、非油超市管理员召开工作会议，布置当年成品油零售、非油品销售和润滑油等各项工作任务。并按照各加油站周边市场环境变化情况、用户特点、客户构成及前2年销售完成量，分解落实各加油站2017年的汽柴油、非油品和润滑油全年任务指标。各加油站扎实推进客户普查，完善客户档案，提高情报系统应用水平，及时了解市场动态。完善加油站客户档案资料，对固定客户进行统计分类，对客户购油、加油情况的历史资料进行对比分析，细化固定客户群、零散客户群、新增客户群和潜在客户群。在做好现有固定客户沟通走访的同时，开发增量客户，促进纯枪上量。全年北路、兴城站2个发卡点发卡10585张，实现储值额6329万元。

【石油销售】2017年，兴城经营部拓展纯枪增量工作，号召全员促销，各加油站采取促销增效和便民服务措施，应对市场变化促销增量。完成分公司下达的月度零售任务指标。截至11个月末，开展惠农的6座加油站共销售惠农柴油715吨，比上年增长483%。年内，发挥小油槽车配送优势，拓展海上市场。给予四海加油站点对点销售政策，与菊花岛海洋运输有限公司达成购油意向。7月至8月，海上纯枪配送54车次，实现纯枪海上配送国五柴油170吨，高标号汽油20余吨。全年实现海上配送300吨。同时，各加油站走访周边矿山企业、砂石场、机耕地、建筑工地等用油大户，开展小额配送业务，扩大销售半径，全天候配送，实现纯枪量配送柴油700吨。

【非油和润滑油营销】2017年，兴城经营部坚持以便利店销售为主，采取依托便利店和找门路外销两条腿走路的办法，占领非油品和润滑油销售市场。在所属各加油站开展“微笑选择，好客相伴”“油惠星期六”“10惠”“减满券”等各项促销活动。春节期间，与地方知名企业“菊花女”食品有限公司达成合作意向，在北路加油站定点销售“菊花女”饺子，收取租金2000元。利用节前走亲访友礼品销售旺季，销售海鲜大礼包420箱。兴城加油站与斯达威泳装公司和恒泰针织制衣有限公司达成合作意向，销售盐丰大米1000袋，福临门豆油890桶。向道桥公司推销车用滑油1.2吨。开展油非互动，四海加油站在为菊花岛海洋运输有限公司客船、快艇送油的同时，当月销售大米、豆油等非油商品价值2万元。惠农6站1月至11月实现非油销售收入80.79万元，比上年同期增加40.43万元，增长100%。6月至7月，兴城经营部主推的“一元换购”开仓放粮活动拉动汽油上量、抢占市场份额。7月至9月，四海站、北路站结合兴城海滨游客剧增的特点，销售泳衣、泳圈、沙滩用品、海参等70余品种兴城特色商品。

【加油站基础管理】2017年，兴城经营部以深化HSE管理体系建设为核心，以开展提升HSE执行力活动为抓手，夯实HSE管理基础，加大隐患排查治理力度。开展生产安全事故警示教育，普及安全知识，整改事故隐患，提高全员防范意识，落实安全责任，开展安全培训和各项应急预案演练。落实集团公司反违章“六条禁令”，狠刹“三违”行为。与兴城市防雷技术中心签订《加油站防雷防静电检测服务合同》，春秋两季进行防雷装置检测。并配合上级相关部门开展安全检查，不断提高兴城经营部的整体安全管理水平，确保全年安全等级事故为零。强化零售环节质量过程的监督管理，做好质量纠纷应急预案演练和入站油品的检验、留样工作，发现异常立即停止接卸并上报分公司。由技术监督部门如期合规检定加油设备，保证加油机付出油品数量。经营部所属各加油站汽柴油盈亏率均在规定范围内，全年无关于油品数质量问题的投诉发生。年内，兴城经营部持续深化6S管理，加大检查力度，提高加油站干部员工对6S管理工作的重视程度，通过全员努力，农村站6S管理不规范状况得到改善，基本做到整理、整顿、清扫、清洁。开展基础设施改造，3月30日至4月30日，北路加油站经过为期1个月的双层罐改造，5个油罐容积170立方米，比改造前增加50立方米，新换6台加油机、20把油枪。11月1日，四海加油站进行双层罐和便利店改造。

**兴城经营部领导成员**

经　理　唐　尧（2017年6月离任）

　　　　王　介（2017年6月任职）

书　记　姚　博

副经理　张　航

（王卫国）

## 烟草专卖

【**概况**】2017年，兴城市烟草专卖局（营销部）把握“打基础、争进位、上水平”的工作总基调，紧紧盯住“一个稳定、两个提高、三个确保”工作目标，保销量，提结构，经济运行健康发展。全年卷烟总销量18468.81箱，同比增加195.02箱，增长1.07%，完成年度计划的100.9%；实现销售收入42682.18万元，同比增加1447.33万元，增长3.51%。单箱销售收入23110元，同比增加633元，增长2.82%。人民大会堂系列卷烟销售1659.18箱，同比增长11.86%，完成年度计划的102.10%。

【**市场营销**】2017年，市烟草专卖局（营销部）以市场化取向改革为方向，“细”抓市场营销，卷烟销售稳中有进。转变营销理念，尊重市场规律，做细营销手段，坚持“两个不依赖”和“三个及时”，呈现社会库存合理、零售价格稳定、客户利润增长的良性运行态势。不依赖大户，加强中小户经营指导，提升其经营能力，密切客我关系，扶持其成为卷烟销售的中坚力量。不依赖集中铺货，抓住节假日、旅游季节等销售节点，指导客户理性备货。把营销功夫下在日常，从细节入手抓销售。及时跟踪客户订单，客户经理、市场部经理、主管领导同时把关，每天紧盯新商盟订货信息，及时发现、及时提醒。及时公开货源信息，利用新商盟、客户群以及登门拜访等方式，公开货源信息，满足客户订货需求。及时发布销售信息，采取日报、周比、月分析形式，对各片区销售进度进行督导，由客户经理查找不足、补齐短板。

【**宣传促销**】2017年，市烟草专卖局（营销部）“实”抓宣传促销，做好“四个实”工程。一是扎实做宣传。利用零售商店电子屏全年滚动宣传地产烟，在人流密集的重点客户店内悬挂宣传条幅60幅，每天安排1名机关人员随送货车走访宣传，班子成员带队定期回访销售重点户，全年走访120户次。二是笃实做活动。全员参与大会堂千禧活动，完成57场次，超额完成任务目标。打造海滨旅游景区大会堂宣传示范一条街，每户均悬挂条幅、张贴海报、分发传单、设置陈列专区、宣讲大会堂品牌。客户经理在片区着重做好地产烟陈列，当好地产烟的宣讲员和促销员。三是诚实做推介。认真整理大会堂品牌卖点，全年召开专题宣讲会6场，利用每次客户培训、新品推介会，留出大会堂宣传时段，局领导上台宣讲。四是真实做促销。和工业厂家密切配合，全面宣传大会堂促销活动。抓实旅游季促销，精心选择7户景区户做重点促销，开展景区销售有礼活动并赠送特色促销礼包，发放礼品344份。

**【终端建设】**2017年，市烟草专卖局（营销部）“真”抓终端建设，以提升客户盈利水平为最终目标，围绕现代终端“七大”功能，以终端扫码应用为基础，帮助客户提升店面形象、做好卷烟陈列。50户在建终端户扫码率达到100%。年内，开始将运行成熟的12户发展为现代终端户。将维护市场价格稳定作为终端建设的重要内容。充分发挥专销结合作用，从价签布置到日常宣传、维护，客户经理、专卖员共同负责、连带考核。全年，价签维护不到位处罚40人次、罚款1650元。卷烟零售价格正从明码标价向明码实价转变。

**【专卖管理】**2017年，市烟草专卖局（营销部）着力抓好专卖管理，扎实推进市场管控工程，抓好市场监管、证件管理，推进打假、打私、打非，确保市场净化率始终达到98%以上。年内，加强卷烟打假打私工作。坚持以“破网络、查大案、端窝点”为重点，按照市局统一部署，全年开展6次专项整治行动，查处窝点数量、案件数量、卷烟数量均完成市局下达的任务指标。7月份旅游季节卷烟市场整治行动以来，建立以日常检查为主、市场夜查为辅的市场检查制度，以错时检查重点打击不法零售户违法经营行为，共计开展夜查72次，查处案件11起，有效净化兴城卷烟市场。落实APCD工作法，加强情报网络建设，紧盯违法重点户、新增户和较大无证经营户，强化联合执法，加强监控检查，保持卷烟打假高压态势。落实“双随机、一公开”工作要求，参加市县交叉互检16次，查处各类涉烟案件28起；组织中队互查、大队抽查5次，抽查415户，查获案件8起。加强卷烟市场日常监管。继续实施分类管理，建立重点户台账、无证户台账和物流货栈台账9册，每月进行检查维护。专卖“两进”活动以试点带整体，固化法治宣传阵地12个，开展集中法治宣传活动12次，“3·15”“6·29”“12·4”普法宣传活动3次，建立并落实专卖辖区信息员工作制度。做实专销结合，加强大户治理，召开联席会议8次，开展专销结合学习培训活动2次，协同内管、营销、物流部门建立违法违规大户档案，定期更新维护。开展联合取缔无证经营户行动2次，取缔19户，转化办证17户。加强物流寄递环节监管。坚持把新媒体售假、物流渠道运假作为重点打击对象。要求专卖人员主动寻找利用微信、QQ等新媒体售假线索。6月份，联合公安机关对辖区物流快递企业开展联合检查和专卖法律法规宣传活动，出动执法车辆30台次、执法人员150人次。全年开展路查16次，对辖区21家货栈每月至少检查2次。

全年，全局查处涉烟案件213起，查获卷烟4481.05条。其中假私案件61起，查获卷烟117.4条。查获窝点14个，破获5万元以上案件1起，罚没款25295.1元。清理呆死户191户，完成年度任务指标。

**兴城市烟草专卖局（营业部）领导成员**

局　长　康忠生（2017年3月离任）
　　　　李东奎（2017年3月任职）
副局长　李东奎（2017年3月离任）
　　　　刘　锋
　　　　江国庆（2017年10月离任）
　　　　刘　驰（2017年10月任职）

（柏晓刚）

·小资料·

## 白塔峪塔

亦称九窿烟塔、玲珑塔。位于古城西北14公里的九龙山南麓塔沟村北，四周群山环抱。建于辽大安八年（1092），1979年被列为省级文物保护单位。2013年，列入全国第七批重点文物保护单位名单。

塔为实心密檐式砖塔，八面四碑四佛，十三层，存高约43米。塔座为须弥式，塔身每角各有倚柱，每个柱上刻有八大灵塔塔名，由南面左侧倚柱始，至南面左侧倚柱止，依次是：净饭王宫生处塔、鹿野园中法轮塔、菩提树下成佛塔、耆阇崛山般若塔、庵罗卫林维摩塔、曲女城边宝皆塔、给孤园中名称塔、婆罗林中圆寂塔。南西北东四正面各有佛龛，置砖雕佛像，佛龛上部刻有佛名：南为宝生如来、西为无量寿佛、北为不空如来、东为阿閦如来。四隅面各有砖雕碑，碑上面刻着偈语——东南为“寂灭为乐”、西南为“诸行无常”、西北为“是生灭法”、东北为“生灭灭已”。

塔座的东南有一盗洞，是早年被盗掘者所凿，下达12米深处的地宫。1978年，在清理塔下地宫时，发现一方辽代的《掩藏记》石碑，上面记载着建塔时间，这在省内辽塔之中是罕见的。

1972年，在塔的东墙外枯井中曾出土一方元代大德六年（1302）翠峰寺《地产记》石碑，上面记载着该塔所属房产及地界等情况。

塔四周建有围墙，北部有一大门。塔北侧有清代中天寺一座，共九间，至今香火不断。

2010年9月，省文物局拨款对古塔全面维修。

# 科 技

## 科技工作

【概况】2017 年，兴城市科学技术局登记技术合同额 1.78 亿元；获批辽宁省产业专业技术创新平台 1 家；征集上报科技成果转化项目 5 项；立项省产业（创业）投资引导基金直接投资科技创新项目 1 项，获得直投资金 1000 万元；组织开展科普宣传、科技政策和技术培训 10 余场，受益 2000 余人次。截至年末，全市专利申请量 418 件，其中发明专利申请量 80 件；专利授权量 292 件，其中发明专利授权量 7 件；有效发明专利拥有量 49 件。获批 2 家高新技术企业，为兴城市粉末冶金有限公司和辽宁晨光塑料股份有限公司。推荐申报省级科技进步奖 1 项。

【科技创新】2017 年，市科技局贯彻 2016 年全国“科技三会”和省、葫芦岛市科技创新大会精神，落实辽宁省《关于贯彻国家创新驱动发展战略纲要 建设科技强省的实施意见》（辽委发〔2017〕5 号）、《辽宁省科技强省工程（2017 ~ 2020 年）实施方案》（辽委办发〔2017〕7 号）和《中共葫芦岛市委办公室葫芦岛人民政府办公室关于贯彻落实辽宁省科技强省工程（2017 ~ 2020 年）实施方案的实施意见》（葫委办发〔2017〕25 号），组织全市 20 家规模以上企业参加葫芦岛市科技创新大会，组织学习和宣传省、葫芦岛市科技创新大会精神，明确科技强市实施的基本思路和总体要求，制定兴城市贯彻落实《中共葫芦岛市委办公室 葫芦岛市人民政府办公室 < 关于贯彻落实辽宁省科技强省工程（2017 ~ 2020 年）实施方案 > 的实施意见》的实施方案。

【企业创新】2017 年，市科技局在实施科技强市战略中，指导支持企业有重点地引进、利用高新技术和关键设备改造传统工艺，支持企业大力开发具有自主知识产权的新技术、新产品、新工艺，加快科技成果的产业化和推广应用。引导帮助企业健全、完善研发机构，加强创新平台建设。结合全市产业结构调整和特色产业发展现状，兴城市粉末冶金有限公司年内获批辽宁省产业专业技术创新平台，辽宁晨光塑料股份有限公司申报辽宁省工程技术研究中心和重点实验室。开展高新技术企业培育发展工作，深入企业，走访调研，引导企业加大技术创新力度和新技术、新产品的引进开发力度，培育新的经济增长点。组织企业申报 2017 年度高新技术企业，加快企业科技成果转化。推荐申报省级科技进步奖1项，征集上报科技成果转化项目5项，分别为兴城市粉末冶金有限公司的一种双驱动桥三联齿轮锻造防氧化方法、葫芦岛火力速旋汽配制造公司的生产钢制套半成品的工艺方法、兴城九州塑业有限公司的兴城九州塑业年产10万吨木质素板材、葫芦岛农函大玄宇食用菌野驯繁育有限公司的食用菌种植加工技术攻关与示范、兴城市水泵制造有限公司的活塞式新平衡装置多级离心泵。

**【产学研合作】**2017年，市科技局产学研合作以强化企业的主体创新地位为目标，围绕产业开发的薄弱环节，加大引进人才、引进技术，吸引省内外大专院校、科研院所与兴城市企业进行合作，加快推进科技成果转移转化。深入企业进行调研，征集全市科技类中小微企业需求3份。鼓励企业参与高校合作交流和成果对接活动。加强全市企业与中国科学院和吉林大学等高校的合作交流，组织兴城市大润水产养殖有限公司参加由辽宁省科技厅与大连工业大学共同举办的2017辽宁省海洋食品校企合作联盟成立暨产业创新与成果转化对接会。

**【科技项目建设】**2017年，市科技局本着“抓科技项目就是抓创新发展”的理念，加强项目筛选、申报和实施力度。年内，成功立项省产业（创业）投资引导基金直接投资科技创新项目，为兴城市粉末冶金有限公司的DCT同步器（湿式）粉末冶金齿毂的开发项目，获得直投资金1000万元。开展市级科技计划项目结题验收工作，对2014和2015年度下达且项目执行期满的市级科技计划项目以会议审查形式进行验收，全市有8家企业参加。开展2017年度辽宁省科学技术普及基地推荐工作，组织兴城市图书馆申报辽宁省省级科普基地。开展2016年度辽宁省科普统计调查，针对各单位的科普人员、科普场地、科普经费、科普传媒、科普活动及创新创业中的科普6项数据进行统计，全市28家单位上报《2016年度科普统计调查表》。

**【知识产权】**2017年，市科技局不断增强知识产权创造、运用和保护工作。开展知识产权宣传培训工作。4月26日，该局在兴隆大家庭开展以“创新创造改变生活 知识产权竞争未来”为主题的第十七个世界知识产权日宣传活动，鼓励引导广大市民勇于创新，积极申报专利，保护创新成果。1月至8月，全市专利申请量329件，其中发明专利申请量59件；专利授权量244件，其中发明专利授权量6件；有效发明专利拥有量52件。做好专利产业化储备项目的申报工作，组织辽宁晨光塑料有限公司进行专利产业化储备项目申报。做好知识产权保护和执法工作，开展知识产权执法1次。

**【科技宣传培训】**2017年，市科技局围绕农业产业结构调整和新技术、新品种推广普及，树立“服务基层、服务群众、服务创新”培训理念，利用“科技下乡”“科技活动周”等活动，对全市群众进行科技知识普及和培训。在宁远广场开启以“科技强国 创新圆梦”为主题的科技活动周，有16家单位参与，参与人数近2000人，发放科普资料4000余份，深入红崖子镇和三道沟乡等地开展科技知识普及技术培训、讲座和咨询服务。推进科技特派员行动，组织特派员进村入户，深入到企业和专业合作社。在农村传播农业新技术，培育经济新亮点，引导发展新理念，为示范园区、基地、农户提供依靠科技促进经济发展的技术支持，推动农村经济发展。加大全市农民技术员和农民企业家的培育力度，组织全市农民和企业家参加培训班及研修班学习。

（董晶晶）

## 地震监测

【概况】2017年，兴城市地震站推进防震减灾体系建设。开展防震减灾宣传教育系列活动，利用公园、广场、学校、乡镇等开展主题为“5·12”防灾减灾日地震科普宣传活动。制作地震宣传栏，在学校、社区、广场等人流密集地方展示及发放地震宣传资料，加大教育宣传力度，提高社会公众防震减灾意识。结合“科技周宣传周”“应急宣传周”等活动，在实验小学、南关市场开展应急演练，增强公众的防震减灾意识，提高公众的防震减灾和自救互救能力。开展地震应急避难场所建设，完成辽宁省防震减灾领导小组到兴检查避难场所建设情况的工作，在市体育场检查避难场所的应有设施。

【地震监测业务】2017年，市地震站继续加强地震微观观测业务，全面搜集地震宏观信息。开展地震观测资料的整理和存档工作。配合省、葫芦岛市地震局调换新的观测项目和手段。加强对地震宏观信息的搜集，及时落实并整理。加强对地震宏观信息员的培训工作，通过走访了解基层工作状态，加强业务培训，促进宏观信息工作开展。

【防震减灾知识宣传及普及】2017年，市地震站开展地震知识宣传和普及，纪念“5·12”汶川地震，在宁远广场，通过摆放宣传板，发放地震知识手册等形式，开展防震减灾知识宣传活动。地震站与科技局、科协在实验小学举行地震逃生演习。5月，与安监局、红十字会等10个部门，在宁远广场开展科技活动周宣传活动，通过摆放宣传板，发放地震宣传手册等形式，向广大市民宣传防震减灾知识。在三道沟乡集贸市场，通过摆放宣传板和发放地震知识宣传手册，向广大村民传播普及防震减灾知识。地震站、应急办、安监局、消防队、卫生局等部门，在兴隆大家庭广场开展防灾减灾应急管理宣传周活动。

**兴城市科学技术局领导成员**

局　长　宋　毅

副局长　袁　伟　刘占一

（张浩）

# 教育·体育

## 教　育

【概况】2017年，兴城市推进教育工程建设，新建学校3所，校舍维修改造工程29所。新建学校在10月份主体完成，29所校舍维修改造工程8月23日完工并交付使用。全年，全市有各级中小学校117所。其中高中3所，初中26所，小学88所。全市在校学生48765人。其中，高中在校生7385人，比上年增加136人；初中在校生15301人，比上年减少314人；小学在校生26079人，比上年减少1421人。年内，市教育局完成中共十九大维稳和安全工作，获集体三等功。

【教育信息技术】2017年，市教育局持续开展信息技术，继续推进“智慧教育”工程建设。光纤专网铺设达到全市每所村小，录播教室、“一托三”同步课堂等信息化手段为教育教学提供更多服务。年内，在省装备中心举办的实验说课大赛中，葫芦岛赛区8人参赛，兴城占7人，3人获一等奖，4人获二等奖。其中，二高中教师杨洋代表辽宁省参加教育部基础教育司举办的第五届全国中小学实验教学说课大赛，获银奖。在省第八届“中国移动‘和教育’杯”教育技术论文大赛中，全市有61件作品获奖，其中一等奖12件，二等奖12件。该局被评为辽宁赛区“优秀活动组织单位”奖。在全国第八届“中国移动‘和教育’杯”教育技术论文活动中，兴城高中李楠的论文获国家一等奖。

【干训工作】2017年，市教育局围绕义务教育课程改革重点任务，探索有效培训模式，强化培训力度，提高干部管理水平。召开全面深化义务教育课程改革专题培训会，全市各中、小学主管教学副校长、教研员、教导主任、年部主任162人参加培训。在南大小学举办“基于核心素养条件下的学校课程体系建构的探索与实践”大型现场培训活动，全市各中、小学主管教学的领导及任教地方课、校本课、综合实践课教师190人参加，提升中小学教学领导把握、落实、推进义务教育课程改革能力和水平。

【语言文字迎检工作】2017年，市教育局牵头开展全市语言文字迎检筹备工作，对迎检工作提高定位标准，向一、二类城市看齐；强化培训指导，多次召开培训会，学习《国家通用语言文字法》和“国家公文格式的基本要求”等，对语言文字工作档案建设进行培训。高质量完成“推普周”活动，成功承办“辽宁省第十二届推广普通话宣传周启动仪式”。

**【特教工作】**2017年，兴城市特殊教育学校落实特殊教育二期提升计划，全体教师立足残疾儿童和学校发展需要，提升办学质量。开设蒙氏教育课、感统训练课和信息技术课。同时，完成第二期送教上门活动。年内，为提升教师素养，分别派教师到绥中、昌图、大连等地学习经验。

**【教育维稳】**2017年，市教育局关注社会热点，维护教育系统稳定，坚持教育诉求案件及信访问题查处到位、反馈及时。全年，受理民心网诉求50件、互动件16件，群众来电来访63件、上级部门交办信访件32件，自办件8件。其中，民心网评星件32件，1个15星的高星件，3个10星（加星件）件，28个5星件，办结率100%。在兴城民心网诉求件办理中满意率、办结率、优秀率均名列前茅。

**【校园安全】**2017年，市教育局把校园安全作为重要工作来抓，强化安全意识，打造平安和谐校园。开展全市教育系统安全大检查活动，成立“校园安全大检查”工作领导小组，召开专题会议，周密部署，全面排查，制定防控措施，落实安全整改责任。9月9日至18日，在全市广泛开展应急管理宣传周活动，会同公安、安监等部门进行“护校安园”明察暗访。“两节”期间为有效防范安全事故的发生，会同公安部门对全市学校安全保卫工作进行明察暗访。做好中共十九大期间教育系统安全稳定工作，由局长、副局长带队组成4个检查组对全市各校进行全方位安全检查，真正做到“排患务尽”，不留死角。

## ·学前教育·

**【概况】**2017年，兴城市学前教育全面贯彻落实《3～6岁儿童学习与发展指南》，探索科学保教的方法和途径。扶持普惠性民办园，制定并出台《兴城市普惠性幼儿园创建工作实施方案》，扩大普惠性幼儿园覆盖率，达到省、葫芦岛市标准。开展星级幼儿园争创评比活动。年内，3所幼儿园被葫芦岛市教育局评为四星级幼儿园。兴城一园和二园分别接待葫芦岛、建昌等县区幼教同行参观学习。一园被辽宁省“啦啦操委员会”认定为“啦啦操实验园”，二园承办辽宁省游戏专题研究现场会，两园均被评为辽宁省教育科研先进集体。

**【幼教工作】**2017年，兴城一园强化素质教育意识，更新教师观念，促进整体优化。引导教师加强职业道德修养，鼓励教师参加各类文化业务培训，抓实教师业务理论学习，以教研组为龙头、核心，带领全体教师苦练教学基本功。年内，该园的一日活动被辽宁省教育厅评为一等奖。10月，在葫芦岛市举行的幼儿园教研活动评优中，研讨主题《创设体验培训游戏 转变家长育儿理念》取得优异成绩。立项的省级课题《教学资源的有效利用和研究》顺利完成中期检查评估工作。12月，成功召开以《唱响冬之歌 传递正能量》为主题的家长开放日活动。在辽宁省举办的论文征集活动中，王祉烨等4名教师分获省级优秀论文二等奖和三等奖。

**【幼儿素质教育】**2017年，兴城一园坚持以实施高质量的素质教育为目标，深化幼教改革，全面推进跨世纪幼儿素质教育工程。各班在实施基础课程的同时，根据幼儿兴趣爱好，开展特色培养。各班制定活动计划并组织实施，保质保量，重视因材施教，因人而异。在幼儿园组织的“诵给祖国的赞歌”诗朗诵比赛活动中，各班幼师在编排设计、诵读表现等方面表现突出。同时，进行“喜气洋洋迎新年 五彩缤纷庆元旦”家园同乐系列活动，强调面向全体，给每位孩子有自我表现、获得成功的均等机会，增强孩子们自信心。年内，多次组织幼儿外出参观、秋游、慰问敬老院等，带领幼儿走进大自然、大社会，拓宽视野，陶冶情操。

**【家园联系】**2017年，兴城一园密切家园联系，发挥家长作用，提高教育合力，开办3期家长学校。9月，召开新生家长见面会和老生家长学校培训会；11月，举办家长开放日活动；12月，举办家园同乐活动，增进家长对幼儿园了解，提高家长育儿水平。年内，定期更换幼儿园宣传橱窗，家长了解幼儿园的教育动态；由医务室定期更换保健宣传栏，帮助家长丰富幼儿保健常识；由各班教师定期更换家长园地，家长及时了解班级重大活动、教育内容，交流家长教育子女经验。同时，各班利用家访、家长联系册、家长接送孩子时间等，与家长进行“个性化”交流，争取家长对幼儿园工作支持。

## ·中小学教育·

**【概况】**2017年11月，兴城市教育局开展与名校对接，打造优质高中品牌工程。兴城高中被清华大学授牌为优秀生源基地，清华大学专家应邀到校做讲座。年内，全市完成第二批次基础教育学校开放展示活动。活动从10月11日到11月3日，历时20多天，从校园文化、德育管理、教学管理、办学特色、社团活动等板块展示全市基础教育办学成果。

**【中、高考工作】**2017年，兴城市为省内外各大中专院校输送学生2795人，其中本科生1793人，专科生1002人。高考成绩再创佳绩，一高中本科以上进线人数1197人，其中一本500人，二本731人。考生600分以上人数51人，兴城市一高中考生冯家傲以688分夺得葫芦岛理科高考状元。中考各项指标均有提高，一高中统招和定向控制线与上年持平，二高中最低控制线较上年提高27分，三高中录取分数提高100分。

【开放展示活动】2017年，市教育局开放展示活动体现在“定位高、人心齐、讲融合、巧延伸、重创新”五个方面。温泉、三道沟、古城等小学展示小空间、大手笔、独具匠心的办学魅力；兴城四中、三中、高家岭等初中展示求发展、谋创新、与时俱进的办学之路。滨海、围屏、四中、三中、海滨等学校的间操队列，师生动作标准规范；古城小学的升旗仪式，设计精当，学生整齐划一。海滨学校的机器人、航模活动，围屏学校的大量读写活动体现融合理念，把传统活动整合成校本课程。滨海、海滨两校抓住足球特色校特点，把社会主义核心价值观理念、足球技巧等充分延展到学校的校本操中，体现体育育德，德育蕴体。打造精品校园文化，体现在一“静”一“动”。第二轮展示的学校充分诠释优秀传统文化含义。古城小学建立“晨诵经典、午练书法、晚练朗读”的特色体系；三道小学以“七大德育风景”为主线，进行多维度系列教育活动；碱厂学校全面开展感恩教育，并通过小手拉大手活动把知恩感恩氛围带到家里。各校在稳步推进的基础上，把活动课程化。温泉小学读书活动书目多、涉猎广。华山学校制订十二年大阅读实施纲要，培养教师和学生终生阅读的习惯，学校构建大视野、大足迹、大循环、大参与四个流程，形成学生阅读完整体系。各校社团活动内容体现灵活性、多样性、实效性。

【教学管理】2017年，市教育局加强各校教学管理，做到以人为本，从严入手，突出重点，创造特点，形成亮点。各校结合实际，不断深化、完善课堂教学改革，让高品质入驻课堂。活动展示46节课，涵盖学科广、课型全。教师教学理念发生明显变化，教学行为和学生学习方式得到改变，自主、合作、探究等学习方式成为课堂主流。温泉小学、华山学校、滨海学校、围屏学校、海滨学校、旧门学校、古城小学的档案，分类清晰、种类齐全、内容翔实。教学特色鲜明，各校教学管理结合校情、学情因地制宜。围屏学校以“以语文学科为龙头、以阅读和写作为双翼，走单科优化，进而带动学校全面发展”读写之路。华山学校根据九年制学校体制特点及地区薄弱学科状态，打造出“写字工程”与“英语工程”特色品牌工程。

【德育工作】2017年，市教育局继续开展创省、葫芦岛市文明校园活动，提升活动质量，创新活动形式。南一小学、温泉小学、高家岭小学、兴城四中、兴城高中5所学校获“辽宁省文明校园”称号。12月，辽工大附中拍摄的微电影《路》在教育部第二届微电影作品评比活动中，获“全国最佳原创微电影（初中组）”大奖。按照“一地一主题，一校一特色”的德育工作新要求，抓好学校特色德育工作。城内9校在张作霖别墅开展“纪念九一八”活动；9月30日，南一小学、实验小学、兴城三中参加由兴城市委组织向烈士纪念碑敬献花篮仪式活动。年内，刘台子小学完善《海之韵》校本课程，以海洋为教育基点，开展尊重教育、励志教育，培养阳光向上，热爱家乡、热爱祖国的“海的孩子”，德育教育依托课程由“虚”变“实”。实验小学开展“孝德香满园”活动，学生用画笔、书稿、国旗下讲话等，表达对孝德的理解。羊安中学利用中午时间，组织学生观看大型纪录片《辉煌中国》。大寨中学继续开展“善感以恩 拥抱明天”主题特色活动，通过编排校本教材、营造感恩文化、开展感恩主题系列活动等形式，教育学生感恩父母、感恩师长、感恩社会，树立责任意识。

**【养成教育】**2017年，市教育局抓好日常养成教育，各校将习惯培养细化、突出重点。高家岭小学把“自觉性”教育作为养成教育重中之重，改变学生“被学习”“被教育”现状，有检查有督促，内化于心，外化于形。东辛庄小学以“养成好习惯，快乐每一天”为主题，通过竞赛、检查、红领巾责任岗、争星等形式，教育和引导广大青少年“从我做起，从小事做起，从一言一行做起”，践行公共道德，恪守规范，提升文明素质和文明程度。三道中学开展“小储蓄、大人生”和“我们的故事感动在周一”2项德育工程，培养学生养成勤俭节约习惯，懂得孝敬父母、懂得感恩。望海中学成立弘善爱心基金会，以扶贫帮困活动为依托，对学生进行爱心教育，全年筹集资金7080元，帮助困难学生49人次。年内，沙后所中学、东辛庄中学、南大小学、望海小学等10余所中小学开展文明礼仪教育，同时把活动延伸到家庭，全家一起使用文明用语。

**【心理健康教育】**2017年10月，葫芦岛市教育局组织专家对兴城市曹庄小学、南大小学、辽工大附中、兴城二中心理健康特色学校工作进行评估验收。曹庄小学、南大小学以葫芦岛市第一、第三的成绩被评为葫芦岛市第三批中小学心理健康教育特色学校。在葫芦岛市教育局开展的校园心理剧展评活动中，全市有11所中小学获奖，其中南一小学、辽工大附中获一等奖，温泉等4所中小学获二等奖，元台子中学等5所中小学获三等奖。辽工大附中的校园心理剧在葫芦岛心理健康教育现场会进行展演。

**【学校读书活动】**2017年，全市各校利用各种活动营造“我读书、我快乐、我成长”的书香氛围。元台子小学“诗怀书香”活动，紧密结合课内外阅读，每天放学前开设20分钟课外阅读课，组织学生画思维导图写读后感，扩大学生阅读量、提高诵读能力。南大小学、白塔小学、高家岭小学、郭家小学打造书香型校园，开展“我爱悦读”读书活动，引导学生阅读、领悟。兴城二中以快乐阅读为主题，结合“书香校园”创建活动，组织学生开展午间读书活动。药王中学继续开展“我爱阅读”系列活动，每日早上20分钟集体阅读，每周写不少于2篇读后感或读书笔记，每月每个班级制作1期主题板报，每学期举行1次师生朗诵会。年内，葫芦岛市教育局组织开展葫芦岛市首届中小学生好作文展评活动，兴城市教育局被评为优秀组织奖，全市有3000多篇上传作品，有30篇优秀作品参加葫芦岛市展评，参评作品全部获奖。

【**教学改革**】2017年，全市各校广泛开展多元化高品质课堂实践探索。拣金小学开展为期5天的教育教学成果展示活动暨基于核心素养条件下的课程改革启航仪式。活动有三级课程课堂教学展示、课程改革经验介绍、学生基本功展示等10项内容。曹庄小学落实以生为本教育理念，完善发展生机课堂，通过开展“示范性教研、问题式教研、专题式教研”活动，活化和升华课堂教学模式。兴城二中打造“积极理念下强化学生核心素养的高品质课堂”，经历学透理论、抓实备课、跟踪指导、打造精品、观摩学习的过程，达到馨满校园结果。望海中学明确高品质课堂的教学思路，坚持双主体并行，规范课堂教学“357”模式，按“学讲练”来灵活实施。年内，南大小学、元台子小学、古城小学、兴城二中、兴城四中、红崖子中学6校被推荐为葫芦岛市课改示范校，辽工大附中被辽宁省教育厅评为“省课改先进校”。

【**艺术教育**】2017年，兴城市召开庆祝第33个教师节大会暨第三届教育艺术节闭幕式。全市中小学美术教师参观“艺海泛舟”。在全国中小学开展中华优秀文化艺术传承学校创建活动中，温泉小学的剪纸获教育部“第二批全国中小学中华优秀文化传承学校”殊荣。南一小学、温泉小学、沙后所中学被评为葫芦岛市美育学科优秀教研组。在葫芦岛首届青少年艺术节表彰会上，全市有79名师生获奖。教育局、南一、温泉、实验、曹庄小学以及辽工大附中、兴城二中分别被评为葫芦岛市青少年艺术节最佳组织奖。年内，举办全市中小学音乐教师声乐大赛，32名教师参赛并评出一、二、三等奖。

## ·职业教育·

【**概况**】2017年，兴城市职业教育综合实践活动展现亮点。在白塔中学召开初中综合实践活动现场会，在南大小学召开中小学“基于核心素养条件下的学校课程体系建构”主题研讨会。在综合实践活动学科第11届学术年会暨教学展评研讨与培训会上，实验小学被评为“全国综合实践活动课程研究与实施先进学校”；旧门学校教师杨帆代表辽宁省参加国家级综合实践活动学科教学竞赛获一等奖。中职教育上新台阶，年内超额完成葫芦岛市教育局下达的招生任务，中职招生960人，在校学生总人数2785人。兴城电大招生522人，在校学生1425人，列省内县级电大前列。

【**职业教育中心**】2017年，兴城市职业教育中心规范教学管理，提高教育教学质量，建立健全各项管理制度，以文化课为切入点，打造校内名师。外调20名文化课教师，在上岗之前进行培训。开展“以老带新”、全员开展学习提高教学水平活动。郝光、李曼、高斐妮、程清、付莲萍、王宏伟、商红伟等7名教师获葫芦岛市优质课。曹磊、武子禁、张秋月、张世一、王帝、付娜、钱江微、关园园、林思音、郝光、李丹被葫芦岛市教育局评为葫芦岛市中职骨干教师。开展听课评课活动，重点打造各专业2名教师为校青年典型专业课教师。年内，继续开展辽宁省中等职业学校示范校建设，各专业均完成专业建设委员会组建工作，完成人才培养方案初稿。暑假期间装修钢琴房、模拟餐厅、模拟客房，新建电子商务实训室。投资2400万元（其中中央预算内资金2000万元，省财力400万元）新建教育现代化推进工程，包括新建酒店、学前、计算机专业实训基地，总建筑面积6350平方米。

**【重点专业建设】**2017年，市职教中心根据学校专业特点，发挥专业技能可展示性，开展学生专业技能大赛。10月末，组织学前教育专业绘画、舞蹈、歌表演、征文演讲大赛，高级酒店运营与管理专业技能大赛。11月初，开展服装专业学生手工作品展，计算机应用技术专业和电子商务专业学生古诗词大赛。学前教育专业、计算机专业、酒店服务与管理专业、财会专业学生人数逐年增加，学校以4个专业为重点进行强力打造。派专业课教师外出学习，参加国家、省、葫芦岛市培训，打造品牌学校。

**【教育教学成果】**2017年，市职教中心协助葫芦岛市进修学校组织全市新教师培训，教师程清的语文课作为典型课为全市新教师做示范。高二学生参加2017年青少年高校科学营吉林大学分营活动，在汽车组装设计大赛中获亚军，获最佳经济性能奖、最佳团队奖和优胜奖。参加葫芦岛市中职学校学生专业技能大赛，学前教育专业技能大赛获二等奖。酒店服务管理专业12月代表葫芦岛市参加辽宁省级中职学生技能大赛。年内，该校获得职业学校国防教育特色校申报资格，获全国红十字会应急救护知识竞赛最佳组织一等奖。

**【招生、高考和就业工作】**2017年，市职教中心全年招生1000余人，其中中职招生959人，高中招生59人。高考报名221人，参加自主招生考试录取114人，有215人进入本科线，升入本科院校137人，总升本率56.7%。其中，计算机专业本科30人，有3名学生的技能成绩达到99分；学前教育专业本科16人；财会本科21人；酒店专业49人报考，录取本科45人，升本率达到92%。高考成绩位居葫芦岛市中职学校升本率榜首。职业培训学员2期、510人。

## ·教　师·

**【概况】**2017年，兴城市教育局组织基础教育“落实标准强管理　彰显特色促提高”开放展示活动。曹庄小学美术教师李函、拣金小学教师金卓、曹庄小学音乐教师张苹苹代表葫芦岛市参加辽宁省小学美术学科精品课和小学音乐学科农村优秀课评选，分获一、二等奖。组织兴城市中小学音乐教师声乐大赛，为庆祝教师节暨艺术节汇报演出，排练教师大合唱和学生舞蹈。指导基层学校的“三队两组”活动，全面提高学生运动技能水平和文化艺术素养。指导科学教师参加葫芦岛市实验教学说课获得一等奖并代表葫芦岛市参加辽宁省实验教学说课竞赛。组织参加中国高等教育学会教师教育分会综合实践活动学科第十一届学术年会暨教学展评研讨与培训会。实验小学被评为“全国综合实践活动课程研究与实施先进学校”。进修学校校长贺明学被评为“全国综合实践课题研究先进个人”。望海小学校长刘守国的论文在全国中小学综合实践活动学科第十一届学术年会评比中获一等奖。进修学校教研员李巍巍获得全国数学文化建设课堂教学大赛二等奖。

【**教师转岗和招聘**】2017年8月，经市政府批准，教育局、人事局组织农村岗位超编学校选调47名教师，到城内缺岗学校任教。11月至12月，经市政府同意，葫芦岛市人事局批准，农村学校招聘新教师150人，分配到相应缺岗学校任教。

【**乡村教师导师团队项目**】2017年，市教育局组织开展“辽宁省中小学乡村教师导师团队项目”活动。辽宁省中小学乡村教师张伟导师团队经辽宁省教育厅批准，专项经费支持小学教师素质提升项目。10月，活动启动仪式在南一小学举行，180余人参加活动。学科负责人和4所基地校领导落实项目《实施方案》，实现培训内容系统化、培训形式多样化、培训管理规范化、培训效果可视化。项目研究领域从单纯以学科课堂教学为主转变为学科“课程——教学——评价”整体性教学研究，研究方法从基于经验转变为证据与经验相结合，团队角色从个人权威转变为“学习合作共同体”。

【**青年教师基本功竞赛**】2017年，市教育局提高全市青年教师理论水平、课标把握程度、教材掌握及运用、专业素养及教学技能，加快全市课程改革进程，落实学生发展核心素养，提升中小学教育教学质量。组织开展兴城市第三届中小学（园）青年教师教学基本功竞赛，历时4个月，覆盖中小幼三个学段27个学科，610人参加笔试，305人参加课堂教学决赛。通过笔试、课堂教学和答辩三种形式，评出优秀团体奖15个，评选出先进个人158人。

【**教师培训**】2017年，市教育局对2015年至2017年招聘的教师进行培训，提升教师教学水平。通过下乡调研，加大对新教师培训后的跟踪指导力度，加强管理与考核。同时，开展全员培训，对全市中小学教师进行验收考试。进修学校中教部、小教部、学前部、艺体部等部门分别对市县骨干教师进行培训，进一步提升学科骨干教师专业素质和专业技能。进修学校开展校本培训、班主任培训、书法培训、信息技术培训等各级各类培训。全面启用新一代教师培训管理系统，加强教师培训工作过程监管，实现教师培训工作管理信息化和制度化。名师工作室在课堂教学、教学研究、教育科研、师资培养等方面起到示范引领作用。

**【教育科研】**2017年，市教育局抓实教育科研工作，促进专业化发展。夯实课题研究与管理，对2018年度县级规划课题进行立项评审，有38项通过立项，市级规划课题立项申报24项。经全国教育科学规划领导小组审批，刘台子小学王志昌申报的课题“农村小学德育特色校本课程建设的实践研究”被列为全国教育科学“十三五”规划2017年度单位资助教育部规划课题，为葫芦岛市首次成功通过立项的国家级规划课题。加强科研基地建设与管理，兴城市5所葫芦岛市科研基地校形成自身特色的学校科研管理与研究成果。开展学术交流与研究，推荐72篇论文参加葫芦岛市优秀论文评选，53篇获奖；推荐55篇市级获奖论文参加省级论文评选，全部获奖。

**【“优课”活动】**2017年，市教育局继续推进“一师一优课、一课一名师”工作。召开兴城市2016年度“一师一优课、一课一名师”活动总结表彰大会和2017年度“一师一优课、一课一名师”活动动员大会。全市有4289人教师报名参与活动，晒课4377节，向葫芦岛市推荐优课264节，获部级优课12节，获奖数量位列葫芦岛市各县区首位。

**兴城市教育局领导成员**

局　长　徐铁军

副局长　周　旭　刘朋标　李久仁

（王玉娟）

## 体　育

**【概况】**2017年，兴城市体育局以增加体育赛事供给为方向，在引进高端国际国内赛事上实现突破。全年，举办省级以上赛事8项。其中，国际级1项，中国兴城2017“兴城农商银行杯”世界花式艺术台球锦标赛；国家级5项，2017年海上丝绸之路（中国·觉华岛）兴城海峡横渡挑战赛、2017年第二十二届中国大学生乒乓球锦标赛、2017年全国后备人才基地（北方赛区）乒乓球比赛、2017年中国乒乓球俱乐部甲D比赛、2017年全国青年柔道锦标赛；省级2项，中国三对三篮球联赛（辽宁兴城赛区）、2017“兴特浓杯”辽宁省乒乓球邀请赛。同时，以体育泳装供给为重点，在提升体育产业增加值上实现突破。辖区内有体育企业758家，从业人员7万余人，打造百亿级体育泳装制造销售业，总产值

130 亿元。全国泳装电子商务销售 80% 出货在兴城，兴城泳装占国内市场份额 40%，占国际市场份额 20%。

2017 年中国乒乓球俱乐部比赛

【全国群众体育先进单位】2017 年 8 月 28 日，2013 ~ 2016 年度全国群众体育先进及体育系统先进表彰大会在天津举行。兴城市体育局被国家体育总局评为“2013 ~ 2016 年度群众体育先进单位”称号。全国群众体育先进每 4 年表彰一次，连续在 6 届全运会期间进行表彰。继 2013 年兴城市获全国群众体育先进县称号后，

兴城市体育局被国家体育总局评为“2013 ~ 2016 年度群众体育先进单位”称号

再次获全国殊荣。同时，兴城市体育局群众体育科科长李淑彬获得“2013 ~ 2016 年度全国群众体育先进个人”称号。

【省体育产业示范基地】2017 年 2 月 20 日上午，首批辽宁省体育产业基地在辽宁省体育局长会议上举行授牌仪式。辽宁省体育局授予大连市长海县、葫芦岛市兴城市、本溪市明山区体育产业示范基地牌匾。辽宁省体育局局长宋凯期望体育产业基地充分发挥引领示范作用，以及产业集群的聚集效应、规模效应、区域辐射效应，带动全省体育产业的发展。

兴城市被授予首批“辽宁省体育产业示范基地”称号

【体育旅游】2017 年，市体育局以体育旅游供给为载体，在助推兴城知名度提升上实现突破。国际、国内体育赛事落户兴城，各级企业、媒体抢滩体育竞赛表演市场。中央电视台 4 套、5 套节目及新闻频道，辽宁电视台体育节目等多家媒体关注兴城品牌体育赛事。年内，中国横渡第一人张健、搜狐董事局主席张朝阳参与横渡兴城

海峡挑战赛在中央电视台5套直播。该局联系北京体育大学、北京智享未来体育发展有限公司，启动“中国兴城横渡小镇”规划编制，体育旅游助推兴城知名度提升。

## ·群众体育·

【概况】2017年，兴城市全民健身实施计划持续落实，市政府办公室印发《兴城市体育领域供给侧结构性改革实施方案》，明确全民健身的目标任务、工作重点和推进方式。推进场地设施建设，新建各类行政村、社区全民健身场地90个，配送健身器材50套；建设沿海、登山栈道19000米；选址建设社区多功能体育场1个、笼式足球场1个。全市人均体育场面积1.95平方米。

【全民健身】2017年，市体育局组织开展全民健身活动。成功举办全市全民健身日、“全民健身进社区、进行政村、进机关、进企事业单位、进学校、进家庭”六进大联动等大型群体活动，举办市本级全民健身活动和竞赛30余场。同时，持续壮大体育社会组织，发展各级社会体育指导员1200名，举办三线社会体育指导员技能培训班1期，参培人数500名。全市登记单项体育协会9个，个人会员3000余人。

【海上丝绸之路横渡挑战赛】2017年8月13日，2017海上丝绸之路（中国·觉华岛）横渡挑战赛在兴城市海滨浴场举行。大赛由北京恒健国际体育文化传播有限公司主办，兴城市体育局协办。中央电视台体育

2017海上丝绸之路（中国·觉华岛）横渡挑战赛

频道对活动下水、起水进行直播，人民网、人民体育、搜狐视频参与全程直播。挑战赛以“潮起潮落兴海湾，如诗如画觉华岛”为主题，着力打造“百姓有动力、资源有合力、赛事有活力、产业有聚力”的全民健身品牌。横渡挑战赛有16名经验丰富的公开水域游泳横渡高手参加，其中包括“中国横渡第一人”张健在内的北京体育大学张健横渡队6名队员，以及向社会公开招募的10名勇士。300名选手参加1000米横渡体验赛。张健、中国女子横渡第一人张婕、残疾人横渡选手洪俊豪、葫芦岛市横渡选手刘涛、张宏锁获得前5名。该项比赛是“海上丝绸之路横渡系列赛”品牌赛事的首站活动，起点和终点直线距离10千米，实际游程长达12千米。

## ·竞技体育·

【概况】2017年，兴城市牢固树立“大体育观”，跳出体育看体育、立足全局抓体育、围绕中心干体育。年内，全市参加第十三届全国运动会9人，获得铜牌1枚。兴城市体校代表葫芦岛市参加“2017年辽宁省田径锦标赛”，获得3金、1银、1铜。2017年葫芦岛市青少年田径锦标赛，获团体总分第一名，并获体育道德风尚奖；获葫芦岛市第四届全民健身乒乓球比赛男子团体第一名。2017年葫芦岛市跆拳道选拔赛，获大众组3个冠军，5个亚军，2个季军。

【青少年体育】2017年，市体育局重视青少年体育工作，体校项目布局进一步优化。重点推进田径、篮球、足球、跆拳道等项目，与各中小学共同布局篮球、乒乓球、田径、足球、体育舞蹈5个项目，全市青少年体育竞赛体系逐步健全。年内，全市学校体育课堂教学包括广播体操、校操、太极操、太极拳、校园集体舞、独轮车、竹竿舞、轮滑、跳绳、跳皮筋、踢毽子、飞盘、抖空竹、平衡球、足球、篮球等。同时，举办首届中小学生三对三篮球赛，小学组东辛庄、南一和宁远代表队分获冠亚季军；初中组沙后所、兴城三中、辽工大附中代表队分获前三名。组队参加葫芦岛市中小学生田径运动会。市体校向省体校、省运动队输送运动员5人，升入体育类高等院校4人。

【世界花式艺术台球锦标赛】2017年1月12日至15日，2017中国·兴城“兴城农商银行杯”世界花式艺术台球锦标赛完成所有赛程，在兴城国际比基尼会展中心落下帷幕。该赛事由国家体育总局小球运动管理中心、中国台球协会(CB-SA)、世界台球选手协会(WPPA)、辽宁省体育局主办，兴城市人民政府、葫芦岛市体育局、北京华奥世体体育发展有限公司承办，兴城市体育局协办，兴城农村商业银行独家冠名赞助。赛事吸引16个国家的30位顶尖高手参加，其中有5位曾经问鼎过该项赛事的冠军，200余名中国选手参加比赛。阿根廷选手塞巴斯蒂安·朱梅里获得冠军，波兰选手卢可·西驰瓦获得亚军，弗洛里安·科勒获得季军，中华台北老将

2017年1月12日，中国·兴城世界花式艺术台球锦标赛开幕

林啓明成功跻身四强，中国小将王孟南进入前八名，实现中国人在花式台球赛事中的历史性突破。闭幕式上，世界台球选手协会(WPPA)执行主席马克·迪米克，国家体育总局小球运动管理中心三部部长王涛，世界台球选手协会(WPPA)亚太地区主席陈峰，葫芦岛市委常委、市委宣传部部长长石文光，兴城市市长袁国相等分别为获奖选手颁奖。中央电视台、辽宁电视台、乐视体育等多家媒体转播比赛盛况。该项比赛是兴城建市以来举办的第一个世界A级体育赛事。赛事首次落户中国，落地兴城市，填补中国花式台球国际赛事的空白。

**兴城市体育局领导成员**

局　长　李春彬

副局长　万立锦　张依克

（蔡峰）

# 文 化

## 文化广播影视

【概况】2017年，兴城市文化广播影视局开展各类文化活动，丰富群众生活，促进文化事业健康发展。组织完成新年春节系列文化活动，举办2017年送文化下乡、2017年“兴城春节联欢晚会”、城乡春节秧歌展演、春节元宵灯展等系列活动。开展送戏下基层系列演出，5月20日，文化馆评剧社慰问光荣院；5月30日，开展社会主义核心价值观合唱演出活动；10月22日，开展重阳节慰问敬老院活动。年内，兴城市文化馆免费开放公共文化服务体系，3月20日，举办兴城市卫生系统文艺会演；5月12日，举行兴城市护士节文艺演出；5月22日，举办科普宣传周。

【兴城之夏系列演出活动】2017年，兴城市以“争创全国文明城市·共建美丽幸福家园”为主题的2017“兴城之夏”文化广场文艺展演系列活动和农村文化节演出活

2017年7月4日，兴城之夏文化广场演出开幕式

2017 年 4 月 21 日，兴城市第八届读书节开幕式

动。7 月 4 日晚，兴城市全民健身中心举行开幕式。1000 余名表演者演出节目，充分展示滨城人民丰富的文化底蕴。9 月 15 日，在首山森林公园广场举办闭幕式，将碱厂乡碱厂村扶贫事迹以艺术的形式搬上舞台。2017“兴城之夏”文化广场完成演出 25 场，其中城市 15 场，农村 4 场，“最美海岸线巡演”6 场。

【第八届读书节】2017 年，市文广局组织开展兴城市第八届全民读书节活动，以“打造书香兴城，助力文化兴市”为主题，活动时间为 4 月至 6 月。4 月 21 日，在兴城人民会堂第一会议室举办兴城市第八届读书节开幕式暨“阅读丰富人生，书香伴我成长”诵读活动，倡导读书风尚。6 月份，开展重点图书进机关、进家庭、进军营、进企业、进社区、进乡镇、进学校“七进”活动。兴城市图书馆捐赠图书 4000 余册，营造好读书、读书好良好社会风尚，让更多群众从中受益。每周三晚 6 点 30 分，在兴城市传统文化协会二楼，兴城市图书馆携手传统文化协会开展“幸福人生讲座”传统文化大讲堂。4 月中旬至 6 月，兴城市图书馆按照参评公共图书馆评估标准将自评数据录入“全国公共图书馆评估定级管理服务平台”，完成第六次全国县级以上图书馆定级申报工作。9 月，开展第三届全国“书香之家”选拔工作，推荐中国老年书画研究会会员、百岁老人赵序初家庭参选。

【农村公益电影】2017 年，市文广局针对全市农村公益电影 2868 场放映任务，精心订购和安排好每季度的节目场次。在完成每村每月1场电影放映工作同时，全市开展“文化惠民送电影下乡”“社区电影专场”“九一八专场放映”“国庆节专题放映”等一系列主题电影放映活动。截至年末，完成放映场次2900余场次，拓展放映100余场次，按时超额完成全年农村公益电影放映任务。

【文化产业】2017年，市文广局推动文化产业发展，兴城市文化馆、图书馆、多功能剧场建设主体完成，年末竣工。非遗工作有序开展，兴城老船木手工制作技艺成功申报葫芦岛市第十批非物质文化遗产项目名录。6月10日，我国第一个“文化和自然遗产日”，组织省级非物质文化遗产项目“兴城全羊席”“兴城民间绣活”和葫芦岛非物质文化遗产“兴城花丝线”等项目进行展示展演活动。9月12日，省“非遗”保护中心到白塔乡白塔小学举行辽宁省十大民生工程进校园进社区活动。加大对民营演艺团体的扶持力度，通过优惠的产业政策提升演艺团体适应力，继续打造演艺娱乐业常态化文艺演出项目。组织参加第七届中国东北文化产业博览会暨第六届辽宁工业精品文化节。

【文化市场管理】2017年，市文广局加强网吧市场管理，强化源头控制。网络文化服务场所坚持从严监管，重点查处网吧接纳未成年人等违法违规经营行为。年内，查处网吧违规接纳未成年人进入及在规定时间以外经营案件6起，警告处理5家，依法罚款5家；落实双休日、节假日等重点时段专项检查制度，集中查处一批违规网吧。同时，加大“扫黄打非”工作力度，继续保持高压态势，把封堵查缴境外政治性非法有害出版物和有害信息作为“扫黄打非”工作重中之重。全市出动执法人员150人次，执法车辆60台次，检查各类出版物经营单位及印刷企业70家次，收缴各类非法出版物及印刷品80余册张。

**兴城市文化广播影视局领导成员**

局　长　李以君

副局长　刘　伟

于秀丽（女，2017年4月离任）

张志友　郭树江

（郭瀚泽）

## 文物保护

【概况】2017年，兴城市文物局以文物保护和维修、景区旅游设施建设和服务两大工作为重点，按照市委、市政府关于优化营商环境建设工作部署，开展全系统、全方位软环境建设，转变机关作风，提升办事效率和服务水平。持续深入进行员工礼节、礼仪、优质服务培训，打造全方位优质服务体系。开展旅游基础设施改造、建设工作，打造内有文化深度、外有靓丽风景的古城，以魅力兴城吸引营商客户。全年，古城景区接待游客19万人次，景区门票及停车场和观光车总收入950万元。

【城墙"申遗"】2017年，市文物局深入开展兴城城墙"申遗"工作，联合江苏南京古城、陕西西安古城、湖北荆州古城等全国8座知名明清古城，在9月18日西安召开的明清城墙联合"申遗"第五次工作会议上，采取专家论证，现场座谈等方式，研究"申遗"标准和主要程序，制作完善"申遗"单独文本内容。同时，利用"5·18国际博物馆日"和"中国文化遗产日"举办宣传展览，展出国保文物图片2000余张，利用"5·15"政务公开日宣传文物法，增强广大群众文物安全意识。

【古城项目建设】2017年，市文物局开展古城东门外生态停车场二期工程项目建设。该项目建设地点在兴城市古城东门外瓮城以北至东北角台延至北门瓮城以东的城墙外侧，总投资1.5亿元，总占地面积47952平方米，建筑停车场面积36764平方米，年末完成投资总量的90%。开展兴城古城瓮城地面修缮工程，争取国家文物局项目资金443万元，修缮破损地面2000多平方米，11月20日全部竣工。开展古城亮化工程，总投资750万元。年内完成钟鼓楼、祖氏牌坊及古城城墙南门楼至魁星楼延至东门瓮城800延长米亮化。投资100万元，完成古城景区各景点及东门外生态停车场电子检票设备安装，简化通行手续，提高服务效率和质量，游客通行方便快捷，结束多年人工检票历史。完成古城东门楼顶瓦、飞椽抢修工程。完成古城城墙护城河遗址勘探工作，确定城墙护城河位于距城墙10米的位置,宽17至18米。完成兴城市民俗博物馆布展工作，并向游人开放。

【环境综合整治】2017年，市文物局加强古城交通、环境治理工作，集中人力物力，加大整治力度，解决交通堵塞，乱停乱放、卫生死角。抓拍处理违章车辆137台次；清理落地灯箱17个，仿古牌匾改造11户。清理城市"牛皮癣"100余处，处理违章建筑6起。拆除不卫生旱厕5座，新建并投入使用水冲厕所6座，清扫保洁面积27万平方米，改善古城生活和旅游环境。

【旅游宣传】2017年，市文物局加大古城景区旅游宣传促销力度，参加葫芦岛市、兴城市旅游局组织的旅游推介活动，到杭州、北京、石家庄等市进行旅游促销，召开多场旅游推介会，发放宣传手册，展示古城风光片，产生良好宣传效应。

【文物安全保卫】2017年，市文物局成立领导小组，落实维护稳定第一责任人，开展自查自纠，加强网络监管，杜绝不稳定因素。制定预案，明确责任，不定期对全市文物进行安全巡查，特别是重点文物和重点部门。针对对外开放的景区景点文物安全，全年巡查10余次，走访文物单位16家。同时，扩大宣传覆盖面，提高广大市民保护文物安全意识。

**兴城市文物局领导成员**

局　长　蒋　文

副局长　尹天武　张　伟

（王伟）

## 报　刊

【**概况**】2017年，兴城时讯社贯彻全面从严治党向基层延伸战略，围绕市委、市政府中心工作，开展新闻宣传工作。全年出版《葫芦岛日报·兴城新闻》49期，发表各类稿件（图片）4000余篇；出版《葫芦岛日报·兴城新闻专版》49期，发表各类稿件（图片）500余篇。《葫芦岛日报·兴城新闻》发行3600份，提高稿件质量，扩大报纸覆盖面。报刊发行覆盖乡镇街道、市直机关的同时，进入到村、社区、机关科室、企业和驻军驻在单位。编辑出版《最美兴城人》一书，为实施“五项战略”、建设“五个兴城”和宣传兴城、提高兴城知名度创造良好舆论环境。

【**对外宣传**】2017年，时讯社在完成《葫芦岛日报·兴城新闻》出版发行的同时，重视对外宣传工作，自定指标，自加压力，超额完成对外宣传任务。全年，完成《葫芦岛日报》以上外宣稿件12篇，超额完成年初计划，其中7篇稿件获葫芦岛市级以上好新闻奖。

【**开辟新专栏**】2017年，时讯社不断开辟新专栏，突出宣传重点。对原有的报纸专栏进行整合，新增加“聚焦农业供给侧改革”“砥砺奋进的五年”“全面贯彻落实党的十九大精神”等10余个专栏。

【**战役性报道**】2017年，时讯社坚持战役性报道取得宣传效果，先后开展2017中国·兴城花式艺术台球锦标赛、棚改动迁、创建文明城市卫生城市、2017海上丝绸之路（中国·觉华岛）横渡挑战赛、2017中国国际沙滩·泳装文化节、兴城“两会”等系列战役性报道。

【**新闻编采**】2017年，时讯社结合形势创造性开展工作。成立“兴城时讯”公众号，发布《葫芦岛日报·兴城新闻》刊发的新闻，通过公众号平台开展3次手机摄影大赛，4万多名读者参与活动，增强报纸的影响力。完成4个批次的通讯员培训任务，坚持采取分批分片、面对面座谈方式进行培训。

**兴城市时讯社领导成员**

社　长　高　峰

副社长　张亚新（女）

　　　　董绍壮（2017年1月离任）

　　　　齐艳芝（女，2017年1月任职）

（齐艳芝）

## 广播电视

【概况】2017年，兴城广播电视台坚持以“新闻立台、专题兴台、经营富台、队伍强台、制度管台”工作方针，突出地方特色，以“走、转、改”为新闻工作目标，打造“三贴近”主流地方媒体，成为展示全市各行各业新成就的广电平台。在办好本台自办栏目基础上，不断创新，加大新闻宣传力度，加强新闻采编队伍建设，逐步实现传统媒体+互联网融合，广播、电视、新闻网站、微信公众平台齐头并进的发展之路。全天播出广播节目18小时10分钟，其中直播节目7小时30分钟；电视节目18小时，自办《兴城新闻》《百姓生活》《今日兴城》《小城故事》等一批品牌栏目。年内，强化外宣工作，在市级以上电视台播发稿件169条，发稿量在葫芦岛市6个县区名列第一。

【新闻宣传】2017年，兴城广播电视台开设“聚焦项目促发展”“棚改进行时”“学习贯彻十八届六中全会精神”“规范司法行为 优化营商环境”“聚焦营商环境”“电子商务进农村”“安全生产 常抓不懈”“平安兴城 你我同行”“脱贫攻坚在行动”等10余个专栏。为迎接中共十九大胜利召开，特别开设“砥砺奋进的五年”专栏，主动播发全市社会各界收听收看中共十九大开幕会直播盛况。聚焦兴城近年来深入实施“五项战略”和加速推进“五个兴城”建设所取得的经济和社会发展的新成就，进行全面报道。全年播出新闻1440多条，其中电视新闻作品《少校回乡当猪倌》被评为2016年至2017年度葫芦岛新闻奖二等奖。

【专题节目】2017年，兴城广播电视台巩固专题节目宣传，重点放在《百姓生活》《今日兴城》《小城故事》3档节目上。全年，3档节目分别播出150期，其中新闻专题作品《跨越血缘的人间大爱》被评为2016年至2017年度葫芦岛新闻奖二等奖。

【创新电台新栏目】2017年年初，兴城广播电视台与葫芦岛易通传媒公司合作，在电台增加《你好，兴城》《一路同行》2档交通服务类广播节目，为群众提供早间路况信息，提醒避开早高峰，群众出行更加方便、便利。兴城人民广播电台播发新闻1440多条，兴城新闻全年直播83.3小时。

【新闻媒体】2017年，兴城广播电视台开展新媒体宣传，兴城广播电视网是兴城唯一一家电视媒体微信公众平台。年内，该台加强与各部门的沟通，将全市创建文明城市、棚户区改造、营商环境建设、项目建设、喜迎中共十九大等信息进行发布。同时，加强关注用户参与热点话题、热点事件的讨论。全年，关注用户达到7000余人。

【节目引进】2017年，兴城广播电视台强化文艺节目引进录制工作，引进以传统儒学教育、文明经典、热播剧、农业科普知识、农民致富节目，法治教育节目和大力弘扬社会主义核心价值观为主的文艺节目，其中电视剧3895集，公益广告170条。同时，加强对全市大型文艺活动拍摄录制工作，全程拍摄兴城市春节晚会、文化广场开幕式、文化广场闭幕式、最美兴城人等10场大型文艺活动，录制播出时长19小时。

**兴城广播电视台领导成员**

台　长　宋　平

副台长　江兴波（2017年4月离任）

　　　　马　达

（姚篮）

## 档　案

【**概况**】2017年，兴城市档案局全面推进档案资源体系、利用体系、安全体系建设，加快档案信息化建设进程。全年，优化档案查阅利用服务，接待查档利用者2400余人次，提供档案资料1900余卷、册。免费为查档利用者复印档案18000余页。帮助阅档人顺利办理婚姻关系、房屋交易、户口迁移、独生子女证申领、贷款等相关事宜。

【**档案管理**】2017年，市档案局优化档案管理，开展档案资源体系建设。制定并下发《关于档案接收工作的通知》，全年接收政府办、市场监督管理局、物价局等26家单位文书档案，总计2100卷、4280件；完善接收电子目录及数据统计工作。为加快推进档案信息化建设，增加数字化人员5人，升级、增购软硬件设备开展档案信息化录入工作。截至年末，新增电子文件目录31690余条，其中接收各单位移交的电子文件目录11690条，数字化录入电子文件目录20000余条。馆藏135个全宗的档案案卷级目录数字化100%，民生档案、实物档案目录数字化100%。开展档案全文扫描工作，完成全文扫描档案80万页。逐步实现档案储存数字化、档案管理现代化、档案利用电子化。做好档案资料征集工作，与广播电视台沟通，征集拷贝全市重大活动图像资料；征集党代会汇编及各类图书资料30余册；征集兴城风光及重大活动照片光盘4张。

【**档案指导**】2017年，市档案局加强业务指导，档案监督执法水平稳步提升。继续落实国家档案局“8号令”和“9号令”，推进立卷改革，对碱厂乡、围屏乡、妇女联合会、林业局等24家单位档案工作进行指导。加强行政执法监督检查工作，按照《中华人民共和国档案法》和《辽宁省档案条例》有关规定，落实执法责任制，坚持持证执法，全年对36家单位进行档案行政执法检查。年内，为打造全市营商环境，简化办事程序，依据省政府要求，对该局2项行政权力予以取消。扎实开展农业农村档案工作，根据省、市档案局工作部署，与农发局联合开展全市28个乡镇、街道农村土地承包经营权确权登记颁证档案工作，土地承包确权登记档案工作全面展开，土地合同实现“一户一档”。年内，该局对精准扶贫、精准脱贫档案进行指导，确定三道沟乡为试点单位在全市推广。

【档案利用】2017年，市档案局强化服务制度建设，推行节假日预约查档制度、电话咨询服务和AB岗值班制度，及时解答阅档群众的疑问，减少查档等待时间，提高查档效率，确保档案查阅利用服务有效推进。围绕全市中心工作开展档案业务咨询服务，为创建文明城市、中央电视台拍摄宣传兴城、纪检监察办案、落实独生子女政策、婚姻登记补办、房产过户等档案查阅提供真实详尽的查考、咨询及利用服务，满意率100%。

【档案宣传】2017年，市档案局加大宣传力度，增强全社会档案法律意识。以第13个“国际档案日”为契机，围绕“档案——我们共同的记忆”主题，于6月9日至6月18日在全市范围内启动一系列宣传活动。编制《档案法律法规汇编》《档案业务工作指导手册》免费向市直机关及基层文档人员发放；举办档案进社区、进农村活动，通过活动展板、发放宣传资料等方式解答疑惑，提高社区、农村居民的档案意识。加大档案信息宣传力度，利用《中华人民共和国档案法》颁布30周年纪念日，在重要场所及主要街道、电视台和《葫芦岛日报·兴城新闻》刊播档案宣传活动标语；组织全市文档人员开展档案知识问答，利用微信平台宣传《中华人民共和国档案法》;城东街道、交通局、人民检察院、公安局及其基层派出所利用LED显示屏刊播滚动标语。建立基层文档人员微信工作交流群，加强教育培训工作。与农发局联合举办农村土地承包经营权确权登记颁证档案工作培训班，培训250人次。

【年鉴和地方志】2017年，市档案局出版发行《兴城年鉴》(2015 ~ 2016)并被中国知网（中国年鉴网络出版总库）收藏，为社会各界查考兴城、了解兴城提供重要依据。同时，完成《兴城年鉴》(2017)的编纂工作，收集各部委办局、乡镇街道等130余个单位的稿件经过编辑整理，形成50余万字的定稿并排版、校对。为《辽宁年鉴》提供兴城部分条目11个7000余字，为《葫芦岛年鉴》提供兴城部分条目13个8000余字。继续做好《兴城市志》的读者反馈和意见收集整改工作。

**兴城市档案局领导成员**

局　长　张旭辉（女）

副局长　王天月　赵宏宇

（田宝凤）

# 卫　生

## 医疗卫生

【概况】2017 年，兴城市提升医疗卫生服务水平，重点项目建设全部完成，结核病防治所新建工程、中医医院新建工程、妇女儿童医院新建工程全部完工并投入使用。全市有各级各类医疗机构共计 436 家（经葫芦岛市卫生计生委审批拥有麻醉药品印鉴卡有 8 家医疗机构），其中局直医疗机构 5 家、乡镇卫生院 20 家、民营医院 7 家、驻在医院 5 家、社区卫生服务中心 8 家、门诊部 12 家、预防保健机构 3 家、村卫生室 278 家、个体诊所 98 家。全市卫生系统有在职职工 2780 人（卫技 1900 人，工职 880 人），其中乡镇卫生院（社区）在编 760 人，市内在编 2020 人。有编制病床 1908 张，其中市内 1400 张，乡镇卫生院 508 张。

【基层医疗卫生机构】2017 年，市卫计局开展基层医疗卫生机构回归公益性工作，按照葫芦岛市政府和兴城市政府要求，对 8 个承包经营的乡镇卫生院和社区卫生服务中心进行清产核资，按期完成回收工作。

【医改工作】2017 年，市卫计局依据《2016 年辽宁省县级公立医院综合改革考核验收指标体系》，对兴城市人民医院、兴城市中医院进行考核，各项考核指标均达标。制定《兴城市分级诊疗工作实施方案》，明确指导思想、基本原则、工作目标、主要任务。制定《兴城市医疗联合体建设工作方案》，年内医联体试点工作启动，以兴城市人民医院为牵头医院，以沙后所镇中心卫生院等 6 家基层医疗机构为成员单位的医联体签约工作完成。推进家庭医生签约服务工作，组建家庭医生签约团队 238 个，签约 55143 人。截至年末，完成重点人群签约 60% 以上、一般人群签约 30% 以上的目标。健全药品供应保障制度，全市严格执行药品及高值医用耗材集中采购政策，规范执行挂网药品采购价格，公立医院药品和医用耗材集中采购全面实行两年时间。执行网上集中采购、零差率销售，基本药物品种达到 517 种，市直公立医院基药使用率为 35%，基层医疗机构基药使用率为 72%。依照葫芦岛市卫生计生委等 7 部门《关于转发辽宁省公立医疗机构药品采购“两票制”实施细则（试行）的通知》（葫卫发〔2017〕57 号）精神，做好前期准备工作。

【新型农村合作医疗】2017年，兴城市新型农村合作医疗筹资标准640元/人(个人180元,各级配套460元),筹资总额2.37亿元，常住农业人口参合率98.5%。报销比例上调5个百分点，重大疾病病种增至24种。实行参合农民身份证就诊报销政策，推进大病商业保险制度，确保惠民受益。截至年末，门诊患者65.9018万人次，补偿4829万元；住院患者3.2499万人次，补偿9137万元,其中免费透析17425人次，补偿金额740.1853万元。

【健康扶贫】2017年，全市贫困人口患45种大病有5271人，经过各乡镇核实核准5103人信息在新农合系统中进行标志，对未参合的贫困人口与财政局、民政局进行协调实施动态参合。慢病签约开展对糖尿病患者实施注射胰岛素门诊限额提高到1500元，各乡镇卫生院对辖区内高血压患者进行核实。全市七种大病集中救治定点医院为兴城市人民医院，兴城市人民医院对七种大病全部按临床路径管理。9月22日开始，用6天时间对患七种大病的115人进行入户核实核准，掌握病人情况。兴城市新农合管理办公室将农村贫困人口患七种大病报销比例调高到80%，七种大病全部实行单病种付费管理。实现新农合、大病保险、医疗救助一站式服务，确保救助对象方便、快捷享受到各项政策待遇。

## 公共卫生

【概况】2017年，兴城市卫生和计划生育局机构和人才队伍建设得到加强。根据省卫计委和省机构编制委办《关于优化整合妇幼保健和计划生育技术服务资源的实施意见》(辽卫发〔2014〕4号)文件精神，避免职能交叉，实现技术资源共享，发挥综合效益，撤销药宣站、计生服务站和妇幼保健所，整合人员组建妇幼保健计划生育服务中心前期工作完成。依法规范人才聘用管理，按照《中华人民共和国劳动法》对各医疗机构聘用人员进行规范管理，签订劳动合同。引进、招聘专业技术人才，筹备招聘城区防保站、农村防保站和基层医疗机构专业技术人才，并鼓励医疗专业毕业的大专毕业生到村卫生室工作，改变村卫生室人员老化、技术力量薄弱现状，筹备工作完成，特岗支援基层2人，引进医技人才5名。

【传染病防治】2017年，市卫计局有效预防控制重大传染病。以霍乱防治为中心，以病毒性肝炎、肺结核、艾滋病、出血热和布病等疾病为重点，强化手足口病、麻疹、埃博拉和中东呼吸综合征等传染病防控工作，加强宣传、突出重点、分步实施，提高防控能力。全市报告乙丙类传染病14种1013例，与上年同期相比发病率上升10.58%；一类疫苗接种率和扩大国家免疫规划疫苗接种率分别达到98%；预防接种门诊信息化覆盖率100%；开展艾滋病免费自愿咨询和检查服务1679人次。

【基本公共卫生项目】2017年，市卫计局规范管理12项基本公共卫生服务项目，年内每人补助资金提高到50元，按季度先预拨后结算方式落实全年基本公共卫生专项资金1420万元。重大公共卫生项目“五免一补”工作有序进行，为3296名备孕适龄农村妇女免费发放叶酸；为3733名孕妇免费检查预防艾滋病、梅毒和乙肝母婴传播；免费孕前优生健康检查1150对；免费为农村妇女避孕节育技术服务621例;免费为农村妇女进行“两癌筛查”，乳腺癌筛查、宫颈癌筛查各10000人；为2367名农村孕产妇住院分娩补助118.35万元。

【计划生育】2017年，市卫计局全面展开计划生育利益导向。全市农村部分计划生育家庭奖励扶助对象达到15988人，年人均奖扶金标准由720元增至960元。计划生育家庭特别扶助对象585人，年人均扶助金标准由1200元增至独生子女死亡家庭4800元，独生子女伤残家庭6000元。开展“生育关怀”行动，建立生育关怀公益金并逐年壮大规模，使用公益金帮扶救助计生贫困家庭600户，紧急救助独生子女死亡家庭16户，帮助54名贫困女孩完成学业。

【卫生监督执法】2017年，市卫计局加强卫生监督执法力度。按照工作部署重点开展“双随机一公开”和与环保督察相关的医疗废物、放射卫生等方面监督检查工作，监督检查各级各类医疗机构97家，对存在问题的单位下达监督意见书，限期整改。全年，按照兴城市卫生计生监督蓝盾系列专项整治行动方案和年初下达的目标考核责任书，日常监督检查公共场所997家、供水单位58家、放射诊疗机构30家、学校托幼机构64家、医疗单位548家次、药店20家、集中餐饮具消毒1家(仅一家)，其中处罚70家单位，累计罚款12.1万元。

**兴城市卫生和计划生育局领导成员**

局　长　吴海清

副局长　曹　锋　张　军　陈　勃

　　　　朱伟瑞　李　亮

**兴城市计划生育协会**

专职副会长　曹　锋

秘　书　长　田秀丽（女）

（杨继源）

# 社会生活

## 劳动和社会保障

【概况】2017年，兴城市劳动和社会保障局以优化营商环境建设为抓手，坚持就业是最大民生工作理念，推进实施“十三五”就业发展规划，加大政策宣传、督促检查、绩效考核力度，化解就业结构性矛盾，提前完成全年就业工作目标任务。全市新增就业、带头创业、带动就业、转移就业81031人。不断扩大社会保险覆盖面，全市企业养老、城镇医疗、失业、工伤、生育保险参保人数分别为7.52万人、10.3万人、1.57万人、2.5万人和1.7万人。各类保险工作管理服务水平提高。落实跨省异地就医直接结算政策，协调财政部门提高居民医保财政补助标准。配合做好“五证合一”登记制度改革有关工作。推行“移动社保”手机客户端，下载安装后即可享受社保个人信息查询、参保缴费、生存认证、就业求职等服务，真正享受“信息多跑路，群众少跑腿”的便利与快捷。12月，兴城市劳动和社会保障局被省委、省政府授予“全省精神文明建设先进单位”称号。

【就业创业】2017年，市劳社局保持就业形势总体稳定，全市城镇新增就业2502人，完成全年绩效考核指标950人的263%，城镇登记失业率为4.1%，控制在省控指标内。同时，推动创业带动就业，鼓励城乡劳动者围绕新经济、新产业、新业态开展创业活动，拓展就业新空间。加大创业培训工作力度，提升劳动者创业能力。落实高校毕业生创业场地补贴政策，扶持创业带头人67人，带动就业462人。

招聘活动现场

【重点群体就业】2017年，市劳社局统筹做好各类重点群体就业，配合供给侧改革，组织专项服务活动，拓宽农村劳动力转移就业渠道，促进农村富余劳动力转移就业和外出务工人员返乡创业。加强对就业困难人员的就业援助，落实失业保险援企稳岗政策，规范公益性岗位开发和管理，对就业困难人员实行实名制动态管理和分类帮扶，确保零就业家庭动态为零。年内，农村劳动力转移就业 7.8 万人，完成全年目标任务的 111%。

大学生岗位招聘报名现场

【职业能力建设】2017 年，市劳社局加强职业能力建设，落实国家职业资格许可和认定事项改革，按照国家职业资格正面清单进行规范。开展多种形式的就业技能培训和岗位技能提升培训，落实技能培训补贴政策，提高劳动者就业和转岗能力。开展“辽宁大工匠”选拔推荐工作。全市开展各类职业技能培训 4109 人，取得初中级职业资格证书 173 人。

【企业养老保险】2017 年，市劳社局持续扩大社会保险覆盖范围，以中小微企业和广大农民工、灵活就业人员、新就业形态人员、未参保居民等群体为重点，实施全民参保登记计划，新增企业养老保险参保 2553 人。全市企业职工基本养老保险参保人数达到 7.52 万人，与上年同比增加 3200 人。同时，切实防范养老金支付风险，贯彻落实省委 19 号和市委 20 号文件，配合地税部门做好企业养老保险统筹基金征缴工作，推动未保参保、漏险参齐、断保接续。加强与财政部门协同配合，筹集 1900 万元保障企业退休人员养老金按时足额发放。常态化开展退休资格认证工作，追回多领养老金 189 万元。

【城乡居民养老保险】2017 年，市劳社局推进城乡居民养老保险工作，加强内控制度建设，规范个人账户管理，加强基金收支，形成防范冒领的常态化机制。城乡居民参保达到 23.1 万人，7.97 万名城乡居民按月领取养老金。基本实现参保人群全覆盖。

【机关事业养老保险】2017 年，市劳社局落实机关事业单位养老保险制度改革工作部署，按照政策规定组织开展保费核定、基金管理、预决算编制和支付等基础性工作。从 12 月起，全市机关事业单位退休人员养老金全部停止由财政代发和单位发放，统一由市机关事业单位社会保险经办机构实行社会化发放。

【医疗保险】2017 年，全市城镇基本医疗保险参保人数达到 10.3 万人，工伤保险参保人数达到 2.5 万人，生育保险参保人数达到 1.7 万人。

【劳动监察】2017 年，市劳社局加大劳动保障执法力度，建立欠薪政府应急周转金制度，在建筑领域实施农民工工资专用账户管理及银行代发制度，切实维护农民工合法权益。推行“双随机、一公开”执法机制，建立执法人员数据库和监管对象数据库。扎实开展执法检查,营造诚实、自律、守信劳动用工环境。全年，受理农民工投诉41件，帮助625名农民工追讨劳动报酬657万元。健全劳动关系协调机制，落实中共中央《关于构建和谐劳动关系的意见》，实行劳动合同制度和劳动用工备案制度，加强对企业实行劳动合同制度分类指导和监督。健全协调劳动关系三方机制，建立健全协调劳动关系三方委员会，完善三方机制职能，健全工作制度。深入开展和谐劳动关系创建活动。全市企业劳动合同签订率达到96%，企业集体合同签订率达到85%。

**【劳动仲裁】**2017年，市劳社局推进仲裁院标准化建设，加强专业性劳动争议预防调解和仲裁案例指导工作，强化“一裁终局”，提升案件处理信息化建设水平。全年，立案受理劳动人事争议61件，其中裁决36件，调解25件，法定期限内结案率100%。推进劳动社会保障领域矛盾纠纷排查，加强重点群体稳控工作，畅通信访渠道，落实领导包案责任制，做好民心网、信访网投诉案件办理工作。办理民心网咨询诉求56件，化解信访积案6件。

**兴城市劳动和社会保障局领导成员**

局　长　刘久生

副局长　王国华　刘锦忠　刘雪松

（杨国强）

## 民政工作

**【概况】**2017年，兴城市民政局继续深化“机关转作风为民四服务”和“共产党员先锋工程”活动，持续抓好机关作风转变。民政服务大厅设置共产党员先锋岗和共产党员奉献岗，殡仪馆、救助站等窗口单位坚持24小时昼夜服务；加强基层党组织建设，完成2017年党组织关系和党员排查工作，全局有3名预备党员按期转为正式党员。做好涉军群体信访维稳工作，中共十九大和国家重大政治活动期间，未发生涉军人员进京、跑省、去市现象，维护一方平安。完成全国志愿服务信息系统推广应用工作。动员各乡镇、街道，组织和帮助社区（村）居民在“中国志愿服务网”进行注册，志愿者注册达到747人。

**【社会福利】**2017年，兴城市福利院的改建工程完工，11月末入住，并通过葫芦岛市检查验收。完善福利设施，争取上级专项资金50万元，用于新建日间照料中心。为90至99周岁老年人发放补贴294.6万元，为百岁以上老人发放补贴14.64万元；完成全市2962名城乡分散供养特困老人意外伤害组合保险工作，交纳保险金5.92万元。协助省、葫芦岛市慈善总会开展“情暖万家”“蓓蕾慈善救助工程”“中国移动爱心行动”“春雷慈善行动”“孚迪斯助你上大学行动”等救助项目，救助428人（户），救助金额25.02万元。

【社会治理】2017年，市民政局推进社会治理创新，落实社区居委会成员生活补贴提标工作。1月，率先在全市落实提标工作，主任由原来每人每月1000元提高到2200元，委员由原来每人每月1000元提高到1900元，同时落实“五险一金”待遇。完善城乡社区建设，争取省级专项资金100万元，建设省级城乡社区3个，即温泉街道东山社区服务站、旧门乡金樊村社区服务中心和红崖子镇西二台子村社区服务中心。社会组织工作落实统一社会信用代码和“两证合一”“一照一码”制度。年内，新登记社会团体2家，新登记民办非企业单位3家；社会团体变更5家，民办非企业变更3家；为9家社会组织进行赋码工作。社会组织实现网上申请、受理和审批。

## ·社会救济·

【概况】2017年，兴城市民政局全面落实社会救助各项政策，加强信息核对管理，居民家庭经济状况核对中心运用网络平台，开展城乡低保对象和五保对象的信息核对，取消城乡低保2729户，取消五保对象339人。继续对优抚对象开展信息核对，取消有退休金和职工养老保险的优抚对象60人。年内，扎实开展救灾减灾，争取上级冬春救灾款750万元，在春节前全部发放到受灾群众手中，救助人口73252人。开展全国第九个“防灾减灾日”宣传活动。3所中心敬老院消防改造工程图纸设计完成；上报各乡镇、街道冬春灾民生活需救助情况，制定下发《兴城市自然灾害应急救助预案》。

【扶贫攻坚工作】2017年，市民政局按照市委扶贫攻坚部署，召开专题会议研究落实扶贫攻坚工作。发挥低保兜底保障作用，7月份再次提高农村最低生活保障标准，实现农村最低生活保障标准超过国家扶贫标准。做好农村低保制度与扶贫开发政策有效衔接，发挥低保制度在打赢脱贫攻坚战中的兜底保障作用。全面实施精准救助，开展城乡低保对象和农村建档立卡贫困人口集中核查，符合农村低保条件的建档立卡户，纳入农村最低生活保障，实现应保尽保，提升精准救助和精准脱贫水平。加大对扶贫村帮扶，对82户贫困户进行一对一帮扶、上门帮扶和资金帮扶。

【提标工作】2017年，市民政局按照上级文件要求，全面完成民政对象的提标工作，从7月起，将城市低保标准由480元/月提高到510元/月，增长6%；农村低保标准由3245元/年提高到3650元/年，增长12%；分散五保供养标准由3800元/年提高到4100元/年，增长8%；集中五保供养标准由5500元/年提高到5900元/年，增长7%；完成优抚对象抚恤、生活补助和护理费标准提标，从2016年10月份补发。

【社会救助】2017年，市民政局落实各项社会救助政策，全市有城市低保对象3721户5700人，农村低保对象19779户23234

人，截至12月末，发放城市低保定期差额补助金2848.29万元，发放农村低保定期差额补助金6073.24万元。全市有“五保”对象3681人，发放“五保”供养资金1560.99万元。出台兴城市各项救助政策，制定下发《做好农村最低生活保障制度与扶贫开发政策有效衔接实施方案》《兴城市“救急难”工作实施细则》等相关文件。年内，按时发放各类生活补贴，为127名60年代精简退职职工发放生活补助资金69.4万元，为62名孤儿发放生活补助资金65.3万元，为214名经济困难失能老年人发放养老服务补贴30.92万元。

## ·“双拥”优抚安置·

【概况】2017年，市民政局稳妥推进“双拥”优抚安置，做好迎接第九轮省级“双拥”模范城中期检查评比工作。同时，“双拥”部门开展科技进军营、国防教育宣传日、送医送药下乡、军地联谊等活动。春节和“八一”期间，走访慰问驻兴、驻葫部队官兵。随军未就业家属货币化安置工作有序进行。年内，对烈士陵园基础设施进行改造和维护，解决消防问题。发挥国防教育基地作用，9月30日，开展烈士纪念日活动。

【优抚安置】2017年，市民政局有序推进优抚安置工作，提高全市4178名优抚对象抚恤补助及护理费标准，发放优抚对象定期定量补助金、抚恤金2356.8万元；完成全市472名重点优抚对象全年优待金发放工作，发放资金198.8万元；完成2017年549名服现役义务兵优待金发放工作，发放资金690.3万元；完成全市226名重点优抚对象医疗补助工作，重点优抚对象二次医疗补助费补助36.4万元；完成185名2016年秋冬季退役士兵一次性经济补助金的发放工作，发放资金324.7万元；完成4248名优抚对象纸质档案归档工作，完成2016年退役士兵187人的档案接收整理工作。

## ·专项社会事务管理·

【概况】2017年，兴城市民政局开展专项社会事务管理工作，兴城市第二次地名普查补查工作全面启动，通过省级验收。推进兴城市《中华人民共和国标准地名词典》和《辽宁省标准地名词典》编纂工作。完成兴城市2016年度行政区划表上报工作。全力推进殡葬管理，按照省、葫芦岛市委部署，联合公安部门坚决禁止在城市内举办丧事活动，完善各项殡葬设施，大力推行火化、海葬等生态殡葬方式。年内，该局原下属福利企业有36名下岗职工，自1998年以来一直未得到安置，经过请示市政府，拨付专项资金，解决福利企业职工安置问题。

【救助工作】2017年，全市救助流浪乞讨人员917人次，其中省内救助人员570人次，省外救助人员326人次，无法查明地址21人次；疑似精神障碍82人次，跨省护送返乡33人次；对无法查明身份信息救助人员进行DNA信息采集。开展“在站寻家、让爱回家”主题开放日活动。

**【婚姻登记管理】**2017年，市民政局加强婚姻登记管理工作，办理结婚登记1833对、离婚登记1006对、补领结（离）婚登记2466件，管理和查阅档案200件。同时，继续开展婚姻登记历史数据补录工作。

**【留守儿童】**2017年，兴城市开展农村留守儿童关爱保护专项行动。全市有农村留守儿童247人，市政府高度重视，将工作纳入重要议事日程和经济社会发展总体规划，建立农村留守儿童关爱工作部门联席会议制度。民政局多次召开各乡镇、街道主管民政领导和民政助理工作培训专题会议，部署农村留守儿童关爱保护工作。开展留守儿童第三方评估工作。

**兴城市民政局领导成员**

局　　长　郝大欣（女）
副 局 长　王兴凡　崔建华
　　　　　方洪文（女）
双拥办主任　王维臣

（闫丽）

## 民族工作

**【概况】**2017年，兴城市民族宗教事务委员会巩固和发展平等、团结、互助、和谐的社会主义民族关系，为促进全市社会和谐稳定，经济健康发展服务。开展民族团结进步创建工作，坚持重心下移，开展创建工作“六进”（进机关、进校园、进社区、进乡镇、进企业）活动。制作民族政策、法规、民族知识宣传板，到乡镇、社区、学校、企业、寺庙、机关进行民族团结进步宣传教育活动，发放宣传资料，贯彻国家民族会议精神。年内，为申请民族成分变更的公民按照规定程序办理。为9名外省市求学的兴城户籍学生出具民族成分证明材料。

**【专项资金扶持】**2017年，市民宗委加强民族地区基础设施建设和民族乡村事业，做好少数民族专项资金项目的申报和监管，注重项目的论证、评审、推荐，抓好项目库的建设和管理。切实做到项目投放重在基层，项目组织重在落实，项目建设重在效益，项目实施重在监管。对拟申报的少数民族经济发展资金、少数民族地区补助资金和少数民族人口生产生活补助项目逐项进行调研、论证，主要倾向到农业、果业、畜牧业和传统文化及基础设施建设等方面。资金围绕民族地区的民生工程进行投入，改善民族地区农业基础设施建设，调整当地的农业产业结构。全年，少数民族专项资金整合达480万元。其中，少数民族发展资金项目13个，共390万元，创历史新高。项目涉及7个民族乡17个民族村，受益农户4548户，受益人口16646人，其中少数民族人口13684人。

【民族统计工作】2017年，市民宗委加强民族地区各项统计工作。对全市12个民族乡进行《民族乡统计报表制度》的36个数据统计，完成对民族乡基本情况的普查，为国家制定调整民族政策提供第一手翔实的基础数据。

【清真市场管理】2017年，市民宗委全面整顿清真食品生产经营市场。对全市范围内的清真食品生产经营单位进行一次专项普查，对无证经营等不规范行为进行纠正，对无证经营但符合要求的企业履行必要审批手续。为规范清真食品生产经营和市场秩序，开展以“规范清真食品生产经营，净化清真食品市场环境”为主题的清真食品宣传月活动。

【农民培训和扶贫】2017年，市民宗委开展少数民族农民实用技术培训，培训少数民族农民近500人。组织农业、果业、畜牧业专家结合兴城民族地区实际，为各民族乡设置不同培训课程。开展扶贫帮困一对一碱厂满族乡四间村，6月专门举办1次少数民族农业实用技术培训班，专题讲解花生的田间管理和病虫害防治。结合该村山多地少的特点，申报借羊繁殖脱贫致富项目，投入少数民族发展资金30万元。

【满族文化】2017年，市民宗委开展少数民族语言与文化的传承和发展。宁远小学满语特色班，传承民族文化，拯救濒危语言，增强学生民族意识。同时，满族刺绣培训基地等少数民族特色手工艺得到传承。建立民族团结进步教育基地。

（隋春茹）

## 宗教工作

【概况】2017年，兴城市民族宗教事务委员会引导宗教与社会主义社会相适应，为促进全市社会和谐稳定经济健康发展服务。年内，全市有宗教活动场所41处，其中佛教20处，道教3处，基督教17处，天主教1处。备案教职人员60人，佛教常住僧人59人，道教常住道士13人，基督教6人，分布全市28个乡镇、街道。市民宗委制定《以“规范”为主题和谐寺观教堂创建实施方案》《基督教私设聚会点专项治理实施方案》《天主教地下势力教育与转化工作实施方案》《佛道教“两乱”专项治理实施方案》《宗教政策法规教育培训工作实施方案》《开展宗教活动场所安全隐患排查专项行动实施方案》《开展宗教场所规范化管理工作实施方案》《开展宗教活动场所平安建设宣传月活动实施方案》。

【宗教管理】2017年4月，市民宗委组织召开兴城市宗教工作领导小组会议。会上传达葫芦岛市宗教会议精神，就全年兴城市宗教工作的重点进行安排，同时结合会议下发《兴城市排查整治非法宗教活动场所实施方案》，要求各乡镇、街道发挥“三级网络”作用，对辖区内的佛道教“两乱”情况、天主教地下势力情况、基督教私设聚会点情况、非法宗教活动场所设立情况进行彻底排查，并将排查结果及时上报民宗委，为下一步开展治理工作准备第一手材料。结合《开展宗教活动场所规范化管工作实施方案》内容，对全市宗教活动场所的财务管理情况、各项规章制度落实情况，分数次组织人力下到场所进行检查。组织各宗教场所负责人到般若讲寺、石龙寺观摩规章制度落实情况，到药王禅寺、沙所后基督教堂、北关基督教堂观摩财务管理情况。

【宗教治理】2017 年，市民宗委按照制定的《佛道教“两乱”专项治理实施方案》时间节点安排，排查出新的佛道教“两乱”场所 10 处，其中佛教 8 处、道教 2 处。民宗委组织人员力量对 10 处场所逐一进行现场调查、核实。经核查后，对 4 处非法场所做出相应处理。对排查出的其他 6 处场所令其停止一切宗教活动，属地政府加强监管。

【宗教纠纷】2017 年，市民宗委针对沙后所天主教教堂翻建与当地群众产生矛盾纠纷问题，结合制定《宗教活动场所安全隐患排查化解专项行动实施方案》内容，多次帮助天主教与属地政府党委协商解决办法，在沙后所政府召开由相关部门参加的联席会议，听取各方意见，解决实际问题，并将会议结果形成会议纪要发到各相关部门。

【宗教宣传和统计】2017 年，市民宗委《开展宗教活动场所平安建设宣传月活动》和《以“规范”为主题和谐寺观教堂创建活动》。按照实施方案制定计划和上级宗教部门规定的时间节点，向各宗教活动场所下发开展活动通知。在宗教活动场所悬挂宣传标语，设立以《宗教事务条例》为内容宣传板。以宗教活动场所为平台，宗教活动举办期间向信众发放宣传手册。年内，民宗委发挥“三级网络”工作机制作用，在全市 28 家乡镇、街道配合下，完成对民间信仰活动场所数量统计调研的普查工作，普查出民间信仰活动场所 84 处。

**兴城市民族宗教事务委员会领导成员**

主　任　赵仲华

副主任　吴　健（女）

（张峰）

# 乡·镇·街道

## 羊安满族乡

【概况】羊安满族乡位于兴城市城区西侧，地处兴城河中下游西南岸，东与兴城市区毗邻，南与曹庄镇和沙后所镇相连，西与红崖子镇交接，北与白塔满族乡以河为界，属城乡接合部。京沈高速公路出口坐落在该乡境内，南北有国道102线、京沈高速公路、京哈铁路、京沈高速铁路通过，东西有兴西、兴洪县级公路穿过，地域优势明显。全境傍山沿河三分丘陵七分平原，土质肥沃，北部土质略呈黏性。全乡总面积80平方公里。乡人民政府驻地柳蒿村，距市区7公里。该乡辖羊安、白铁、龙王嘴子、十八家子、辛庄子、佟屯、刘八斗、望宝、闫屯、芹菜、柳蒿11个行政村。有汉族、满族、蒙古族、苗族、彝族、傈僳族等。2017年末，全乡总户数7569户，总人口21268人。其中，男10515人，女10753人；农业人口20441人，非农业人口827人。人口自然增长率-10.7‰。

2017年，全乡共申请注册26户家庭农场，花生种植面积达到2333公顷，蔬菜大棚27公顷，裸地菜15公顷，大豆、红薯、西瓜、香瓜、中药材等其他作物85公顷。羊安乡以望宝村无公害葡萄、辛庄村无公害韭菜、柳蒿村无公害西红柿为特色，打造绿色无公害特色农产品，流转土地1108公顷，占耕地总面积的42.8%，涉及农户2354户，占承包农户的31.2%。年内，畜禽存栏母猪500头的裕泰和现代化种猪生产合作社建成投产。

【水利设施建设】2017年，羊安乡利用现有水利资源，投入资金30万元，打抗旱机井10眼，维修25眼，深挖方塘沟渠，发放柴油抽水机100余台（套），汽油发电机40余台套，维修低压线路15处。修复漫水桥2座，修复路面1公里，加固河堤2处。

【林果经济发展】2017年，羊安乡完成望宝村引水上山项目，有效解决望宝村林果产业用水难问题。种植经济林面积24公顷，其中中草药13公顷，榛子9800株，核桃15000株。增加绿化面积20公顷。护林防火和秸秆禁烧工作安排有序，坚持全天巡查，严抓严管野外用火，清理林缘、山缘500米内地块秸秆，定制136块防火责任牌，全年未发生森林火灾。

【宜居乡村建设】2017年，羊安乡制止非法占地及违章建筑8起。新建文化广场2000平方米，安装健身器材30余套，绿化栽植优质树种200余株，新建路边彩砖600平方米，新建文化墙220延长米，新建村内排水管网500延长米，完成村屯路面硬化5公里，安装路灯60盏。对刘八斗、佟屯部分房屋有照无档现象进行排查、核实，解决困扰群众多年的“假房照”问题。完成农村积存垃圾清洁、河道垃圾清运治理工程及兴西线环境卫生清理工作，全乡参加活动累计达280余人，出动车辆210台次，投入资金22万元，清理河道15公里，马路边沟50公里，清除垃圾1800吨，整治柴草堆103垛，清理粪便堆22个，清理杂物堆61个。

【扶贫工作开展】2017年，羊安乡取消低保34户35人，新增48户48人，全乡共有低保户957户1093人，为困难群众发放临时救助金18万元，发放冬春救灾款31万元，惠及1200余人。完成危房改造22户。完成脱贫人口400人，其中产业脱贫234人，就业脱贫67人，住房脱贫8人，教育脱贫3人，医疗救助脱贫16人，社会兜底脱贫72人。享受健康扶贫项目394人，享受教育扶贫项目61人。与33家企业达成项目扶贫意向，与其中15家企业签订金融扶贫协议书，做到项目扶贫，产业扶贫。

羊安满族乡第十届人民代表大会第一次会议召开

【重点项目推进】2017年，羊安乡秦沈客运专线兴城西客站项目征占土地14公顷，涉及动迁补偿户139户，372人，发放补偿款合计16331329元，其中土地补偿款12635010元，附属物补偿款3696319元。

【换届工作】2017年10月27日，羊安乡第十届人民代表大会第一次会议召开，应到会代表54人，实到会代表52人，经过选举产生出新一届乡政府领导班子，选举产生兴城市八届人大代表9人。

**中共羊安满族乡委员会**

书　记　付锦川
副书记　李　彪（2017年7月离任）
　　　　张洪哲（2017年9月任职）
　　　　宋　喆（女）　关承杰（挂职）

**羊安满族乡人民政府**

乡　长　李　彪（2017年7月离任）
　　　　张洪哲（2017年9月任职）
副乡长　刘　晓（2017年7月离任）
　　　　赵梦影

董　柏（挂职，2017年11月离任）
邢贺松
李贺亮（2017年9月任职）

**羊安满族乡人大主席团**
主　席　程　德

（梁新美）

## 元台子满族乡

【**概况**】元台子满族乡位于兴城市境东北部，东临龙港区双树乡，南与古城街道相连，西和华山街道、白塔满族乡毗连，北与葫芦岛市连山区接壤，属城乡接合部。京沈高速公路、京沈高速铁路纵贯全境，区位优势明显。全乡总面积111.5平方公里。乡人民政府设在药王庙村、田家屯村之间。该乡辖四方、药王庙、英昌、田家屯、元台子、灰山、五家子、姜女、八里9个行政村。有汉族、满族、蒙古族、土家族等。2017年年末，全乡总户数为5467户，总人口18043人。其中，男9193人，女8850人；农业人口17434人，非农业人口609人，人口自然增长率为0‰。

2017年，元台子乡有规上企业1家，兴城市永发高压仪表成套厂，营业收入2500万元。姜女村以村闲置校舍和扶贫资金捆绑对外出租，每年增加集体收入12万元；英昌村集体流转7.3公顷土地发展百亩桃园。全乡地区生产总值21230万元，一般公共预算收入515万元，农村居民人均可支配收入12700元。

【**现代农业示范小区建设**】2017年，元台子乡推进姜女村草莓采摘种植小区建设，在原有占地6.67公顷的基础上继续扩大规模；推进五家子村畜牧养殖小区建设，扩大养殖规模和品种；推进田屯村蔬菜种植小区建设，带动周边村屯经济发展；推进四方村绿化苗木小区建设。新建设施农业小区2个，有日光温室大棚27座，总占地面积5.9公顷，全乡设施农业蔬菜年产量7600吨。利用设施农业，种植优质花生2000公顷。

【**林业生产及森林防火**】2017年，元台子乡完成春季人工造林200公顷，封山育林266.67公顷，林分修复33.33公顷。出动森林防火巡逻车200余车次，制作刀旗400面，书写规范化标语90条，立防火宣传牌20处，悬挂防火条幅40余条，利用广播宣传200余次。新购对讲机10部，防火车1台，风力灭火机13台，油桶6个，油锯2把，铁锹20把，水桶20个。修建防火固定检查站5个，防火作业路6公里，组建一支10人专职扑火队和四支村级兼职扑火队及每村50人的应急扑火小分队。

【**民政救济工作**】2017年，元台子乡发放冬春救助款277200元，1113户。完成重度残疾人生活救助系统录入，共396人。初步完成85人精神病残疾人药物补助材料收集工作。

【招商引资工作】2017年，元台子乡共接待外来投资者考察5次，乡主要领导就地和外出进行招商引资活动9次，洽谈项目4个，意向投资项目4个，动工项目1个。

【环境综合整治】2017年，元台子乡开展危废物品调查2次，开展沿河养殖企业调查2次，协助环保局开展执法送达执法文书5次，处理养殖户乱排污事件15起，并监督完成化粪池建设。书写固定标语50余条，发放环保宣传单300份，宣传册50本。5月份，协助上级完成中央环保巡视组转交信访件3件，答复处理3件。

**中共元台子满族乡委员会**

书　记　梁　爽

副书记　金德鑫　崔　浩

**元台子满族乡人民政府**

乡　长　金德鑫

副乡长　吴　峰　李　强

王丽娜（女，2017年9月任职）

**元台子满族乡人大主席团**

主　席　周洪斌

（李想）

## 白塔满族乡

【概况】白塔满族乡位于兴城市境东北部，东邻元台子满族乡，南与羊安满族乡隔河相望，西与红崖子镇、旧门满族乡为界，北与华山街道毗邻，总面积68.1平方公里。乡人民政府设在白塔村。该乡辖白塔、朗月、塔沟、上范、老边、清水6个行政村。2017年年末，全乡总户数4096户，总人口12219口人。其中，男6307人，女5912人；农业人口11733人，非农业人口486人。人口自然增长率0.24‰。

2017年，白塔乡国民生产总值6.2亿元，粮食作物种植面积1236.5公顷，粮食总产量8840.2吨。经济作物种植面积223.1公顷，蔬菜大棚15座，畜牧小区6个。羊存栏6423只；肉食鸡出栏5.8万只，蛋鸡存栏0.9万只；猪存栏14255头，生猪出栏2.3万头。农民人均纯收入11500元。全乡工业企业41家，其中碎石厂1家，采石场1家，空心砖厂17家。泳装加工企业18家。工业总产值1.6亿元。

【农业产业布局】2017年，白塔乡在清水村和老边村发展特色农业，主要种植二茬作物，品种为上茬扣膜玉米花生和西瓜、下茬为萝卜白菜和大葱，种植面积66.67公顷，带动农民100多户。设施农业大棚22座，770延长米。清水村新建养殖小区2个，朗月村养殖小区1个。全乡栽植果树43.33公顷，补植补造榛子林30公顷，春季造林100公顷，封山育林200公顷。

【新农村建设】2017年，白塔乡清水村美丽乡村示范村工程建设总投资金额70万元，完成粉刷文化墙、建文化广场、铺彩砖、安路灯、设垃圾箱等项目。全乡集中开展清理农村积存垃圾清洁月活动，出动铲车390台次，清运垃圾680车次，累计清理垃圾2900立方米，设立31名保洁员。栽植杨树10000棵、柳树1000棵。

【脱贫工作】2017年，白塔乡脱贫攻坚工作实施产业扶贫、项目扶贫、教育扶贫和健康扶贫政策。进村入户对贫困户进行走访，了解贫困现状，查找致贫原因，制定脱贫措施。发放贫困户帮扶连心卡、扶贫政策宣传资料。与佳林养殖合作社联合，以贫困户参股方式让每一建档立卡户都能享受红利，实现贫困户帮扶全覆盖。项目扶贫中帮助贫困户翻建房屋3户，健康扶贫366人，教育扶贫14人，政策兜底7户，产业扶贫201人，总投资额18万元，年内脱贫20%。

**中共白塔满族乡委员会**

书　记　张立仁

副书记　王海滨　刘鑫焱

**白塔满族乡人民政府**

乡　长　王海滨

副乡长　王　琰（2017年4月离任）

　　　　李小东　曹东旭

　　　　冯海涛（2017年9月任职）

**白塔满族乡人大主席团**

主　席　李晓波

（谷艳飞）

## 望海满族乡

【概况】望海满族乡位于兴城市境南部，东与徐大堡镇相连，南与东辛庄镇接壤，西南与南大满族乡、围屏满族乡为邻，北与沙后所镇交界，总面积81.4平方公里。国道102线、沈山铁路、京沈高速公路、秦沈高速铁路从境内通过。乡人民政府设在望海村，距兴城市区27公里。该乡辖望海、范罗、柳家、新白、黑庄、于家、牛营子、朱家、曲河、四方台10个行政村。2017年年末，全乡总人口20005人。其中，农业人口19334人，非农业人口671人。人口自然增长率5.3‰。

2017年，望海乡被葫芦岛市委评为葫芦岛民族团结进步创建活动示范单位、被兴城综治办授予铁路护路联防工作先进单位。

【农业产业结构调整】2017年，望海乡调整花生和玉米的种植比例，花生种植面积3333.33公顷，玉米种植面积1000公顷，葡萄繁育基地增加6处，建设食用葡萄面积13.33公顷，栽植名优果树2万余株，建设设施农业小区2个，畜禽养殖小区5个，省级示范合作社增加1个。在黑庄村栽植果树8000棵，在牛营村栽植蓝莓4.67公顷，栽植葡萄苗木5.33公顷。

【环境综合治理】2017年，望海乡在4个村铺设水泥路4.3公里。新改造农贸市场

6870平方米，零售摊位132个，彩板房24户，596平方米。全乡垃圾清运日铲日清。

【民生工作】2017年，望海乡危房改造工作完成维修房屋10户，翻建14户。精准扶贫建档立卡户798户1281人，脱贫576户962人。为500多名妇女进行“两癌”免费筛查，为80对夫妻做孕前健康检查，为300户家庭办理独生子女光荣证。在曲河村新建校舍1800平方米，柳家村新建校舍3200平方米。

新改造落成的农贸市场

**中共望海满族乡委员会**

书　记　李壮林

副书记　李宏伟　齐　冰

**望海满族乡人民政府**

乡　长　李宏伟

副乡长　刘明晔（2017年9月离任）

马云国

佟佳良（2017年9月任职）

刘　阳（2017年9月任职）

**望海满族乡人大主席团**

主　席　王　琪

（王怀东）

## 刘台子满族乡

【概况】刘台子满族乡地处六股河与渤海交接处，位于兴城市境西南端，东南临渤海辽东湾，南隔六股河与绥中小庄子乡相望，西北与东辛庄镇接壤，东北与徐大堡镇毗邻，全乡总面积40.2平方公里。乡政府驻地刘台子乡潘山村，距兴城市区47公里。地势东高西低，东部沿海，南以六股河起，北至徐大堡镇交界处，构成南北狭长低丘地，中西部为开阔的临河滨海平原。该乡辖前刘台子、李维、蚂蚁、蛇山、山西、山东、凤鸣、闫家、潘家、盐锅10个行政村。2017年年末，全乡总人口14541人，其中，农业人口13816人，非农业人口725人。

2017年，刘台子乡耕地面积1778.67公顷，全乡以设施农业、休闲旅游和服装加工业为工作重点，打造招商引资项目发展平台，引进篮渤生态农业科技有限公司一揽芳华生态园建设项目。

【涉农工作】2017年，刘台子乡争取上级资金700余万元对菱角河2.3公里河道进行清淤改造，增强排洪泄洪能力，有利于菱角河沿岸农田灌溉。年内，调减玉米种植面积13.33公顷、油菜种植面积56.67

公顷，增加稻田种植13.33公顷、葡萄育苗13.33公顷，二茬作物增加182.67公顷。土地确权全面完成，4393户群众依法登记“土地确权证”，集中流转土地933.33公顷。

【乡村旅游业】2017年，刘台子乡种植油菜花200公顷，比上年增加12%。在观赏节期间，接待省内外游客近5万人次。潘山、闫家、山东等村发展渔家乐旅游项目，全乡25家渔家乐接待外地游客达2万人次，旅游收入突破300万元。

【民生保障工程】2017年，刘台子乡清退低保户94户104人，现有低保户555户629人。发放救济救灾款12万元，576户村民受益。争取扶贫项目鸡雏1.5万只。危房改造D级12户、C级12户。

【平安乡镇建设】2017年，刘台子乡检查企业80余家次，发现隐患全部整改。清理涉渔“三无”船舶147艘，乡政府与渔业村和船主层层签订越界捕捞和渔业安全生产责任状。拆除违章建筑3处，拆除面积1000余平方米，停止违建5处。

**中共刘台子满族乡委员会**

书　记　李宝文

副书记　王　薇（女）　陈志强

**刘台子满族乡人民政府**

乡　长　王　薇（女）

副乡长　艾枫月（女，2017年7月离任）

　　　　张晓东（2017年8月离任）

　　　　裴大亮

　　　　苏东阳（2017年9月任职）

　　　　齐　兴（2017年9月任职）

**刘台子满族乡人大主席**

主　席　许少波（2017年4月离任）

　　　　张晓东（2017年8月任职）

（张守秋）

## 大寨满族乡

【概况】大寨满族乡位于兴城市境西南部边缘，东和东辛庄镇相邻，西南和绥中县隔六股河相望，西北与高家岭镇相接，北与围屏满族乡交界，总面积78.3平方公里。沈山高速公路和秦沈高速铁路横穿该乡4个村，102国道在该乡东侧。乡人民政府设在新立村新立屯。该乡辖新立、大寨、吴家、郭家屯、王相、李相、贲家、沙河、花营、牛彦、张家、罗家、兴旺13个行政村。2017年年末，全乡总人口21078人。其中，农业人口20318人，非农业人口760人。

2017年，全乡有耕地面积3533.3公顷。全乡社会总产值实现10.2亿元，公共财政预算收入实现583万元，农民人均纯收入11500元。

【农业产业化推进】2017年，大寨乡土豆种植面积1733.33公顷，完成新品种改良666.67公顷，大根萝卜种植面积1666.67

公顷，裸地豆角种植面积达533.33公顷。完成农业保险2733.33公顷，土地确权工作完成4800公顷。维修大棚50个，新建蔬菜大棚25个。在张家、牛彦、新立、李相、贲家等村新建大口井6个，总投资200多万元。完成郭家村土地整理项目，维修方塘3座，修田间作业路10公里。

【美丽乡村创建】2017年，大寨乡将新立村确定为创建省级美丽乡村示范村，建设文化广场1个，共3300平方米。全乡安装太阳能路灯40盏，建设垃圾池10个，安装健身器材15台（套）；修建一事一议村内道路6公里，开展环境治理工作，清理垃圾300余车，清理河道4.5公里。

【精准扶贫项目推进】2017年，大寨乡实施花生种植项目扶贫，项目规模123.33公顷，覆盖7个行政村，带动建档立卡贫困户248户，重点针对建档立卡贫困户开展花生种植讲座。实施润莱腌渍调味厂农产品深加工项目，项目采用“党支部＋合作社＋贫困户”模式，建设厂房1600平方米，总投资240万元。企业获得农行金融扶贫贷款30万元，采用高于市场价格收购贫困户萝卜条，贫困户通过入股分红、用工等方式实现脱贫，带动贫困户33户57人。福源农业科技开发有限公司农产品深加工项目，项目采用“党委＋党支部＋公司＋贫困户”模式，建设厂房2000平方米，总投资2000万元。

大寨乡大根萝卜条晾晒

**中共大寨满族乡委员会**

书　记　徐树强

副书记　魏东升　冯启超

**大寨满族乡人民政府**

乡　长　魏东升

副乡长　张　微（女，2017年7月离任）

　　　　刘　洋　方　岩

　　　　白春华（女,2017年9月任职）

**大寨满族人大主席团**

主　席　刘忠忱

（白春华）

## 南大满族乡

**【概况】**南大满族乡位于兴城市境中心地带，属烟台河流域，距兴城市区35公里，距京沈高速公路出口5公里，东通沙后所镇，南邸望海满族乡，西接围屏满族乡，北毗碱厂满族乡，总面积119.16平方公里。乡人民政府设在南大村柴家屯。该乡辖南大、前夹山、后夹山、北英、陈胖、北大、后五、水关、红旗、三家、前五台、新民、北岭、满屯、接火台15个行政村。2017年年末，总人口20986人。其中，农业人口20160人，非农业人口826人。人口自然增长率 -0.7‰。

2017年，全乡耕地面积6388公顷，花生种植面积3000公顷，两茬作物133.33公顷。建成苹果采摘园2个，葡萄采摘园1个，鲜杏采摘园1个，鲜桃采摘园1个。

**【基础设施建设】**2017年，南大乡硬化水泥路面5公里，修建桥梁5座。在2个村实施节水增粮项目,打方塘1座,沉井1个,受益面积约133.33公顷,修建1800米堤防。投资100万元，进行小流域治理200公顷。

**【环境综合治理】**2017年，南大乡政府与辖区行政村签订《禁烧工作目标责任书》15份，以村为单位同村民小组签订责任书96份，与村民签订承诺书6000份。清运路边垃圾80余公里、15吨，清运河道垃圾5公里、8吨，清运田边垃圾3吨，清运村屯周边垃圾10吨，清理农贸市场数量1个，“三堆”整治300余个，出动车辆300多台次，出动200多人次。

**【人口和计划生育】**2017年，南大乡增加60周岁独生子女、双女户奖励扶助人员124人，办理一胎指标34对，二胎指标30对。以“5·29计生协会会员活动日”开展“关爱女孩”“关注健康”“关心百姓生活”为主题的宣传服务活动。开展以“人口流动，健康同行”为主题的流动人口关怀关爱活动。

**【精准扶贫开发】**2017年，南大乡扶贫花生良种102975公斤，覆盖全部15个行政村616户，约占总户数的3/4，贫困户直接受益近60万元。危房改造91户，其中，C级危房维修34户，D级危房改造57户。

宝玉农庄生态观光园和丽方果品两个产业扶贫项目，获得市扶贫办多个品种果树苗6万余株，受益贫困人口约200人，其中120人实现脱贫。乡政府为2个合作社争取扶贫资金60万元。

【招商引资工作】2017年，南大乡招商项目落地3个，资金到位7300万元，分别是总投资3亿元的坐落在前五村的农业观光园项目、总投资2000万元的坐落在接火台村的丽方果业示范园项目和总投资5000万元的坐落在后夹山村的通胜纸制品项目。

**中共南大满族乡委员会**

书　记　张大志

副书记　金玉志（2017年1月离任）

　　　　魏军生（2017年1月任职）

　　　　薛喜东

**南大满族乡人民政府**

乡　长　金玉志（2017年1月离任）

　　　　魏军生（2017年1月任职）

副乡长　王　强（2017年9月离任）

　　　　杜长成　王会良　李元涛

**南大满族乡人大主席团**

主　席　赵恩志

（王冠）

## 围屏满族乡

【概况】围屏满族乡位于兴城市境西南部

宝玉农庄生态观光园施工现场

山区，距兴城市区45公里，境内有沙高、围兴、望金等县级公路与国道102线连通，东和南大满族乡相邻，南与望海满族乡、大寨满族乡交界，西与高家岭镇毗邻，北与碱厂满族乡接壤，总面积112.46平方公里。乡人民政府设在围屏村。该乡辖北边、太平、往户、围屏、茶家、团瓢、陈良、云台8个行政村。

2017年年末,全乡总人口13319人。其中，农业人口12701人，非农业人口618人。人口自然增长率-7.45‰。2017年,全乡实现社会总产值1.71亿元，比上年增长8%。乡有12家企业，其中泳装加工企业1家，石板生产厂9家，铸造企业1家，雪糕厂1家。全乡生猪存档8000头，牛700头，羊20000只，禽类30万只。养殖合作社9家。农民人均收入实现9718元，比上年增加10%。

【**扶贫攻坚工作**】2017年,围屏乡采用“企业+村部+建档立卡贫困户”帮扶模式，以招商引资大伟嘉生态养猪项目为牵引推进养猪业，带动团瓢、北边、茶家3个村实施养猪项目；太平凯瑞果树合作社发展20公顷秋红李子种植，带动75人脱贫；云台育肥羊养殖合作社完成厂房建设，带动贫困人口35人，陈粮泳装厂与兴城市铭泰达、雅奇泳装公司洽谈完毕，带动贫困人口150人；围屏韩凯养鸡场发挥养殖业优势，带动贫困人口45人。

【**农村基础设施建设**】2017年，围屏乡公路硬化里程达到40公里,实现村村通公路。年内，完成公路硬化建设13.6公里。投资20万元治理农村环境，清理路边沟14.7公里，村屯绿化44.7公里，修建垃圾收集池25个，聘用保洁员24人。投资10万元修建文化广场1座,完成美丽乡村建设1个村。发展农村文化教育体育事业，实现每个村建有文化活动场所和文化阅览室。

【**招商引资工作**】2017年，围屏乡引进大伟嘉生态养猪项目，落户围屏乡团瓢村，项目投资1亿元人民币，项目引进有利带动乡养殖业发展。引进泳装加工企业，落户陈粮村，项目投资80万元，带动100人就业需求。

**中共围屏满族乡委员会**

书　记　吴孝公
副书记　周晓明
　　　　魏军生（2017年1月离任）
　　　　王　强（2017年9月任职）

**围屏满族乡人民政府**

乡　长　周晓明
副乡长　陈　刚　赵晓爽（女）　王叙翔

**围屏满族乡人大主席团**

主　席　姚景馥

（刘盈）

## 碱厂满族乡

【**概况**】碱厂满族乡位于兴城市境西部，东

围屏乡大伟嘉生态养猪项目奠基

与红崖子镇、南大满族乡相邻，南与围屏满族乡毗连，西与三道沟满族乡交界，北与郭家镇、药王满族乡接壤，总面积163.1平方公里。乡人民政府设在碱厂村白店屯。该乡辖白庙子、蒋家、朱家、长岭、杨树、四间、碱厂7个行政村。2017年年末，全乡总人口11894人。其中，农业人口588人，非农业人口11306人，人口自然增长率-5.1‰。2017年，全乡耕地面积4333公顷，农业总产值13063万元，工业总产值3500万元，农民人均纯收入4660元。年内，碱厂乡获全国精神文明村镇荣誉称号、辽宁省土地确权工作先进集体称号、葫芦岛市发展集体经济先进乡镇称号、葫芦岛市脱贫攻坚优秀乡镇称号、葫芦岛市促进体面劳动优秀组织单位称号。

**【现代农业发展】**2017年，碱厂乡扩大果业生产，加大新品种果树推广力度，栽植各类果树13万株，采用高接换头技术，改造红南果梨1.2万株。加强对果农技术培训，新建村级果树标准示范园2个。发展设施农业，新建温室大棚106座，用于种植大樱桃、蓝莓、草莓、蔬菜等作物。扶持庭院养殖840户，发放鸡雏5万只。全乡造林166.67公顷，成活率85%以上。土地确权工作完成前期调查登记、测量、公示、归户等工作。

**【基础设施建设】**2017年，碱厂乡完成投资360万元的蒋家村生态梯田项目，共修建高标准梯田233.33公顷。修建大型方塘2座，大口井11座，塘坝2座。协调投资700万元的尚家沟小流域治理工程，完成

4道拦水坝，500延长米护坡任务，工程蓄水量达到6.2万立方米。完成市移民办投资30万元的白店河护坡、投资40万元的蒋家村毛土坝村内道路工程。推进观光作业路建设和乡村道路硬化工程，完成白庙子碾盘沟、水库环路观光作业路10公里，新修村屯道路22.6公里，修复修建水毁桥梁3座，道路护坡16处。累计清理农村生活垃圾123吨，农村建筑垃圾3.23吨。

**【民生保障】**2017年，碱厂乡低保户85户93人，房屋保险上交12500户，全年临时救助贫困户39户，发放救助资金22285元。引进“花育23”优良花生品种20.5万公斤，免费发放给2161户贫困户。协调爱心团队和个人救助贫困学生148人次，捐助资金13.3万余元，物资450余件。利用救灾、扶贫等资金共翻建房屋62户，维修房屋14户。全乡完成脱贫任务1700人，碱厂村整体脱贫。

**中共碱厂满族乡委员会**

书　记　刘　强

副书记　邱　枫　田峰源

**碱厂满族乡人民政府**

乡　长　邱　枫

副乡长　刘　祺　冯艳玲（女）

　　　　贲宝玉

**碱厂满族乡人大主席团**

主　席　苏长江（2017年8月离任）

　　　　李宏宇（2017年8月任职）

（田峰源）

## 三道沟满族乡

**【概况】**三道沟满族乡位于兴城市境西部边远山区，东邻碱厂满族乡，西南与绥中县宽邦镇隔河相望，西北与建昌县平山子村毗邻，北与药王满族乡接壤，总面积169.9平方公里。乡人民政府设在三道沟村。该乡辖西门、东门、黑沟、汪家、三道沟、三道沟里、戏台、巴家、头道沟、凉水泉、黄埃子11个行政村。2017年年末，全乡总人口19819人。其中，农业人口18916人，非农业人口903人。

2017年，三道沟乡农业生产总值实现1.56亿元，同比增长1.2%。全乡蔬菜种植面积63.5公顷，种植无公害地瓜266.67公顷，新品种花生120公顷，棚菜小区改造2个，栽植新品种果树30万株、改造老果树1.2万株。年出栏生猪2106头，其他畜类出栏4636只，禽类饲养量1.5万只，农民人均纯收入5285元。

**【党建工作】**2017年，三道沟乡定期召开党委会研究党建工作，建立党委委员党建工作包村制度，每周到村检查指导，全年召开座谈会24次，解决基层党建问题18个。认真学习中共十九大会议精神，把握中共十九大关于党建的总体要求，张贴宣传标语138条，集中学习18次，领导下村授课11次，写学习心得23篇。按规定进行“两学一做”学习教育，召开民主生活会2次，提出整改意见4条，参加理论中心组学习16次，写心得体会22篇。

【脱贫攻坚】2017年，三道沟乡发展壮大集体经济，成立果业、棚菜、养殖合作社11家，打造“党支部+合作社+建档立卡户”脱贫模式，转化空壳村7个。三里村成立希林果蔬合作社，建成SOD果园100公顷，实现果树认养2000棵，带动贫困户229户；黑沟村成立兴旺中草药合作社，发展中草药种植，实现土地流转20公顷，带动建档立卡户65户。全乡建档立卡户1312户、3452人，年底脱贫988户、2680人，黑沟村、汪家村实现整村脱贫。

【综合治理工作】2017年，三道沟乡开展信访排查和矛盾化解工作，解决群众反映突出问题和历史遗留问题，维护全乡社会和谐稳定。对辖区内所属企业、校园、校车分阶段、分批次进行整治，全年对所属泳装厂、理石板厂检查24次，校车检查48次，在排查过程中做到无遗漏、全覆盖。中共十九大期间实现进京零上访，被葫芦岛市政府授予安全维稳集体三等功。

【民生工作】2017年，三道沟乡安装体育器材4套，安装太阳能路灯75盏，栽植各种草本花卉800平方米，修硬化水泥路面6.7公里，组建45人卫生保洁队伍。参加新型农村社会养老保险9800人。

**中共三道沟满族乡委员会**

书　记　刘振兴

副书记　赵　超　张志刚

**三道沟满族乡人民政府**

乡　长　赵　超

副乡长　刘　勇（2017年8月离任）

　　　　谢东风　秦　亮

　　　　杨　挺（2017年9月任职）

**三道沟满族乡人大主席团**

主　席　王凤昌（2017年8月离任）

　　　　刘　勇（2017年8月任职）

（王新维）

## 旧门满族乡

【概况】旧门满族乡位于兴城市境北部，兴城河上游，距市区25公里，省道318线（兴玲公路）贯穿全乡。东和华山街道相邻，南与红崖子镇毗连，西和郭家镇、药王满族乡交界，北与葫芦岛市连山区杨郊乡接壤，总面积83.3平方公里。乡人民政府设在旧门村。该乡辖旧门、李屯、半道子、望川、金樊、三道、刘屯、草白8个行政村。2017年年末，全乡总人口9696人。其中，农业人口9214人，非农业人口482人。人口自然率-1‰。

2017年，全乡生产总值实现3.15亿元。

其中，农业产值0.9亿元，工业产值1.79亿元，劳务经济及第三产业0.46亿元。全乡生猪存栏13989头，出栏26938头；羊存栏5652只，羊出栏4590只；家禽存栏16.3万只，出栏94万只。畜牧业产值实现6700万元。

【种植业结构调整】2017年，旧门乡隆裕果蔬种植专业合作社完成李屯村18.67公顷设施农业小区建设，新增冷棚23座栽植菊花（出口日本、韩国）。发展农村特色生态旅游，在望川和半道子两个村实现土地流转21公顷，由葫芦岛洪润果蔬生态合作社投资建设集住宿、餐饮、水果采摘、开心农场等为一体的综合性生态农业园，年内完成40座大棚主体建设。扩大新品种经济作物种植面积，全年引进东单6531、东单118等玉米新品种5455公斤，覆盖面积218公顷。引进花育23、花育39等花生新品种42826公斤，覆盖面积171公顷。引进553、龙薯9、烟薯25、腾飞等甘薯128万株，栽植面积21公顷。

【扶贫攻坚工作】2017年，旧门乡草白村、刘屯村和望川村以“党支部+合作社+贫困户”方式，建设高标准集体果树采摘园3个，栽植新品种果树10万余株，带动建档立卡户243户。通过土地流转带动建档立卡户42户。在金樊村和旧门村实施扶贫泳装厂建设项 目，以“党支部+企业+贫困户”模式进行经营，两个项目通过劳动就业带动建档立卡户26户，通过扶贫资金入股分红带动建档立卡户220户358人。在7个村推广养殖芦花鸡和珍珠鸡5600只，带动建档立卡户56户；在6个村推广养鹅1070只，带动建档立卡户21户。全年实现700人稳步脱贫。

【基础设施建设】2017年，旧门乡帮助“隆裕果蔬”和花椒种植专业合作社完成节水灌溉工程。争取上级资金50万元，完成金樊村水毁修复工程255米，清理河道垃圾1002立方米。在三道村新打大眼井3眼，全乡建临时抗旱水坑117处，抗旱播种面积733公顷。“一事一议”和精准扶贫道路建设8.3公里，完成全乡道路维修。

**中共旧门满族乡委员会**

书　记　张　阔（2017年9月离任）
　　　　谭晓军（2017年10月任职）
副书记　谭晓军（2017年9月离任）
　　　　张　斌

**旧门满族乡人民政府**

乡　长　谭晓军（2017年9月离任）
　　　　张　斌（2017年9月任职）
副乡长　刘文良　肖强卫　房文龙

**旧门满族乡人大主席团**

主　席　肖　英

（王长良）

## 药王满族乡

【概况】药王满族乡位于兴城市西北部边缘，东与旧门满族乡、郭家镇毗邻，南和三道沟、碱厂满族乡接壤，西同建昌县药王庙镇交界，北与葫芦岛市连山区新台门镇相通。总面积138.4平方公里。乡人民政府设在裴屯村塔下屯。该乡辖叶屯、杜屯、药王、谷屯、裴屯、立兴、三头、丁家、六家子、冯屯、金家11个行政村。2017年年末，全乡总人口16352人。其中，非农业人口694人，农业人口15658人。

2017年，药王乡公共财政预算收入524万元，工业产值4700万元，农业产值4500万元。

【基础设施建设】2017年，药王乡完成水泥硬覆盖道路20005延长米，修建中桥2座，建漫水桥7座。完成农业综合开发266.67公顷，项目区内新建方塘3座、维修方塘2座、深井6眼、大口井7眼、蓄水池2个。新建石砌堤坝100延长米，修建截潜工程650延长米，清理河道垃圾370立方米，机电井通电135眼，地埋管路1万延长米。

【产业结构调整】2017年，药王乡谷屯村惠农食用菌专业合作社扩建温室大棚31座，用于矮化桃栽植。全乡特色农业鲜食地瓜35.33公顷、耐旱高粱32.76公顷、花生和小杂粮313.67公顷，新栽植果树12.26万株。

【民生保障工作】2017年，药王乡为困难户春耕备耕生产发放玉米种3860公斤，高粱种子983公斤，地瓜苗212万株，化肥11.9吨，发放果树12.26万株。全乡建档立卡精准扶贫户1991户2230人，脱贫620户1634人。翻建危房56户、维修15户。

药王乡人大、政府换届暨换届风气监督工作会议

**中共药王满族乡委员会**

书　记　牛春伦

副书记　李福权

　　　　张洪哲（2017年9月离任）

　　　　雷　达（2017年9月任职）

**药王满族乡人民政府**

乡　长　李福权

副乡长　李　强　裴　辉（女）

　　　　冀洪义（2017年1月任职）

**药王满族乡人大主席团**

主　席　王　军

（郭松）

## 曹庄镇

【概况】曹庄镇位于兴城市境东部，东濒渤海湾，南与滨海经济区临海街道、沙后所镇相邻，西接羊安满族乡，北和宁远街道相连。102国道、京哈铁路纵穿境内，滨海大道镶于东侧海岸线上，交通便利，四通八达。现代渔业园区、红海滩位于镇域内。海岸线长13.5公里，总面积64.39平方公里。镇政府设在大甸子村。该镇辖大河口、四城子、泡河、朱家、沙屯、大英堡子、小英堡子、上坡、七里、后湖、安相、大甸子、头台子、曹庄14个行政村（33个自然屯）和七〇一九、东华、曹庄3个社区。2017年年末，全镇总户数10923户，总人口31033人。其中，农业人口26803人，非农业人口4230人。人口自然增长率0.58‰。

2017年3月，后湖村110个高标准日光温室蔬菜大棚建成

2017年，全镇耕地面积4500公顷。粮食作物播种面积1492.6公顷，总产量6917.7吨，平均每公顷产量6267公斤。其中，稻谷播种面积43公顷，产量322.5吨，平均每公顷产量7500公斤；大豆播种面积4公顷，产量24吨，平均每公顷产量6000公斤；玉米播种面积1445.6公顷，产量6571.2吨，平均每公顷产量4545.65公斤。经济作物面积1806.66公顷，产量3794.2吨，平均每公顷产量2100公斤。蔬菜面积49.08公顷，产量2237吨。有工业企业178家。

【项目建设】2017年，曹庄镇加大农田基础设施项目建设力度，改善农业生产条件。建设高效农田266.67公顷，打机电井44眼，修田间路4539.7米，修4004平方米方塘1座，铺设地下输水管道10577米。

【产业结构】2017年，曹庄镇创新经营模式，探索土地流转，加快农业产业化进程。大甸子村土地流转200公顷，种植薰衣草、富硒蔬菜、五谷杂粮。其中，薰衣草试种植7.33公顷，投入120万元，解决劳动力50人；富硒土豆试种植3.33公顷。后湖村土地流转53.33公顷种植果蔬，发展成全市最大的果蔬种植基地，总投资1.2亿元，解决当地和外来农民就业400人，建成果蔬大棚168个，棚内种植蓝莓、大樱桃、圣女果、草莓、香瓜、黄瓜、番茄、甜椒、豆角，其中30个大棚用于旅游采摘。上坡村土地流转3.33公顷，新建设施农业小区1个，兴建温室大棚10个，总投资300万元，吸纳当地农村剩余劳动力30人。

【扶贫攻坚】2017年，曹庄镇为建档立卡贫困户发放助学金，开展教育扶贫。为贫困户办理农村合作医疗。年内，推广花生良种引进项目，促进贫困户早日脱贫。按自愿申报原则，8个村107人，购进花生良种5180公斤，资金31080元。为4户贫困户翻建住房，每户改造资金3万元。推进项目扶贫，后湖村在市工商联支持下，筹措资金建泳装企业——兴城市众帮制衣有限公司，项目投资100万元，占地面积2050平方米，建筑面积430平方米，拥有各种设备60台，工人110人。带动该村41户73名建档立卡贫困户，企业每年支付建档立卡贫困户不低于2.19万元的政府增信扶贫项目收益，每人每年300元。申报金融项目扶贫企业16户，涉及泳装、果树、养殖和花草等企业。

2017年9月1日，后湖村成立兴城市众帮制衣有限公司

【新农村建设】2017年，曹庄镇基础设施建设修建4米宽村内道路6.87公里，其中泡河村内路1公里、四城子村内路0.94公里、小英堡子村内路1公里、头台子村内路0.9公里、安相村内路0.9公里、七里村内路1公里、沙屯村内路1.13公里。年内，“美丽乡村”建设示范村上坡村投资73.5万元（其中财政奖扶资金70万元），修建文化广场3000平方米并配套健身器材30件，修文化墙70米，栽植风景树200株及部分花草，安装太阳能路灯100盏。

【低保排查】2017年，曹庄镇取消农村低保148户155人，上报新增农村低保50户；分散供养“五保”户新增3人，取消17人；90岁以上高龄老人新增12人；完成全镇2013户困难群众农房保险工作；核查享受优抚补助待遇人员247人；核查残疾人500人，享受残疾人个体就业补助15户，完成全国残疾人基本服务状况和需求信息数据动态更新和地名普查工作，入户调查1113户低保户和467户建档立卡户。危房改造修建、翻建五保户、低保户房屋32户，其中C级危房和D级危房各16户。

【抗旱工作】2017年，曹庄镇发放三项电水泵41台、柴油机水泵7台、汽油机水泵4台、柴油发电机组104台，各类管带24600米，解决1000公顷干旱农田无法播种问题。

【征地工作】2017年，兴城市政府征占大河口村和四城子村部分土地用于城市建设，涉及土地76.83公顷、290户。年内，补偿款全部发放到村民手中。

**中共曹庄镇委员会**

书　记　宋　丹（女）
副书记　田　莹（2017年5月离任）
　　　　吕跃飞
　　　　王召君（2017年9月任职）

**曹庄镇人民政府**

镇　长　田　莹（2017年5月离任）
　　　　吕跃飞（2017年9月任职）
副镇长　陈宝彬　李志强
　　　　路金鹏（2017年4月离任）
　　　　石　伟（2017年8月离任）
　　　　陈　彬（2017年9月任职）
　　　　白宁宁（女，2017年9月任职）
　　　　陈凤琨（女，挂职）

**曹庄镇人大主席团**

主　席　孙敬民

（柏福喜）

## 东辛庄镇

【**概况**】东辛庄镇位于兴城市境西南隅，东与刘台子满族乡、徐大堡镇相邻，西南与绥中县隔河相望，西与大寨、围屏满族乡毗连，北接望海满族乡，总面积73.39平方公里。国道102线、沈山铁路、京沈高速公路、秦沈高速铁路从境内通过，镇、村公路四通八达，距兴城市区36公里；镇人民政府设在东辛庄村。该镇辖东辛庄、西辛庄、张虎、谷屯、半拉堡子、王宝、西地、孙岭、南二台子、东关站、西关站、胡家坟、陈屯13个行政村和东辛庄1个社区。2017年年末，全镇总户数7899户，总人口28495人。其中,农业人口25416人，非农业人口3079人,人口自然增长率4.8‰。

2017年，东辛庄镇围绕新农村建设、镇村换届选举、“三严三实”教育、环境整治、护林防火等重点工作，利用广播、镇有线电视、宣传车、宣传橱窗、标语等形式，唱响主旋律，打好主动仗，开展宣传工作，营造促进各项工作顺利开展的舆论环境。年内，完成深松土地项目、粮食产量抽样调查工作、宏业养殖有限公司肉鸡养殖项目、陈屯村设施农业项目、兴城市三羊群生养殖专业合作社项目、兴城市东辛庄镇老兵家庭农场项目、鹏翔养牛合作社项目。

【**党建工作**】2017年，东辛庄镇通过干部讲堂、轮训培训、参观学习，提升党员干部综合能力。组织党委中心组学习15场次，村组干部例会学习9场次，举办“干部培训”2期，讲党课55场次。投入党建经费5万元，升级改造4个村级阵地，更换13个村党建制度板，完善村级阵地功能。全镇评选出“十星级文明户”145户。开展《雷锋就在我们身边》《孝心撑起一个家》等内容的道德讲堂5场。全年化解各类矛盾41余件，为民代理服务150余次，提供政策咨询、经济信息服务35余条，帮助群众解决实际问题52个。协调完成较大型农业、民生项目建设5项，落实帮扶资金40余万元。查处基层违纪案件4起，处理党员干部4名。

【农业工作】2017年，东辛庄镇加强农业基础设施建设，完成东关站村、半拉子村治理河道工程1500米，全面开展土地确权，建高低压线路8公里，改善农业生产条件，增强农业抗灾减灾能力。投入抗旱资金20万元，购置水泵、管带等抗旱物资，缓解农民抗旱压力。畜牧养殖业稳步推进，新增大型养殖小区和养殖户2家，农业合作社1家。

【工业企业】2017年，东辛庄镇从可持续发展的高度打造工业企业，依托高速公路、高速铁路及国道102线交通优势，加大招商引资力度，发展纺织、服装、农产品深加工三大支柱产业。扶持绿斯雅农副产品有限公司扩大生产。依托服装市场，形成以服装加工为主，上下游产业链条衔接的服装产业集群。全镇有服装厂、大小服装加工户800余户，年服装加工能力1200万套，产值逾3亿元。

【现代服务业】2017年，东辛庄镇大力发展现代服务业，充分利用区位优势和产业优势，在全面提升传统服务业的基础上，推进商贸、物流等现代服务业的发展。海后商场和中通快递、圆通快递、保险公司先后落后东辛庄。商业网点不断拓展，连锁经营、农村淘宝落户乡村。

【环境整治】2017年，东辛庄镇开展环境整治，出动车辆400辆次，人员1000余人次，清淤、清脏800余立方米。规范临街摊点5处，清运各种垃圾800多吨，新增设垃圾箱12个，村容镇貌明显改善。环卫队保洁覆盖面从镇区扩大到西辛庄、张虎等5个村屯。

【城镇建设】2017年，东辛庄镇完善全镇总体规划，城镇规模扩大到3.5平方公里。投入资金20万元，开展美丽乡村建设。维修东关村、半拉子村饮水安全工程2处，新修建垃圾箱12个，平均每村达16个，维修和粉刷垃圾箱50个。修建文化墙300余米。新修村内道路12公里，栽种绿化树500棵。筹备东辛庄集中供热项目，完成发改委立项工作，办理土地手续。启动东阜大厦拆迁开发工程，开发面积8000平方米。完善城镇管理措施，严格管理制度。加强城管队员专业培训，办理执法资格证书。加大拆违力度，拆除违章建筑5处，总面积400余平方米。

【民生保障】2017年，东辛庄镇改善群众就医环境。镇卫生院添置新型医疗器械离子分析仪1台，检测病例100余例；中药煎药机1台，煎药2000余例；中医体质辨识仪1台，检测病例2000例；CT机1台，检测病例1000例。强化重大传染性疾病预防和监控，提高处理突发公共卫生事件应急能力。镇卫生院床位万人占有167张。落实计划生育综合治理责任制，强化对流动人口管理和服务。继续做好计划生育基础工作，及时兑现计生奖扶政策，稳定人口低生育水平，推行优生优育，提高出生人口素质。社保体系健全，基础养老金发放率100%；巩固和发展新型农村合作医疗，群众参保率100%。做好民政优抚工作，组织用工技能培训，城镇新增就业135人，下岗失业人员再就业75人，就业困难人员再就业88人。

**中共东辛庄镇委员会**

书　记　王铁军

副书记　于　腾　王春生（2017年8月离任）

**东辛庄镇人民政府**

镇　长　于　腾

副镇长　何春军（2017年8月离任）

单宝贵　刘国涛

常　皓（女，2017年9离任）

王立群（2017年9月任职）

王　壮（2017年9月任职）

**东辛庄镇人大主席团**

主　席　李卫民（2017年8月离任）

何春军（2017年8月任职）

（陈正丰）

## 沙后所镇

**【概况】**沙后所镇位于兴城市境东南部，东临辽东湾，南与望海满族乡、徐大堡镇相邻，西与南大满族乡接壤，北和曹庄镇交界，总面积113平方公里。海岸线长13公里，盛产鱼、虾、蟹、贝类等海产品。滩涂养殖面积333.33公顷。国道102线、京哈铁路、京沈高速公路、秦沈电气化高速铁路贯穿全境，京沈高速公路在镇区外设有出口。镇人民政府设在西关村。该镇辖城内、南门外、西关、烟台、前王、后王、乱泥、王家洼子、焦家、石屯、龙王、五里、荒地、闻家、桃园、五王16个行政村和沙后所1个社区。2017年年末，全镇总户数12899户，其中农业户11300户，非农业户1599户；总人口39951人，其中农业人口33605人，非农业人口6346人。

2017年，全镇耕地面积5646.27公顷。发展设施农业和观光旅游农业，完成闻家村赵越群种植专业合作社13.33公顷20个大棚花椒种植；宏伟远洋果蔬合作社1万平方米智能温室大棚开工建设；180公顷四季花海项目洽谈成功。完成北京伟嘉集团生猪养殖项目土地征用，江苏体育局云擎伟业体育训练项目开工建设。

**【作风整治】**2017年，沙后所镇党委研究制定22项规章制度，在全镇党员干部中开展“转作风、走基层、贴民心、解民忧”活动，倡导实施“双五双十”工作法（镇党委班子、村两委班子主要领导每周深入基层一线工作时间不少于10小时，每月入户不少于10户；镇机关干部、村两委其他成员深入基层一线工作时间不少于5小时，每月入户不少于5户）。全年总体实现“三提升三改善”目标，即群众对镇、村组织服务满意度、党员干部队伍公信度、党群干群关系融洽度，群众关注的突出问题、困难群众生活、工作作风形象明显改善。

【防汛与查扣】2017年8月3日，沙后所镇300多名党员干部投入到防汛准备工作中，在8座漫水桥、6处桥涵处设置荧光警示牌，转移人口100户262人和多宝鱼养殖户11户。“五一”期间党员干部放弃休假，在取缔涉渔“三无”船舶一线工作，查扣涉渔“三无”船舶242艘。

【民生保障】2017年，沙后所镇3个村4个文化广场投入使用。改造38户C、D级危房，新修道路10.4公里。利用“七一”全镇机关干部开展集中大走访，对所包村低保户、建档立卡精准扶贫户、贫困户进行大走访；对上年脱贫的精准扶贫户“回头看”，对符合低保条件的因病致贫户及时为其申请低保，同时对脱贫低保户取消其低保资格。动态管理1060户低保户和325户建档立卡户。

【水利建设】2017年，沙后所镇维修方塘1座，维修自来水井1眼，新修大口井1眼。千亿斤粮食工程完成机电井25眼；新修方塘2座；王家洼子村周洼子屯修田间作业路540米；清理整治镇主要河流“东沙河”“西关河”“南关河”“城内河”，清理垃圾3200多立方米，投入人工2400人次，资金15.3万元。

【泳装服装】2017年，沙后所镇加大政策扶持和周到服务力度，推动民营企业发展。服装和泳装加工成为经济发展支柱产业。全镇有服装、泳装加工企业126家，相关企业10家。其中，固定资产超过50万元有80家。年生产服装、泳装7000万件，年产值3亿元以上，从业人员14000多人，解决该镇及周边乡镇剩余劳力就业问题。

**中共沙后所镇委员会**

书　记　张人杰

副书记　陈庆友　张玉平　刘　强（挂职）

**沙后所镇人民政府**

镇　长　陈庆友

副镇长　赵长义　刘　骞（女）

　　　　高　飞　吴孝正

**沙后所镇人大主席团**

主　席　关炳哲

（梁雪）

## 郭家镇

【概况】郭家镇位于兴城市境西北部，距兴城市区35公里。东与红崖子镇为邻，南与碱厂满族乡交界，西北和药王满族乡毗连，东北与旧门满族乡接壤，总面积119平方公里。镇人民政府设在孙家村李家屯。全镇辖孙家、张沈、大石、郭家、棋盘、陈家6个行政村和东华1个社区。2017年年末，全镇总人口10122人。人口自然增

郭家镇专场文艺演出

长率 –7.6‰。

2017年，全镇耕地面积1486公顷。主要种植玉米和花生。新建大型肉鸡养殖场1个。猪存栏12401头，出栏19251头；羊存栏7377只，出栏4006只；鸡存栏160716只，肉鸡出栏139700只。植树造林167.27公顷。其中，海防林33.93公顷，封山育林133.33公顷。年末，郭家镇被评为葫芦岛市脱贫攻坚工作先进单位。

**【民政工作】**2017年，郭家镇挖掘庭院可利用空间，为建档立卡户引进鸡雏12万只，支持农户在自家庭院建塑料拱棚用于种植经济作物和畜禽养殖，拓宽贫困户增收渠道。完成建档立卡户危房改造76户。核查孙家村原120户低保户情况，确保真正困难群众得到最低生活保障。新增低保人口86人，取消不合条件和自然减员94人。

**【基础设施】**2017年，郭家镇修护河堤1万余米，新建路灯300余盏，完成水泥硬覆盖路面21.5公里。提升农业基础设施抵御自然风险能力，孙家村新打大口井4眼，陈家村新打大口井7眼。镇政府投资12万元预防和扑救森林火灾，在陈家村和郭家村修建瞭望台2座。

**【教育事业】**2017年，郭家镇新建成的郭家小学投入使用，有学生868人，教师36人，学校教学环境良好，教育设施齐全，拉近农村和城市教育环境差距。

**【平安创建工作】**2017年，郭家镇提高平安创建工作知晓率、参与率和满意率，加大对违法犯罪活动打击力度，完成中共十九大维稳工作，荣获葫芦岛市集体三等功。加强应急队伍建设，健全突发公共事件应急机制。强化社会公共安全管理，出动宣传车45辆次，发出安全生产监督现场检查记录35份，登记隐患排查重点企业，确保广大群众生命安全。

【精准扶贫】2017年，郭家镇把各项支农惠农政策全面落实，各类救助补贴及时发放到位。实施万亩花生新品种改良工程，引进新品种花生良种29万公斤，亩产增加75公斤，增收300元至400元。出口菊花种植项目，利用张沈村、孙家村、陈家村土地平坦和水源丰富优势，组织建立菊花试验大棚11座，产出菊花均销售到日本、韩国相关企业，实现风险最小化、利益最大化。蓝莓产业扶贫基地项目，采用“党委＋银企＋龙头＋基地＋贫困户”扶贫模式，在张沈村流转土地36公顷，新建高标准温室大棚160座、冷棚30座，惠及建档立卡户200余户500余人。黑木耳试种进入栽植管理阶段，市扶贫办提供资金和技术支持，实现贫困农民零风险致富。

花卉大棚

**中共郭家镇委员会**

书　记　刘　恕（2017年9月离任）
　　　　杨荣蔚（2017年9月任职）
副书记　王铁华（2017年4月离任）
　　　　杨荣蔚（2017年4月至9月任职）
　　　　关　健

**郭家镇人民政府**

镇　长　王铁华（2017年4月离任）
　　　　杨荣蔚（2017年4月至9月任职）
　　　　关　健（2017年9月任职）
副镇长　朱德本　孙井宁
　　　　刘守礼（2017年9月任职）

**郭家镇人大主席团**

主　席　胡永春

（王宇）

## 徐大堡镇

【概况】徐大堡镇位于兴城市境东南部，距市区30公里。东、南均濒临渤海辽东湾，西南与刘台子满族乡接壤，西与东辛庄镇、望海满族乡毗邻，北与沙后所镇隔烟台河相望。全镇总面积81.6平方公里，海岸线长19.6公里，有码头2个。投资1300亿元的国家重点项目徐大堡核电站和风力发电站均位于境内。镇人民政府设在海滨村东沙嘴屯。该镇辖李金、王屯、海滨、项家、董屯、刘屯、苏屯、双堆子、方安和台里10个行政村38个自然屯和金沙湾1个社区。2017年年末，全镇总户数5290户，总人口16137人。其中，农业人口15423人，非农业人口714人。

2017年，该镇有耕地面积2143公顷，农作物总产量35312吨。其中，经济作物播种面积1405公顷，经济作物总产量29792吨。拥有温室大棚3000栋，设施农业总产量24455吨。有大型渔船186艘，海淡水养殖1508公顷。海参养殖池塘1283公顷，其中滩涂开发面积616公顷，围海开发面积667公顷。多宝鱼工厂化养殖建设鱼棚155栋，养殖面积26公顷。获得省级“海参特色小镇”称号。9月30日辽宁省政府下发文件，确定该镇为辽宁省特色乡镇培育名单。

**【乡村建设】**2017年，徐大堡镇修筑刘屯村毛石墙1200米，铺设排水管线60米，建垃圾收集池20座，安装太阳能路灯20盏，绘制文化墙100平方米，新建石雕凉亭1座，修建石雕长廊21米。为海滨村修建多功能广场1700平方米，安装太阳能路灯6盏。新建王屯村广场石雕凉亭1座，修建石雕长廊21米。建设方安村石雕凉亭1座，改造沙滩5200平方米。硬化台里、双堆子、海滨、项家、刘屯、董屯、苏屯7个村道路8公里。完成项家村荷塘和广场建设项目。其中，项家村荷塘水域面积3.67公顷，工程挖方量6立方米，栽植荷花4万余株，同时完成造地4.07公顷。项家村文化广场项目硬化面积1740平方米，步道方砖200平方米，排水管道126米，安装体育器械10个。

镇区路网工程项目

**【旅游项目】**2017年，徐大堡镇金沙湾海滨浴场新增快艇、皮划艇、帆船等娱乐项目，碧海滩浴场安装自来水、监控设施和广播设备，利用海上浮球圈形成危险警示区域。在项家村、台里村、董屯村修建荷花塘10公顷。规划徐大堡镇特色旅游线路为李金村蟠桃采摘园——海滨村葡萄采摘园——项家村火龙果采摘园、荷花观赏、淡水垂钓——董屯村鲜花水果采摘园。部分采摘园以合作社方式让村民入股，村民每年得到分红。注重旅游资源网络宣传，电视台录制徐大堡镇旅游宣传片。年内，全镇家庭宾馆130余家，滨海旅游接待游客40万人次。

**【环境治理】**2017年，徐大堡镇加强秸秆禁烧管理，出动人员1200人次、车辆300台次，发放宣传单15000张，悬挂条幅100条。处罚100人，罚款4万元。开展环境整治工作，在全镇范围内确定垃圾填埋场10处，新修垃圾收集池83座，总数达到161座。在项家村进行污水生态处理试点，修建污水消纳塘，栽植水生植物，利用荷花等观赏植物消耗水中多余的氮、磷、钾等元素，达到水质净化。垃圾分类试点示范，镇政府通过统一采购为方安村每户配备不同颜色钢化塑料垃圾桶3145个，购置室外生态垃圾桶190个。为碧海滩浴场安装垃圾分类桶20个，制作安装宣传板3幅，宣传条幅10条，发放宣传手册1000份。

【招商引资】2017年，徐大堡镇成功引进葫芦岛品缘农业种植合作社，从事芦笋种植项目，为芦笋种植企业协调土地33.33公顷，企业计划种植333.33公顷。

徐大堡核电生活基地建设项目

**中共徐大堡镇委员会**

书　记　王德鑫

副书记　杨荣蔚（2017年4月离任）

　　　　田　坛（2017年9月任职）

　　　　常　皓（女，2017年9月任职）

**徐大堡镇人民政府**

镇　长　杨荣蔚（2017年4月离任）

　　　　田　坛（2017年9月任职）

副镇长　李　海　张兴锋

　　　　王召君（2017年9月离任）

　　　　贲宝石（2017年9月任职）

**徐大堡镇人大主席团**

主　席　赵国辉

（曹冰）

## 红崖子镇

【概况】红崖子镇位于兴城市境中部，属于半丘陵山区。距兴城市区15公里，东与白塔满族乡、羊安满族乡相连，南和沙后所镇、南大满族乡毗邻，西和碱厂满族乡、郭家镇接壤，北与旧门满族乡交界，全镇总面积150.1平方公里。镇人民政府设在红崖子村。该镇辖红崖子、汤屯、梁家屯、二道边、三道边、古城子、周屯、老付马、西二台子、大山台、英树、小山台、新齐、吴家屯、老烧锅、拣金、边壕子、团山子、大东沟19个行政村，87个自然屯。镇内有汉、蒙古、满、傣等民族。2017年年末，全镇总户数10305户，总人口29735人。其中，农业人口26975人，非农业人口2760人。

2017年，全镇经济作物种植面积7098.75公顷，产量21296吨；粮食作物播种面积605.98公顷，产量3182吨。土地确权7397户，确权土地7866.67公顷，收缴农业保险费用723118.8元，参保农田6291.68公顷。森林覆盖面积5100公顷，覆盖率达36%。年内，实现社会总产值

17亿元，规模以上工业企业总产值6.8亿元，农民人均可支配收入13480元。获辽宁省农业厅等4部门核发的辽宁特产“花生之乡”称号。申报国家级“花生特色小镇”。

【农业企业】2017年，红崖子镇发展乡村经济，葫芦岛福康农业科技有限公司投资9943万元，完成花生油压榨生产线试产调校。兴城市兴邦农产品有限公司投资6000万元，完成基础设施建设，集种子研发、推广和购销等经营活动为一体。兴城市渔人码头旅游发展有限公司规划的乡村旅游项目完成项目用地流转。

【小城镇建设】2017年，红崖子镇3000米河道坝路一体项目竣工，修建“一事一议”村内道路10公里，新增桥梁2座120米，路基改造1.1公里。打机电井31座，新建方塘2座，河岸护坡170米。

【精准扶贫】2017年，红崖子镇坚持“党委（党支部）+企业（合作社、产业大户）+贫困户”产业发展思路，全年为贫困户发放花生良种8.15万公斤，引进特色养殖项目惠及12个村建档立卡户。在西二台子、古城子、红崖子等村建立泳装厂，为贫困家庭翻建房屋21户。年内，全镇实现脱贫870人，完成全镇脱贫总目标77%。

【党建工作】2017年，红崖子镇确定入党积极分子30名，接收预备党员15名，按期转正党员11名。接办上级纪检部门交办信访案件4件，结案4件。

【社会事务】2017年，红崖子镇“两癌”筛查500余人，开展妇女维权宣传2次。完成适龄青年兵役登记219名。排查精神病及智障人员102人，并建立档案。排查社会闲散青少年65人，开展平安创建和法制宣传活动。完成西二台子村社区服务中心350平方米设施建设。

**中共红崖子镇委员会**

书　记　赵恕也

副书记　马　东　赵东昕

**红崖子镇人民政府**

镇　长　马　东

副镇长　任　丽（女，2017年7月离任）

刘　军（2017年8月离任）

宋忠宝　佟弟光

董星慧（女，2017年9月任职）

谷熹明（2017年9月任职）

**红崖子镇人大主席团**

主　席　张　莹（女，2017年7月离任）

刘　军（2017年8月任职）

（史文吏）

## 高家岭镇

【概况】高家岭镇位于兴城市境西南部，背

靠大青山，西隔六股河与绥中县相望，东与围屏满族乡相连，南与大寨满族乡接壤，北与三道沟满族乡毗邻，总面积84平方公里。距兴城市区53公里。境内有沙上、高王等县乡级公路，并与国道102线贯通。镇人民政府设在高家岭村。该镇北依大青山，西傍六股河，东北高西南低，丘陵平原相兼。呈葫芦状半丘陵半平原，平原淤壤肥沃，丘陵砂质瘠薄。北界大青山南峰海拔556.4米，东南牛心山海拔206米。该镇辖西边、郭家、拉马、树林、永和、高家岭、靳家、汤上、满井、宋斗10个行政村。2017年年末，全镇总户数4778户，总人口15860人。其中，男8270人，女7590人；农业人口15182人，非农业人口678人。有汉族、满族、蒙古族等民族，满族人口13862人，占总人口87.8%。

2017年，全镇粮食种植面积2008.39公顷，主要品种为玉米、花生，粮食总产量832万公斤。日光温室大棚种植青椒、黄瓜、茄子、西红柿、葡萄等品种。矿山开采3家，石材加工厂25家。全镇工农业生产总值实现3.8亿元，人均可支配收入11350元。

【设施农业】2017年，高家岭镇加强农产品精深加工和综合利用，拉长产业链条，形成“龙头企业+专业合作社+基地+农户”生产经营格局。加快设施农业发展，新改扩建高标准温室大棚2280延长米，拥有蔬菜大棚1000座，棚菜种植面积246.67公顷；农民专业合作社11个。改良23个大棚种植品种，其中21个大棚种植蓝莓，2个大棚种植黑李子。聘请专家教授举办农民科技培训班80余次，参加培训6521人，提高农民蔬菜种植技术，同时培养经济人队伍，促进全镇蔬菜产业快速发展。发展永和村和靳家村蔬菜合作社。年内，3个合作社对全镇建档立卡贫困户实施种植项目，统一购买花生华育23良种13475公斤。有250户562人参与养殖芦花鸡项目，共计7500只。帮助建档立卡户55户173人实现脱贫。

高家岭温室大棚

【林业水利工作】2017年，高家岭镇加大水利设施修建力度，修排水沟渠680延长米；满井村新建塘坝1座，大口井2眼；靳家村新打大口井3眼；西边村新建截潜1处，大口井1眼，保证农业生产用水需要。开展农村安全饮水工程，争取上级专项资金，维修高家岭村饮水工程1处，铺设管道2600米，解决饮水安全问题2500余人，全镇安全饮水保障率80%。年内，全镇造林520公顷，其中人工造林186.67公顷，封山育林333.33公顷。实施“两退一围”

工程，封育围栏10公里，清退小开荒完成退耕还林186.67公顷。

**【特色小镇】**2017年，高家岭镇重点发展特色镇村游，拥有温泉洗浴场所5家，占地面积5.6万平方米，床位2500张，日接待来自省内外游客5000人次，年接待游客80余万人次。高家岭镇以温泉度假吸引游客，带动发展生态观光农业、农家乐、乡村旅游等特色产业，解决周边群众900余人就业，带动周边经济增收1.3亿元。拥有“塞外温泉第一镇”“乾隆御汤”美誉。年内，该镇列入辽宁省特色镇培育名单。

高家岭温泉井

**【罗非鱼养殖】**2017年，高家岭镇利用当地温泉水资源开展罗非鱼养殖，培育亲鱼1万尾，生产罗非鱼、水花鱼1亿尾，夏花鱼苗5000万尾，鱼种10万公斤。向市场供应优质商品鱼10万公斤。年内，该镇形成辽宁省最大温泉水罗非鱼苗繁育基地，辽宁省海洋渔业厅批准为无公害水产品产地。

**【温泉水上乐园】**2017年10月1日，高家岭镇拉斯维加斯小镇（汤上温泉小镇）水上乐园项目竣工并投入使用。建筑面积1.5万平方米、总投资1.28亿元。集游泳、养生、娱乐、休闲于一体；同时，戏水中心从海南引进芭蕉、榕树、椰子等热带物种，并设有水吧台供游客休息，内部可自助用餐。为葫芦岛市唯一一家拥有纯正温泉体量最大的水上娱乐项目。国庆节期间售出门票3000多张，多为锦州、阜新、内蒙古、北京、天津、唐山、吉林、黑龙江等地游客。

**【环境整治】**2017年，高家岭镇努力营造宜居镇村，清理主干道及市、镇级公路边沟50多公里，清理巷道5公里；动用铲车120台班，机动车160台班，人工320工日，清运垃圾1500立方米。宜居镇村宋斗村、汤上村建设完工，投资140万元。

**【社会事业】**2017年，高家岭镇完成全镇农村60周岁奖励扶助人员信息收集整理和电脑信息数据库录入工作，准确率100%，新增享受奖励扶助政策53人。完成0岁至18周岁独生子女父母奖励人员统计审核工作，实现奖励资金发放“一卡通”，全镇594人符合奖励政策要求。免费孕前检查孕龄夫妇70对，发放二孩政策宣传单3000余份。制作计生宣传板、宣传画30幅，设立避孕药具、药品展示自助室、B超室，打造“五点”人口计生文化中心户。

**【教育卫生】**2017年，高家岭镇建有农家

拉斯维加斯小镇（汤上温泉小镇）水上乐园

书屋10个，拥有书籍1.5万册，新建文化广场2个。初级中学1所，小学5所。九年义务教育巩固率99%，控辍保学99%。设立垃圾箱150座，垃圾桶30个。镇卫生院建门诊、病房楼2881平方米，床位20张。新型农村合作医疗参合率95%。

【民政工作】2017年，高家岭镇有低保632户、698人，"五保"134户、136人；低保调整31户，"五保"调整8户。改造危房17户，修缮加固危房7户。劳动力就业转移4300人，转移率50%，其中就近就地转移4000人，劳务输出600人。新农保参保率90%。60周岁以上农民每月领取政府补贴85元，实现老有所养。

**中共高家岭镇委员会**

书　记　张立东

副书记　张　军（2017年8月离任）

马　亮

金永新（2017年9月任职）

**高家岭镇人民政府**

镇　长　张　军（2017年8月离任）

马　亮（2017年9月任职）

副镇长　金永新（2017年9月离任）

聂长利　任　勇

张起欢（2017年9月任职）

**高家岭镇人大主席团**

主　席　肖国华

（曹阳）

## 宁远街道

【概况】宁远街道位于兴城市城区中心，东与城东街道相邻，南与曹庄镇相连，西与羊安满族乡、白塔满族乡交界，北同古城街道接壤，总面积10平方公里。街道办事处位于南桥路42号。该街道辖西一、西二、南关、南甸子4个行政村和老马路、西关、铁西3个社区。2017年年末，全街道总户数12075户，总人口25647人，其中农业人口10282人，非农业人口15365人。人口自然增长率0.9‰。

2017年，全街道耕地面积342公顷。其中，粮食作物107.96公顷，总产量703.5吨；蔬菜种植面积34.33公顷，总产量1104吨。年内，全街道工业总产值实现53083万元。

市委书记赵家鹏到西二村棚改指挥部与群众交流

【民生保障】2017年，宁远街道全力抓好民生保障工作。全街道有低保户1458户，1949人。其中，农村低保911户，1161人；城市低保547户，788人。有农村五保户48人，其中集中供养8人，分散供养40人。发放临时救济款16万元。年内，街道落实对失业、无业、双下岗0岁至18周岁独生子女父母奖抚与优抚工作。对符合农村计生奖励政策农民每人每年政策性奖励960元。年内，出生新生儿109人。

市委书记赵家鹏到宁远街道宣讲党的十九大精神

【统计农经工作】2017年，宁远街道完成农业普查入户调查4356户，农户普查表登记2171户，完成各种农户普查表登记对象pda录入。网上直报规模以上工业企业31家、规中企业5家、规模以下企业6家，新增网报规模以下工业企业1家。年内，街道村民交纳农业保险，全街道868户289.686公顷土地全部参保，完成耕地地利保护补贴282.472公顷，涉及农户1321户。

【城建棚改】2017年，宁远街道棚户区改造任务繁重。春季南关村棚户区改造动迁62户。冬季西一村、西二村、南关村、南甸子村、西关社区棚户区改造动迁473户。修建西一村硬覆盖路面长800米、宽5米，南甸子村硬覆盖路面长700米、宽5米。配合城管部门拆除违建房屋2处，协调市环卫部门清理无人管理小区垃圾6车。

【林业工作】2017年，宁远街道重视森林防火工作，与各村委会签订森林防火责任状，制定网格化管理制度。张贴大小标语30条，宣传《中华人民共和国森林法》《中华人民共和国森林法实施条例》《森林消防条例》等法律法规，出动宣传车入林区宣传50辆次。组建15人的专业扑火队1支，统一培训、统一着装。各村组建至少30人防火应急分队，购置风力灭火机10台，防火服、头盔、手套、鞋子各50套，对讲机10部。发放农户退耕还林资金10782元，其中西一村2610元，西二村8172元。

【信访案件】2017年，宁远街道协同市纪委受理转批要求上报结果的信访案件3件，处结2件。其中，行政记过1人，党内警告2人，警示谈话1人。通过党员违法违纪排查，村（社区）受到党纪处分5人。其中，党内警告1人，党内严重警告2人，开除党籍2人。

**中共宁远街道委员会**

书　记　郑艳春（女，2017年1月离任）
　　　　金玉志（2017年1月任职）
副书记　崔中华　李晶岩

**宁远街道办事处**

主　任　崔中华
副主任　陈　健　崔作勇　陆　颖（女）

**人大宁远街道工作委员会**

主　任　陈洪生（2017年7月离任）
　　　　张　莹（女，2017年7月任职）

（于淼　雷国良）

## 古城街道

【概况】古城街道位于兴城市古城内及城北郊，东南与城东街道相邻，西和宁远街道相连，北同元台子满族乡接壤，占地面积14.85平方公里。该街道辖北关、花园、北半道子、东八里4个行政村及永宁、春和、城北3个社区。街道办事处设在北半道子村。2017年年末，全街道总户数11584户，总人口25112人。其中，农业人口5792人，非农业人口19320人。人口自然增长率5.89‰。

2017年，全街道有耕地面积524.2公顷。工业总产值36127万元，其中规模以上企业16543万元;工业增加值7948万元，其中规模以上企业3639万元。

【项目建设】2017年，古城街道北关村依托泳装企业发展早、数量多等优势，吸引外部资金，引入泳装、汽修等小微企业，发展当地经济。年内审批用地6公顷，达成协议企业6户。花园村引进兴城市聚鑫新能源科技有限公司20兆瓦光伏发电项目，占地面积59.93公顷，企业自筹资金1.5亿元，开工手续全部完善。东八里村果农联合成立的党群共同致富项目——首山居生态采摘合作社，果园占地33.33公顷，接待游客采摘。

**【民生工程】**2017年，古城街道投资40万元修复洪水冲毁严重的东河上游北半道子村段300米河坝，石砌挡水墙及毛石护坝工程；投入1.5万元对水井进行水泥浇注及安全网维修工程，排除安全隐患。投资10万元完成北半道子村文化广场绿化工程；投资7万元维修兴城河铁路住宅段200延长米防洪堤坝，平均高度5～8米；投入7万元对东八里桥下游225米处至电缆厂后院1543延长米地段改造，进行垃圾外运和清淤河土，两边筑坝，确保安全度汛。

**【社会保障】**2017年，古城街道有农村低保户663户、889人，城市低保908户、1419人。配合市残联完成选配残疾人专职委员8人。完成残疾人基本服务和需求信息数据动态更新入户调查和微机录入，入户430户，死亡7人。根据实际情况调整农村分散五保户人员，数据上报21人。完成老年人意外伤害保险1096人，农村贫困大学生救助19人，城市大学生救助83人。4个行政村20个村民小组、1722户农户，承包耕地和集体其他耕地面积527.74公顷，全部按照程序公示，颁证。粮油作物种植保险投保面积388.55公顷，参保1523户，总缴费38290元。农业保险参保率100%，实现全覆盖。年内，上报干旱受灾人口5891人，农作物受灾面积335公顷，直接经济损失122.7万元。完成就近就地转移1510人次，劳务输出88人次，举办大型招聘会1次，办理就业失业证247个。调解各类纠纷46起，调解率100%。

**【计生服务】**2017年，古城街道及3个社区分别设有计生办公室，专人负责，设施完善。“人口学校”“计生服务室”“计生专用网络”等布置到位。全年办理一孩生育指标58人，两孩生育指标37人，三孩生育指标3人，独生子女证15人，孕优检查29对，“三情”监测1000人。

**【棚户区改造】**2017年，古城街道本着改善民生，公平、公正、公开原则，严格遵循时间节点，强化措施，严格制度，历时2个月完成棚户区改造签约补偿任务。3月16日，189户全部签约并搬家交钥匙。其中，城北社区征收118户，有照房屋225个，总面积15814.51平方米；无照房屋288个，总面积11149.49平方米。总金额1.5亿元。涉及经营企业42户，其中泳装企业21户。

**中共古城街道委员会**

书　记　高玉文

副书记　杨建军　金志强

**古城街道办事处**
主　任　杨建军
副主任　张茂奎（2017 年 4 月离任）
李艳凤（女）　闫　超
艾枫月（女，2017 年 7 月任职）

**人大古城街道工作委员会**
主　任　李卫国

（沈美琪）

## 温泉街道

**【概况】**温泉街道位于兴城市区东北部、古城东部、首山脚下，总面积 17.5 平方公里。东与钓鱼台、四家屯街道相邻，北与龙港区双树乡毗连，西南与城东街道接壤。街道办事处设在兴海北街二段 15 号、全民健身中心东侧。该街道辖胜利村和温泉、首阳、东山、康宁、建海、兴海桥、万象 7 个社区。兴城市委、市政府所在地。有中小学及幼儿园 8 家，中省直驻在单位 19 家。是兴城政治、经济、文化中心。2017 年年末，全街道总人口 61384 人。其中，农业人口 1876 人，非农业人口 59508 人。人口自然增长率 5‰。

2017 年，温泉街道规模以上工业企业总产值 19566 万元，比上年增长 17%。限额以上餐饮业营业额 1109 万元，比上年下降 57%，企业减少 1 家；限额以上批发零售业销售额 13038 万元，比上年增长 27%；重点服务业营业额实现 8534 万元，比上年增长 16%。限上产业单位个体户 18 家，其中新增企业 9 家。

**【社区工作】**2017 年，温泉街道在原有 6 个社区基础上，增设万象社区。初步形成“一社区一特色”，建海社区打造成“党建 + 家风文化”支部，首阳社区打造成共建、法制型支部，温泉社区打造成健康、文化型支部。同时，按照组织健全、制度完善、运行规范、活动经常、档案齐备、作用突出要求，推进建海、兴海桥、首阳 3 个社区基层党建示范点建设。新建非公企业联合党支部、社会组织党支部各 1 个，扩大非公企业和社会组织“两个覆盖”。把老科技工作者联合会党支部打造成“两新组织”党建工作示范点，实现“七有”标准。

**【惠民政策】**2017 年，温泉街道安置公益性岗位 189 人，安置零就业家庭成员 6 人；“4050”灵活就业人员享受社保补贴登记 10 人；认定创业带头人 10 人，带动失业人员实现就业 76 人。新增低保户 13 户 14 人，取消 17 户 22 人，下调 3 户 3 人；新增农村低保户 4 户 4 人；为 39 户无房低保户办理廉租住房补贴手续。为 46 名困难大学生提供救助金额 8.15 万元。新增优抚对象 3 人，发放退伍士兵补助金 8 人次。筛查辖区内 387 名残疾人情况，为 110 户困难残疾人办理困难残疾人生活补贴，每人每月 70 元；为 91 户重度残疾人办理重度残疾人护理补贴，每人每月 55 元。兑现城镇双方无工作单位家庭奖励 552 人；

农村独生子女父母奖励236人；独生子女伤残、死亡家庭特别扶助7人，其中伤残2人、死亡5人。农村60周岁计生家庭奖励扶助18人，补办独生子女证115人。

【党政群团工作】2017年，温泉街道为严肃党纪党风，依法从严治党，严重警告处分违纪违法党员2名。选举产生出席市人大代表12人；街道第一届总工会换届工会委员11名，出席市总工会代表2名。征兵14人，超额4人。发挥共青团、妇联组织优势，推进社区建设发展。完成“1+100”直接联系青年工作；利用兴海桥

庆“七一”党员宣誓

社区青少年空间综合服务站，开展电商培训2次，书屋接待500余人次；开展志愿者“爱心绿地活动”和“关爱老年人身体健康”活动。组织中小学生学雷锋做好事2次，清扫垃圾、美化环境，教育中小学生珍爱年华，远离网吧。

**中共温泉街道委员会**

书　记　刘志刚

副书记　李　冶（2017年4月离任）

　　　　王旭阳（2017年4月任职）

　　　　蔡　宁

**温泉街道办事处**

主　任　李　冶（2017年4月离任）

　　　　王旭阳（2017年4月任职）

副主任　杨立东　康桐柄　任　磊（女）

　　　　张　微（女，2017年7月任职）

**人大温泉街道工作委员会**

主　任　张志裕

（刘微微）

## 四家屯街道

【概况】四家屯街道位于兴城市境东北部，东临辽东湾，南与钓鱼台街道相邻，西与温泉街道毗连，北与葫芦岛市龙港区接壤，总面积23平方公里。辽宁工程技术大学、辽宁财贸学院和渤海船舶职业学院3座高等学府位于辖区内，在校师生2万余人。葫芦岛市龙兴路、滨海大道穿辖区而过。街道办事处设在四家村。该街道辖四家、邴家、周家、纪家4个村和四家1个社区。2017年年末，全街道总人口8269人。其中，男4107人，女4162人；农业人口7559人，非农业人口710人。

2017年，四家屯街道实现各业产值17.5亿元，人均地区生产总值22.8万元，比上年增长5.5%；利税15000万元，比上年略有增长。固定资产投资3亿元，较

上年增长17%。城镇居民人均可支配收入增长7.5%，突破3万元。年内，该街道被评为辽宁省基层宣传思想文化工作示范点。

2017年3月30日，四家屯街道森林消防队首山景区演练

【综治维稳】2017年，四家屯街道做好信访稳定工作，畅通信访渠道，规范信访秩序，实现群众“零进京”上访，无越级赴省、葫芦岛市上访目标。发挥街道综治维稳联动中心作用，规范治安巡逻队伍管理，加强校园及周边治安环境整治，确保全街道社会治安环境平安稳定。全年处理治安案件61起，侦破刑事案件19起，调解矛盾纠纷20多件，接待上访群众200多人次。成功举办读书月、广场舞等活动。

【动迁改造】2017年，四家屯街道做好纪家村棚户区改造自主腾退工作，签订腾退协议500余份，补充协议300余份，全村350户有照房屋全部完成动迁。同时，辽宁财贸学院科技开发、渤海水泥厂开发、邴家村路西棚户区改造，征地63.33公顷。动迁果树农户260户，林业农户22户，临时房210户，有照房屋2400多平方米。

【“两学一做”学习教育】2017年，四家屯街道扎实开展“两学一做”学习教育活动，10个党组织集体学习60批次，讨论座谈30余次，专题民主和组织生活会27次。党工委领导和支部书记讲党课34次，写心得体会和学习毛丰美感受500余份，开展“党日”活动50多次。支部书记培训3批次，“四项”排查220余人次，运用“五项”载体50余次。

**中共四家屯街道工作委员会**

书　记　陈　强

副书记　柏春辉　吕君德

　　　　吴冬冬（女，挂职）

**四家屯街道办事处**

主　任　柏春辉

副主任　周　勇　胡志涛　马　越

**人大四家屯街道工作委员会**

主　任　门晓芳（女）

（金金）

## 城东街道

【概况】城东街道位于兴城古城东南部，东与温泉街道相邻，西与宁远街道毗连，南与曹庄镇接壤，北与葫芦岛市龙港区双树乡交界，总面积23平方公里。街道办事处设在临河大街14号。该街道辖东一、东二、南辛庄、新地号、韩家、干柴6个行政村和东关、城南、月亮河3个社区。2017年年末，全街道总户数9736户，总人口22353人。其中，男11417人，女10936人。人口自然增长率6.43‰。

2017年，全街道耕地面积613.04公顷。其中，粮食作物种植面积569.87公顷，蔬菜种植面积43.17公顷。实现社会生产总值7.9亿元，增长3%；固定资产投资1.4亿元；商品销售总额5.2亿元，增长7%。

**【棚改征地动迁】**2017年1月1日，城东街道启动南辛庄村、东二村、城南社区、东关社区棚改工作，3月26日，完成52户核量、评估、补偿，并征收南辛庄村土地0.6568公顷，东二村土地0.7125公顷。5月中旬，完成征收东二村土地1.8公顷。11月26日，征收南辛庄村土地21.82公顷、新地号村土地1.02公顷，完成115户地上物补偿。12月20日，签约东关棚户区改造。年末，557户动迁户签约374户，完成67%。

**【民生工程】**2017年，城东街道为干柴村打饮用水井2眼，建水房2座；投资35万元为韩家村建3孔8米双护栏桥梁1座。全年实现道路硬覆盖15条3.8公里，修复田间作业路10.5公里。南辛庄村投入自有资金30万元建设巷道5条1.2公里，并安装下水管道；投入15万元安装太阳能路灯34基；投入20万元为变压器升压增容。新地号村投入自有资金6万元打井4眼，购买灌溉水带400米；投资8万元为64户村民安装净水器；组织修复村路2公里。东二村投入自有资金5万元为居民区修漫水桥1座，安装地下管路1条；投入6万元修建下水管路，投入5万元修建6组田园后侧挡水墙，保证汛期土地安全。

**【扶贫救助】**2017年，城东街道落实扶贫认养，10名党委成员以上干部认养贫困户10户，认养金额3000元。全年，城市低保新增10人，取消34人；农村低保新增65人，取消48人；优抚人员新增25人，取消15人；新增“五保”户3人。临时救助130户，3万元；大病救助二次报销14人，7万元。完成低保、五保房屋取暖补助申报核查1295户；新增廉租房3户，取消5户，完成66户补贴申报核查。新增残疾人补贴21人，取消补贴4人；春蕾慈善项目和助学项目救助2人，2000元。新增高龄老人10人，取消8人，完成42名高龄老人申报核查工作，其中百岁老人1人。

**【土地征收】**2017年，城东街道民营经济得到发展，土地征收增强村集体经济实力，提高农民收入。全年征收土地6宗5公顷。其中，葫芦岛外环路干柴村辅路征地1.11公顷，干柴村固和混凝土工业用地征占1.52公顷，新地号村名锐海参工业用地征占0.19公顷，韩家村天启保温材料工业用地征占1.05公顷，韩家村葫芦岛泵业工业用地征占 1.07 公顷，东二村新源汽修工业用地征占 0.06 公顷。同时，清理南辛庄村净地 3.49 公顷。

【农业工作】2017 年，城东街道完成农业保险 1648 户、农田 611.14 公顷，参保率 100%。完成耕地地力保护补贴核查 1711 户、农田 570.35 公顷，发放补贴资金 63.31 万元。完成玉米、大豆生产者补贴核查 344.73 公顷，发放补贴资金 82.02 万元。

【环境保护】2017 年，城东街道加强环境保护工作，制定措施防治秸秆禁烧。拆除 10 吨以下燃煤锅炉 10 个，整改干柴村兴城市宏基砖厂。完成生态村指标排查评估 14 项，工业污染达标行业 19 个，建设项目监督管理企业 31 家。“三同时”执行率 100%。年内，韩家村、韩家沟果树农场被确定为省级农村生活垃圾分类示范村。

【招商引资】2017 年，城东街道招商引资“走出去”“请进来”各 2 次，签约落地项目三兴管业有限公司。该项目由三兴管业有限公司投资兴建，注册资金 2000 万元，总投资过亿元，主要产品为通信光缆套管。年内，该项目落户工业园区。

**中共城东街道委员会**

书　记　刘洪涛

副书记　沈大江　孙长宏

**城东街道办事处**

主　任　沈大江

副主任　薛宇宏　翟立臣　姜婷婷（女）

**人大城东街道工作委员会**

主　任　赵旭光

（史英迪）

## 钓鱼台街道

【概况】钓鱼台街道位于兴城市东北隅，东临辽东湾，南以兴城河与曹庄镇交界，西和温泉街道相邻，北与四家屯街道接壤，总面积 7 平方公里。街道办事处设在钓鱼台路 10 号。该街道辖红石碑、钓鱼台 2 个行政村和海口、海河桥、黎明 3 个社区。2017 年年末，全街道总人口 15873 人。其中，男 8663 人，女 7210 人；农业人口 5802 人，非农业人口 10031 人、人口自然增长率 5.2‰。

2017 年，钓鱼台街道工业总产值 16514 万元，限额以上批发零售业产值 2073.9 万元，限额以上餐饮服务业产值 1933.8 万元，新增固定资产 5.1 亿元。农民人均纯收入 1.356 万元。招商引资企业华联商厦项目，建筑面积 8 万平方米，投资 3.5 亿元，正式开业运营。年内，海口社区获葫芦岛市文明社区称号。

【廉政反腐】2017 年，钓鱼台街道党工委严格落实党风廉政建设责任制规定，锤炼党性，强化素质。梳理办案线索 5 个，立案处理2人。开展党风廉政学习教育4次，专题讨论2次，观看警示教育片1次，警醒党员领导干部不碰“红线”,不踩“雷区”，提高党员干部廉洁自律意识。

【城市管理】2017年，钓鱼台街道本着“严加防控、强化督办、禁拆结合”原则，重点抓好鱼棚、违章建筑巡查工作。对钓鱼台河西侧临街两侧违章建筑和乱堆乱放进行集中整治，清理门市违规遮阳棚21个、步行道违规车库1个，清理乱堆乱放物品和垃圾300立方米，规范市场秩序，美化环境，畅通交通。

【民政工作】2017年，钓鱼台街道对辖区内260户城乡低保户进行细致摸排，上报取消城乡低保户3户10人。完成244户城乡低保信息录入，为175户农村低保户、71户城市低保户、8户按实际面积补贴的低保户发放补贴88829元。

【劳动保障】2017年，钓鱼台街道调查辖区120家中小微企业，为5家自主创业、规模经营、信誉良好的法人代表申请创业带头人。完成失业求职登记100人，就地转移劳动力人口800人。办理新农保补缴居民78名，补缴金额近10000元。新农合参合3906人，收款820260元，参合率96.9%。

【党建创新】2017年，钓鱼台街道创新基层党建工作思路，探索以“互联网+党建”新模式，开通建立“学在掌心”微信公众号。将微信平台拓展成对党员进行教育和理论宣传的重要载体，党建工作进入“指尖时代”。该方法刊登在辽宁省“两学一做”学习教育活动办公室简报上。人民网“七一”社区刊登题为《探索党建工作新思路，打造“指尖党建”新平台》文章，予以报道。

**中共钓鱼台街道委员会**

书　记　韩忠民

副书记　王海龙　李　伟

**钓鱼台街道办事处**

主　任　王海龙

副主任　李　莹（女）　刘文峰　韩金龙

**人大钓鱼台街道工作委员会**

主　任　崔红梅（女）

（李伟）

## 华山街道

【概况】华山街道位于兴城市境东北部，东与元台子满族乡毗连，南和白塔满族乡接界，西与旧门满族乡为邻，北同葫芦岛杨家杖子省级经济开发区接壤，总面积70.4平方公里，是省级文明街道。街道办事处设在绿化村。该镇辖上长茂、下长茂、四合、绿化、羊草5个行政村和锦山、锦华2个社区。2017年年末，全街道总人口20005人。其中，农业人口8407人，非农业人口 11598 人；总户数 8500 户，其中农业户 2722 户，非农业户 5778 户。

2017 年，华山街道实现全口径税收 685 万元，同比增长 1.3%。实现工业增加值 3564 万元，同比增长 10%。实现工业总产值 19120 万元，同比增长 6%。

**【招商引资】**2017 年，华山街道招商引资企业辽宁旭源生物科技有限公司，年内投资 2000 万元。兴城市秸秆加工生产食用菌基地项目开建，年内投资 400 万元，引进秸秆粉碎设备 1 套。

**【农业产业化】**2017 年，华山街道玄宇食用菌公司由单一食用菌生产发展为集科研、生产、深加工为一体现代化农事企业，累计投资 1.89 亿元。通过国家绿色食品认证，被辽宁省确定为食用菌出口基地、辽宁省龙头企业、国家级重点合作社、省级名牌产品。建设完成食用菌绿色生产基地、食用菌扶贫生产基地、食用菌菌包工厂化生产、食用菌深加工基地。兴城市中小学素质教育基地完成全部建设项目 80%。下脚料有机肥项目获批，项目总投资 1.1 亿元。

**【民生改善】**2017 年，华山街道投入自有资金 5.35 万元，清淤河道 20000 延长米，清运河道垃圾 800 立方米，清运村屯内垃圾 2000 立方米。投入自有资金维修自来水设备及管路，恢复绿化村自来水供水，确保该地居民人畜饮水安全。争取扶贫建房奖补资金 15 万元，为 5 户建档立卡贫困户翻建新房。组织深松深翻耕地 400 公顷。落实地力补贴政策 500.21 公顷。修建绿滨垫坡式护岸 6242 米，浆砌石挡墙 1038 米。改造 D 级危房 27 户，C 级危房 17 户。新打自来水供水井 1 眼，实现四合村自来水独立供水。在绿化村郭屯修文化墙 758 延长米。新修水泥路面 5 公里。投入自有资金 5 万元，改善华山中心幼儿园办学环境。

**【抗旱救灾】**2017 年，华山街道遭受严重干旱天气。党政部门动员街村干部和广大群众抗旱救灾，为各村下拨抗旱物资和资金。投入水泵 73 台，管带 2.5 万米，清淘管井和临时取水点 50 个，确保春耕工作完成。同时，落实农业保险政策，为农户增添保障，参险耕地面积 784.06 公顷。

**【救助帮扶】**2017 年，华山街道全力做好精准脱贫工作。为 66 户困难党员和 12 户大病困难户发放救助资金 2.36 万元。为建档立卡贫困户发放鸡雏 11370 只、鸭雏 4175 只、鹅雏 10148 只，价格补贴花生种 20250 公斤。食用菌扶贫基地实行“公司 + 合作社 + 基地 + 农户”经营模式，占地面积 40 公顷，投资 3600 万元，建设扶贫大棚 128 栋，对接贫困户 55 户。

**中共华山街道委员会**

书　记　谷彦晟

副书记　赵林江（2017 年 8 月离任）

　　　　孔　佳（2017 年 9 月任职）

　　　　陈云新

**华山街道办事处**

主　任　赵林江（2017年8月离任）

　　　　孔　佳（2017年9月任职）

副主任　张永强　王　科　乔占英（女）

**人大华山街道工作委员会**

主　任　冯春荣（2017年8月离任）

　　　　石　伟（2017年8月任职）

（曹春龙）

## 临海街道

【**概况**】临海街道位于兴城市中心城区以南10公里，兴城滨海经济区内，东北与曹庄镇接壤，西南与沙后所镇毗邻，滨海公路贯穿东西，总面积24.52平方公里。街道办事处设在滨海大道77-1号。该街道辖老滩、中兴2个行政村和锦绣、兴工2个社区。2017年年末，全街道总人口（含临时）12451人。其中，2个行政村5013人，2个社区（临时）7438人。

2017年，全街道耕地面积592.97公顷，粮食总产量1852.13吨。个体工商户143户，从业人员240人。工业企业主要以高性能复合材料和泳装企业为主，企业职工5000余人。全年农业总产量3073.8吨，农业产值533.67万元；工业产值63.3亿元；民营经济产值51亿元。农民人均纯收入8032元。

【**民生工作**】2017年，临海街道排查低保和五保户，清退不合条件低保122户，新办符合条件低保2户。完成避孕节育手术523例，其中上环415例，长效节育措施落实率93.5%；新增农村计划生育奖扶人员15例，计生宣传教育普及率95%。新增公益性岗位2人，实现既缴既补；完成求职登记145人，办理就失业登记证15人。企业退休人员社会化管理50人，其中遗属4人，开具居住地证明7人，异地（锦州盐场）退休人员年检29人。新型农村社会养老保险全面覆盖，新农合参保率100%。

【**护林防火**】2017年，临海街道全力以赴抓护林防火，落实包保责任制，安排专人看护重点区域。成立街道防火督查组，出动防火宣传车反复宣传，严格火源管控，增强群众护林防火意识。集中培训防火队伍，提高防火扑救能力。

【**安全生产工作**】2017年，临海街道对辖区内企业和单位开展集中大检查3次。与上级有关部门配合，取缔查扣辖区内“三无”船只100余艘，确保辖区海域人身安全。和有关部门联合取缔“黑校车”10余辆，杜绝校车超载行为，保持校园门前各路口、主干道畅通，确保学生安全。开展安全生产月活动，发放安全宣传单1000份，出动宣传车20台次，制作宣传条幅10幅。

【**环境综合治理**】2017年，临海街道实施中兴村“美丽乡村”项目建设，新修文化墙400延长米，建凉亭篮球场各1个，治理边沟1600延长米。新修水泥路1公里，石砌堤坝250延长米。集中整治村屯、社区街巷和公共场所及滨海公路周边环境卫生。组建卫生保洁队伍，投放垃圾桶180个。出动专业垃圾清运车230台次，清理路边垃圾330吨，彻底改变环境“脏、乱、差”局面。

**中共临海街道委员会**

书　记　李海军

副书记　万真东　王　旭

**临海街道办事处**

主　任　万真东

副主任　雷　达（2017年9月离任）

刘首阳　高守家

韩雅楠（女，2017年9月任职）

**人大临海街道工作委员会**

主　任　马　军

（张凌华）

## 菊花街道

【概况】菊花街道位于兴城市东南部海域，距兴城海滨陆岛交通码头12.5公里（6.8海里），距葫芦岛市龙湾海滨浴场20公里，与陆地最近距离（滨海经济区）5.5公里。陆域面积15平方公里。该街道辖南、北2个行政村，9个自然屯，1092户。街道办事处设在南村。2017年年末，全街道总人口3257人。其中，农业人口3013人，非农业人口244人。

2017年，全街道有耕地面积149.5公顷。主要农作物有玉米、高粱、大豆、花生。有林地660公顷，树木品种有荆条、洋槐、松树、桑树、榆树、菩提树等，荆条、洋槐居多，森林覆盖率80%。

【特色旅游】2017年，菊花街道依托当地旅游资源，指导全岛130多家民宿、家庭宾馆、农家乐提档升级改造，打造规模不同、档次不等休闲度假场所，对应不同社会阶层、不同职业人群、不同年龄对象消费群体。同时，加强宣传推介，实施品牌营销，利用广播、电视、报纸、网络等传媒，借助旅行社等中介机构，以绿色健康、海岛风光、渔家美食、周末休闲、回归自然等为卖点，参加推介会3次，发布相关信息8000余条。年内，引进“海上玫瑰园”项目，打造海上生态岛。同时，依托菩提资源与社会资本合作，扩大菩提园景区规模，打造海上菩提岛。

【关注民生】2017年，菊花街道为保障冰封期间岛内群众生产生活，解决陆岛交通中断给群众生产生活带来的不便，储存粮油、煤炭等生产生活必需物资，确保岛内群众生产生活不受影响。同时，成立岛外救助站，救助滞留岛外人员。春节期间，协调中海油渤海公司，利用直升机运送132名滞留岛外群众安全回岛过年。春旱时期，街道调配水车1000余次为群众运送淡水，缓解因为干旱造成岛上居民吃水难问题。同时，为提高供水能力，更换水泵2组，维修管道400余米，维修饮用水井7个，并且封闭上锁，定期抽取水样对饮用水质进行化验，保证饮水安全。改造南村污水老旧管道100余米，购置垃圾桶1000个。

【森林防护】2017年，菊花街道对全岛941户公益林进行现场测量，测定各户面积及界限，同时绘制林图，确保国家公益林补贴资金准确发放到位。投入专项资金8万元，加大白蛾等森林病虫害防治。加强防火宣传，强化群众日常防火意识；组织森林扑火队、部队、边防派出所、消防站、村屯民兵共同参与的防火演练3次；实施防火、护林网格化管理，编织护林防火工作网。6月，该街道林业站通过辽宁省林业厅标准化验收，成为国家级标准林业站。

【海洋保护】2017年，菊花街道在禁渔期内，与村、渔民层层签订包保责任书，组织机关干部全员上岗，严防死守，维护辖区渔业安全。对辖区内“三无”船只拉网式排查，排查出“三无”船只145条，销毁20条。

【社会事业】2017年，菊花街道新办理低保9人，残疾人生活补贴83名。办理出生人口32人，奖扶22人，特扶1人。避孕节育措施落实率99%，宣传教育普及率100%。新农合参保2749人，参合率99.8%。为1名自主创业、规模经营、信誉良好的法人代表申请创业带头人。完成失业求职登记30人，转移劳动力人口120人。

**中共菊花街道工作委员会**

书　记　王　超（2017年1月任职）

副书记　周风雷

　　　　李宏宇（2017年8月离任）

　　　　刘明晔（2017年9月任职）

**菊花街道办事处**

主　任　周风雷

副主任　贲云屏（女）　杨飞舟

**人大菊花街道工作委员会**

主　任　息　毅

（刘东）

# 索　引

## 说　明

一、本索引采用主题分析法，按主题词首位汉语拼音音序顺序排列，同音字按声调排序，同音同调字按下个字的音序排列。

二、款目后的阿拉伯数字表示内容所在的页码，数字后的字母（a、b）分别表示所在页的左、右栏。

### A



### B



### C

**D**

**F**

## G

**H**

## K

**P**



**Q**

## Y